谢喆平 著

全球治理中的中国与联合国教科文组织
China and UNESCO in Global Governance: Education and Beyond

商务印书馆
The Commercial Press

序言一

国际工程教育中心主任、教育部原副部长 吴启迪

我很高兴得知谢喆平博士的新著《全球治理中的中国与联合国教科文组织》即将出版。本书是对她过往10年相关研究的总结,包括对中国与教科文组织70余年关系演进的全景式回顾、重要的个案分析和理论思考。本书推进了对全球治理和全球教育治理的研究,也为决策和实际工作提供了可靠的参照与依据。值此中国恢复联合国教科文组织合法席位50周年之际,由商务印书馆出版此书,其重要性不言而喻。

2016年以来,我担任秘书处设在清华大学的国际工程教育中心的主任,这是由中国工程院和清华大学联合申办的联合国教科文组织二类中心。因为工作需要,我们与教科文组织开展了一系列密切的业务往来与合作。我与谢喆平博士一起,多次出席由教科文组织主办的各种专业活动,组织和承办业务会议与工作会议,出访教科文组织总部和地区办事处以及设在马来西亚与丹麦的两个教科文组织二类中心。她对教科文组织工作的长期跟踪与深入思考,为我们顺利开展各种工作提供了必要的支持和支撑,帮助我们有效利用这一平台开展了丰富的多边合作。

众所周知,过去几十年间中国教育取得了举世瞩目的成就。中国高等工程教育改革加速发展,建成了世界最大规模的工程教育体系,在

学总人数占所有本科生的34%、全球工程教育总规模的35%。尤为重要的是，中国高等工程教育由跟踪发展走上了自我创新发展之路。作为中国高等教育的重要组成部分，高等工程教育近30年来培养了1715万名工科毕业生，其中包括载人航天、探月工程、载人深潜、深地探测等一大批工程领域的领军人物，打造了我国产业发展的主力大军。2016年，我国成为国际工程教育华盛顿协议正式成员，工程教育质量认证体系实现了国际实质等效，工程教育的国际化迈出了重要的步伐。把教育发展的经验通过国际组织介绍给世界其他国家，促进工程教育在世界范围内的均衡发展，是中国工程教育进一步发展的目标。

由于其专业性口碑，教科文组织一直是在世界范围内展示和传播教育理念与经验的最佳平台。目前，我们对包括教科文组织在内的国际组织的研究尚不充分。为了更好地服务外交大局，营造有利于中国长远发展的国际环境，有必要加强对以教科文组织为代表的重要国际组织的深度研究。本书的出版即是学术界的努力成果之一，将为学术研究与实践工作做出贡献。

是为序。

2021年夏于北京

序言二

联合国教科文组织前教育助理总干事(2010—2018)　唐虔博士

记得是在 2011 年初,谢喆平博士将其由教育科学出版社出版的《中国与联合国教科文组织的关系演进》赠予我一册,这是她 10 年前对教科文组织与中国关系史进行的开创性研究的成果。她的研究首次梳理了中国与教科文组织 60 多年的关系演进史,在国际社会化的视角下,厘清和总结了其中重要的节点,给出了历史分期并分析了关键的影响因素和相互作用的基本模式。

那时我刚刚就任联合国教科文组织主管教育领域工作的助理总干事。作为担任这一重要职务的第一个中国人,我仔细阅读了她的书。她基于历史主义取向的研究让我对教科文组织与中国的关系的历史渊源有了更深刻的了解与认识,也为我在以后的实际工作中如何深化这种关系提供了重要的参照与依据。在后来的 8 年里,我协助总干事博科娃女士,推动了教科文组织与中国在教育、科学和文化领域互利共赢的广泛合作,这一时期堪称双方皆感满意的"黄金八年"。回顾往昔,我服务教科文组织的时间长达四分之一个世纪,亲身经历了这个联合国专门机构与自己的国家密切而重要的关系史的一部分。70 多年来,双方共同努力推动了"二战"以来的世界和平与发展,能有机会对这一崇高事业做出自己的贡献让我深感自豪。

在担任教科文组织教育助理总干事的 8 年时间里,与全球教育界包括中国教育界的愉快合作、集全球之力促成《2030 教育发展议程》并亲见全球教育的发展,是我难忘而颇有意义的职业经历。多年来,我在教科文组织从全球教育发展的角度见证了中国自改革开放以来在教育领域快速发展并取得的举世瞩目的成就:中国已经成为世界上为数不多的同时实现了文盲人口减半和贫困人口减半的发展中国家,所取得的成就与其他发展中国家相比尤为突出。更为难能可贵的是,中国教育的成绩主要依靠自己的力量取得,扫盲、义务教育、农村教育、高等教育、工程教育等领域的进展都在全球具有表率作用。

　　我一直认为,中国应把主要依靠自己的力量推进教育发展的经验更多地介绍给世界其他国家,尤其是发展中国家,为它们提供一个不同的选项,以推动全球教育的均衡发展。而教科文组织作为传播全球教育发展经验的最佳平台,对它的组织制度与规则有更深入的理解,对它与中国的关系有更广阔的认识,无疑将有助于达成上述目标。

　　在过去 10 年里,谢喆平博士在学术研究工作之余,还亲身参与了教科文组织的许多活动,对它有了更深入的了解与认识。她被中国政府提名,先后担任了"联合国教科文组织孔子教育奖"与"联合国教科文组织女童和妇女教育奖"的评委,我也曾多次在巴黎就如何促进教科文组织与中国的合作征求她的建议。我欣喜地看到,谢喆平博士以她 10 年前的著作为基础,加上她近年来的最新研究成果和通过亲身参与教科文组织活动获得的深刻认识,完成了这本新著。

　　我很高兴为谢喆平博士的新著作序。本书将中国与教科文组织的关系演进置于全球治理的框架下分析,涵盖了教育领域又不囿于教育,对我国教育界人士、外交人员以及对国际组织感兴趣的青年人都有很高的参考价值。我同时也希望本书是一个新的研究起点,能够进一步加深和扩充我们对既有经验的认识。中国与教科文组织的关系始终是一个重要的观测点,可以观察中国与联合国体系、与现代国际体系的互动进程,为中国更积极地参与全球治理,尤其是全球教育治理提供启发。今年是中国恢复联合国合法席位、恢复联合国教科文组织合法席位50周年。知往鉴来,在这一重要的时间节点上,如何营造一个对中国更有利的外部世界是极为重要的命题。这也是本书此时出版的意义所在。

是为序。

2021 年夏于巴黎

目 录

第一章 导论 ……………………………………………… 1
 一、全球治理、中国与国际组织：主题的选择 ………… 4
 二、从他者视角到"以内观外"：相关研究回顾 ………… 9
 三、联合国教科文组织与中国：典型而特殊的个案 …… 18
 四、互动与塑造：基于结构建构主义理论的研究 ……… 24

第二章 联合国教科文组织的变迁：
    从理想主义到超越政治化的现实理想主义 ……… 28
 一、联合国教科文组织 …………………………………… 29
 二、知识分子与联合国教科文组织 ……………………… 33
 三、功能主义与政治化：
   理解联合国教科文组织的一个途径 ……………… 38
 四、理想主义与现实政治 ………………………………… 42
 五、总干事的变化：从知识化走向政治化 ……………… 52
 六、超越政治化的回归：现实理想主义 ………………… 58

第三章 中国与联合国教科文组织：
    历史进程的全面考察 ………………………………… 63
 一、进程分期：节点的作用 ……………………………… 63

二、与联合国教科文组织关系之发端：
国民政府时代（1946—1949） ················ 66
三、新中国重返联合国及其专门机构················ 78
四、与联合国教科文组织关系之探索：
体系内的旁观者（1971—1978） ············· 81
五、与联合国教科文组织关系之发展：
全面学习者（1979—1999） ················· 90
六、与联合国教科文组织关系之深化：
深度参与者（2000年至今）················· 107
七、与联合国教科文组织关系之"黄金八年"：
第一会费国································ 123
八、结语···································· 127

第四章　对口机构与对口人员的设置与变化 ········· 129
一、对口机构的专门化与常态化 ················· 129
二、对口人员与业务知识的专业化 ··············· 144
三、结语···································· 161

第五章　从国际组织理念到国家政策 ··············· 163
一、个案选择与测度指标························ 164
二、终身学习、终身教育与学习型社会············· 165
三、全民教育································· 174
四、教育发展水平指标体系中的常用术语与概念 ····· 181
五、文化遗产保护：从后知后觉到迅速跟进········· 183
六、国家地质公园与世界地质公园：同步与超前····· 191
七、结语···································· 197

第六章 国际公约谈判和议程参与 …… 199
一、《保护非物质文化遗产公约》与《保护和促进文化表现形式多样性公约》谈判 …… 200
二、《反兴奋剂国际公约》谈判 …… 211
三、《承认高等教育相关资历全球公约》谈判 …… 215
四、政府间海洋学委员会 …… 218
五、结语 …… 222

第七章 软实力构建的新空间 …… 224
一、联合国教科文组织与软实力 …… 224
二、美国退出与重返联合国教科文组织的启示 …… 229
三、中国的软实力构建与联合国教科文组织 …… 235
四、《1970年公约》的意义 …… 243
五、结语 …… 248

第八章 全球教育治理与联合国教科文组织 …… 251
一、一个有待讨论的研究主题 …… 252
二、全球教育治理的哲学基础 …… 254
三、全球化视野下的全球教育治理研究 …… 264
四、讨论与结论 …… 270

第九章 实践参与视角下的中国与联合国教科文组织 …… 273
一、提案数量与会费额度之间的落差 …… 274
二、国际实践理论 …… 276
三、联合国教科文组织的治理结构与会员国的实践参与 …… 280
四、联合国教科文组织的提案实践 …… 282
五、中国参与联合国教科文组织的国际实践 …… 289

  六、对择地实践的讨论 …………………………………… 305
  七、结语 …………………………………………………… 310
第十章　结论与展望 ………………………………………… 312
  一、国际制度对国家的影响与作用 ……………………… 313
  二、本书的结论 …………………………………………… 319
附件一　《联合国教科文组织组织法》 ……………………… 325
附件二　《保护世界文化和自然遗产公约》 ………………… 337
附件三　《承认高等教育相关资历全球公约》 ……………… 351
附件四　《亚洲及太平洋地区承认高等教育资历公约》 …… 370
参考文献 ……………………………………………………… 388
后记 …………………………………………………………… 401

图表索引

表 1-1	中国加入的 16 个联合国专门机构情况一览表	2
表 1-2	《中国参与世界》(英文版)与《磨合中的建构》两本著作的对比	13
表 2-1	联合国专门机构"政治化"的含义	47
表 2-2	联合国教科文组织历任总干事(代理总干事)一览表	52
表 2-3	联合国教科文组织历任总干事比较一览表	56
表 3-1	国民政府时期在联合国教科文组织任职的中国职员教育背景一览表	74
表 3-2	中国恢复/参加联合国各专门机构时间一览表	80
表 3-3	中国缴纳的联合国教科文组织会费占比变化(1985—2019)	118
表 4-1	中华人民共和国联合国教科文组织全国委员会委员单位表(截至 2020 年)	137
表 4-2	中国联合国教科文组织全国委员会历任主任基本情况	145
表 4-3	中国常驻联合国教科文组织代表团历任代表基本情况	147
表 4-4	与联合国教科文组织有关的中国高级知识分子基本情况	158
表 7-1	中国创意城市名单	237

表 8-1	关于教育人权的国际文件一览表	257
表 8-2	不同学科对全球化的研究	265
表 9-1	联合国教科文组织会员国提案（proposals）类型	284
表 9-2	联合国教科文组织大会和执行局的会员国提案情况（2011—2019）	286
表 9-3	中国在联合国教科文组织大会中提案联签国（1985—1995）	291
表 9-4	中国和美国在联合国教科文组织的大会提案情况比较（2003—2017）	295
表 9-5	中国在联合国教科文组织具体实践的场域特征	298
表 9-6	中国与联合国教科文组织在华合作举办的国际会议（2001—2021）	302
表 10-1	根据权力距离维度分类的国家结构	316

图 1-1	联合国系统国际组织性质的区位比较	20
图 2-1	联合国教科文组织会员国的数量变化	49
图 3-1	以关键节点来区分的中国与联合国教科文组织关系演进	65
图 3-2	中国与联合国教科文组织关系演进（1979—1999）	90
图 3-3	中国与联合国教科文组织关系演进（2000 年至今）	107
图 4-1	联合国教科文组织与中国的沟通结构	131
图 5-1	"全民教育"与"两基"概念在中国国家政策中出现频率的变化（1949—2009）	178

图 5-2 《保护世界文化和自然遗产公约》在中国国家政策中出现
　　　　频率的变化（1985—2007） ································ 185
图 6-1 联合国教科文组织国际公约制定过程 ······················ 201
图 6-2 法国与加拿大在文化领域的贡献 ···························· 204
图 7-1 美国与联合国教科文组织关系演进（1946—2018）······ 230
图 8-1 全球教育治理的结构 ·· 261
图 8-2 国际教育规则的历史发展 ······································ 269
图 9-1 中国在联合国教科文组织大会提案数的历时性变化
　　　　（1972—2019） ··· 290
图 9-2 中国在联合国教科文组织的大会提案数与分摊会费
　　　　（1983—2019） ··· 293
图 9-3 中国与美国 2013—2017 年在教科文组织大会提案情况
　　　　比较 ·· 293
图 10-1 联合国教科文组织对中国的影响模式 ···················· 314

第一章　导论

当下的全球体系具有复杂的结构,即主要由国家间关系体系和超国家或跨国家关系体系构成,同时还包括各种非国家的行为体。在这种复杂结构中,联合国(United Nations)是最重要的超国家的关系体系。作为政府间国际组织,联合国实际上是一个庞大的伞型体系,由大会、秘书处等若干核心机构(main organs),若干基金(funds),许多项目(programmes)以及16个专门机构(specialized agencies)等共同组成。联合国对维护"二战"以来70余年的世界和平、促进人类的发展事业至关重要。全球治理(global governance)的概念自从20世纪90年代提出以来,其重要性伴随着全球化的深入发展而逐渐凸显;随着气候变化、环境、卫生、经济等全球挑战的增多,对全球治理的呼吁日益增长,以联合国为中心的国际组织体系和主权国家在全球治理中的重要性更加凸显。

联合国16个专门机构覆盖经济、工业、电信、教育科学文化、劳工、农业、气象等广泛的议题领域。① 不同于联合国的其他机构,专门机构

---

① 包括联合国粮食及农业组织,国际原子能机构,国际民用航空组织,国际农业发展基金,国际劳工组织,国际货币基金组织,国际海事组织,国际电信联盟,联合国教育、科学及文化组织,联合国工业发展组织,万国邮政联盟,世界卫生组织,世界知识产权组织,世界银行集团,世界气象组织,世界旅游组织,参见《联合国简介　联合国专门机构》,https://www.un.org/chinese/aboutun/uninbrief/institutions.shtml,最后访问日期:2021年7月16日。

有高度的独立性,以正式协议的方式与联合国开展合作,有自己独立的组织实体、预算、人员以及治理结构。16个专门机构大部分为政府间国际组织,但根据本机构的使命、专业领域、成员类型等又各自设立不同的治理结构,与作为其成员的主权国家的互动方式与互动逻辑也各有不同。作为联合国16个专门机构之一,联合国教科文组织(UNESCO)不但是专门机构中业务领域最为广泛的成员,其工作范围涵盖教育、科学、文化、传播等多个领域;同时,该组织也是世界上规模最大、作用最为关键的政府间智力合作组织,是多种多样的非政府智力合作组织的网络节点所在,在全球知识界拥有极为广泛的影响力。由于不但拥有联合国体系内数目最多的会员国,还与多达300余家非政府国际组织有密切的业务往来,联合国教科文组织既是全球治理的一个重要主体,也是推进全球治理的一个极为重要的多边主义外交平台。联合国教科文组织通过与会员国和专业性国际非政府组织密切合作所共同构建的全球网络,对全球治理的有效开展具有独特的作用。

表1-1 中国加入的16个联合国专门机构情况一览表

国际组织名称	成立时间	加入联合国体系时间	中国加入/恢复合法席位时间	成员情况
联合国粮农组织(FAO)	1945	1945	1945/1973	194个成员国
国际原子能机构(IAEA)	1956	1957	1984	172个成员国
国际民用航空组织(ICAO)	1944	1945	1946/1971	193个成员国
国际农业发展基金(IFAD)	1977	1977	1980	173个成员国
国际劳工组织(ILO)	1919	1946	1946/1971	187个成员国及雇主与劳工代表

(续表)

国际组织名称	成立时间	加入联合国体系时间	中国加入/恢复合法席位时间	成员情况
国际货币基金组织（IMF）	1945	1947	1945/1980	189个成员国
国际海事组织（IMO）	1959	1982	1973	174个成员国
国际电信联盟（ITU）	1865	1947	1920/1972	193个成员国，700多家私营部门实体和学术机构组成的部门成员和准成员
联合国教科文组织（UNESCO）	1946	1946	1946/1971	193个成员国
联合国工业发展组织（UNIDO）	1966	1985	1972	170个成员国
万国邮政联盟（UPU）	1874	1948	1914/1972	192个成员国
世界卫生组织（WHO）	1948	1948	1948/1972	194个成员国
世界知识产权组织（WIPO）	1967	1974	1980	193个成员国
世界银行（World Bank）	1945	1947	1945/1980	最多有189个成员国
世界气象组织（WMO）	1950	1950	1972	187个成员国
世界旅游组织（UNWTO）	1975	2003	1983	158个成员国

资料来源：《联合国》，《中国和该组织关系》，https://www.fmprc.gov.cn/web/gjhdq_676201/gjhdqzz_681964/lhg_681966/jbqk_681968/，https://www.fmprc.gov.cn/web/gjhdq_676201/gjhdqzz_681964/lhg_681966/zghgzz_681970/，最后访问日期：2021年7月16日。

中国自20世纪70年代恢复在联合国的合法席位以来，积极地参与联合国体系各个机构的各项事务,不但日益紧密地融入国际社会,而且成为推动和引领全球治理的一支重要力量。联合国教科文组织是中国恢复联合国合法席位后第一个恢复中国合法席位的联合国专门机构。中国与联合国教科文组织是全球治理中的两个重要主体,二者的关系是中国与其他国际组织之关系、中国与由这些国际组织所建构的国际制度之关系的缩影和表征,更是中国参与和引领全球治理的重要渠道与舞台。自中国重返联合国教科文组织以来,联合国教科文组织已经成为中国与世界各国以及全球知识界进行沟通和交流的重要场所与主要平台。正是通过联合国教科文组织,中国的教科文事业与整个世界建立了联系。这种联系,既包括已经融入了中国经验和中国智慧的全球共识在中国场景内的扩散与光大,也包括中国独特的改革实践和发展模式对全球教科文事业所提供的教益与启发。

此外,由于美国因为联合国教科文组织2011年接纳巴勒斯坦为正式会员国而宣布于2018年正式退出,中国已经于2017年成为该组织的第一大会费国。由于联合国教科文组织业务领域的广泛性和一直以来风格鲜明的左翼倾向机构特性,社会主义中国与联合国教科文组织的关系发展在中国同整个联合国体系的关系中极富有代表性。因此,研究联合国教科文组织与其会员国中国之间关系的变迁,不仅对理解中国与外部世界的关系和关联有深刻意义,而且对理解现代国际秩序和国际格局的变迁趋势、探究中国参与全球治理的路径与期待,均具有重要的价值。

一、全球治理、中国与国际组织:主题的选择

全球治理研究框架内富含诸多研究问题。尽管对治理主体的研究

是其中重要的构成部分,由于国际制度、国际机制和国际组织的理论分析与经验研究始终是国际关系研究的核心部分,①因此它们也是全球治理的重要研究内容。过去20年间,关于这三者的研究一直是国际关系学界的热点研究题域之一,更在过去10年间成为全球治理研究的主题之一。在已有的相关研究中,一直存在着两种假设前提:一是国际机制、国际制度、国际组织被假设为相对静止的、主权国家进行互动的场所,其中,国家利益是主要考量,而不同的主权国家则互为变量。这一理论假设之于外交实践的影响,最典型的例证就是过去若干年间中国关于"多边是重要外交舞台"的提法。与此相关联的第二个假设则是将国际机制、国际制度和国际组织假设为相对被动的、由主权国家对之施加能动性建构或改造的对象。莉萨·马丁(L. L. Martin)将20世纪80年代中期在国际制度领域内的研究总结为"对制度起源、制度作用和功能、关于制度对国家行为及其后果产生的影响以及制度设计和原动力进行辩论"②。从这一权威总结即可以看出,大多数的代表性研究重在研究国家对特定的国际组织以及国际制度的影响作用。因此,在研究中,将国际制度假设为受参与者影响的因变量,而将其最主要的制定者——国际组织视为外生性变量,仍然是相当普遍的倾向。具体的表征便是:较多的研究关注于国家行为的变化之于国际规则和国际制度的影响,但对于国际组织自身的变化以及国际组织加之于具体国家的影响则很少关注。

实际上,作为国际机制的重要构成部分,国际组织和国际制度绝

---

① 莉萨·马丁、贝思·西蒙斯编:《国际制度》,黄仁伟、蔡鹏鸿等译,上海人民出版社,2006年,第3页。
② 莉萨·马丁、贝思·西蒙斯编:《国际制度》,黄仁伟、蔡鹏鸿等译,上海人民出版社,2006年,第3页。

不仅仅是一个静态的主权博弈场所,或是停滞的官僚机构。① 在主权国家入场进行互动和博弈的同时,国际组织、国际机制与国际制度这些被既往研究所假设的恒量,也在无时无刻不发生着变化,是一组不断演化的参数。同时,随着全球化的发展,专业性非政府组织也不断介入国际组织与成员国所构成的传统的国际机制运转中。就此而论,本项研究将首先假定国际组织本身处于不断变化之中,而这一变化的进程又是理解主权国家在其中发挥作用或充当特定角色的基本前提。

在以国际组织为自变量这一研究前提下,中国与国际组织的关系演进在过去50年里逐渐引起研究人员的关注。就中国与国际社会的关系范畴而言,存在着两个主要的子范畴,即国与国间的双边关系和中国与重要的国际组织之间的多边外交关系。关于国与国之间双边关系的研究已经众多且充分;相形之下,对于中国与国际组织,尤其是联合国体系的关系问题,有深度的研究远远不足,尤其缺乏扎实的个案研究。实际上,中国在其作为成员国的国际组织中的活动,早已越来越多地超越了双边外交的范畴。尤其值得注意的是,较之于双边活动,多边更具国际性和国际化特征,"多边是舞台,双边是基础"即说明了多边活动高于双边活动的国际特征;作为一个负责任的大国,作为主张"有所作为"的和平崛起中的大国,中国未来对相关国际组织的参与和卷入将会大大加深,而这一深化过程仍将会经历组织、人员与知识的整体性提升。关于中国与外部世界,或者说与国际社会的关系

---

① 薄燕:《作为官僚机构的国际组织——评〈为世界定规则:全球政治中的国际组织〉》,《外交评论》2008年第3期。

研究,如果说1998年尚有海外学者质疑中国是否已经真正进入国际社会,①那么21世纪以来已经没有人会否认中国已成为国际社会和国际组织的重要成员这一事实。尤为重要的是,与国际组织的交往,对中国的国内制度乃至国家政策已经发生的影响,其深度在某些时候甚至超过了单一的双边外交。

一个有意思的现象是,无论对全球治理秉持何种观点,西方学者皆是以"从外观内"的视角来看待和分析中国与国际体系的关系的。自20世纪50年代以来,在西方关于这个领域的研究中,一直存在着两种研究视角:一种是早期将中国视为对既有国际秩序进行挑战的共产主义国家的意识形态视角,即中国是"革命型国家";另一种则是后来将中国视为国际社会成员,但主要关注中国经济在全球经济中的地位之经济主义视角,将中国维护国际秩序的行为总结为"搭便车"。在中国以外的政策与学术语境中的他者视角下,对中国与国际体系的关系常有一系列负向评论,最具争议性的是认为中国不是现有国际体系的维护者,而是针对以美国为首的开放国际体系与国际秩序的挑战者(challenger)、修正者(revisionist)。② 相似的还包括:搭便车者、推责者(responsibility shirker)、破坏者(spoiler)、投机主义者、扩张主义者、独断专行者(assertive)、隐匿的现实主义者(hidden realist)、新干涉主义者、作

---

① Yongjin Zhang, *China in International Society since 1949*, Macmillan Press, Ltd. 1998, p.1.

② M. Jacques, *When China Rules the World: The End of the Western World and the Birth of A New Global Order*, Penguin, 2009; William A. Callahan, Elena Barabantseva, *China Orders the World: Normative Soft Power and Foreign Policy*, Woodrow Wilson Center Press, 2012, pp.183-214; Gregory T. Chin, "True Revisionist: China and the Global Monetary System", in Jacques de Lisle, Avery Goldstein, eds., *China's Global Engagement: Cooperation, Competition and Influence in the 21st Century*, Brookings Institution Press, 2017, pp.35-66.

恶者(perpetrator)、抱怨者(demandeur)等等。① 在拜登政府上台后发布的《过渡时期国家安全战略指南》中,美国对中国的定位是"会对现有的稳定且开放的国际体系构成持续挑战的唯一对手"②。有学者指出,无论是哪一种研究取向与结论,都有一个共同之处,即默认现有国际体系是西方的体系,而将中国视为现有国际体系的"他者"(the other)。③ 与西方的研究相对应,中国对国际组织的相关研究起步很晚,甚至在相当长的时间里只有简单的资料介绍性的文字,进步到以"我们"(we)的视角来分析中国与国际组织的关系,也只是 21 世纪以来才开始的历程。

但是很显然,与中西研究状况相对应的是,这个"他者"在过去数十年中的巨大变化和令人吃惊的经济增长,逐渐改变并挑战着上述几种视角所观察到的"事实"。那么,这一切在多大程度上改变了中国与外部世界的关系? 对中国这样一个后发国家来说,在与国际社会,尤其是

---

① S.L. Kastner, M.M. Pearson and C. Rector, "China and Global Governance: Opportunistic Multilateralism", *Global Policy*, Vol.11, No.1, 2020, pp.164-169; S. Arsène, "Global Internet Governance in Chinese Academic Literature: Rebalancing A Hegemonic World Order?", *China Perspectives*, Vol.106, No.2, 2016, pp.25-35; I. Hilton, O. Kerr, "The Paris Agreement: China's 'New Normal' Role in International Climate Negotiations", *Climate Policy*, Vol.17, No.1, 2016, 2017, pp.48-58; J. A. Brander, V. Cui and I. Vertinsky, "China and Intellectual Property Rights: A Challenge to the Rule of Law", *Journal of International Business Studies*, Vol.48, No.7, 2017, pp.908-921; P.K. Lee, L. Chan, "China Joins Global Health Governance: New Player, More Medicines, and New Rules?", *Global Governance*, Vol.20, No.2, 2014, pp.297-323; A. Carson, "Is There Something Beyond No? China and Intervention in A New Era", in Jacques de Lisle, Avery Goldstein, eds., *China's Global Engagement: Cooperation, Competition and Influence in the 21st Century*, Brookings Institution Press, 2017, pp.183-206.

② "It is the only competitor potentially capable of combining its economic, diplomatic, military, and technological power to mount a sustained challenge to a stable and open international system." President Joseph R. Biden Jr. Interim National Security Strategic Guidance. March 2021, p.8.

③ Yongjin Zhang, *China in International Society since 1949*, Macmillan Press, Ltd. 1998. p.2.

与国际组织的关系中,自我形塑和被形塑的程度各有多深? 其主要的路径又有哪些? 这些形塑对中国的国际社会化(international socialization)和国内转型发挥了什么作用? 这种合群化对中国作为一个国家的整体发展,包括国内制度和政策的发展起了什么作用? 在这些单向思考之外,中国的参与对国际组织的发展有无影响? 影响的路径又是什么? 近年来,中国对国际组织日益重视,视之为重要的多边舞台和推动全球治理的重要主体,更提出了"构建人类命运共同体"的全球治理理念。那么,中国对国际组织的实践参与具有哪些特征? 在全球治理背景下,中国与国际组织的关系发生了哪些根本性变化? 这些都是有待回答的问题,也是本研究所意图探究的问题。

二、从他者视角到"以内观外":相关研究回顾

总括而言,关于全球治理的文献庞杂而丰富。治理理论与研究的兴起源于冷战结束后全球化进程的加深和国际政治经济格局的挑战,在20世纪90年代的政治学、经济学、管理学领域,"治理"成为极为热门的概念。在实践中既有克林顿等人的"第三条道路",也有世界银行、联合国教科文组织、联合国开发计划署(UNDP)等国际组织的专门报告以及联合国1992年成立的"全球治理委员会"(the Commission on Global Governance)和所发布的《我们的全球之家》报告。全球治理理论的主要创始人罗西瑙(James N. Rosenau)发表有《没有政府统治的治理》和《21世纪的治理》等文章,另一位理论代表人物罗茨(R. Rhodes)则发表了《新治理:没有政府的管理》一文。有意思的是,联合国教科文组织于1997年出版了一份名为《全球治理与联合国教科文组织》(*Global Gover-*

ance and UNESCO)的报告,该组织所主办的《国际社会科学杂志》1998年第3期的"治理"专号集中了许多理论文章。但是,通常认为"全球治理委员会"的治理概念最为权威:治理是各种公共的或私人的个人和机构管理其共同事务的诸多方式的总和。①

俞可平2001年主持翻译和出版的《全球化:全球治理》一书是中国关于治理与全球治理研究的滥觞。此后的全球化研究推动了许多中国国际关系理论学者研究兴趣的集中转向。比如陶坚、林宏宇2014出版《中国崛起与全球治理》,张贵洪、郭峰铖2014年出版《中国、联合国与全球治理》,何亚非2015年出版《选择:中国与全球治理》,王帆、凌胜利2017年出版《人类命运共同体:全球治理的中国方案》,靳诺等2017年出版《全球治理的中国担当》,欧阳康2019年出版《国际组织与全球治理》,黄平2020年出版《家国天下:中国发展道路与全球治理》,俞可平、迪尔利克(Arif Dirlik)2018年出版《中国学者论中国与全球治理》,秦亚青2019年出版《全球治理:多元世界的秩序重建》,等等。值得指出的是,与21世纪初对安理会改革的集中关注相似,全球治理问题在治理领域研究上也集中在气候治理与教育治理等领域。比如薄燕的《中国与国际环境机制:从国际履约角度进行的分析》《环境治理中的国际组织:权威性及其来源——以联合国环境规划署为例》《原则与规则:全球气候变化治理机制的变迁》《合作意愿与合作能力——一种分析中国参与全球气候变化治理的新框架》《中国全球气候治理观的要义、基础与实践》等论文,于宏源的《全球气候治理伙伴关系网络与非政府组织的作用》《多利益攸关方参与全球气候治理:进程、动因与路径选择》《论全球气候治理的共同治理转向》等论文,等等。其他领域的全球治理研

---

① 全球治理委员会:《我们的全球之家》,牛津大学出版社,1995年,第2—3页。

究比如教育领域王晓辉的《全球教育治理：国际教育改革文献汇编》、杜越的《联合国教科文组织与全球教育治理：理念与实践探究》、孙进等人的《全球教育治理：国际组织、民族国家与非国家行为体的互动》等。相对于国际关系学者对治理理论和气候治理机制的探究，教育治理仍多为国际关系理论的移植，因缺少对教育治理观的探究而留有更多的理论增长空间。此外，随着技术的高速发展，对数字主权探讨的增多，人工智能以及全球数字治理成为一个新的治理研究增长热点。

关于中国与国际组织关系的既有研究一直表现出两个基本的特点：一是大多属于个案研究性质的学术努力，二是大多集中于政治和经济组织。以西方的研究为例，老一辈中国问题专家哈罗德·杰克逊（Harold K. Jackson）和米歇尔·奥克森伯格（Michel Oksenberg）1990年出版《中国加入国际货币基金组织、世界银行和关税同盟》（*China's Participation in the IMP, the World Bank, and GATT: Toward A Global Economic Order*）①，分析的是中国与国际社会的经济关系，侧重于中国参与这些国际组织的国内动力以及参与的经济行为。1998年张勇进出版的《1949年以来的中国与国际社会》（*China and International Society since 1949*）②分析的是1949年以来中国与国际社会的政治和经济关系。金淳基（Samuel Kim）的一系列论文亦涉及中国与联合国的关系。哈佛大学政府系的江忆恩（Alastair Iain Johnston）则从中国对国际组织的满意率和参与率之间的关系入手来研究中国与国际社会的关系，他的研究成果集中体现在《合群国家：中国参与国际组织，1980—2000》（*Social*

---

① Harold K. Jackson, Michel Oksenberg, *China's Participation in the IMF, the World Bank, and GATT: Toward A Global Economic Order*, University of Michigan Press, 1990.
② Yongjin Zhang, *China and International Society since 1949*, Macmillan Press, Ltd. 1998.

States: China in International Institutions 1980-2000)①。布鲁金斯学会2017年出版了由宾夕法尼亚大学雅克·德莱尔(Jacques Delisle)和金骏远(Avery Goldstein)主编的《中国的全球参与:21世纪的合作、竞争与影响》(*China's Global Engagement: Cooperation, Competition, and Influence in the 21st Century*),收入关于中国与全球货币体系、与地区和全球海权、与国际人权法律机制及国际人才计划、孔子学院的地理文化权力等领域的13篇研究论文。整体而言,1999年伊丽莎白·埃克诺米(Elizabeth Economy)和米歇尔·奥克森伯格主编的《中国参与世界》②是对中国参与的几个重要国际组织的政策分析论文集合,此书可以说是20世纪90年代西方关于中国参与国际组织研究的最重要的著作,也是迄今为止中国学术界引证率最高的该领域西方著作。

与西方的研究相对,中国学者则是通过"以内观外"的"我们"的视角来分析中国与国际组织的关系。中国学者关于中国和国际社会的研究,早期主要是对国际社会的介绍,后来是对中国与国际社会的政治关系分析,进而拓展到对经济关系的分析。王逸舟《磨合中的建构》③从发表时间、研究内容和被引证的频率来说,可以被视为与《中国参与世界》相对应的中国视角对照版。通过对两本著作的对比分析,可以清晰地看出所谓"他者"和"我们"之间在研究立场、研究志趣、研究方法等诸多方面的差异(见表1-2)。但是,在存在差异的同时,这两份研究亦有很多相同之处:比如,《中国参与世界》本身就是美国对外关系协会资助

---

① Alastair I. Johnston, *Social States: China in International Institutions 1980-2000*, Princeton University Press, 2008.
② 伊丽莎白·埃克诺米、米歇尔·奥克森伯格主编:《中国参与世界》,华宏勋等译,新华出版社,2001年。
③ 王逸舟主编:《磨合中的建构——中国与国际组织关系的多视角透视》,中国发展出版社,2003年。

的政策分析报告,在每一章后面都专门提出所谓"政策建议"或"预防措施";《磨合中的建构》虽然是社科院和福特基金会联合资助的研究课题,但由于中国学者本身固有的使命感,政策分析功能被自觉地纳入其研究之中。

表 1-2 《中国参与世界》(英文版)①与《磨合中的建构》两本著作的对比

	《中国参与世界》(英文版)	《磨合中的建构》
出版时间	1999 年	2003 年
学界评论	国际上最早研究中国与国际组织关系的专著,亦是影响最大的著作(王逸舟语)	中国第一本有关中国与主要国际组织复杂关系的著作
研究性质	美国对外关系协会资助的课题成果	社科院重大科研项目与福特基金会联合资助的课题成果
参与人员	美国多位中国问题专家(包括江忆恩)	社科院世政经所及国内其他机构研究人员、江忆恩
研究时限	1984—1999 年	1949—2002 年
分析方法	个案研究	个案研究
相关个案	联合国、军备控制、人权、贸易、金融、电信、能源、环保	核不扩散、维和、安理会、APEC、WTO、人权公约、气候变化、中国文化伦理定位
研究视角	观察中国参与国际事务的进程和中国的行为变化	中国的、历史的、决策的视角
研究特点	单向性研究;未讨论中国对国际体系的影响;无访谈或入场式观察	中国视角的单向性研究;无访谈或入场式观察

资料来源:作者归纳。

---

① Elizabeth Economy, Michel Oksenberg, eds., *China Joins the World*, Council on Foreign Relations Press, 1999.

同时,这两部最重要的研究论文集的共同缺陷则在于都缺少一手资料,尤其是入场式分析。如果说《中国参与世界》的作者们由于很难得到机会参与国家对国际组织的实际工作,入场式分析和参与式观察的缺失无法避免,如王逸舟在评论《中国参与世界》时明确指出的,从事中国与国际组织关系的研究"需要掌握大量的有关中国与各个主要的国际组织的历史联系及现实关系的第一手资料"[①]。然而,《磨合中的建构》却也重复了西方学者所经历过的同样困境,即在其研究所涉及的问题领域,对第一手资料的收集非常有限,甚至一本研究报告都没有引用,对从事相关国际组织工作的一线外交人员也没有进行过任何访谈或其他接触。由于以上遗漏,这么一项非常重要的研究在原本可成为研究优势的分析深度上就不可避免地存在了不足之处。

此外,由于中国近些年来在经济社会领域所取得的巨大进步,在对联合国和安理会(UNSC)等高政治性国际组织分析与研究日益增多的同时,关于中国与国际经济组织和金融组织关系的研究也逐渐出现。从事一线工作的中国政府官员近年也开始发表文章,比如财政部前副部长、国际司司长朱光耀的《世界银行与中国的改革开放》[②];央行前副行长、国际货币基金组织副总裁朱民离任后,于清华大学国家金融研究院院长任上发表的对参与 G20 全球金融治理名人小组报告的回顾性文章;等等。但是整体而言这样的文章并不多见。研究类著作则有胡鞍钢和王清容发表的《1981—2002 年间国际金融组织贷款对中国经济增长的贡献研究》[③]等初步的量化研究。因 2003 年"非典"疫情之故,之后

---

① 王逸舟主编:《磨合中的建构——中国与国际组织关系的多视角透视》,中国发展出版社,2003 年,第 3 页。
② 朱光耀:《世界银行与中国的改革开放》,《求是》2005 年第 15 期。
③ 胡鞍钢、王清容:《1981—2002 年间国际金融组织贷款对中国经济增长的贡献研究》,《当代经济科学》2005 年第 1 期。

开始有若干论文关注世界卫生组织等专门性的国际组织;2020年的新冠肺炎疫情在全世界的爆发,使全球公共卫生问题、全球健康治理、世界卫生组织又回到研究视野中。此外,近年来由于环境问题和气候变化问题的凸显,讨论环境治理和气候治理的文献也逐渐增多。

然而,分析中国与专门性国际组织关系的研究专著仍旧较少见到。过去数年间,开始有论文关注国际组织与中国的关系演进,并着眼于对中国影响的分析,例如李志永题为《国际制度的国内尝试——以人权B公约和中国为例》①的硕士学位论文;徐峰题为《中国与世界银行关系研究》②的博士学位论文是对中国与世界银行全面关系的一次经济关系分析尝试;丁韶彬的《社会化视角下世界银行与中国的关系》③提供了社会化分析的新视角;姜茜雅2009年的硕士论文《世界银行对中国国内制度的影响》④则尝试从建构主义角度对世界银行对中国的影响进行了初步分析。但是,这几篇论文存在着相同的不足之处:第一,相关的国际组织均被假设为静止的,未发生或不发生变化;第二,第一手资料搜集存在缺陷,在姜茜雅颇有新意的论文中,甚至连朱光耀的重要文章也未被引用;第三,作为实证论文,理论引述部分的幅度却远远超过实证部分。

2010年以后,相关研究逐渐获得关注,个案研究和理论思考开始不断被引入。比如熊李力2010年出版《专业性国际组织与当代中国外交:基于全球治理的分析》,梁守德、陈岳、李义虎2011年出版《变革中的

---

① 李志永:《国际制度的国内尝试——以人权B公约和中国为例》,中国人民大学2005年硕士学位论文。
② 徐峰:《中国与世界银行关系研究》,财政部财政科学研究所2006年博士学位论文。
③ 丁韶彬:《社会化视角下世界银行与中国的关系》,《教学与研究》2008年第9期。
④ 姜茜雅:《世界银行对中国国内制度的影响》,广东外语外贸大学2009年硕士学位论文。

国际体系与中国责任》，朱立群等2012年出版《中国与国际体系：进程与实践》，孙吉胜等2016年出版《互构与变革：中国参与国际社会文化体系进程研究》，谢世清2014年出版《中国与世界银行：推动能力发展》，秦亚青2016年出版《实践与变革：中国参与国际社会体系进程研究》，胡宗山、韦红2019年出版《中国参与国际体系变革进程研究》，等等。

尽管分析与研究不断增多，但一个不容忽视的现实是，对中国与国际体系的关系进行历史全程追踪分析的研究非常少，历史而全景的分析则少之又少，其中最主要的是两本著作：张勇进1998年出版的《1949年以来的中国与国际社会》，江忆恩2008年出版的《合群国家：中国参与国际组织，1980—2000》。这两本著作都是在西方出版的，尚未有中文译本。赵磊2007年出版的《构建和平：中国对联合国外交行为的演进》从行为角度分析了中国在联合国的外交行为，但研究的基础局限于文本分析。谢世清2014年出版的《中国与世界银行：推动能力发展》梳理了30多年里世界银行贷款项目为中国留下的物质建设成果，以世界银行50个对华贷款项目为案例，详实分析了世界银行帮助中国政府提升管理能力的过程，指出相对于货款提供的资金，更重要的是这些项目所引进的大量先进的国际理念、知识、技术、方法和经验，极大地推动了中国政府的能力发展。

上述朱立群和秦亚青著作的重要价值则在于高度的问题意识与自觉的理论对话。朱著《中国与国际体系：进程与实践》从实践理论出发，对中国参与世界贸易组织（WTO）、中国参与国际金融组织、中国参与G20反恐融资体系、中国重返联合国、中国参与联合国维和行动、中国参与不扩散核武器机制、中国参与地雷和轻小武器国际控制机制、中国参与世界卫生组织、中国参与联合国教科文组织、中国参与国际人权组织、中国参与应对气候变化等11个案例的实践进程逐一进行了分析。

秦著《实践与变革:中国参与国际社会体系进程研究》的核心概念是实践,提出了一个以"参与实践"为核心的理论解释框架。"参与实践"是指参与国际体系的实践活动,是一个以实践为基本内容的活动过程。参与实践模式突出"实践选择",认为实践活动本身是行动实施的主要驱动力量。中国对国际体系的参与不是某种先知先觉的抽象理念的驱动,而"首先是中国自主地、积极地、稳步地参与国际体系的各种实践活动、中国与国际体系互动产生的各种实践活动"[1]。秦著对中国的行为模式的研究,以行为体的"实践活动"为研究基点,以"实践过程"为研究内涵,以"实践逻辑"为行为体的行为动力,试图在"参与实践""身份承认"和"秩序变革"之间,建构一个解释中国积极参与国际体系的因果作用机制。

西方主流国际关系理论之所以难以解释中国参与国际体系的行为,乃至对中国的参与行为给出他者视角的负向评价,原因之一固然是立场僵化,更重要的则是分析范式的僵化,即仅仅套用了利益权衡、制度和规范约束等单一进路来解释行为体具有自主性的实践行为,全然无从理解和诠释中国主动"摸着石头过河"实践这一其参与国际体系进程的最关键因素,也未将中国的改革与开放作为其对国际体系参与的背景,因此得出了与事实相去甚远的研究结论。即使在全球治理的语境下,西方学者对中国国家治理行为的分析也远难以脱离既有的偏狭之见和资料搜集的困难。

尽管互联网技术不断取得进步、各种在线资料库也日益完善,但是由于资料占有和入场观察机会两方面仍旧缺乏,因此相关研究的分析力度依旧受到了影响。资料缺乏的原因之一是中国对外决策和相关档

---

[1] 秦亚青:《实践与变革:中国参与国际社会体系进程研究》,世界知识出版社,2016年。

案文件的不公开、相关调研报告的不公开,之二是研究人员对相关资料的搜集难谙其道。① 入场观察机会的缺乏则是由现行的外交制度所决定的现实困难。此外,在国际组织网站广泛普及之前,直接检索其文献资料更是巨大的难题。既然对中国学者来说尚存在着这些障碍,那么,对中国之外的学者来说,类似的障碍便更是难以逾越。可以说,中西方学者在这一研究上遇到了相同的困境。如果说既有研究所累积实现的知识贡献构成了本书论说的理论基础,那么,其间所存在的缺失和缺陷即成为本项研究力图加以弥补的重心和指向所在。

三、联合国教科文组织与中国:
典型而特殊的个案

本项研究选择联合国教科文组织为分析个案。相对于安理会等其他硬约束和高政治(high-politics)的国际组织,联合国教科文组织的机构特性使之成为考察中国与数量更加众多的一般性和专业性的国际组织之关系的典型个案。同时,联合国教科文组织对全球治理理论的高度关注,对全球教育治理的关注、研究和贡献也是促成这一案例选择的原因。整体而言,本项研究之所以选取联合国教科文组织与中国的关系演进作为案例,更基于以下一些考量:

首先,70余年来,作为国际机制的一部分和国际公约等国际规则的制定者,联合国教科文组织自身已经发生了很大变化,它不仅见证了国

---

① 比如中国与联合国教科文组织的早期交往文件资料长期存放在中央教育科学研究所,但是这批档案文件已被移往郊区仓库封存,无法调阅。此外,国家图书馆专设的国际组织阅览室亦少有人光顾。

际格局的重大变迁,其自身的发展也备受这些变迁的影响。相较于其他国际组织,联合国教科文组织因其作为联合国系统内最大的智力合作组织,具有高度意识形态化和伦理化,使得它的变迁比其他组织的变迁更为复杂,但是复杂性并未改变该组织的基本风格与组织品质,因而具有稳定的标本意义,可以成为一个有价值的观察样本。

作为政府间国际组织且是联合国系统一个重要的专门机构,联合国教科文组织相当特别,它既非粮农组织、国际卫生组织、国际电信联盟那样业务范围相对狭窄的专门化组织,亦非联合国儿童基金会(UNICEF)、世界银行、国际货币基金组织那样的资金提供组织;按照它自己的话来说,联合国教科文组织在本质上是一个"智力合作机构",其主要职能是"思想的实验室""信息交流中心""国际准则的制定者和监督者""能力培养者"和"国际合作促进者",其业务范围涵盖了教育、科学、文化、传播四大领域,是整个联合国体系中业务范围最为广泛的组织。而这些"智力合作",均属于非物质的国际结构的重要内容。正是由于联合国教科文组织有着宽广的业务领域,它对世界的影响是多方位的:教育领域的全球扫盲、全民教育、终身学习,文化领域的非物质文化遗产保护、文化多样性城市联盟,科学领域的海洋事务、人与生物圈、国际地质公园,等等,这些计划与活动在不同的国家、地区与国际层面立体化展开,不仅丰富了国际社会的内容,更推动了会员国的国际社会化。从思想性、普遍性、选择性和物质偏好来说,相较于其他联合国专门机构的业务领域高度专门化与高物质化(见图1-1),联合国教科文组织的意识形态性、规则性和伦理性使之与会员国所发生的关系更具有普遍与持久的意义。

其次,中国与联合国教科文组织的关系演进是中国与重要国际组织关系演进的典型案例。新中国对于参加国际组织所设定的前提是坚

图 1-1 联合国系统国际组织性质的区位比较①

决反对"两个中国",甚至不惜以退出为代价:"1958 年,由于国际足联将中国提出并已列入议程的驱蒋提案不经过充分讨论就否决掉了,周总理获悉后,指示'立即退出国际足联'。1958 年,我国一共退出了 11 个国际组织,只留在四五个组织里。"②在 1971 年中国恢复联合国的合法席位后,联合国教科文组织是第一个在当年恢复,并且是主动恢复新中国合法席位的联合国专门机构,而中国政府则是积极接受了这一恢复。与之对应的是,中国恢复了在联合国的合法席位后,世界银行表示希望中国成为其会员国,却遭到拒绝,因为新中国一直视世界银行为资本主义以及西方统治世界的工具,直到 1980 年才改变态度。从案例分析的典型性来说,中国与联合国教科文组织的关系演进更具有历时的全面性。

再次,中国对绝大多数国际组织的工作,通常由相关对口部委一对一专门负责,如财政部对口世界银行、卫生部对口世界卫生组织、农业

---

① 机构缩写注释:联合国教科文组织/UNESCO、世界银行/WB、国际货币基金组织/IMF、国际劳工组织/ILO、世界卫生组织/WHO、国际电信联盟/ITU、联合国粮农组织/FAO、万国邮政联盟/UPU、世界气象组织/WMO。
② 梁丽娟:《何振梁——五环之路》,世界知识出版社,2005 年。

部对口联合国粮农组织等等。具体来说,除了财政部专门设立世界银行司之外,对相关国际组织的工作主要由这些部委外事司的多边处负责。但是,由于联合国教科文组织业务领域的宽泛,会员国与教科文组织间的关系也是独特而复杂的:各会员国根据《联合国教科文组织组织法》的要求,专门设立相关的全国委员会。这种独特的机构设置,正是应对同教科文组织复杂关系协调的产物。以中国为例,中国的联合国教科文组织全国委员会设在教育部,它的印章是正部级,委员单位则为30家部委。中国联合国教科文组织全国委员会主任由分管外事的教育部副部长兼任,副主任则由外交部、科技部、文化部、社科院的主管副部长或副院长兼任。即使是中国联合国教科文组织全国委员会秘书处,它的科层级别也远高于一般的多边处,是正司局级。这种复杂的对口机构设置和官僚层级安排,正可以作为检视中国与国际组织关系的组织的切入口。虽然这个机构经历了很多变化,并且业务领域的复杂与关系沟通的复杂也带来了相关知识和工作人员的复杂化,但是这种对口机构设置在过去40多年并未发生大的变化。此外,相对于世界银行与中国合作关系的发展过程中所经历的多头管理[1]以及诸多变迁[2],全

---

[1] 国家发改委将世界银行贷款项目列入国家基建计划和国家利用外资计划并参与协助世界银行对中国经济的考察分析,外交部负责与世界银行相关的协定和法律证明,国务院机电审查办负责审批世界银行招标采购及文件,国家审计局对世界银行项目提供审计报告,海关总署负责世界银行的进出口货物,国家外汇管理局主管世界银行的外汇使用和还贷方案。详见何曼清、马仁真:《世界银行集团》,社会科学文献出版社,2004年,第268—271页。

[2] "关于国外政府贷款究竟该谁管,后来我慢慢懂了以后,跟对外经济贸易部,跟人民银行,争了好长时间。我说,这个东西是属于国债呀,不是民间贸易贷款,怎么你们管呢?将来谁还?还不是财政还吗?其实,从第一笔到后来所有政府贷款,尽管不归财政部管,但是都离不开财政部的。世界银行也认你财政部啊。可是,直到1994年我退休,国外政府贷款都没争过来。现在,听说大概是1998年项怀诚回来掌管财政部以后,就都归财政部管了。"参见张加伦口述,徐绥之整理:《我执笔起草了第一个国库券条例》,《武汉文史资料》2010年第2期。

国委员会对联合国教科文组织相关业务的管理并未对其他部委产生强侵入性，而是保持了协调的长期持续性，在这个意义上来说，联合国教科文组织全国委员会相对容易被剥离出来进行边界清晰的案例分析。

复次，随着中国国力的上升，中国与国际组织的关系正在发生重大变化。从以往的旁观者、学习者、"搭便车者"，逐渐变成全方位的深度参与者乃至引领者。在这种变化中，中国的软实力将会以参与和推动国际组织议程设置与规则设定的方式不断得到体现。中国对世界银行和国际货币基金组织进行改革的呼吁已引起全球关注；实际上，在金融动荡的时期，反而是投资教育和文化的最佳时期，但这种国际通识只是被个人或机构接受，在国家政策层面上尚未引起足够重视；或者说，中国制定"外宣战略"表明其注意到了国家形象等软实力的重要性，但并没有充分意识到国际组织对构建国家软实力的重大作用——与欧美对国际组织作用的深度开发相比，中国在这个领域的确仍是个发展中国家。但是，2014年习近平主席选择访问联合国教科文组织总部，并发表历史性的关于文明间对话的演讲，说明中国已大大提高了对国际组织重要性的认识。这些更是本项研究选择中国与联合国教科文组织关系作为研究对象的原因。

最后，从历史进程视角来看，联合国教科文组织与中国关系的变迁是中国与国际组织关系变迁的一个典型案例。因美国的两度退出而使联合国教科文组织成为中国开展"无美时代"外交实践的重要多边场域，检视和验证作为"第一会费大国"的外交战略与组织意图的实施。同时，由于联合国教科文组织业务范围的宽泛和复杂，对开展研究构成了极大的挑战，若无足够的积累实难得门而入。但是，这种挑战在一定程度上反而是著者开展本项研究的直接动力。本研究的目标是，将中国与联合国教科文组织的关系演进放置于全球治理、主权国家与国际组织互动的视野下,在历时性和截面性这两个维度上,进行一次双维度的复合个案研究。

本书是一项以经验研究为基础的复合个案比较研究。更确切地说,以联合国教科文组织为研究个案,以事件史(event history)为线索,其中又包含对若干事件个案、人物个案或政策个案的讨论。在此意义上讲,本项研究包括有历时性的比较研究,即对不同时段的发展模式与结果的比较;还包括共时性的比较研究,即对同一时段上不同的国际组织间的比较研究。就基本方法论而言,本项研究采取的是描述性分析(narrative analysis)进路,即在描述过程中对研究对象展开定性分析并最终形成研究结论。

在方法论上,本项研究采用了定量分析和访谈。所谓定量分析,主要是对数据库的运用,即从《人民日报》数据库中的国家政策文本中检视既定概念出现的频率,以之来研究和验证联合国教科文组织对中国政策与实践的影响。本研究还使用了大量访谈,即对历史事件的当事人、决策者和执行者所进行的深度访谈,并将访谈所得出的结论与文本分析和行为数据进行了比较。

就资料搜集来说,除了数据库和访谈之外,本研究还使用了大量内部文件与外部档案。档案和文件主要是联合国教科文组织的在线数据库、联合国教科文组织巴黎总部图书馆档案室所保存的自1946年成立以来关于中国的全部档案和文件,中国联合国教科文组织全国委员会秘书处所保存和收集的自1971年以来的相关重要历史档案与内部出版物,等等。同时,研究还参考了相关专著、研究论文与学位论文、研究报告、回忆录、口述史料等等。

四、互动与塑造:基于结构建构主义理论的研究

本书主要运用社会学中的结构建构主义理论,验证在国际关系领域中国际结构与国家之间的建构,这种结构主要的指向是国际组织的观念、思想、规则等非物质国际结构。具体来说,本项研究试图借用托马斯·里斯·卡彭(Thomas Risse-Kappen)关于国际制度通过跨国行为体进入和作用于国内制度的理论研究,①进一步展开验证性研究与拓展性研究;试图对玛莎·费丽莫(Martha Finnemore)等人在实证研究基础上对传统理论所进行的一系列创新性挑战进行适当的补充;引入了国际法中的"择地行诉"学说,对实践理论的解释性进行了拓展。简言之,本书将试图对科特尔(Andrew P. Cortell)和戴维斯(James W. Davis)关于国际制度进入与作用于国内制度的路径进行实证和修正。具体来说,其步骤之一是"国际规范的合法性得到了国内政治精英的理解和话语支持,并逐步上升至立法层次的辩论议程",中国案例的分析则发现高层领导人对国际形势的判断和对国际规范的实用性选择乃是先于此步骤的重要前提,国际合法性的规范不仅得到国内政治精英的理解和支持,而且得到了知识精英的理解与认同;步骤之二是"与国际规范协调的国内官僚体制在政治制度上发生了一定程度的变革",这一点得到了本项研究的充分证实;步骤之三是"国际规范获得既定国家的立法支持并得到进一步有效的实施",就本研究所分析的中国案例来说,国际规范,尤其是国际组织所推行的理念与政策,在国家政策层面得到的认

---

① Thomas Risse Kappen, ed., *Bringing Transnational Relations Back In: Nonstate Actors, Domestic Structure and International Institutions*, Cambridge University Press, 1995.

同与贯彻,相对比较直接、简便和有效。

同时,本书还进一步发现国际结构/国际规范对国家的国际社会化建构不是简单化的,而是存在着两种不同的建构:一种是直接以国际规则形式和要求对国家科层进行的建构,比如联合国教科文组织会员国之全国委员会的建立以及20世纪50年代许多国家科学科层的建立,另一种是在观念引导的基础上引发的国家自发建构,如非物质文化遗产保护科层制等,这种引发型建构甚至导致了国家的模仿型建构,比如地质公园科层制等等。这种观念有时看似来自国际组织,但有些时候是国际组织对先进国家经验的总结——国际组织以某种中介的方式推广了这些理念,即所谓国际组织"吸取了强国的新思想并加以普及"①。

江忆恩在2006年的《中国外交政策研究:理论趋势及方法辨析》②中提出了两个重要命题,其中之一是"与国际组织的互动如何精确地影响国家的对外政策"。本书在很大程度上以实证的方式回答与之相关但更为广泛的命题,即"与国际组织的互动如何精确地影响中国的政策和政府机构设置,而不仅仅是对外政策"。他在《中国和国际制度:来自中国之外的视角》一文中还曾经指出:"很可惜,迄今为止,关于国际制度及其从整体上影响国家行为的文章,特别是关于中国参与国际制度的文章,尚未特别关注验证这一内在进程的出现。"③本项研究是对这一命题进行回答的一次尝试。王逸舟指出,"从某种意义上讲,中国参与

---

① 玛莎·费丽莫:《国际社会中的国家利益》,袁正清译,浙江人民出版社,2001年,第77页。
② 江忆恩、郎平:《中国外交政策研究:理论趋势及方法辨析》,《世界经济与政治》2006年第8期。
③ 王逸舟主编:《磨合中的建构——中国与国际组织关系的多视角透视》,中国发展出版社,2003年,第346页。

国际组织的复杂进程,不止是一种单纯自我调整的、被动的和单向的过程,它实际上也是受影响、改造、修正这些体制的正反馈过程。"[1]本书也在一定意义对这种单向和正反馈过程的具体路径以及两者之间的权重对比提供检验。

本书的另一目标是对全球教育治理理论以及联合国教科文组织在其中的关键作用进行评析,对全球教育治理的哲学基础进行探讨,对教育治理领域的国家主权与个人受教育权的相关性进行分析,以推进关于全球教育治理概念与理论的研究。此外,本书还引入国际法中的"择地行诉"学说,对秦亚青等学者的实践理论进行了拓展,认为中国对联合国教科文组的实践参与存在着以国际组织本体为实践场域的"客场"型在场实践,也存在着以国内空间为实践场域的"主场"实践,过往10年的突出特点是出现了基于"国内重心"策略的从"客场"到"主场"的实践场域转移。

本书意在试图对中国与现代国际体系的互动和建构关系增加理解,在特定方向上做出知识贡献。以实证证据发现关键问题和机制,借以评估中国参与国际组织活动的成就与问题,发现中国对国际组织的参与在中国走向现代国家的路途中所发挥的实际作用。基于上述考量,本书采用了从历史过程描述到个案以及比较个案研究,再到归纳性结论的论说框架。

第一章为导论,交代本项研究问题的提出、相关理论与实证研究的文献综述、个案选择的依据以及主要的研究方法和知识贡献。

第二章对联合国体系和联合国专门机构,主要是联合国教科文组织的自由主义左翼取向与政治化性质的产生与变化趋势进行了分析,

---

[1] 王逸舟主编:《磨合中的建构——中国与国际组织关系的多视角透视》,中国发展出版社,2003年,第39页。

为考察联合国教科文组织与中国的互动关系演进提供尽可能充分的研究前提。

第三章对联合国教科文组织与中国的关系演进进行了历时性分析,在发现关键节点的基础上,对关系演进进行了初步的分期归纳与研究。

第四章交代了对上述关系演进负责的特定制度设计,即负责联合国教科文组织工作的中国国内机构与人员的专门化与常态化,并将之与中国负责其他国际组织业务的相关机构进行了横向比照。

第五章从特定的专业概念进入中国学界和政策制定者的专业视野和决策过程出发,以对若干子个案的分析呈现联合国教科文组织在观念、政策与制度方面对中国的形塑、形塑途径及其变迁,并与中国和世界银行关系的发展进行了适度比较研究。

第六章以中国对联合国教科文组织公约谈判和特定政府间委员会等具体活动的参与来分析其变化的原因,进而总结联合国教科文组织对中国相关机构的能力建设所起的作用。

第七章分析了联合国教科文组织与国家软实力构建之间的关系,进而以若干个案来分析和说明这一国际组织对国家文化影响力构建的作用,以呈现其在当下中国国家整体发展中可以做出的贡献。

第八章是对全球教育治理的哲学基础和理论前沿进行的研究,借以分析联合国教科文组织的角色、作用以及全球教育治理的基本趋势。

第九章认为中国对联合国教科文组的实践参与既存在着以国际组织本体为实践场域的"客场"型在场实践、也存在着以国内空间为实践场域的"主场"实践,出现了基于"国内重心"策略的从"客场"到"主场"的实践场域转移。

第十章是对以上诸章节内容的初步分析与结论所做的总结与展望。

第二章　联合国教科文组织的变迁：
从理想主义到超越政治化的现实理想主义

一如前文已经指出的那样，作为国际机制的重要构成部分，国际组织和国际制度绝不仅仅是一个静态的主权博弈场所，或是停滞的官僚机构。① 在主权国家入场进行互动和博弈的同时，国际组织、国际机制与国际制度这些被既往研究所假设的恒量，也无时无刻不发生着变化。因此，主权国家与国际机制的相关互动与博弈一直是双重甚或多重的动态变迁。70 余年来，作为国际机制的一部分和国际规则的制定者，联合国教科文组织自身已经发生了很大变化，不仅会员国数量和经费总量发生了巨变，而且见证了国际格局的巨大变迁，其自身的发展也备受这些变迁的影响。

相较于其他政府间国际组织，联合国教科文组织作为联合国系统内最大的智力合作组织，组织性的质高度意识形态化和伦理化，使得它的变迁更加剧烈，较之其他组织的变迁更具有标本意义。因此，对于联合国教科文组织的研究必然要从历史主义分析入手，进而为理解其变化提供一个观察和分析的特定视角。

---

① 薄燕：《作为官僚机构的国际组织——评〈为世界定规则：全球政治中的国际组织〉》，《外交评论》2008 年第 3 期。

一、联合国教科文组织

联合国教育、科学及文化组织(United Nations Educational, Scientific and Cultural Organization)是联合国16个专门机构之一,简称联合国教科文组织,英文缩写为 UNESCO。联合国教科文组织于1946年11月正式成立,同年12月成为联合国专门机构,总部设在法国巴黎。该组织在维护长期和平、推动公平和可持续发展方面发挥着独一无二的作用。其使命宣言是:"战争起源于人之思想,故务需于人之思想中筑起保卫和平之屏障。"(Since wars begin in the minds of men, it is in the minds of men that the defences of peace must be constructed.)联合国教科文组织认为:"政府的政治或经济措施并不足以获得人民长期的鼎力支持。对话和相互理解是建立和平的基础,人类智慧与道德的团结是建立和平的前提。"[①]在此精神指导下,联合国教科文组织积极发展教育,消除仇恨,倡导包容,培养全球公民,致力于确保每个儿童和公民都享有接受优质教育的机会;通过弘扬文化遗产、倡导文化平等加强各国之间的联系;促进科学计划与政策,以此作为发展与合作的平台;支持言论自由,认为言论自由不仅是一项基本权利,也是保证民主与发展的关键条件。作为孕育思想的摇篮,联合国教科文组织帮助各国落实国际准则、管理各项促进思想自由交流和知识共享的计划。

联合国教科文组织是各国政府讨论关于教育、科学和文化及相关问题的专业性国际组织,在组织结构上采用了通常政府间国际组织经

---

① 《联合国教科文组织简介:使命与任务》,https://zh.unesco.org/about-us/introducing-unesco,最后访问日期:2021年7月16日。

典的"三分结构":体现国家间利益关系、供会员国表达诉求的全体大会,代表国际组织本体、服务国际组织自身目标的常设秘书处和执行局。① 大会为该组织最高权力机构,决定该组织的政策、计划和预算。执行局为大会闭幕期间组织的管理和监督机构。秘书处负责执行日常工作,由执行局建议、经大会任命的总干事负责领导秘书处的工作。联合国教科文组织在全世界的分支机构分为地区办事处、多国办事处、国别办事处等级别。目前,联合国教科文组织有 193 个会员国②和 11 个准会员,数量位居联合国体系各机构之首。根据《组织法》设立的各会员国全国委员会是联合国教科文组织迥异于联合国体系中其他机构、包括联合国的特殊设置。目前,193 个会员国中的绝大多数国家均成立了本国的联合国教科文组织全国委员会,隶属于外交部或教育部,负责对接联合国教科文组织与本国的专门工作。

联合国教科文组织与 401 个非政府组织(专业学会)有正式合作关系,比如国际科学联合会理事会(ICSU)、国际社会科学理事会(ISSC)、世界工程组织联合会(WFEO)等等,合作开展大量各领域研究工作。联合国教科文组织的主要出版物《信使》杂志有中、英、法、西、阿、俄等 10 种文本;《教育展望》有中、英、法、阿、西、俄文;《科学与社会》有英、法、西、俄、阿文;《自然与资源》有英、法、西文;《国际社会科学杂志》有中、英、法、阿、西、俄文;《版权公报》有中、英、法、西、俄文;《国际博物馆》有中、英、法、西文。联合国教科文组织还不定期出版权威性的国际报告,比如《富尔报告》(1972 年)、《科学报告》(2015 年)、《工程报告》(2010

---

① 刘莲莲:《国际组织理论:反思与前瞻》,《厦门大学学报》(哲学社会科学版)2017 年第 5 期,第 14—26 页。
② 2018 年 12 月 31 日起,美国和以色列正式退出联合国教科文组织,使该组织的会员国数目从 195 个变为 193 个,此前教科文组织的会员国数目比联合国多 2 个,分别是巴勒斯坦和南苏丹。

年、2021年)。《保护世界文化和自然遗产公约》有178个缔约国,有167个国家的1154处世界遗产地列入了联合国教科文组织的世界遗产名录,所有世界遗产占地面积总和达1000万平方公里。

联合国教科文组织总部位于巴黎市中心的丰特努瓦广场,由法国政府以1法郎的象征性价格赠送。"Y"形总部大楼别名"三角星",整座大楼矗立于72根混凝土桩柱之上,由3名不同国籍的设计师在一个国际委员会的指导下进行设计。落成于1958年11月3日的这栋大楼在全球建筑界享有盛名,不仅由于联合国教科文组织的知名度,更在于建筑本身的卓越价值。主楼落成之后相继落成另外三座建筑。第二座建筑被称为"手风琴",是拥有铜质褶皱顶棚、用来举办大会全体会议的1号会议厅所在地。第三座是立方体形建筑。第四座建筑是围绕六个小型的中空内院在地下加盖的两层办公楼。联合国教科文组织总部建筑群中藏有许多艺术杰作,既包括向著名艺术家预订的用于装饰的蕴含了世界和平寓意的艺术作品,也包括一些会员国赠予的艺术品收藏,比如毕加索、巴赞、米罗、达比埃斯、勒·柯布西耶、朱屺瞻等众多世界各国艺术家的作品。

中国是联合国教科文组织创始国之一。1945年11月16日,37国政府代表齐聚英国伦敦,在皇家土木工程学会所在地召开联合国教科文组织筹备会议,签署了大会制定的宪章性文件《组织法》。① 第一届大会于1946年11月9日至12月10日在法国巴黎索邦大学大礼堂召开,30个国家的政府代表团参加。日本和德意志联邦共和国于1951年加入,西班牙于1953年加入。"二战"以来的重大历史事件,如冷战、朝鲜

---

① 最早批准《组织法》,使其生效的20个国家分别是:澳大利亚、巴西、加拿大、中国、捷克斯洛伐克、丹麦、多米尼加、埃及、法国、希腊、印度、黎巴嫩、墨西哥、新西兰、挪威、沙特阿拉伯、南非、土耳其、英国、美国。

战争、非殖民化进程和苏联解体等都对教科文组织产生了影响：如苏联于1954年加入该组织（1992年被俄罗斯联邦取代）；1960年，19个新独立的非洲国家加入该组织；中华人民共和国于1971年恢复在联合国教科文组织的合法席位；1991—1993年间，12个苏联的加盟共和国在苏联解体后成为教科文组织的会员国；2011年，巴勒斯坦成为教科文组织的第195个会员国；等等。

与联合国不同，联合国教科文组织是少有的不是由美国而是由英法等欧洲国家联合主导建立的联合国专门机构，而且其欧洲化和左翼化特征一直保持至今。在其正式成立之时，《联合国宪章》第57条已经确定了有关建立享有"专门机构"地位的国际组织的规定："一、由各国政府间协定所成立之各种专门机关，依其组织约章之规定，于经济、社会、文化、教育、卫生及其他有关部门负有广大国际责任者，应依第63条之规定使与联合国发生关系。二、上述与联合国发生关系之各专门机关，以下简称专门机关。"①与联合国是在对国际联盟（League of Nations）否定的基础上成立不同，在两次世界大战之间成立的"智力合作组织"是联合国教科文组织的前身②，但其业务领域不包括教育。联合国教科文组织总部之所以设在巴黎，正是因为这是国际智力合作研究所的所在地。与联合国的强政治性和泛领域性不同，联合国教科文组织的业务领域既政治性相对较低，同时也完全明确化，占有业务领域先天的道义优势。

总体来说，该组织自身的变化经历了创办时期知识分子的理想主

---

① "Chapter IX: International Economic and Social Co-operation", *Charter of the United Nations*.
② 该组织包括一个领导机构：国际智力合作委员会（CICI，驻日内瓦），以及一个执行机构：国际智力合作研究所（IICI，驻巴黎）。

义、理想主义与现实政治的冲突、冷战时期波及整个联合国体系的政治化等影响,自20世纪末逐渐进入了一个领导层的政治化与组织整体的现实理想主义的发展时期。

二、知识分子与联合国教科文组织

第二次世界大战烽火肆虐的1942年,正在抗击纳粹德国侵略的欧洲国家政府在英国召开盟国教育部长会议。尽管战争远未结束,但这些国家已经开始思考恢复和平后的教育体系重建问题。"二战"结束后不久的1945年11月1日—16日,根据盟国教育部长会议的提议,在伦敦举行了旨在成立一个教育及文化组织的联合国会议(ECO/CONF),37个国家的代表出席了这次会议。在法国和英国的积极推动下,与会代表决定成立一个以建立真正和平文化为宗旨的组织,期待这个新的国际组织应建立"人类智力上和道义上的团结",从而防止新的世界大战爆发。

尽管直接提出倡议的是"二战"时期的英国教育大臣爱伦·威尔金森(Ellen Wilkinson)女士,但联合国教科文组织与联合国在创立上的最大不同在于其成立并非完全出自政治决定,而是深受左翼自由主义知识分子的影响。这种影响有双重含义:一是联合国教科文组织的前身,即国际联盟时代的国际智力合作研究所(IICI)这种模式的影响,尤其是对各国政府代表团及其成员的深刻影响;二是与这个国际智力合作研究所有关的世界近代史上一批著名学者的影响,这批学者包括了当时各知识领域的杰出代表人物,其中有爱因斯坦、居里夫人、弗洛伊德、亨利·柏格森①等一批诺贝尔奖获得者以及阿尔弗雷德·齐默恩(Alfred E. Zimmern)爵士等一批诺贝尔奖提名获得者。在这双重影响之外,自由主义知识分子还对联合国教科文组织的成立直接发挥了作用。例如,国际关系作为独立学科诞生的标志是1919年威尔士大学国际关系教席的设立,②阿尔弗雷德·齐默恩爵士正是该教席的第一位教授。同时,齐默恩也是联合国教科文组织筹备会议委员会执行秘书、拟任的第一任总干事,他本人秉持的是混合了理想主义和前自由主义的国际心智(international mind)思想。③ 联合国教科文组织加入"科学"业务则来自赫胥黎(Julian Huxley)的建议,他为教科文组织提出了人文主义(humanism),尤其是科学人文主义(scientific humanism)的思想,④以服务世界人民的和平与安全。赫胥黎不但担任了联合国教科文组织筹备会议委员会的继任执行秘书,后来还成为第一任总干事。《联合国教科文组织组织法》中使命宣言的著名表述"战争起源于人之思想,故务需于人之思想中筑起保卫和平之屏障",则出自美国代表麦克利什⑤笔下。

---

① 亨利·柏格森(Henri Bergson,1859—1941),法国哲学家,法兰西学院教授、伦理政治科学院主席、法兰西科学院院士。第一次世界大战期间,曾任驻西班牙和美国大使。1922年担任国际联盟文化合作委员会第一任主席。柏格森倡导的生命哲学是对现代科学主义文化思潮的反拨,成为现代派文学艺术的重要哲学基础,对现代科学和哲学也影响很大。著作有《时间与自由意志》《物质与记忆:身心关系论》《笑的研究》《形而上学导论》《创造的进化》《生命与意识》《道德与宗教的两个起源》等。1927年获诺贝尔文学奖。

② 秦亚青主编:《理性与国际合作:自由主义国际关系理论研究》,世界知识出版社,2008年,第4页。

③ Richard Toye, "Alfred Zimmern, Julian Huxley and the Initial Leadership of UNESCO: A Comparative Perspective", March 26, 2009, http://portal.unesco.org/en/ev.php-URL_ID=30477&URL_DO=DO_TOPIC&URL_SECTION=201.html, accessed March 26, 2009.

④ Julian Huxley, "UNESCO: Its Purpose and Its Philosophy. Preparatory Commission of the United Nations Educational", Scitific and Cultural Organization, 1946, p.7.

⑤ 博尔德·麦克利什(Archibald MacLeish,1892—1982),毕业于耶鲁大学,第一次世界大战退役后获得哈佛大学法学学位。1939—1944年他在美国国会图书馆任职;1941—1942年任情报处主任;1942—1943年任战争情报处主任助理;1944—1945(转下页)

胡适是参加1945年联合国教科文组织筹备大会的中国代表团首席代表,赵元任则是参加1946年第一届大会的中国代表团团长。曾担任智利驻法国大使的著名诗人聂鲁达①曾在教科文组织第16届大会上发言,"提醒代表们不要忘记联合国教科文组织对穷人和被剥夺群体的基本承诺——他们需要的不只是文学和金钱"②。

联合国教科文组织的自我功能定位,是思想实验室、信息交流中心、国际规则的制定者和监督者。在实际工作中,该组织经常邀请国际上有影响力的专家学者和政界人士组成高层次的小型智囊机构,对当代的重大问题进行深层次的专题研究,提出解决的建议,并将成果以报告形式出版。这些报告有很高的权威性,有的甚至成为经典,比如埃德加·富尔③主持的国际教育发展委员会的报告《学会生存:世界教育的今天和明天》(Learning to Be: The World of Education Today and Tomorrow)、肖恩·麦克布莱德④主持的国际交流问题研究委员会的报告《多种声音,一个世界》(Many Voices One World)等。联合国教科文组织在专家研究的基础上提出了诸如扫盲、全民教育、终身学习、知识型社会、世界遗产保护等观念,还极大地影响或直接决定了世界各国的政策走

(接上页)年任美国公共关系与文化交往助理国务卿。1946年他率领美国代表团赴巴黎参加联合国教科文组织第一次全体大会,并在之前协助起草了该组织的章程。1949—1962年在哈佛大学任修辞学和演讲学教授。曾两次获普利策诗歌奖,一次获普利策戏剧奖。

① 巴勃罗·聂鲁达(Pablo Neruda,1904—1973),1971年诺贝尔文学奖获得者。1924年发表成名作《二十首情诗和一支绝望的歌》。从1927年起担任智利外交官。1945年当选为国会议员。1969年被智利共产党提名为总统候选人。1970年阿连德当选总统后,聂鲁达被任命为驻法国大使。聂鲁达一生中曾经三次到过中国。

② Richard Hoggart, *An Idea and Its Servants: UNESCO from Within*, Chatto, 1978, p.102.

③ 埃德加·富尔(Edgar Faure,1908—1988),两任法国总理、教育部长,曾作为戴高乐的特使负责中法建交秘密谈判。

④ 肖恩·麦克布莱德(Sean Macbride,1904—1988),爱尔兰外交部长、联合国大会主席、诺贝尔和平奖和列宁国际和平奖获得者。

向。这些都充分体现出联合国教科文组织"思想实验室"的职能,是"联合国系统内最大的智力合作机构"。联合国教科文组织通过自己、与其正式合作的机构、各会员国全国委员会以及各种定期和不定期召开的首脑会议、部长级会议、各政府间计划会议及各类专业研讨会,与已经建立正式关系的401个非政府组织开展活动,为各国政府和专家提供了一个独特且不断扩大的国际智力合作网络。联合国教科文组织还与各学科的专家协会保持密切的联系,比如国际科学联合会理事会、国际社会科学理事会和国际哲学与人文科学理事会(CIPSH)等。此外,联合国教科文组织还与国际非政府组织,特别是高等教育界的有关组织有密切合作,非政府组织国际甚至组成了一个常设委员会向联合国教科文组织提供大量智力资源。以联合国教科文组织下属的政府间海洋学委员会(IOC)为例,它负责协调联合国系统内关于海洋事务的一切研究工作,协调全世界的海洋学家在该领域的研究工作。正所谓"智力合作的使命:联合国教科文组织在各种场合使一些杰出的人士聚集一堂,他们的思想探讨不仅为本组织,也为整个国际社会提出了新的预断和方向"①。

  但是联合国教科文组织绝不仅仅是一个平面意义上的智力团体,它与知识分子的关系是立体和相互的。一方面,知识分子对这个组织的建立和运作产生重大影响;另一方面,这个组织也为知识分子创造和提供合作与交流平台,比如联合国教科文组织协助成立了欧洲核子研究组织(CERN),该组织拥有当今世界主要实验室之一的"欧洲粒子物理实验室",产生了数位诺贝尔奖获得者。在国际原子能机构的合作下,联合国教科文组织负责管理设在意大利的里雅斯特的

---

① 姆博主编:《联合国教科文组织四十年》,郭春林等译,中国对外翻译出版公司,1985年,第181页。

国际理论物理中心(ICTP),该中心在20世纪80年代即每年接待700名发展中国家的科学家来访。联合国教科文组织还帮助建立了设在法国尼斯的国际纯数学和应用数学中心(CIPMA),国际脑研究组织(IBRO)和国际细胞研究组织(ICRO)也是根据联合国教科文组织的倡议成立的。联合国教科文组织还对意大利乌迪内国际机械科学中心(ICMS)提供资助,使之在11年间培训了来自70多个国家的2500多名青年研究人员;同时,也对贝尔格莱德国际热传导和质量转移研究中心(ICHMT)提供了资助。联合国教科文组织还以伟大的前瞻性眼光看到了信息学的重要性,促成建立了罗马国际电子计算中心(后改组为政府间信息科学局,IBIS)。[1] 20世纪60年代,联合国教科文组织为许多新独立的国家提供教师培训等,甚至派出专家帮助许多国家筹建科技部门、制定科技政策和教育政策等。联合国教科文组织从个体、团体乃至国家、地区和国际级组织结构的不同层面,以智力合作为出发点,与全世界的知识阶层建构了宽泛、深入而良好的互动关系。

联合国教科文组织选择的高层领导人也能证明这个组织与知识界的重要关联。该组织70多年以来一共产生过10位正式的总干事,除了最近的3任总干事外,其他人均属于所谓"知识界"[2]:2人是自然科学背景,其他5人则是人文和社会科学背景。例如首任总干事赫胥黎是著名的科学家和科普作家,第二任总干事博德(Jaime Torres Bodet)是著名的诗人和文学家,第三任总干事埃文斯(Luther Evans)则是政治学家,

---

[1] 杜越:《联合国教科文组织与全球教育治理——理念与实践探究》,教育科学出版社,2016年,第40页。

[2] 阿马杜-马赫塔尔·姆博:《人民的时代》,郭春林、蔡荣生译,中国对外翻译出版公司,1986年,第223页。

第四任总干事韦罗内塞(Vittotion Veronese)是法学家。曾长期任职于联合国教科文组织的皮亚杰①更是20世纪最著名的儿童心理学家。与组织业务的多领域性相同,联合国教科文组织总干事的知识背景也是多学科的,完全不同于世界卫生组织总干事的医学专业背景、国际电信联盟总干事的电信背景、世界知识产权组织总干事的法学背景等单一学科背景。总干事的多学科知识分子化,也是联合国教科文组织有别于联合国系统其他组织的一个重要特点。

此外,值得指出的是,相较于其他联合国机构,联合国教科文组织的左翼自由主义色彩从未消失,在某些特定历史时间点,这种机构性的政治取向甚至表现得非常突出。比如,联合国教科文组织不仅是联合国专门机构中第一个接纳日本的机构(1951年),也是第一个而且是主动恢复中国合法席位的联合国机构(1971年);2011年联合国教科文组织不惧失去第一会费大国美国的支持,接纳巴勒斯坦为正式会员国,开整个联合国系统的先河——事实上,直到10年之后的2021年,也仍然没有第二个联合国专门机构跟进接纳巴勒斯坦为正式会员。

三、功能主义与政治化:理解联合国教科文组织的一个途径

功能主义理论创始人戴维·米特兰尼(David Mitrany)于1943年出

---

① 皮亚杰(Jean Piaget,1896—1980),瑞士心理学家,曾任国际心理学会主席。皮亚杰先后出版著作近50种。以他为代表的"日内瓦学派"的基本理论和实验研究对西方现代儿童心理学、发展心理学和教学改革具有比较广泛的影响。他曾长期担任联合国教科文组织国际教育局局长和执行局委员等职。

版的《一个运转的和平体系》,第一次系统地阐述了功能主义的基本内容,将功能主义与防止战争以及发展世界政治联系在一起。他在休谟、伯克、密尔等再发现和描述国家与人民的理想关系体系的基础上,创造性地提出实现和平理想的途径在于国家的共同活动,而不是国家的共同存在。他建议在一些具有相互关系的特定活动领域进行国际合作和建立一个广泛的国际活动与国际机构网络,以此推动国际政治与世界和平。虽然无法确切地证实功能主义和专门性国际组织建立之间的必然因果关系,但美国学者认为,"米特兰尼的功能主义为理解负责技术、经济和社会项目的国际组织的运作提供了一种有启发性的思路"[1]。中国学者认为,"《联合国宪章》明确将国际经济与社会合作视为国际和平与安全的前提条件,无疑是功能主义逻辑的典型表述"[2]。20世纪60年代,在"重读米特兰尼"(Mitrany re-read)基础上所产生的新功能主义学派,强调要从经济问题入手,点滴造就和平(peace by pieces),特别要重视发挥国际组织的作用。20世纪60年代国际组织实际工作层面的特点是联合国教科文组织等专门机构的兴盛,在理论层面则是新功能主义的兴起。但随后发展中国家和发达国家在联合国体系中的分歧与矛盾加深和恶化,并在20世纪70年代后期至80年代早期达至顶点。讽刺的是,西方国家不断指责发展中国家将联合国专门机构过度政治化,但最终他们自己的回应是更激烈而极端的政治化,最典型的事例是美国在1977年宣布退出国际劳工组织、1982年9月到1983年2月间冻结了与国际原子能机构的关系以及与英国先后在1983年和1984年宣布

---

[1] Mark F. Imber, *The USA, ILO, UNESCO and IAEA—Politization and Withdrawl in the Specialized Agencis*, the Macmillan Press, Ltd. 1989, p.16.

[2] 江国青:《联合国专门机构与功能主义理论的发展》,《武汉大学学报》(社会科学版)1991年第3期。

退出联合国教科文组织。美国近年来的最新动作是于2018年12月31日再次退出联合国教科文组织、2020年11月3日退出《巴黎气候协定》,并一度计划在2021年7月退出世界卫生组织。

功能主义在提供了国际关系发展的一种全新视角的同时,也存在着自身的局限性。它的基本假设前提是国际问题可以分为政治性和非政治性两大类,而且,低争议性的非政治性问题的解决可以导致政治性问题的迎刃而解。但这一假设在实际层面遇到的问题却是,政治因素对非政治性问题的作用力远大于理论设想,政治性问题显然不是由非政治性问题所简单罗列叠加构成,功能主义通过国际组织开展经济和社会活动以最终解决政治问题的设想显然过于理想化。因此,功能主义一开始就陷入了政治和非政治概念与路径的悖论。即便是联合国体系内,"二战"之后的意识形态纷争也从来就不曾停止,20世纪60年代大批新独立的民族国家加入联合国体系,在原来的二元对立的意识形态问题上又加入了以庞大的会员国基数为外在特点的发展中国家新要求。愈加复杂的意识形态和政治问题对联合国专门机构的冲击,冲破了功能主义原有的理论边界,因而它在解释新问题时就显得力不从心。

联合国专门机构自身组织结构的问题,也使功能主义理论在实际运行中遇到了困难。功能主义的前提之一是要将政治问题和非政治问题区分开,例如《世界银行协定》的条款中明确规定"禁止政治活动"①,但是联合国体系却恰恰是将功能性的专门机构与联合国联系在了一起,甚至在实践中有意识地将联合国专门机构与安理会等高政治性联合国机构联系在一起,比如《世界卫生组织组织法》第76条就规定了该

---

① *Articles of Agreement*, December 27, 1945, https://www.worldbank.org/en/about/articles-of-agreement, accessed July 16, 2021.

专门机构可以向国际法院咨询,①2004年12月联合国秘书长高级别小组在报告中更直接建议"如果出现了新的传染病或有意释放传染剂,从而造成严重的威胁时,有必要由卫生组织和安理会进行合作,建立有效的防疫措施","安理会应该同卫生组织总干事协商,制定在爆发可疑和大规模传染病时共同合作的必要程序"。② 此外,世界卫生组织的新《国际卫生条例》直接关注传统上认为是一国主权的公共卫生领域,并声明该专门机构有权在不经过成员国同意的情况下发布相关旅行建议和警告。③ 这些说明世界卫生组织在合法的职能上超越了国家主权观念。2005年联合国教科文组织通过《反对在体育运动中使用兴奋剂国际公约》,确保所有的政府都有法律上的义务来执行,从而把体育运动与政府行为结合在一起。④ 这些超越了功能主义的解释范围。

功能主义也没有考虑到操作主体本身的政治化性质。"专门机构是政治协定创造的结果,它们的决议和工作不可避免地以这样或那样的方式反映当下的政治氛围。"⑤由于联合国专门机构的政府间国际组织性质,表明它成立的目的是为主权会员国提供的互动沟通渠道,是多边外交舞台,因此,无论功能主义对它抱有多大的期望,抑或它对技术性手段的依赖性有多高,它从成立之日起就不可避免政治化或被政治化。考察联合国专门机构"二战"以来的历史,"政治化"是无法避开的

---

① 陈颖健:《联合国专门机构职能扩张的法律问题研究——以世界卫生组织为例》,《外交评论》2008年第2期。
② 《威胁、挑战和改革问题高级别小组报告》(2004)第144条(A/59/565),2004年12月2日,www.un.org/chinese/secureworld,最后访问日期:2021年7月16日。
③ 《世界卫生组织法》(第45版),补编,2006年10月,http://www.who.int/governance/eb/who_constitution_zh.pdf,最后访问日期:2021年7月16日。
④ 黄世席:《〈反对在体育运动中使用兴奋剂国际公约〉研究》,《武汉体育学院学报》2006年第3期。
⑤ Victor Yves Chebali, "The Politicization of the UN Specilzed Agenices: A Preliminary Analysis", *Millennium: Journal of International Studies*, Vol.14, No.3, 1985, p.321.

重要词汇之一。汉斯·摩根索将政治定义为"权力的争夺",罗伯特·基欧汉和约瑟夫·奈则认为"政治化说明了议程的形成过程",由是来说,政治化本身既是一个过程,也是一个结果。"二战"以来70多年的国际实践表明,功能主义低估了在专业和技术领域内进行国际合作所必需的思想共识以及政治共识的程度。

四、理想主义与现实政治

从一开始,联合国教科文组织就是一个矛盾且充满冲突的组织。在第一届大会上,主张教科文组织应以意识形态使命为主和主张教科文组织应以技术性具体活动为主的两种思想潮流便发生对抗。这两种思潮的辩论,一直延续至今。就其理想主义的一面而言,"战争起源于人之思想,故务需在人之思想中筑起保卫和平之屏障",这一联合国教科文组织著名的使命表述,在今人看来,充满了理想主义色彩。相较于其他政府间国际组织(包括联合国在内),联合国教科文组织的独特之处在于,从某种程度来说,这个组织的建立是自由主义知识分子理想的胜利,即该组织是建立在所谓自由民主理想(the liberal democratic ideals)基础之上的。[1]

但在联合国教科文组织中,理想主义从一开始就遇到了挑战。筹备会议上,一些国家的政府代表团虽然没有否定教科文组织的政府间性质,但深受国际智力研究所的影响,倾向于给予拟建的联合国教科文组织不受政权约束的重要地位;另一些代表团则担心一个政府间国际

---

[1] Roger A. Coate, *Unilateralism, Ideology & U.S. Foreign Policy: The United States In and Out of UNESCO*, Lynne Rienner Publishers, Inc. 1988, p.48.

组织会由于内部出现集团而导致组织运转不灵,更难于实现其促进人类融洽与相互理解的理想;大多数代表团则认为,由于司法权和财政权在各国政府手中,联合国教科文组织的政府间性质难以避免,此种情况下,由一批没有任何实际政治影响力的知名人士领导的组织,将可能超越不出理论探讨、对话和表白意图的阶段。联合国教科文组织成立之初,虽然名称经历了从"联合国教育文化组织"到"联合国教育、科学及文化组织"的过渡,但它的世界观是非常知识分子化的非政府取向,是精英知识分子对重建战后世界和平发言的理想主义舞台。但是,联合国教科文组织领导层的自由主义色彩并没有维持很久,虽然赫胥黎出任了它的第一任总干事,但在该组织的历史上,精英知识分子的全面主导性作用非常有限且短暂。

即使是赫胥黎,他所倡导的绝对理想主义也遇到质疑。《组织法》制定后,筹备会议的任务是建立一个委员会,为第一届大会的召开做准备。赫胥黎担任了这个委员会的执行秘书。他起草了一份报告,关于该报告的讨论是会员国代表团对于联合国教科文组织的定位在意识形态层面分歧的集中体现。赫胥黎提出,"联合国教科文组织要把自己的行动建立在一种哲学、一种工作假设的基础上,这种工作假设应力求解释人类存在的目标和目的,并能决定或至少能建议在各种问题面前采取何种立场。如果本组织没有这么一种哲学观念,使它从一个独特的角度去考虑各种事务,那么,教科文组织就可能采取一些零碎不全甚至自相矛盾的措施。无论如何,联合国教科文组织就将缺少一个指导原则,缺少从一种和谐而全面的理论信念中所得到的启示"。因此赫胥黎认为,联合国教科文组织应该有一种以科学和进化论的世界人文主张为基础的完整和普遍的哲学,在此基础上,他提议推动建立一个全人类文化传统共同基金,并按照逐步统一的观念和一系列共同目标,提高教育、文化和科学的平均水平。但许多代表认为,要把千差万别的意识形态和信仰与联合国教科文组织唯一的哲学原则调和起来,是不可能的,甚至调和纷繁复杂的意识形态和信仰,也都是不可能的。因此,筹委会最终决定由赫胥黎以他个人的名义单独发表这份报告,表达他个人的观点。该报告1946年以《联合国教科文组织的宗旨和哲学》(UNESCO: Its Purpose and Its Philosophy)为名公开发表。

理想主义与实际活动之间的争论,在赫胥黎的理想主义受挫之后,经过操作层面的考量协商,逐渐找到了出路。第二届大会上,法国代表团团长马里坦(Jacques Maritain)提出的"务实的共同思想"为第一届大会在思想层面的分歧提供了新思路,对联合国教科文组织的未来产生了重大影响。马里坦认为,在现代思想纷繁复杂的情况下,不可能有共同的语言,也不可能有共同的思辨思想产生。鉴于联合国教科文组织有既定的务实目标,因此如果各种思想不能在共同的思辨基础上自然而然地形成一致的话,可以考虑就共同的务实思想达成一致。这是一个在接受或者认可统一行动的理念基础上达成的一致,而不是在人和认识的世界观基础上形成的一致。虽然这不是一个尽如人意的结果,但这是"思想一致的最后可能","足够使我们进行一番伟大的事业了"。马里坦所提出的共同的务实思想,实际上勾画出了联合国教科文组织行动的方法,即使之一方面遵循《组织法》确定的伦理使命,另一方面又通过努力满足会员国的具体需要。联合国教科文组织成立之后所开展的活动表明,在其伦理使命、促进国际智力合作和为会员国提供具体援助这三者之间并不存在冲突。在教科文组织最初的活动中,就已不局限于开展调查研究、组织专家会议、制定方针和提出建议等属于国际智力合作的范畴,同时也开始包括一些实地活动。

实际上,即使存在着指导思想这一哲学层面的争论,现实主义的一面从来就没有减退过。联合国教科文组织从筹划建立之初,即有政府的强力介入——毕竟从机构性质来说,这是一个政府间国际组织。1942年的筹备会议是教育部长会议,之后的筹备会议也由各国政府派代表以国家代表团身份出席。联合国教科文组织是由英法两国发起的,在成立之初的主动权之争中,最终通过的《组织法》源自英美两国的联合草案,组织的总部设在法国,第一任总干事和大会主席都是英国人——甚至在原定总干事人选阿尔弗雷德·齐默恩爵士因病无法履行职责后,仍由英国人赫胥黎继任。美国虽然介入最晚,但占据了第一任负责行政、人事、财政的副总干事一职。这些交手均有很明显的政府背景和外交目的。甚至在赫胥黎担任总干事已成定局时,美国由于对他的政治立场深感不放心,不仅明确指出他的行政管理能力弱,是个无神论者,政治立场同情左翼,而且还直接施压迫使他将自己的任期从4年缩短为2年,并同意任命美国人出任负责行政、人事、财政的副总干事。[1] 在第二任总干事博德因为预算未获大会通过而宣布辞职后,出任代理总干事的约翰·W.泰勒(John W. Taylor)也是美国人。

就现实主义的一面而论,联合国教科文组织在成立后不断地"被政治化"。随着世界形势的变化,特别是冷战格局的形成,到20世纪50年代中期,联合国教科文组织逐渐开启去知识分子化进程,政府色彩越来越浓厚,甚至一度成为两种意识形态直接交锋的前沿,即被视为所谓"观念上的马歇尔计划",用以阻止"难以容忍的"共产主义扩张。[2] 苏联1954年加入联合国教科文组织之后,联合国教科文组织的政府主义

---

[1] Roger A. Coate, *Unilateralism, Ideology & U.S. Foreign Policy: The United States In and Out of UNESCO*, Lynne Rienner Publishers, Inc. 1988, p.28.

[2] 玛莎·费丽莫:《国际社会中的国家利益》,袁正清译,浙江人民出版社,2001年,第63页。

特质更加明显。美国在联合国教科文组织成立之初,将"传播"增加为该组织的业务领域,即说明它的重点利益是以所谓的信息自由流动为主要内容的传播领域。一直到20世纪60年代末之前,联合国教科文组织在传播方面与美国并无冲突,工作的主要重心在于援助发展中国家开展信息方面的基础建设。但是,苏联加入后不断挑战美英等西方国家在该组织的领导地位,比如其建立国际信息传播新秩序的呼声与美国倡导的信息自由流动之争即是两方争论的焦点之一。20世纪60年代末70年代初,苏联支持发展中国家反对所谓的信息自由流动,认为由于水平和技术的差异,信息自由流动在现实层面的表现反而是信息的单方面流动,实则是信息垄断。为此,苏联在联合国教科文组织中提出要建立国际信息传播新秩序。这一要求直接挑战了美国的利益与地位。此外,20世纪60年代著名的个人的人权(human rights)和集体的人民权利(people's rights)之争,也是这种对抗和冲突的表现。美苏在联合国教科文组织的冲突,实则是当时国际政治大环境在该组织的内化。美国在1984年宣布退出联合国教科组织的理由,即是所谓该组织已经"过分政治化"(over-politicization)。实际上,美国并非是第一个也不是唯一一个选择退出的国家,英国和新加坡都先后退出过联合国教科文组织。

但值得注意的是,"政治化"在被用来评论联合国专门机构的工作时,往往不是一种客观的描述,而是贬义的批评。就美国来说,当它认为联合国教科文组织不满足自己的要求或是发展中国家在组织中提出的要求它不能接受时,"政治化"或"泛政治化"往往成为它指责的理由。以美国1984年退出联合国教科文组织为例,声明中的理由即所谓的该组织"管理混乱""泛政治化""反西方偏见"等。实际上,从1949—1971年的22年时间里,美国以"国书争议"为由领导了反对恢复新中国在联合国所有专门机构合法席位的外交运动。20世纪50年代美国在国际劳工组织里以社会主义阵营国家的代表是政府提名为理由反对其加入,维护该组织的西方主导性。但是,后两种非常明显的外交政治行为,美国却是避而不谈所谓"政治化"。因此,何为政治化、如何界定政治化,因意见主体的不同而存在着看法差异很大的现象。以美国和联合国教科文组织及国际劳工组织在20世纪七八十年代的冲突为例,学者所总结的政界(比如基辛格等)和学界对联合国专门机构"政治化"这一术语的运用有以下几种不同含义:

表2-1 联合国专门机构"政治化"的含义

政治化术语的合法运用 (legitimate use)	1. 干扰会员国的参与权 2. 旨在使代表资格失效的国书争议 3. 专门机构的越权行为
政治化术语的模糊运用 (ambiguous use)	1. 专门机构项目的外部问题 2. 会员国的双重标准 3. 秘书处的管理不善
政治化术语的故意运用 (contrived use)	1. 多数的暴政 2. 反西方偏见

资料来源:Mark F. Imber, *The USA, ILO, UNESCO and IAEA-Politization and Withdrawl in the Specialized Agencis*, The Macmillan Press, Ltd. 1989, pp.29-30。

就联合国教科文组织所经历的政治化来说,首先,该组织"能力支付"的会费份额与"一国一票"的表决权之间的制度安排差异与张力,导致了必然的政治性结果。英国宣布退出联合国教科文组织时,抱怨该组织"过分注重具有政治争端的事件",认为英国提供的会费占联合国教科文组织每年预算的4.6%,而它在这个组织里只拥有一票表决权,这是不合理的。① 新加坡于1984年12月宣布退出联合国教科文组织,是第一个要求退出该组织的发展中国家。新加坡外交部发言人明确指出之所以做出这项决定,是出于财政方面的原因。新加坡的会费占联合国教科文组织年度预算的0.9%。而这种计算会员国对联合国教科文组织缴费的办法是不公平的,因为新加坡的缴费从1967年到1984年已经增加了400%。②

其次,从建立到现在,联合国教科文组织经历了一个逐渐成熟并发展变化的过程。这一变化的外在环境因素是20世纪60年以来的世界格局大变迁,以及由之引发的联合国体系的变化;内在的变迁动因则是联合国教科文组织固有的意识形态层面和实际技术操作层面之间矛盾性的紧张。但是,联合国教科文组织在数个领域所发生的变化中,最大的变化是会员国数目的剧增直接带来的结构性变化,即话语权和话语量的结构性变化。第一,从1946年至今,联合国教科文组织执行局一共产生了40多位主席,10余位来自发达国家,其余皆来自发展中国家。40多位大会主席中只有9位来自发达国家,其余则来自发展中国家。塞内加尔教育部长姆博(Amadou-Mahtar M'Bow)在20世纪70年代当选联合国教科文组织总干事并连任13年,与非洲和发展中国家会员国数量的大量增加直接相关。第二,联合国教科文组织议题构成的变化,也是由于会员国数目的结构性变化所带来的政治化表现。关于该组织活动的性质的争议,即应该是以智力合作为主还是以项目实践为主③的问

---

① 《人民日报》国际部编:《国际时事百科(1979—1984)》,世界知识出版社,1986年,第426—427页。

② 《人民日报》国际部编:《国际时事百科(1979—1984)》,世界知识出版社,1986年,第397页。

③ Roger A. Coate, *Unilateralism, Ideology & U.S. Foreign Policy: The United States In and Out of UNESCO*, Lynne Rienner Publishers, Inc. 1988, p.33.

题上争论的结果,也进一步说明在这个组织中知识分子分量的减退。按理说,这是一个政府间国际智力合作组织,智力合作应该是业务的主流。但是,20世纪60年代以后,联合国教科文组织越来越朝着项目实践即提供技术援助的方向靠拢,以至于有学者评价称"联合国教科文组织智力合作的使命在实践层面被重新定义了"①。议题构成发生变化的最主要的原因,仍是会员国数目的大幅增加。

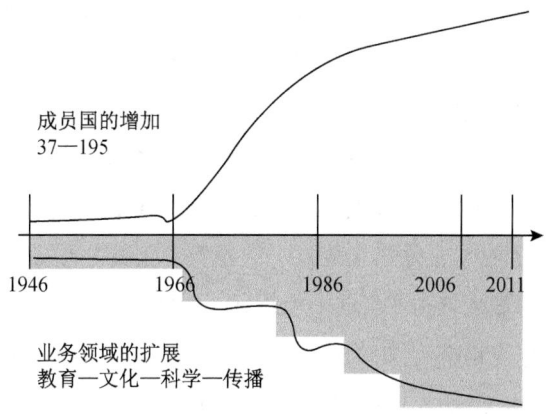

图 2-1 联合国教科文组织会员国的数量变化

资料来源: *UNESCO 1945-1995: A Fact Sheet*（ARC: 95/ws/1）, August 1995, http://typo38.unesco.org/zh/unesco-home/organization/governing-bodies/member-states.html；UNESCO 资料库:基本文件附件。

再次,从知识分子个体化的生存到政府代表的折冲,即联合国教科文组织执行局成员的身份变化,更是该组织逐步政府化的体现。以联合国教科文组织执行局委员的甄选为例,法国最初所提的草案主张在参加大会的各国代表团的组成中,会员国政府代表不超过3人,国家智

---

① Roger A. Coate, *Unilateralism, Ideology & U.S. Foreign Policy: The United States In and Out of UNESCO*, Lynne Rienner Publishers, Inc. 1988, p.137.

力合作委员会代表不超过5人(委员会的这些代表应该从艺术、文学、科学技术、政治学和新闻等各界领导人中选出),以及本组织承认或接受的世界性智力协会的代表1人,这样就保证了知识界的代表居多数。法国的提案没有被通过,但是作为让步,决定由大会在各国政府代表中选举的执行局委员应尽可能在文学、艺术、科学、教育以及思想传播等领域的知名人士中挑选。2年后,1947年的第二届大会上,美国代表团提出执行局委员的身份问题,即应该以个人名义还是作为本国政府代表当选。第八届大会决定,每个执行局委员都"应系该国国民,代表该国政府",并决定"执行局之候选人仅限于某一国家政府提名,属于该国国民之代表"。第19届大会决定"当出现特殊情况,所代表之国家认为必须更换其代表时,尽管该代表未提出辞职,执行局也应依该委员所代表的国家政府提名,任命其接替人"①。执行局委员的彻底国家化,是联合国教科文组织去自由主义的一个指标。但即便如此,在20世纪80年代美国退出联合国教科文组织之后,美国学者仍然认为该组织并未背离其成立之初的自由民主理想基础。1946年,联合国教科文组织执行局由18位代表个人身份的委员组成,随后的40年里,由于联合国教科文组织会员国数量的迅速增加,委员人数也翻了三番。20世纪90年代,在日本的建议下,执行局委员的身份发生彻底变化:不再代表个人,而是代表所属国家。联合国教科文组织权力结构中最后的一种具有个人色彩的重要职位就此消失。

总之,深受自由主义知识分子影响的联合国教科文组织自成立以来便不可避免地与实际政治发生联系。尽管联合国教科文组织声明该组织一向认真尊重各国的主权,但它的一些工作领域则可能属于主权

---

① 博姆主编:《联合国教科文组织四十年》,郭春林等译,中国对外翻译出版公司,1985年,第8页。

范畴。比如教育长期以来基本属于各国政府管辖的范围,被认为是属于国家主权范围的独特领域;在科学领域,尽管很多人认为这属于科学家自由研究的范围,属于大学的研究活动或私人实验室活动的范围,但是比如海洋研究等就涉及海域问题,甚至会引发会员国之间的武装冲突;文化领域往往被看成是自由思想家和艺术家主动自由创作的领域,但联合国教科文组织关于柬埔寨和泰国边境的世界文化遗产柏威夏寺的身份认定也直接引起了柬泰两国的军事冲突;在新闻领域,联合国教科文组织的活动更容易被某些人看作是超国家权力机构的干涉,而且会引起国家的干预,甚或使这种干预更加严重,比如在20世纪70年代广大发展中国家发起反对美国的"国际传播新秩序"活动等。"事实上,联合国教科文组织职能范围各领域的性质就使它成为一个政治性组织,这就证实为什么各国政府带着越来越高的警惕性注视着联合国教科文组织的活动。"①对此,"联合国教科文组织作为一个政治机构,就是要反映本组织会员国当局对国家或国际公共事务的集体意志,当然这种意志必须符合《组织法》确定的理想和目标。作为妥协,联合国教科文组织的创始人接受了'共同实际理想'的概念,表明各国政府在该组织《组织法》确定的目标的共同方针范围内,保留对政治、思想和文化做出选择的意志。因此,教科文组织的哲学,这也可能就是瓦来里提到的'精神社会'的哲学被需要的哲学——会员国的需要所取代了"②。

---

① 博姆主编:《联合国教科文组织四十年》,郭春林等译,中国对外翻译出版公司,1985年。
② 博姆主编:《联合国教科文组织四十年》,郭春林等译,中国对外翻译出版公司,1985年。

五、总干事的变化:从知识化走向政治化

从最高领导人这一权力结构来说,联合国教科文组织总干事的变迁,亦体现了该组织从理想主义知识分子化到现实政治化的变迁。在联合国教科文组织70多年的历史中,先后共产生了11位总干事(包括1位代理总干事,如下表2-2),除了博德、姆博和博科娃三位来自发展中国家之外,其他均来自发达国家,特别是欧美国家。这一名单基本也反映了国际组织领导层由欧美主导的现实。倘若没有所在国政府的大力支持以及团结相关国家支持,总干事候选人纵使争取到了提名,也是无法赢得竞选的。1987年的联合国教科文组织总干事选举,居然经过了5轮投票才决出胜负,而且这个结果是在两名候选人中的姆博宣布退出竞选后才终于决出的。2009年的总干事选举再次出现了5轮投票才决出胜负的情况。这种激烈的竞选争夺也是联合国教科文组织政治化的外在表现之一。

表2-2 联合国教科文组织历任总干事(代理总干事)一览表

任期	姓名及生卒年	国籍	备注
1946—1948	朱利安·赫胥黎(Julian Huxley,1887—1975)	英国	
1948—1952	海梅·托雷斯·博德(Jaime Torres Bodet,1902—1974)	墨西哥	
1952—1953	约翰·W. 泰勒(John W. Taylor,1906—2001)	美国	代理总干事

第二章 联合国教科文组织的变迁:从理想主义到超越政治化的现实理想主义

(续表)

任期	姓名及生卒年	国籍	备注
1953—1958	卢瑟·埃文斯(Luther Evans, 1902—1981)	美国	
1958—1961	维托里诺·韦罗内塞(Vittorino Veronese, 1910—1986)	意大利	
1961—1974	勒内·马厄(René Maheu, 1905—1975)	法国	1962年前任代理总干事
1974—1987	阿马杜-马赫塔尔·姆博(Amadou-Mahtar M'Bow, 1921—)	塞内加尔	
1987—1999	费德里科·马约尔(Federico Mayor, 1934—)	西班牙	
1999—2009	松浦晃一郎(Koïchiro Matsuura, 1937—)	日本	
2009—2017	伊琳娜·博科娃(Irina Bokova, 1952—)	保加利亚	
2017—	奥德蕾·阿祖莱(Audrey Azoulay, 1972—)	法国	

资料来源:www.unesco.org。

总干事人选的变化也印证了我们已经观察到的结论。由于约翰·W.泰勒在1952—1953年只是代理总干事,而且联合国教科文组织官方网站并未提供他的资料,因此,此处所讨论的是除他之外的10位总干事。

第一任总干事英国人朱利安·赫胥黎是著名的动物学家、哲学家、教育家和作家,为创建联合国教科文组织发挥了突出的作用。他发表的《联合国教科文组织的宗旨和哲学》一文,在当年引发了热烈的争论。在其后近20年里,他担任了人类科学和文化发展史国际委员会副主席,在成立大型非政府组织方面发挥了特别积极的作用。第二任总干事墨西哥人海梅·托雷斯·博德曾先后任墨西哥教育部图书馆司司长和城市大学法国文学教授,后担任外交部副秘书长、教育部长,发起了规模空前的扫盲运动。他曾率墨西哥代表团出席在伦敦召开的教科文组织筹备会议,次年成为外交部长,1948年当选总干事。第三任总干事美国人卢瑟·埃文斯是政治学和国际关系问题专家,他组织并领导了项目管理历史资料调查,后来在美国国会图书馆任职。他曾先后担任伦敦筹备会议的美国代表团顾问、美国教科文组织全国委员会委员和主任、出席大会第二至第七届会议的美国代表团成员,并曾担任教科文组织执行局委员,1953年当选为总干事。第四任总干事意大利人维托里诺·韦罗内塞是法学博士、反法西斯律师,先后担任意大利天主教社会活动组织天主教行动研究所秘书长和所长,曾担任联合国教科文组织执行局委员、主席,1958年当选为总干事。第五任总干事法国人勒内·马厄是哲学教师,曾在伦敦担任法国驻英国文化专员,在摩洛哥任教,在阿尔及尔法国—非洲机构担任领导职务,随后在常驻拉巴特总督办公室任职,后担任博德办公室主任、助理总干事、驻纽约联合国总部代表、副总干事,1961年任代理总干事,一年后任总干事,连任两届。第六任总干事塞内加尔人阿马杜-马赫塔尔·姆博在巴黎接受了高等教育,回国后担任塞内加尔教育和文化部长,曾辞职参加争取国家独立的斗争,后担任过联合国教科文组织执行局委员、教育助理总干事,1974—1987年出任总干事,在任长达13年。第七任总干事西班牙人费德里科·马约尔是药剂学博士,历任西班牙教育与科学部副国务秘书、西班牙议会议员兼任议会教育与科学委员会主席,并担任西班牙政府首相顾问、教育与科学部长、欧洲议会议员。曾任教科文组织副总干事、总干事特别顾问,于1987年击败姆博,接任总干事。第八任总干事日本人松浦晃一郎1999—2009年担任总干事,此前曾担任日本外务省经济合作局局长、北美局局长和日本外务省副大臣、驻法国大使。他还曾担任教科文组织世界遗产委员会主席。第九任总干事伊琳娜·博科娃当选前任保加利亚驻法国大使、常驻教科文组织代表。作为职业外交官、保加利亚国会议员,她还曾担任保加利亚外交部副部长和部长。第十任总干事奥德蕾·阿祖莱是当选时最年轻的总干事,也是唯一一位没有国际工作经验的总干事。从年龄和经历来看,这10位总干事实际上可以划分为三个不同的代际典型。

通过对上述履历的进一步分析又可以看出,历任总干事除了大都在西方接受高等教育之外,还有一些共同之处。首先,在当选总干事一职之前,都曾经参与过联合国教科文组织的工作;除了松浦晃一郎、博科娃和阿祖莱,其他7人均有学科和教育管理的双重背景,即属于所谓"知识界";在这7人的学科背景中,只有2位是科学背景,其他5人则是人文和社会科学背景。以历史视角来说,前5位总干事属于同一代人,其中4位甚至曾同时出现在该组织1945年的筹备大会上:博德是当时的墨西哥代表团团长、埃文斯是美国代表团成员,他们在筹备大会上以政府代表团成员的身份参与该组织的筹建工作;赫胥黎是筹备委员会的执行秘书,马厄则是秘书处成员。韦罗内塞总干事过渡色彩浓厚,但正是法学博士出身的他在任内推动了保护世界文化遗产工作,为联合国教科文组织赢得广泛赞誉。姆博则是联合国教科文组织历史上最为独特的一任总干事:不仅任期最长(13年),而且具有前所未有的强势意识形态自我定位与选择。马约尔恢复了总干事的传统背景:学科与教育管理。其后的松浦晃一郎以毫无学科和教育管理经验的职业外交官僚背景当选总干事,是联合国教科文组织高级管理层的一个新变化。从某种意义来说,他的当选也是联合国教科文组织知识分子色彩日益弱化的外化性集中表现;从总干事竞选所需动用的外交资源量来说,这也是未来总干事职位竞争者的必然取向。2009年保加利亚人博科娃的当选、2017年法国人阿祖莱的当选均是对这一趋势性判断的证明。连续20年由职业官员出任总干事,说明知识分子群体已经基本远离了这一国际组织的高级决策圈。

表2-3 联合国教科文组织历任总干事比较一览表

姓名	教育背景受教地点	最高学历	专业背景	担任总干事前在联合国教科文组织内的最高任职*	联合国教科文组织外的任职经历(最后)
赫胥黎	生物/英国	博士	科学家	筹委会执行秘书	英国皇家理工学院教授
博德	文学/墨西哥	不详	诗人	墨西哥政府代表团团长	墨西哥城市大学教授、教育部长、外交部长
埃文斯	政治学/美国	博士	政治学和国际关系问题专家	执行局委员	美国普林斯顿大学教授、国会图书馆首席帮办①
韦罗内塞	法律/意大利	博士	律师	执行局主席	意大利天主教行动研究所所长
马厄	哲学/法国	不详	哲学教师	副总干事	阿尔及尔法国—非洲机构领导

———

① Chief Assistant Librarian of Congress.

（续表）

姓名	教育背景 受教地点	最高学历	专业背景	担任总干事前在联合国教科文组织内的最高任职*	联合国教科文组织外的任职经历（最后）
姆博	教育/法国	不详	历史地理教师	教育助理总干事	塞内加尔教育和文化部长
马约尔	药剂学/西班牙	博士	药剂学家	副总干事	西班牙教育与科学部长
松浦晃一郎	法律/日本、经济/美国	硕士	外交官	世界遗产委员会主席	日本外务省副大臣
博科娃	国际关系/俄罗斯、美国	硕士	外交官	保加利亚常驻联合国教科文组织代表团代表	保加利亚外交部长、副总统候选人
阿祖莱	公共管理	硕士	行政官员	无	法国文化部长

* 包括在联合国教科文组织秘书处、执行局、政府间委员会、常驻联合国教科文组织代表团等。

资料来源：www.unesco.org。

必须指出的是，总干事人选的变化与会员国数量的剧增和构成的变化有很大关系。最直接的例子就是塞内加尔人姆博于1974年当选总干事并连任13年，这是广大发展中国家，尤其是数量占优的非洲国家支持的直接结果。实际上，如果不是他在第五轮总干事选举投票时因选情极度胶着而高姿态宣布退出，西班牙教育部长马约尔最终未必能够胜选。即使在今天，总干事职位竞争者也必须高度重视并争取发展中国家的支持，因为联合国教科文组织总干事的选举规则是"一国一票"的平权制度安排；即使上任，亦必须在议题选择和工作重点中充分考量和平衡发展中国家的需求。但是即便发展中国家的意见在联合国教科文组织中得到了重视,从总干事人选的整体特征来说,这一组织仍旧是西方所主导的,10任总干事中只有2位来自亚洲和非洲,而且这2位或在西方接受高等教育,或长期在西方工作。这一事实所确认的,是"二战"后建立的国际组织仍是以西方国家为主成立的历史现实。

如上所述,政治化乃是联合国教科文组织作为政府间国际组织不可避免的挑战和结果,亦或者说,也是这一组织不断成熟的标志。但是,如同联合国一样,国际政治的发展,决定了联合国教科文组织未来将不会再出现20世纪60和70年代大批发展中国家加入这种巨大变化,会员国数目将保持基本平稳,这为未来的发展提供了相对平稳的基本结构。同时,经过70余年的发展,联合国教科文组织各会员国也在指导思想层面基本达成共识。

六、超越政治化的回归:现实理想主义

尽管经历了时代变迁和国际格局的数度变化,但是联合国教科文组织的理想主义从来没有消失过。经历了初创时期的自由主义知识分子的理想期,20世纪50至60年代的相对平缓期,20世纪70至90年代的政治化困境,联合国教科文组织在进入21世纪后,出现了向其始创之初的理想主义和功能主义回归的趋势。这一回归的集中表现为国际公约制定数量的变化。21世纪的第一个10年里,联合国教科文组织密集地制定了4项国际公约:《保护水下文化遗产公约》(2001年)、《保护非物质文化遗产公约》(2003年)、《保护和促进文化表现形式多样性公约》(2005年)、《反对在体育运动中使用兴奋剂国际公约》(2006年),

在教育和文化领域的智力合作层面上享有越来越高的声誉。与此相对应的是,从1946年到2000年的54年间,该组织一共制定了13项国际公约,包括:《世界版权公约》(1952年)、《武装冲突情况下保护文化财产公约》(1954年)、《官方出版物与政府文献交换公约》(1958年)、《出版物国际交换公约》(1958年)、《反对教育歧视公约》(1960年)、《保护表演者、音像制品作者和广播组织国际公约》(1961年)、《关于禁止和防止非法进出口文化财产和非法转让其所有权的方法的公约》(1970年)、《关于特别是作为水禽栖息地的国际重要湿地公约》(1971年)、《保护世界文化与自然遗产公约》(1972年)、《保护录音制品制作者及防止未经授权复制其制品公约》(1972年)、《关于播送由人造卫星传播的载有节目信号的公约》(1974年)、《避免对版权使用费收入重复征税的多边公约》(1979年)、《技术与职业教育公约》(1989年)。2019年,教科文组织在此前已经制定的6个地区教育公约(拉美及加勒比地区、地中海沿岸阿拉伯国家及欧洲国家、阿拉伯国家、欧洲国家、非洲国家、亚太地区)的基础上,制定了影响深远的《承认高等教育相关资历全球公约》。制定国际公约是政府间国际组织最重要的功能之一,从其数量和影响力来说,联合国教科文组织已逐渐走出了被政治化困扰的低效率时代。

联合国教科文组织向现实理想主义转变也基于一个无法避免的事实背景,即在教育这一重要业务领域不断被联合国儿童基金会、世界银行甚至经合组织等资金充裕的国际组织蚕食的现状下,如何依靠增加智力合作的比重和质量来消解过度铺陈项目活动带来的困境。同时,面对本组织的政治化事实以及如何在这一事实的基础上拓展业务,则是联合国教科文组织作为一个渐趋成熟的政府间国际组织应当考虑的首要问题。因此在松浦晃一郎任内,除了大力推广"非集中化"以消减管理成本之外,更在国际公约等国际规则的制定层面明显加大了力度。

但是,一个有趣的现象是,在知识分子担任总干事期间,联合国教科文组织建立在理想主义和功能主义理论之上的目标或是未能实现,或是仅在浅层实现;反而是在高层领导政治化或官僚化之后,该组织实现了业务领域对政治化的超越和功能主义目标实现的回归。此前该组织曾经有过小规模的成功实践,例如联合国教科文组织历史上最为知名的研究报告——法国前总理埃德加·富尔主持的国际教育发展委员会的报告《学会生存》、爱尔兰前外交部长肖恩·麦克布莱德主持的国际交流问题研究委员会的报告《多种声音,一个世界》等。这些报告的产生方式是由联合国教科文组织邀请全球知名的前政界人士牵头,以有影响力的专家学者组成高层次的小型智囊机构,对当代的重大问题进行深层次的专题研究并出版报告。虽然这些权威和经典的报告是联合国教科文组织除了国际公约之外最有影响力的文件,但其作用范围与影响力仍旧有限。而在职业外交官松浦晃一郎担任总干事期间,联合国教科文组织在世界范围内推广文化遗产保护取得了巨大的成就,同时,也正是在他任内,该组织起草和通过了《保护水下文化遗产公约》《保护非物质文化遗产公约》《保护和促进文化表现形式多样性公约》和《反兴奋剂国际公约》这4份重要的国际公约。博科娃任内,除了继续推动文化多样性等践约实践之外,在教育领域的大动作则是制定了《承认高等教育相关资历全球公约》(该公约于她离任后的2019年获得联合国教科文组织第40届会员国大会通过)。因此,在一定意义上或可以总结说,领导层的政治化和执行层的专家学术化反而更有益于提高该组织工作的效率。

除了总干事的日益去知识分子化,还有其他因素也导致了联合国教科文组织转向现实理想主义。这些因素中最主要的是冷战之后,尤其是美国"9·11"事件之后国际格局的变化。主要大国从对硬实力的绝对认可转而正视所谓"文明间的冲突",进而认识到联合国教科文组织在促进不同文明间对话、提倡文化多样性方面对世界和平发展的独特作用。第九任总干事伊琳娜·博科娃在竞选期间,提出要大力加强对科学部门的投入和工作力度。在联合国教科文组织并未发生像世界银行股权增减那样的权力基本结构变动的情况下,这一独特的政府间国际组织在第一位女性总干事的领导下,以"新人文主义"为思想旗帜,在 8 年间重塑了联合国教科文组织在教育领域的全球领导地位,不但出版了《反思教育》(*Rethinking Education*)报告,更主导了联合国《2030 年可持续发展议程》17 个目标中 SDG4(教育)的全球磋商,是之谓《2030 年教育发展议程》,并制定《承认高等教育相关资历全球公约》。但也是在博科娃任内,由于联合国教科文组织正式接纳了巴勒斯坦成为会员国,导致美国于 2018 年 12 月再度正式退出联合国教科文组织。

第十任总干事阿祖莱曾经短暂出任过法国文化部长,既无国际工作经验,也全无联合国教科文组织工作履历。但是她获得了旨在推动"法国要扮演更重要国际角色"的法国总统马克龙的力挺,马克龙不仅携她出席了 2017 年的纽约联合国大会,更亲自致电各国领导人拉票,使她得以在 2017 年总干事竞选的最后一轮投票中最终胜出。阿祖莱任内,联合国教科文组织的最大变化是"法国化"和"女性化"。阿祖莱所选择的教育部门和自然科学部门的助理总干事均为女性,同时,法语作为该组织工作语言的重要性大大增加,阿祖莱挑选的副总干事、中国前驻比利时大使曲星就是她的母校巴黎政治学院的政治系博士校友。在旁观者看来,马克龙的外交战略有使联合国教科文组织成为"法国外交工具"之疑。阿祖莱任内的重要动作是提出"教育未来"计划和推动人工智能伦理国际文件的制定,但她遇到的最大的挑战是带领联合国教科文组织应对2020年在全球爆发的新冠肺炎疫情,这次疫情给全世界教育体系带来了史无前例的巨大冲击,约15亿学习者的教育受到了影响。2020年和2021年的联合国教科文组织的三次执行局会议史无前例地改为在线召开。目前,阿祖莱已经提出2021年将角逐连任第二个总干事任期,她的竞选议程值得跟踪观察。

第三章 中国与联合国教科文组织：历史进程的全面考察

在对联合国教科文组织的历史发展做出上述描述的基础上，有必要对中国与联合国教科文组织的关系做出历时性的考察。联合国教科文组织与中国的关系演进过程，是一个国际组织与主权国家互为变量的双层变化过程，在某些阶段这两个变量的变化程度相仿，而在另一些阶段则表现出一方缺席或极度薄弱，另一方的变化力度远远超出的情形。但总体来说，这种互相作用的变化，完全不同于主权国家间的博弈性质。因此，中国与联合国教科文组织的关系演进呈现出内涵有别、形式相异的若干个发展阶段。

一、进程分期：节点的作用

对于任何国家来说，加入某个国际组织绝非只是发表声明或签订协议那样简单，而是要经历一个相对复杂和漫长的过程。只有在这样一个过程中，特定的国家才会真正参与到这个国际组织当中，并在这种参与进程中互相进行建构。对此，在研究中国与国际货币基金组织的关系进展时，老一代中国问题研究专家杰克逊和奥克森伯格曾经指出，尽管有许多反复,某些阶段也可能同时发生,但这一进程大体可以分为次序相连的4个阶段,即接触(engagement)、最初参加(initial participation)、相互调整(mutual adjustment)和成熟的伙伴关系(mature participation)。① 虽然他们是在分析中国加入国际货币基金组织时得出的这一结论,但该结论也同样符合中国与联合国教科文组织关系的进程。

需要指出的是,因为政治历史原因,在1949年之前,国民党政府代表中国参与联合国教科文组织②,1949年至1971年,新中国被排除在联合国体系之外,直到1971年方才陆续恢复在联合国和联合国教科文组织等联合国专门机构的合法席位。本项研究在提及1949年之前中国参与联合国和联合国教科文组织时指称"国民政府",1949年之后则指称"新中国"或"中国"。中国官方文件将1949年至1971年中国与联合国体系的关系表述为"在中华人民共和国成立之初,中国在联合国的合法席位一直被盘踞在台湾的国民党所窃取",本项研究将这一时期视为中国缺席联合国教科文组织的不在场时期。

在本项研究中,对参与进程的分期是以节点来划分的。所谓"节点",指的是标志性事件,即参与进程中的重要里程碑。以此来说,中国与联合国教科文组织关系的历史进程可以分为4个时期:中国与联合国教科文组织关系的发端(国民政府时期,1945—1949)、中国与联合国教科文组织关系的探索(体系内的旁观者,1971—1978)、中国与联合国教科文组织关系的发展(全面学习者,1979—1999)、中国与联合国教科

---

① Harold K. Jackson and Michel Oksenberg, *China's Participation in the IMF, the World Bank, and GATT: Toward A Global Economic Order*, University of Michigan Press,1990,p.107.
② 联合国教科文组织网站上关于会员国的官方介绍中,"the People's Republic of China joined UNESCO on November 4, 1946"一句表述应是有误,见 http://portal.unesco.org/geography/en/ev.php-URL_ID=2396&URL_DO=DO_TOPIC&URL_SECTION=201.html,最后访问日期:2021年7月16日。

文组织关系的深化(不均衡的深度参与者,2000年至今)。从阶段的数目来说,与杰克逊和奥克森伯格对中国参与国际经济组织的历程分期是相吻合的。具体来说,发端期的里程碑是1945年加入联合国教科文组织,探索期的里程碑是1971年新中国重返联合国教科文组织,全面学习期的标志是中国联合国教科文组织全国委员会的成立,深度参与期的标志则属于复合节点,即若干里程碑事件的集合,包括1999年和2001年中国学者连续当选联合国教科文组织政府间海洋学委员会主席、2004—2005年跨部门协调完成《保护和促进文化表现形式多样性公约》谈判、2004年承办世界地质公园大会和2005年中国候选人当选联合国教科文组织执行局主席,以及2014年中国国家主席对教科文组织总部的历史性访问。在可预见的未来,深度参与期将得到延续,甚至将以中国对该组织的建构为特征,新的里程碑节点将不断出现。

考察中国与联合国教科文组织这一联合国专门机构的关系,意义当不仅限于这一项简单的个案研究。考察中国与之70多年关系的演进,固然可以梳理这一段历史,但也可以从中看出中国是如何与多中心的联合国体系,乃至世界体系发生关系并互相建构,甚至可以在一定程度上推演这一建构的未来走向,亦可以推演出中国作为一个大国,如何

1945年加入	1971年重返教科文 1974年派出常驻代表团 1977年选送雇员 1978年谅解备忘录	1979年成立全委会 1984年北京办事处 1985年国际职员改革	1999年、2001年当选海委会主席 2004年世界地质公园大会 2004年世界遗产大会 2004年文化多样性公约谈判 2005年当选执行局主席 2014年国家主席访问教科文组织总部等
国民政府时期 (1945—1949)	新中国重返教科文适应期 (1971—1978)	全面学习期 (1979—1999)	深度参与期 (2000年至今)

图3-1 以关键节点来区分的中国与联合国教科文组织关系演进

在这种互相建构中不断地实现国际化,并为国际化添加中国的特征。

二、与联合国教科文组织关系之发端: 国民政府时代(1946—1949)

自"二战"爆发后,各国学界和政界纷纷讨论战后重建国际新秩序的设想。早在1939年12月,美国总统罗斯福即下令成立"和平与改造问题委员会",负责研究"建立一个理想的世界秩序"需要什么"基本原理"。1941年12月美国国务院又设立了一个由国务卿赫尔任主席的"战后对外政策咨询委员会",负责拟订解决战后问题的各种方案。1943年钱端升教授出版的《战后世界之改造》,探讨战后国际组织、国际劳工组织和国际法院的建立等问题。相较于美国对战后世界秩序的成建制研究,该书可以说是中国学术界对相关问题唯一有分量的专著。① 但是,这本著作在理论层面对联合国等战后国际组织的启发意义,显然无法与大卫·米特兰尼同年出版的《一个运转的和平体系》相提并论。学界如此,政府亦复如是。虽然国民政府在1938年公布的《抗战建国纲领》中明确列入了"对国际和平机构,及保障国际和平之公约,尽力维护,并充实其权威"的条文,在1942年签署《联合国国家宣言》,并在1943年出席开罗会议时,就将具体构想总结为"关于设立四国机构或联合国机构问题"交给罗斯福,但是,在盟国具体讨论联合国创建具体计划的敦巴顿圆桌会议上,中国并没有参加最重要的第一阶段会议,对此,顾维钧回忆说:"中国被排除在会议的主要阶段之外。这

---

① 端木正:《重温钱端升教授关于国际法院的设想》,载端木正:《端木正自选集》,广东人民出版社,2007年,第423页。

个会议正在决定未来的国际组织的主要特征。很显然,中国只能面对既成事实——第二阶段会议只不过摆摆样子而已。"①虽然在旧金山制宪会议上,多党联合组成的中国代表团团结统一,不仅对会上的所有重大问题有发言权,甚至通过坚持,成功地将托管领土规定成功写入了《联合国宪章》,并成为安理会五个常任理事国之一,但整体来说,中国的地位显然远远不如其他三个大国。在联合国成立之后,国共两党团结合作的局面不复出现,国民政府绝大多数的注意力完全放在了国内政治,即紧张的两党关系乃至"二战"结束后不久就开始的内战上。

必须指出的是,国民政府对当时的外交格局,尤其是对中国国际地位的争取方面,不仅判断准确,而且工作到位。就参与时间来说,中国是最早加入联合国体系的国家之一,甚至世界卫生组织这一联合国专门机构的成立也是建立在中国和巴西两国的建议之上。中国是第一个在《联合国宪章》上签字的国家——在旧金山召开的联合国成立大会,由国共两党联合组团派出代表——宋子文是中国代表团团长,资深共产党人董必武则是代表团成员。这个联合代表团是抗战胜利后短暂的国共合作在国际层面上留下的少数重要印记之一。中国也是第一批参加联合国教科文组织的国家——甚至是最早签字的14个国家之一。

就对联合国教科文组织的重视程度来说,对于自己作为最早参与国之一的这个国际组织,国民政府派出的筹备会议和成立大会代表团团长分别是在国际学界有很高知名度的胡适与赵元任。胡适1945年4月25日出任国民政府代表团代表,在旧金山出席联合国制宪会议;9月被任命为北京大学校长后,尚未归国,11月即以国民政府代表团首席代表的身份,与赵元任一起出席在伦敦召开的联合国教科文组织筹备会

---

① 顾维钧:《顾维钧回忆录》第五分册,中华书局,1987年,第405页。

议,参与制定该组织的组织法。① 与联合国制宪会议上中国外长与其他三个发起国的外长一起担任会议主席的情况类似,在这次联合国教科文组织的筹备会议上,胡适被推选为大会副主席,他不仅在第三次全会的发言中第一时间附议了英国教育大臣提出将"科学"加入联合国教科文组织名称中的建议,同时,作为亲历者,胡适在发言中还专门提及:中国在联合国创建之前提出过议案,该议案对旧金山联合国制宪会议讨论成立教育文化组织有重要意义。② 此外,胡适还负责主持了第八场全会。③ 中国出席此次会议的代表和顾问还有程天放、罗家伦、赵元任、李书华、陈源、萧子升、汪敬熙④、瞿世英、杨公还等,秘书是汤吉禾、钱存典和周树楷。⑤ 值得指出的是,其中胡适、赵元任、李书华和汪敬熙4位后于1948年当选为第一届中央研究院院士。1946年11月联合国教科文组织在巴黎召开成立大会,国民政府派出以教育部长朱家骅为团长的代表团参加大会,代表团成员有赵元任、程天放、李书华、竺可桢、陈源,顾问有谢寿康、瞿世英、肖瑜、钱存典,以及秘书赵俊欣、邝自修等。开会之前,又增聘钱三强、梁方仲和王承绪任代表团秘书。⑥ 此次大会,赵

---

① 朱传誉编:《胡适传记资料》,天一出版社,1979—1985年,第54页。
② "UNESCO 1945: Birth of An Ideal", *UESCO Courier*, October 1985, p.12; *Conference for the Establishment of UNESCO*, 1945, p.29.
③ *Conference for the Establishment of UNESCO*, 1945, p.65-71.
④ 汪敬熙(1898—1968),浙江杭州人。毕业于北京大学,美国约翰斯·霍普金斯大学博士。中央研究院心理研究所所长、中央研究院院士,1948年任联合国科学部主任。后任教于美国约翰斯·霍普金斯大学、威斯康星大学。著有《生理电学在心理学上之应用》《中国心理学的将来》《答潘菽先生"关于心理学的预言"》《行为之生理分析》。
⑤ 此名单转引自兰军:《民国时期中国教育在国际教育论坛上的展现——基于对国际教育组织及会议的考察》,华中师范大学2007年博士学位论文,第120页。
⑥ 王承绪:《王承绪教育文集》,江苏教育出版社,2010年,第708页。此名单与兰军《民国时期中国教育在国际教育论坛上的展现——基于对国际教育组织及会议的考察》中所列名单有局部出入。兰所列名单为:赵元任、程天放、李书华、竺可桢、陈源、谢寿康、萧子升、瞿世英、钱存典和胡天石。

元任被选举为大会的 7 名副主席之一。① 赵元任于 11 月 29 日在巴黎教育问题演讲周用法文进行了题为"从符号学上论中国语文的效率"的演讲,极为成功。就 1946 年参加大会的代表团人数而言,中国代表团在英、美、法三国之后,列第四位。"无论在会内意见的发表,与会外方的活动,均有相当的收获。"②

从这个代表团的人员构成来说,完全符合当时联合国教科文组织的基本特色:精英知识分子。除了朱家骅是教育部长、程天放③行走于大学校长和仕途之间以外,胡适、赵元任、李书华、竺可桢都于 1948 年当选中央研究院院士,其中胡适的行政身份是北大校长,李书华时任中央研究院总干事,竺可桢时任浙江大学校长,陈源是武汉大学文学院院长。即便是 3 位年轻的代表团秘书,后来也都成为杰出的学者:钱三强院士是著名的核武器科学家,参加了"两弹一星"的研制;梁方仲曾先后任中央研究院社会研究所代理所长、岭南大学经济系教授兼系主任,其社会经济史研究成果至今仍在全世界相关研究领域占有重要地位;王承绪是浙江大学教授、新中国比较教育学的权威。1947 年联合国教科文组织在墨西哥城召开第二届大会,国民政府派出的代表团有杭立武、李书华、吴有训④、瞿世英、陈宝珍、陈源、孟治、李辛之、钱家琦、赵元任

---

① 兰军:《民国时期中国教育在国际教育论坛上的展现——基于对国际教育组织及会议的考察》,华中师范大学 2007 年博士学位论文,第 120 页。
② 王承绪:《王承绪教育文集》,江苏教育出版社,2010 年,第 703 页。
③ 程天放(1899—1967),伊利诺大学政治学硕士、多伦多大学政治学博士。曾任浙江大学校长、四川大学校长、驻德大使。时任中央政校教育长(兼新闻系主任),后担任国民党中央宣传部长、台湾"教育部长"。
④ 吴有训(1897—1977),字正之,江西高安人。中国近代物理学奠基人,中央研究院院士。毕业于南京高等师范学校,芝加哥大学博士。江西大学、中央大学、清华大学教授,物理系主任、理学院院长(包括 1938 年以后在西南联合大学的 8 年)。1945 年 10 月任中央大学校长。1948 年底任交通大学教授(即西安交大与上海交大前身),1949 年任校务委员会主任,并于 1949 年秋至 1952 年秋任校长。1950 年夏任中国科学院近代(转下页)

等人。(另有钱临照自述是以非正式代表身份出席。①)这些代表团成员的整体水平,也表明国民政府对联合国教科文组织的精英知识分子特征的认同。

但是即便如此,在联合国教科文组织成立的早期,中国的影响力仍旧极其有限,且这些有限的影响力也主要集中在教育技术和科学层面,即使在这个层面的影响,也只是少数精英知识分子的个体行为。例如在1945年11月召开的筹备会议上,采纳了中国代表瞿世英②从中国平民教育经验出发提出的建议,使基础教育计划得以完成。此后,联合国教科文组织总干事赫胥黎多次恳请中国平民教育运动主持人晏阳初③担任该组织基本教育计划主任,主持该项工作,并明确指出:"希望阁下认为这是将你在中国的伟大工作扩大到世界范围的机会。"④但晏阳初最终只同意担任特别顾问。⑤

对这一邀请,晏阳初之所以始终持拒绝态度,其根本原因是他早就矢志于中国平民教育运动:"晏自开始进行中国平民教育运动,即矢志为终生事业,任何高官侯爵都无动于衷,绝不见异思迁。"⑥但他勉强同意瞿世英赴巴黎半年,负责主持联合国教科文组织的基本教

(接上页)物理研究所所长,同年12月起任中国科学院副院长。
① 钱临照:《钱临照文集》,安徽教育出版社,2001年,第597页。
② 瞿世英(1901—1976),哈佛大学博士,曾任清华大学、北京大学教授,中华平民教育促进会研究部主任、代总干事长,重庆乡村建设学院院长,联合国教科文组织中国代表团顾问兼秘书长。1949年后历任铁道部参事室专员、北京师范大学教授。
③ 晏阳初(1890—1990),教育家。四川巴中人。毕业于香港圣保罗书院、耶鲁大学、普林斯顿大学。组织成立中华平民教育促进会,任总干事;创办重庆乡村建设学院,任院长。20世纪50年代以后,协助菲律宾、泰国、危地马拉、哥伦比亚、加纳等国建立乡村改造促进会。在菲律宾创办国际乡村改造学院,任院长。
④ 吴相湘:《晏阳初传》,岳麓书社,2001年,第384页。
⑤ 鄢烈山:《平民教育家晏阳初的实践与精神》,《南方周末》2003年7月17日。
⑥ 吴相湘:《晏阳初传》,岳麓书社,2001年,第384页。

育计划。① 此外,联合国教科文组织成立之后,第一任总干事赫胥黎于当年来电欢迎晏担任总干事顾问(不拿工资的名誉职务,但当晏旅行考察时,联合国教科文组织提供旅费②),他也曾于 1947 年 8 月在法国塞夫勒为联合国教科文组织的夏季研讨会专门做过题目为"平民教育与国际理解"的演讲,③联合国教科文组织《信使》杂志对此专门进行了报道。④

已有的资料表明,联合国教科文组织在发展中国家推行基本教育的计划,明显地受到了赛珍珠对晏阳初的访谈录《告语人民》(*Tell the People*)一书的影响。可惜的是,关于平民教育总会对联合国教科文组织的影响,瞿世英没有留下记录。联合国教科文组织 1947 年所出版的《基础教育——所有人的共同基础》(*Fundamental Education-Common Ground for All People*)一书,还专门引用了晏阳初的话:"当今世界,四分之三的人没有房屋,没有衣服,没有食物,不识字。"(Three fourths of the world's people are under-housed, under-clothed, under-fed and illiterate.)⑤

因为著名科学技术史学者李约瑟(Joseph T. M. Needham)和联合国教科文组织总干事赫胥黎的关系,李的合作者、中国学者鲁桂珍曾经担任联合国教科文组织科学部秘书处成员。当时曾与她同在联合国教科

---

① 兰军、余子侠:《平民教育与国际教育组织:加入、促进与融合》,《教育研究与实践》2007 年第 1 期。
② 吴相湘:《晏阳初传》,岳麓书社,2001 年,第 475 页。
③ *Summer Seminar in Education for International Understandin*(*SEM. LEC./26/ED*), October 1, 1947, http://unesdoc.unesco.org/images/0015/001556/155659eb.pdf, accessed July 16, 2021.
④ "Dr. Yen Descibes Work of Mass Education in China", *UESCO Courier*, March 1948, p.7.
⑤ John Bowers, *What's Fundamental Education?*, UNESCO, Educ./43, Paris, July 25, 1947.

文组织工作的中国同事还有心理学家汪敬熙、郭有守①,教育学家庄泽宣②,作家林语堂,冶金学家叶渚沛③等人。其中,汪敬熙在李约瑟离职后接任科学部主任,叶渚沛为李任自然科学部主任时期的副主任,鲁桂珍为科学部特别顾问和实地科学合作馆总部副主任。④鲁这一任命的背景是,朱利安·赫胥黎是《天演论》作者赫胥黎之孙,是李约瑟的老朋友。李约瑟认为在各国教育文化的沟通方面,科学是非常重要的,他以自己的亲身体会来说明这一点,并建议联合国教育文化组织的名称应该加上"科学",变成教科文组织。这一建议最终被采纳。小赫胥黎致电李约瑟:"速归,帮助我组建联合国教科文组织自然科学部。"⑤于是抗战胜利后的1946年,结束了英国驻华使馆工作的李约瑟从中国来到巴黎,担任教科文组织科学部的负责人。11月27日至12月底,为配合联合国教科文组织大会,在巴黎展览馆举办科学展览,李约瑟用英、法、中3种语言致开幕辞。⑥次年,他又建议多年的助手鲁桂珍⑦也去教科

---

① 郭有守(1901—1978),四川资中人。毕业于北京大学,法国巴黎大学博士。在巴黎留学期间曾与徐悲鸿、张道藩等人组织文学艺术团体"天狗会"。后出任国民政府教育部第二科科长,兼任教育部电影检查委员会主任。后为四川教育厅厅长。
② 庄泽宣(1895—1976),浙江嘉兴人。毕业于清华学校,美国哥伦比亚大学哲学博士。历任清华大学、厦门大学心理学教授,中山大学文学院教育系主任兼教育研究所主任,浙江大学教育系教授,广西大学文学院院长。译有《近三世纪西洋大教育家》《职业教育》《如何使新教育中国化》《各国学制概要》《新中华教育概论》《各国学制概要》,与徐锡龄合著《民众教育通论》《职业教育通论》《各国教育新趋势》《西洋教育制度的演进及其背景》《教育与人生》和《改造中国教育之路》等。
③ 叶渚沛(1902—1971),中国科学院院士,中国化工冶金学奠基人。生于菲律宾。毕业于美国宾夕法尼亚大学。倡导推广了化工冶金学,并创建了化工冶金研究所。曾担任联合国教科文组织任科学部副主任、联合国经济事务部经济事务官。
④ 钱临照:《联合国教科文组织及其自然科学组之过去与现在》,《科学世界》1948年第8期。
⑤ 李约瑟在第一届福冈亚洲文化奖特别授奖纪念讲演会上讲话,1990年9月4日。
⑥ 王承绪:《王承绪教育文集》,江苏教育出版社,2010年,第704页。
⑦ 鲁桂珍(1904—1991),祖籍湖北蕲春,毕业于金陵女子大学,1936年前往剑桥大学攻读博士学位。曾供职于巴黎联合国教科文组织秘书处。李约瑟《中国科学技术史》项目的重要研究员和作者。

组织科学部，以便他日后辞职回剑桥写作《中国科技史》时，鲁可接替他在联合国教科文组织的工作。

此外，李约瑟对联合国教科文组织与中国的合作所做出的贡献当不止于推动个体知识分子的介入。1948年2月1日，联合国教科文组织科学部门在南京设立办事处，由捷克人施茂德任代理主任。不久之后，于上海设立"东方科学合作馆"，由曾任联总华北善后专员的克列佛担任主任，旨在促进联合国教科文组织远东会员国（中国与菲律宾）从事科学合作。东方科学合作馆的任务之一是，将价值200万美元的基本训练设备赠送给位于中国17个城市的35所中国公立和私立工科院校，①还搜集中国科学家著作、编辑中国科学家名录，并协助获得联合国教科文组织奖学金的中国科学家出国开展学术交流活动。

总体来说，这一时期中国知识分子在联合国教科文组织中职位的取得是个人化的，与其本人国际化的教育经历、学术联系与学术水准、国际知名度有关。仅以教育背景来说，汪敬熙、郭有守、庄泽宣、林语堂、叶渚沛、鲁桂珍均曾留学于欧美一流高等教育机构（详见表3-1）。这样国际化的高等教育背景不但使其掌握了足够的学科训练与外文积累，更使其与当时的国际一流学术界建立起紧密联系成为可能。同时，汪敬熙在国际心理学界的知名度、林语堂在欧美的知名作家身份等，无疑对获得联合国教科文组织及其秘书处同仁的认同有很强的说服力。

---

① 《东方科学合作馆在沪设立办事处协助推进中国工程教育》，《申报》1948年2月21日。

表 3-1　国民政府时期在联合国教科文组织任职的中国职员教育背景一览表

姓名	教育背景
汪敬熙	美国约翰斯·霍普金斯大学博士
郭有守	法国巴黎大学博士
庄泽宣	美国哥伦比亚大学博士
林语堂	美国哈佛大学文学硕士、德国莱比锡大学语言学博士
叶渚沛	美国宾夕法尼亚大学博士
鲁桂珍	英国剑桥大学(博士学位拿到与否,不详)

资料来源:作者收集整理。

从上文可见,中国知识分子介入联合国教科文组织的活动,有两种基本途径:一是以政府代表团成员的身份参加其重要会议,二是以该组织工作人员的身份介入其日常活动,这种身份的获得或者源自政府推荐,或者源自相关人士推荐。但总体来说,中国在这样一个由西方国家建立并主导的组织的政治谱系中的整体地位远不及个别学者的地位。瞿世英和晏阳初所在的机构是非常民间化的——平民教育总会完全是个非官方的民间教育机构,他们在联合国教科文组织中所发挥的也是技术顾问的作用。鲁桂珍在联合国教科文组织的角色完全是个体知识分子,她的职位获得多少也有偶然的成分。叶渚沛在联合国教科文组织任职的时间仅短短 2 年,任职期满之后即离开该组织。林语堂 1947 年因中国驻联合国教科文组织代表陈源推荐进入该组织担任美术文学组组长,但任期未满即因为不适应高强度的行政工作而辞职,专事写作。[①] 汪敬熙 1948 年接替李约瑟任联合国教科文组织科学部主任,

---

① 施建伟:《林语堂传》,北京十月文艺出版社,1999 年,第 482 页。

1952年卸任后即去美国高校任教,直到逝世。① 有留法背景的郭有守在该组织工作的时间亦不长久。以对第一届大会的参与而言,"我国在此次联教组织大会中最显著的特点,是准备的不足。教育展览中我国出品的贫乏,就是一个例子。同时,我国参加会议前的准备亦未见充分。我国代表团实力,不在他国之下,惜事前准备时间太短,代表团下级干部,多属临时凑合,缺乏充足的准备"②。整体来说,中国知识分子这一时期在联合国教科文组织的作用是个体、民间、零散、短暂的,除了零散的个体知识分子和民间团体发挥了一定作用之外,作为一个大国,中国在联合国教科文组织整个机构的政治权力谱系中的影响是基本空缺的。

然而,这些知识分子的作用不止于以上历时意义上的零散和短暂。检视中国早期进入联合国教科文组织工作的学者以及以政府代表团成员身份参加会议的学者的教育经历、学术履历以及他们其时在国际上获得的承认,可以得出一些基本结论:一则是他们的知识占有与同时代的国际学界高度接轨,并为中国这一古老文明国家在这样一个智力合作国际组织中获得了知识界的认可,甚至为后来新中国的进入奠定了某种意义上的观念基础;二则是他们以自己的知识视野为中国对该组织的关键入场以及获取相关职位做出了一定意义上的贡献。易言之,可以说他们在中国获得成为现代意义上的主权国家所需的国际承认③的过程中,间接发挥了独特作用。

但同时必须指出的是,国力是一国参与国际组织的最大支撑力。

---

① 薛攀皋口述,熊卫民整理:《自主与干预:心理学科在中国(1949—1976)》,《科学文化评论》2006年第4期。
② 王承绪:《王承绪教育文集》,江苏教育出版社,2010年,第707页。
③ 吴勇:《论中国主权国家地位的最终确立:基于太平洋战争爆发后的中外互动的一项研究》,中国人民大学2008年博士学位论文,第136页。

虽然中国是联合国教科文组织最早的签字国之一,但在美、英、法3国就联合国教科文组织的架构、组织法、总部地点、领导人选等重大问题频频交手时,却完全看不到中国的身影。即使是在胡适任副主席的联合国教科文组织筹备大会上,他的发言内容也没有太多的建设性,除了附议英国提出的增加"科学"内容之外,便是以留美学生为依据赞美中美友谊,作为附议美国提出的"促进思想和知识的自由流动"的实证。总体来说,胡适代表中国所做的专题发言并没有涉及该组织的实际权力结构,严格地说,他发言所体现的国家立场甚至具有下意识的附属性——在政府间国际组织的筹备大会上,主动正面评价具体的国家间关系,至少在严肃性上是值得商榷的。或许已身为北大校长的胡适,在外交场合仍会习惯性地跳转到他曾担任的驻美大使(1938—1942)的思路上去——尽管胡适是学者风范的大使。在胡适主持的第八次全会上,从会议记录来看,他也没有对该组织的权力结构有任何建设性指引,在奥地利代表对联合国教科文组织拟将总部设在巴黎的提议提出质疑时,他也只是中规中矩地请秘书长发言,并以之作为恰当的回复,完全是符合职业标准的国际会议主席应秉持的中立立场。此外,在联合国教科文组织档案库里,虽有关于在中国开展的基础教育试点项目的报告,其中提到国民政府教育部为3个试点项目提供了5000美元的资助,①但是类似的官方参与并不多见。更甚的是,"1948年联合国教科文组织美国委员会(现今翻译为美国联合国教科文组织全国委员会)在华盛顿开会讨论总干事赫胥黎任期届满后的新人选,晏阳初被列为候选人之一。但这必须由各国政府外交途径协商,而中国迄未缴纳联

---

① *Fundamental Education Pilot Project: China*, UNESCO, Educ./62, Paris, April 7, 1948.

合国教科文组织经费,自难有所举动"①。从精英知识分子的低政治度发言到会费缴纳的拖欠,中国当时在该组织影响力的实际缺失和有心无力,由此均可见一斑。

与美、英、法三国在联合国教科文组织成立前后激烈竞争的局面相比,自加入联合国教科文组织后的相当一段时间,中国的角色基本上只是个旁观者。随着中国内战的开始和国际形势的变化,中国更是无暇应对联合国教科文组织的变化。此后中国与联合国教科文组织的关系,完全没有遵循该组织在"二战"后不断政府化的演变,而是与本国的国内政治变化直接相关。20世纪50到70年代的20多年间,新中国游离于国际组织体系之外。这20多年,正是国际组织,尤其是联合国教科文组织发生剧烈变化的时期:苏联和一大批新独立的发展中国家加入,并逐渐取得话语权,或者说发言权。曾担任联合国副秘书长的陈健说:"过去30年,我基本上是每个年代都在联合国工作过一段时间,可以说目睹了联合国的发展与变化。概括起来说,就是前后对比,内容不同。就联合国而言,20世纪70年代,是第三世界国家在联合国发展壮大的年代,其最高峰就是新中国恢复了在联合国的合法席位。"②但是,在被称为所谓"专门机构的时代"(the Period of the Specialized Agencies)的整个20世纪60年代,中国与联合国体系、与联合国教科文组织没有发生联系,是一个纯粹的体系外旁观者,甚至旁观的行为也甚少有。

---

① 吴相湘:《晏阳初传》,岳麓书社,2001年,第387页。
② 《陈健:中国籍联合国副秘书长》,2006年5月11日,http://gb.cri.cn/8606/2006/05/11/541@1039031_1.htm,最后访问日期:2021年7月16日。

三、新中国重返联合国及其专门机构

国际组织中成员国的代表权与新成员的接纳,是两件性质不同的事项。接纳新成员是有关成员资格的取得问题,而成员国的代表权则是在具备成员资格的情况下,由一个现存合法政府来代表的问题。中国不但是联合国的创始会员国,而且也是绝大多数联合国专门机构的创始会员国。1949年中国人民革命胜利后建立的中华人民共和国政府,是代表全中国人民的唯一合法政府,按照公认的国际法原则,应立即取代旧政府,享有其咱联合国及其专门机构中的一切合法权益。① 但是,新中国在联合国席位的恢复经历了漫长而曲折的过程。1949年11月15日,中国政府即分别致电联合国秘书长和第四届联大主席,声明"中华人民共和国中央人民政府是代表中国人民的唯一合法政府,国民党政府丧失代表中国人民的任何法律与事实依据,要求立即取消中国国民政府代表团继续代表中国人民参加联合国的一切权利"②。但这一声明的落实耗时达22年。需指出的是,中国对联合国体系的态度在最初是非常积极的,通常所认为的中国对国际组织的态度经历了"从拒绝到承认到参与"③是不够准确的。

中国恢复联合国专门机构席位的方式主要有4种。其一是"短暂恢复又再次失去"型。比如1950年万国邮政联盟在瑞士举办大会,5月

---

① 江国青:《联合国专门机构法律制度研究》,武汉大学出版社,1993年,第95页。
② 渠梁、韩德主编:《国际组织与集团研究》,中国社会科学出版社,1989年,第67页。
③ 王逸舟主编:《磨合中的建构——中国与国际组织关系的多视角透视》,中国发展出版社,2003年,第11页。

5日周恩来以外长身份致电万国邮政联盟秘书长和联合国秘书长,要求恢复中国代表席位。在苏联、捷克斯洛伐克等国代表要求下,经瑞士代表提议,万国邮政联盟执行及联络委员通过决议,承认中国合法代表的席位。新中国派代表参加了此次会议,此后亦派代表参加了1950年该组织和国际航空运输协会(IATA)在开罗举行的联席会议。但是,1951年3月万国邮政联盟又剥夺了中国的合法权利。其二是"欲造成既成事实却只成功一半"型。1953年3月9日、4月1日、8月26日,周恩来多次致电国际电信联盟,坚决要求在该联盟各个机构及会议中驱逐国民党代表,并告知中国已经任命李强为出席该联盟第五届理事会的中国理事。国际电信联盟曾讨论过中国代表权问题,但在某些国家干预下,问题仍未得到合理解决。[①] 其三是"要求恢复却一直未恢复"型。比如,1950年中国还分别向世界卫生组织、世界气象组织、国际民用航空组织、国际劳工组织、国际复兴开发银行等多个组织提出恢复中国合法席位的要求,但是周恩来的这一要求直到20年后中国恢复联合国席位之后才得到应答。其四是"既未要求也未恢复"型,如联合国教科文组织。但从所耗时间的长短来讲,这4种不同的方式是殊途同归的。

中国在联合国的席位恢复问题上遇到困难的最根本原因是政治因素。即便是在低政治性的联合国专门机构,中国合法席位恢复遭遇到阻碍也是相同的政治原因。具体来说,20世纪50年代中期以后,美国在国际事务中推行"两个中国"政策,并将之扩展至各种国际组织和国际会议,甚至在1970年的第25届联大会议上,美国与日本提出所谓"双重代表权"提案,以图在保持"中华民国"代表权的同时接受中华人民共和国代表进入联合国,制造"两个中国"。直至1971年10月25日,

---

[①] 江国青:《联合国专门机构法律制度研究》,武汉大学出版社,1993年,第97页。

在广大发展中国家的努力下,第 26 届联大终于以压倒性多数票通过决议,"恢复中华人民共和国的一切权利,承认它的政府代表为中国在联合国的唯一合法代表"。联合国席位的恢复大大促进了中国在各个联合国专门机构席位的恢复与取得。以恢复在联合国教科文组织的席位为开始,之后的 13 年间,中国几乎恢复和取得了在所有联合国专门机构(包括新成立的)中的席位(见下表 3-2)。

表 3-2 中国恢复/参加联合国各专门机构时间一览表

国际组织名称	中国恢复/参加时间	性质
联合国教科文组织	1971 年 10 月 29 日	恢复
联合国工业发展组织	1972 年	参加
世界卫生组织	1972 年 5 月 10 日	恢复
国际电信联盟	1972 年 10 月	恢复
世界气象组织	1973 年 1 月	恢复
万国邮政联盟	1973 年 2 月	恢复
国际海事组织	1973 年 3 月	参加
联合国粮农组织	1973 年 4 月	恢复
国际民用航空组织	1974 年 2 月	恢复
国际农业发展基金会	1980 年 1 月	参加
世界知识产权组织	1980 年 3 月	参加
国际货币基金组织	1980 年 3 月	恢复
世界银行及其附属机构	1980 年 5 月	恢复
国际原子能机构	1984 年 9 月	参加
国际劳工组织	1984 年 6 月	恢复
世界旅游组织	1983 年 10 月	参加

资料来源:江国青:《联合国专门机构法律制度研究》,武汉大学出版社,1993 年。

四、与联合国教科文组织关系之探索：
体系内的旁观者(1971—1978)

虽然在20世纪50年代周恩来任外长时期，中国向多个联合国专门机构提出要恢复在其中的合法席位，但不知何故，联合国教科文组织并不在周的名单之列。然而，联合国教科文组织却是第一个恢复中国合法席位(恢复联合国席位4天之后)的联合国专门机构，而且是当时的总干事马厄亲自向该组织大会提出申请，并得到会员国热烈响应。在联合国大会通过2578号决议后，当时正在召开的联合国教科文组织执行局第88届会议应时任总干事马厄的要求，将"中国参与联合国教科文组织计划的执行"的议题提交会议审议，经过激烈辩论，1971年10月29日，以24票赞成、2票反对(美国、巴西)、5票弃权的表决结果获得通过，"决定自即日起，中华人民共和国为中国在教科文组织中的唯一合法代表，请总干事据此行动"①。重返联合国教科文组织，对新中国来说是件大事，当时接连呈送中央的几份请示报告均得到毛泽东本人的画圈表示同意。在当年11月4日举行的纪念该组织成立25周年庆祝活动中，中国政府代表(驻法使馆官员)应邀出席；1972年7月，总干事马厄访华；同年10月，以驻法大使黄镇②为团长的中国代表团出席了联合

---

① The executive board, by a vote of 25 to 2, with 5 abstentions, adopts a resolution where by it recognizes the Government of the People's Republic of China as the only legitimate representative of China at UNESCO.—Documents（88 EX/Dec.9；88 EX/48,49）.

② 黄镇(1909—1989)，安徽桐城人。曾先后在上海美术专科学校、上海新华艺术大学习画。1930年入冯玉祥部队，次年加入中国工农红军。1934年创作《粉碎敌人的围剿》，长征中创作独幕话剧《破草鞋》《打骑兵歌》等。1943年任豫北工作委员会书记、太行军区副政委兼政治部主任。1946年国共和谈期间任军调部执行小组少将衔 （转下页）

国教科文组织第17届大会,黄大使于10月25日在大会上做了题为"民族的彻底解放是通向教科文事业繁荣兴旺的康庄大道"①的大会发言②,标志着新中国正式重返联合国教科文组织。

虽然新中国与联合国教科文组织的关系完全没有按照该组织自身的变化而发展,但必须指出的是,新中国重返联合国教科文组织后所派代表之身份,完全符合当时联合国教科文组织早已去精英知识分子化、高度政府化的这一既有变化。因联合国教科文组织总部在巴黎之故,第一任中国代表团团长是当时的驻法大使黄镇。黄镇虽同时有艺术家之名,但他资深的革命经历和驻法大使职份,足以证明这一任命的政治意味。这一任命,迥异于20世纪40年代作为代表的胡、赵诸教授的学者身份。此后的历任中国代表团团长,也都是纯粹的政府官员身份。1974年是继任的中国驻法大使曾涛③、1975年是国务院科教组科教文组办公室负责人胡沙④、1976年是中国驻肯尼亚大使王越崎,此后一直

(接上页)首席谈判代表,解放战争期间率领晋冀鲁豫野战军第9纵队。1948年调西柏坡军委政治部任总政研究室副主任、第一研究室主任。1950年任驻匈牙利首任大使,兼管与阿尔巴尼亚的外交事务。1954年调任驻印度尼西亚大使,保护周恩来顺利出席万隆会议。1961年任外交部副部长。1962年,中印边境冲突,作为特使走访亚非许多国家。1964年首任驻法国大使。1971—1973年负责美国代表秘密访华的联络工作。1973年首任驻美国联络处主任。1977年后历任中宣部第一副部长,文化部党组副书记、部长和对外文委党组书记、主任,中顾委常委。出版有《长征画集》《黄镇书画选集》。

① 黄镇:《黄镇文集》,中国友谊出版公司,1994年,第232—236页。

② 该发言的起草小组由国务院科教组办公室主任胡沙负责,外交部国际司李道豫(后任中国驻美大使)负责外交把关,北大两位教员负责文字起草。

③ 曾涛(1914—1997),江苏泰兴市人。曾任中共富阳、建德中心区委书记,苏中一地委组织部长,工委书记、宣传部长,胶东区委办公室主任,苏南区党委秘书长等职。中华人民共和国成立后历任中共镇江地委副书记、上海市委秘书长、上海市人民委员会秘书长兼机关党委书记,1960年调外交部,先后任国务院外事办公室秘书长,驻阿尔及利亚、南斯拉夫、法国大使,1977年任新华社社长、党组书记。

④ 胡沙(1927—2013),曾任中国人民大学教务科长、俄文系副主任,1956年后先后任高等教育部综合司副司长、司长,1972年任国务院科教组办公室负责人,同年随中国代表团参加第17届联合国教科文组织大会。1976年任新中国首任常驻联合国教科文组织代表(大使衔),后任《光明日报》副总编辑、北京图书馆副馆长。

由教育部副部长兼中国联合国教科文组织全国委员会主任担任中国代表团团长。中国常驻联合国教科文组织代表团代表(大使衔)和副代表两职,也完全由职业外交官担任。在以个人身份代表国家的联合国教科文组织执行局委员①的位置上,曾先后有清华大学的张维②(1971—1976)和中国社会科学院的赵复三③(1985—1989)两位学者出任。但是,尽管他们是以个人身份出任联合国教科文组织执行局委员,但本身也拥有高级行政职务,分别是副校长和副院长,而且行政职务的色彩甚至要远浓于学者色彩。此外,黄镇在第 17 届大会上的发言也完全是政治性的,和胡适 1945 年作为自由主义知识分子的低政治度发言以及 1946 年赵元任所作的"中国语言教育的问题"发言④相比,新中国代表身份和发言完全是政府化与政治化的,也表明重返之后的新中国符合了该组织日益政治化的性质变化。

但新中国在重返联合国教科文组织后,由于国内外政治的原因,在相当长的时间里,充当的只是体制内的旁观者角色。之所以采取这一

---

① 联合国教科文组织的执行局委员由会员国大会选出的 18 人组成,均为享有很高名望的专业人士,代表大会而非他们所在的政府。1954 年,执行局改组为由 22 人组成的政府性机构。

② 张维(1913—2001),北京市人,力学家、教育家,中国科学院和中国工程院两院院士。毕业于唐山交通大学、伦敦帝国理工学院,德国柏林工业大学工学博士。曾任清华大学教务长、副校长、校务委员会名誉副主任,深圳大学首任校长。中国科学院院士,瑞典皇家工程科学院外籍院士,世界工程组织联合会副主席。

③ 赵复三(1926—2005),上海市人。上海圣约翰大学毕业。1947 年后,任北京基督教青年会干事、副总干事。中华人民共和国成立后任政协北京市委员会副秘书长、中华圣公会牧师、北京基督教三自爱国运动委员会副主席、燕京协和神学院教务长、中华圣公会华北教区总干事。1964 年后,历任中国社会科学院世界宗教研究所助理研究员、研究员、副所长,中国社会科学院副秘书长、副院长,中国基督教三自爱国运动委员会副主席、第七届全国人民代表大会常务委员会委员。

④ "Problems of Language Education in China", Article by Dr. Yuen Ren Chao, Academia Sinica, 10 August I9.6. A paper submitted to the Editorial Committee of the Study on Fundamental Education of the Preparatory Commission of UNESCO.

旁观者的态度,主要原因是意识形态因素的战略取向:"当时,我们更多地把教科文组织看成是一个开展政治斗争的场所,把反对两霸作为对教科文组织的首要任务。"①此外,中国重返联合国教科文组织的1971年,正是姚文元、张春桥主持的《全国教育工作会议纪要》出台之年,该文件所提出的"两个估计"②观点全面否定了新中国17年(1949—1966)的教育工作。在这种背景下,整个20世纪70年代,新中国实际上完全将联合国教科文组织当作了政治斗争工具,对其各个领域的业务并不关注。

联合国教科文组织总干事、塞内加尔人姆博1975年的历史性访华,可以说是新中国同联合国系统真正的破冰。尽管姆博在北京接受路透社采访时申明"中国没有接受该组织的援助,也没有表示任何接受援助的愿望,但是它提供了该组织预算的5.46%"③。但在西方阵营眼中,姆博是亲华和亲东方阵营的,他的左翼倾向甚至直接导致他在寻求第三次连任总干事时,遭到西方阵营的集体强烈反对。但是,当时中国在关于以姆博为最高领导人的联合国教科文组织的评价报告中,却也写有该组织"宣扬资产阶级生活方式""集资产阶级意识形态之大成"等评语。在如此认识的前提下,当时中国对待联合国教科文组织的立

---

① 中国联合国教科文组织全国委员会秘书处:《中国与联合国教科文组织合作的回顾与展望——纪念党的十一届三中全会召开暨中国教科文组织全国委员会成立20周年》,1991年。

② "两个估计"指的是"'文化大革命'前17年,教育战线基本上是资产阶级专了无产阶级的政,是'黑线专政';知识分子中,大多数人的世界观基本上是资产阶级的,是资产阶级知识分子"。详见教育部前部长陈至立:《改革开放二十年的我国教育》,http://www.moe.gov.cn/jyb_xwfb/xw_zt/moe_357/s3579/moe_90/tnull_3161.html,最后访问日期:2021年7月16日。

③ 《联合国教科文组织总干事姆博在北京的谈话(1975年1月)》,《参考消息》1975年1月31日。

场是:增加了一块"反对两霸、侧重揭露苏修"的政治斗争阵地。① 以1971 年的联合国教科文组织执行局第 87 届会议为例,国务院科教组办公室在次年 3 月编写的《会议情况》若干小标题分别是:通过"消除"殖民主义的决议、美帝扬言"反对援助"解放区;发展中国家对国际大学感兴趣、苏修极力反对美帝等耍花招;苏修竭力贩卖四大黑货;等等。

　　基于以上的政治立场,在业务领域,中国对联合国教科文组织采取"有选择地参加一些活动,以后视情况再逐步扩大"的方针。在"文革"结束前,中国对联合国教科文组织在教育、文化、科学、传播以及社会科学等其他领域的大量活动均绝少参与,有限的参与也局限在科技领域,比如中国科技情报所通过联合国教科文组织派出人员学习和请外国专家来举办学习班等,"因为科技领域的政治含量相对最低"②。这些充满警惕和防卫意识的表述,是中国在当时政治偏好影响下,对国际组织性质预设前提的外化表现,并非只针对联合国教科文组织——对于联合国这个多中心的体系,新中国当时基本都是以"政治斗争工具"来定性其整体的。在高政治性的联合国安理会等机构内,中国诸如超出实际能力多付会费等举动皆是政治考量,在联合国教科文组织这一建立在功能主义基础上的业务合作国际组织内,中国除了强调政治性之外,在业务领域的旁观态度则成为必然。最明显的例子是,黄镇 1972 年 10 月 25 日在联合国教科文组织大会的发言完全是政治性的,没有涉及该组织的业务,而正是在这届联合国教科文组织大会上,正式审议通过了意义深远的《保护世界文化和自然遗产公约》,当时中国代表团对该公约

---

① 张崇礼:《撷兰折菊　嫁吾芳圃——为纪念中国联合国教科文组织全国委员会成立 25 周年而作》,载中国联合国教科文组织全国委员会秘书处、联合国教科文组织驻北京办事处编:《中华人民共和国联合国教科文组织全国委员会史迹》,2006 年,第 44 页。
② 对刘万亮的访谈,北京,2009 年 9 月 17 日。

投了赞成票,但原因正是认为该公约不涉及政治立场,①并未从文化保护的角度进行权衡。在这样一个非政治性的政府间国际教育科学文化组织里,既然对其业务完全不参与,那么在该组织内的旁观者地位就难以避免。

旁观者立场的证据之一是,在重返联合国教科文组织但未展开真正的合作之前,因为国内政治形势的限制,也由于对国际学术发展长期隔膜所导致的业务荒疏,中国对联合国教科文组织的业务活动保持了相当的距离,对该组织的业务工作参与极其有限。北京师范大学前副校长、中国教育学会名誉会长顾明远教授曾于1974年以教育顾问身份参加中国代表团,他在口述史中如此回忆自己赴巴黎参加联合国教科文组织第18届大会的经历:

> 为了参加这次会议,我们在国内做了充分的准备,一个月以前就集中学习,阅读有关材料。有关教育的一百多条提案内容可以分为两大类:一类是(作为)发展中国家的非洲、拉美等国家提出的,要求联合国教科文组织关注普及初等教育、扫除文盲,并要求立项援助。第二类是发达国家(提出的),要求关注青年的失业问题,为成人教育和终身教育立项。关于终身教育,我之前从来没有听到过。按照当时阶级斗争的思维定式,既然终身教育是发达国家提出来的,发达国家全都是资本主义国家,因此终身教育肯定是资产阶级教育思想。于是在分委会讨论时,我就大力支持发展中国家提出的扫除文盲和普及初等教育的提案,而对终身教育则只好置之不理。等到表决时,对于发展中国家提出的扫盲、普及初等

---

① 对程裕祯的访谈,北京,2010年6月20日。

教育的立项，我就高高举手；对于终身教育的立项，我也不敢反对，因为不了解，只好弃权。当时阿尔巴尼亚还是我们的盟友，他们的代表坐在我的右前方，他常常转过头来看我，看我举手他就举手，看我不举手，他也就不举手。在会议期间，法国教育部部长在凡尔赛宫举行隆重的招待会，在互相交流中，有一位澳大利亚代表问我，中国是如何解决青年失业的问题。我一句话就把他顶了回去。我说："我们中国没有人失业，中学毕业生全部上山下乡，中国农村有广阔的天地！"①

顾的回忆非常有代表性，说明当时泛意识形态化的取向完全支配了新中国对联合国教科文组织的全部工作，即便是业务领域的工作也是由政治意识形态完全支配。因此，"从1971年10月恢复席位到1978年上半年，由于历史条件的限制，我国基本未参加教科文组织的国际和地区专业会议，也未在华举办任何合作活动，只出席了少数重要的政治性会议"②。所谓政治性会议，即主要工作是出席教科文组织大会和执行局会议，基本上未参与该组织业务活动或开展合作。更尖锐的总结来自中国联合国教科文组织全国委员会："1970年代，我们只将联合国教科文组织当做政治斗争的工具，对其业务活动采取回避态度。"③反映在联合国教科文组织内部，最直观的则是语言翻译司中文科工

---

① 《顾明远教育口述史（九）：我对终身教育的认识》，《北京师范大学校报》（电子版）第194期，2008年8月15日，http://bnu.cuepa.cn/show_more.php? doc_id=109868，最后访问日期：2021年7月16日。

② 中国联合国教科文组织全国委员会秘书处：《中国与联合国教科文组织合作的回顾与展望——纪念党的十一届三中全会召开暨中国教科文组织全国委员会成立20周年》，1991年。

③ 中国联合国教科文组织全国委员会秘书处：《中国与联合国教科文组织合作的回顾与展望——纪念党的十一届三中全会召开暨中国教科文组织全国委员会成立20周年》，1991年。

作量的变化:"那时,中文处只需要翻译重要的大会文件和执行局文件。"①

旁观者立场的证据之二是,重返联合国教科文组织后,新中国在选派国际职员进入该组织工作方面持消极态度。重返联合国教科文组织早期,由于多年的封闭,专业人才,尤其是会外语和熟悉国际组织工作的专业人才储备非常有限,更何况当时中国的注意力集中于政治方面,对国际组织的业务工作重视程度并不高。因此,1971—1977年间,新中国虽然派人进入联合国教科文组织工作,但实际上,"派出的工作人员是当地华侨",即留任国民党政府时期在联合国教科文组织业务领域工作的中国籍国际雇员,比如杨天全②等人,此政策与中国当时在联合国的政策类似。③ 这一局面直到1977年才开始改变。当年新中国正式派出来自本土的工作人员,第一批共5人,进入语言文化司工作,之后派员进入科学司、预算规划局(上海人余世均担任预算局副局长)等,逐渐介入联合国教科文组织核心工作领域。1977年的这批中国国际职员的集体记忆,刻满了强烈的时代特征:"我们配发同样的服装和文件包,统一坐一辆面包车上下班,统一坐车到住所吃饭(集体住宿),绝不单独行动,绝不和外国职员来往,甚至任满2年即主动给上司写

---

① 对姜亚洲的访谈,巴黎,2005年8月6日。
② 杨天全(1914—2000),字汝豹,江苏连云港市人。曾任联合国教科文组织助理总干事,全国政协第六、七、八届委员。毕业于复旦大学,曾任国民政府预算专员。后入哈佛大学,获硕士学位。在联合国总部任会计专员,同期获纽约大学博士学位。1949年起在联合国教科文组织工作,历任预算专员,预算局副局长、局长,助理总干事。其间陪同联合国教科文组织总干事3次访华。主要著作有《抗日教育》《战时青年》《通货膨胀下会计处理》《国际公务人员制度理论与实际》等。1996年捐款10万美元在家乡南城镇设立"杨天全奖学金"。
③ "如何管理联合国的中文翻译也是问题,当时乔冠华和陈楚表示,以往的华人翻译全部留用。"见王恺、徐菁菁:《新中国这样重返联合国》,《三联生活周刊》2009年第1期。

辞职信(其实是国内要求两年一轮换)要求离任,等等。"①在这种刻板的要求下,广泛参与该组织的业务工作显然不可能。

1977—1985年期间中国籍联合国教科文组织职员的这种自我隔离措施,实际上也是中国在该组织采取旁观者立场的结果之一。当时,一方面是被国家的条件所限制,比如服装和公文包都是出国前从教育部统一借出的,因为只有两年任期,所以还不能算常驻,也就不能按照常驻人员待遇规定进行置装;另一方面,这也是各国过去的常见做法:如美国早在1953年就成立了国际组织工作效忠局(International Organization Employment Loyalty Bureau),负责监督在联合国所有机构中工作的美国人。较之中国的措施,这种公开的体系化监督,有过之而无不及。②这些非常政治化的举措,直接反映了国家对国际组织之国际雇员非政府原则的违背;亦或者说,是国际组织的自由主义理想与主权国家的政治利益在现实层面的必然冲突。长久游离于联合国体系之外的新中国,在当时无非是遭遇到了其他国家早已遇到的冲突。这一时代中国国际职员困境的产生原因固然很大一部分源自国内政治,但这种国际化冲突才是新中国遇到的真正陌生的障碍。这种冲突也表明在长期游离于国际体系外之后,加入联合国教科文组织的初期,中国所采取旁观者立场的某种不得已之处。

自新中国成立之后到1971年重返联合国之前,中国基本上是一个国际社会体系之外的国家。在1971年重返联合国之后的整个20世纪70年代,虽然置身于这个国际组织体系之中,但是真正参与的程度相当

---

① 对王健的访谈,巴黎,2005年10月21日;对王肖平的访谈,北京,2009年6月2日。
② 玛莎·费丽莫:《国际社会中的国家利益》,袁正清译,浙江人民出版社,2001年,第65页。

有限。① 在联合国教科文组织中只参加其大会和执行局会议这类政治性会议,在联合国也只参加重要的委员会如安理会、特别政治委员会、反殖委员会等。易言之,这一阶段,中国对联合国体系的参加"更多是象征性的而非实质性的,更多是被动应对而非主动应对"(more symbolic than substantive and more reactive than proactive)。② 抑或言之,在这一时段,联合国体系和中国对彼此的发展影响有限。具体到联合国教科文组织来说,从1945到1978年,虽然是最早加入的国家之一,但中国与之的关系,基本上只是一个体系内旁观者/浅度参与者—体系外旁观者—体系内旁观者的循环。

五、与联合国教科文组织关系之发展：全面学习者(1979—1999)

全面学习期 (1979—1999)	1978年第一备忘录签署 1979年全国委员会成立 1983年第二、第三备忘录签署 1984年北京办事处开办 1984年国际泥沙研究培训中心在北京开办 1985年国际职员改革 1994年农村教育培训中心成立

图3-2 中国与联合国教科文组织关系演进(1979—1999)

---

① 秦亚青:《国家身份、战略文化和安全利益——关于中国与国际社会关系的三个假设》,《世界经济与政治》2003年第1期。
② Yongjin Zhang, *China in International Society since 1949*, Macmillan Press, Ltd. 1998, p.80.

（一）学习的启动：邓小平的作用

如上文所述，新中国与联合国教科文组织的合作并非一帆风顺。自 1971 年恢复席位后，在相当长的时间里，双方并没有开展实质上的合作。尽管联合国教科文组织总干事马厄 1972 年就访问了中国，继任的总干事姆博 1975 年也到访了中国，而且两人均向中国领导人和有关部门负责人表达了加强双方合作的愿望，周恩来甚至抱病于 1975 年 1 月 28 日在医院会见了姆博①（这是周生命中最后几批会见的外宾之一），二度复出的邓小平作为副总理也接见了姆博，②但是，由于当时中国处于"文革"后期，与联合国教科文组织真正的合作一直没有启动。这一点，邓小平在 1978 年再次接见姆博时也明确承认道：

> 1975 年你来时，我也在管事，但那时有"四人帮"干扰，有好多问题提不出，大量派人、国际交往、大来大往就不行，要派更多的留学生办不到。同你们这样的组织广泛合作也没有条件。③

在当时的国内政治条件下，这种曲折无法避免。

教育之于邓小平，是一种重要而微妙的战略选择。1977 年 7 月 17 日，中央通过了《关于恢复邓小平同志职务的决议》，邓小平则自告奋勇管理科教方面的工作："我们国家赶上世界先进水平，从何着手呢？我

---

① 《人民日报》，1975 年 1 月 29 日第 2 版，姆博译作"阿马杜·穆赫塔尔·恩布"。
② 《人民日报》，1975 年 1 月 28 日第 4 版。
③ 中国联合国教科文组织全国委员会秘书处：《中国与联合国教科文组织合作的回顾与展望——纪念党的十一届三中全会召开暨中国教科文组织全国委员会成立 20 周年》，1991 年。

想,要从科学和教育着手。"①"教育要狠狠地抓一下,一直抓它十年八年。我是要一直抓下去的。"②1983年,邓小平提出著名的三个面向,即"教育要面向现代化,面向世界,面向未来"③,为中国教育的发展和改革指明了战略方向。需指出的是,决定中国政治转向的十一届三中全会的召开时间是1978年的12月,姆博访华和备忘录的签署是在当年7月。在邓小平接见姆博并签署备忘录之前不久的1978年4月,全国教育工作会议在北京举行。邓小平到会发表重要讲话,强调提高教育质量和教学水平、尊重教师、造就一代社会主义新人、教育为经济发展服务等问题,为中国教育改革和发展指明了方向,而此前一年决定恢复的高考制度更是为培养国家未来发展所需的人才起了至关重要的作用。对邓小平来说,改革开放的战略显然已思考良久,从他对姆博的谈话内容即可知一二;而姆博和其他国际组织访华人士所提出的加强与中国的合作与交流是否以及在何等程度上促进了邓小平改革开放战略的推出,从时间上来看似乎有因果关系,实际的作用则不得而知。但是,邓本人对教育的重视,无疑对联合国教科文组织这个以教育为主要工作领域的国际组织与中国关系的进展起了推动作用。

科学技术与邓小平,亦有一种重要的关联。在1978年的全国教育工作会议之前的1个月——当年3月,中共中央在北京召开了6000人参加的全国科学大会,邓小平作了重要讲话,号召"树雄心,立大志,向科学技术现代化进军"。邓小平的讲话为此后的中国科技发展定了基调。邓提出的"科学技术是第一生产力""知识分子是工人阶级的一部

---

① 《邓小平关于科学与教育工作的几点意见》(1977年8月8日),载《邓小平文选》第二卷,人民出版社,1994年。
② 《教育战线的拨乱反正问题》(1977年9月19日),载《邓小平文选》第二卷,人民出版社,1994年。
③ 《为景山学校题词》,载《邓小平文选》第三卷,人民出版社,1993年,第35页。

分",不仅解放了科学系统中知识分子的思想,为中国的改革开放和现代化建设扫清了思想屏障,也为中国与联合国教科文组织在科技领域的合作提供了合理而有力的支撑。

邓小平和联合国教科文组织还有另外一种思想层面的内在关联。"战争起源于人之思想,故务需于人之思想中筑起保卫和平之屏障",从联合国教科文组织缔造者们撰写的该组织的使命宣言可以看出,他们认为思想是解决战争问题的终极途径。邓小平则认为,国家发展问题的根源也在于思想。邓小平在教育和科技两方面理念的伟大在于其前瞻性和魄力,究其根源,是他为新中国的现代化建设提供了"解放思想"的治本之方。如是来说,邓小平本人可贵的远见和联合国教科文组织的使命宣言在思想逻辑上,可谓殊途同归。

但是,尽管邓小平在1978年春天的教育工作会议和全国科学大会上提出解放思想,尽管他在夏天会见联合国教科文组织总干事姆博时明确指出:"有条件地吸收世界上一切先进科学技术成果,勇敢地向国际上一切先进的东西学习。和你们这样的组织合作,我们将采取积极的态度。我们可以派工作人员去,可以参加你们举办的国际学术活动。你们的组织可以派专家来华讲学,办训练班。"[①]但当时负责接待姆博访华的教育部外事工作负责人杨蕴玉后来回忆说,当听到姆博主动提出要与中方签署一份会谈备忘录时,"我对如何参与国际政府间组织的事务心里没底"[②],为此专门请示邓小平,经他同意方开始着手谈判。以此

---

① 杨蕴玉:《一次重要的会见》,载中国联合国教科文组织全国委员会秘书处、联合国教科文组织驻北京办事处编:《中华人民共和国联合国教科文组织全国委员会史迹》,2006年,第24页。

② 杨蕴玉:《一次重要的会见》,载中国联合国教科文组织全国委员会秘书处、联合国教科文组织驻北京办事处编:《中华人民共和国联合国教科文组织全国委员会史迹》,2006年,第25页。

可以推理出两点：一、中国当时整个国家的闭塞程度和低国际化程度；二、鉴于当时中国政治体制的集中特征和"文革"十年的业务停滞，倘若没有作为党和国家领导人的邓小平出面，中国要真正参与联合国教科文组织的业务活动几乎不可能。

1978年对新中国的国内政治而言是个转折点，对其与联合国教科文组织的关系而言，亦是如此。联合国教科文组织选择了一个最恰当的时机与中国发生联系。20世纪70年代末期到80年代初期，中国教育刚刚摆脱"文革"，百废待兴。面对改革和发展的艰巨任务，教育部门在实现"三个面向"的过程中，既渴望获得资金和设备支持，也需要借鉴新的思想、观念，探寻自己的发展道路。作为国际智力合作机构的联合国教科文组织恰恰可以在后一方面提供帮助和支持。联合国教科文组织向来重视教育，对教育活动的经费投入占该组织总经费投入的40%。联合国教科文组织秘书处下还设有自然科学部，其主要功能是推动和协调各国政府之间以及官方与民间科研机构之间在科技领域的国际合作，涉及基础科学和自然科学的很多学科。从这些角度来说，邓小平选择联合国教科文组织作为国际组织的突破口，极为恰当；同时，联合国教科文组织也在最恰当的时机进入了中国。1978年，中国国内政治的发展和中国与联合国教科文组织的关系推进基本上是同步进行的。

邓小平与姆博，是决定这一关系进程的最重要的两个变量。这是两个杰出的人物——邓小平带领中国这个巨大的国家走向世界；姆博作为联合国教科文组织历史上任职时间最长的总干事，突破了该组织成立以来由西方人担任总干事的传统。历史安排这两个人在20世纪70年代以教育和科技为交汇点，将中国与联合国教科文组织真正连接，这一互动连接的实际意义在于，中国与世界体系进行了知识层次的连接。姆博1978年再度访华时，主动提出与邓小平会面，并在会谈之后提出签署谅解备忘录。在他结束访华前,于首都机场签署了《中华人民共和国教育部长、文化部副部长和中国科学院副秘书长与联合国教育、科学和文化组织总干事会谈备忘录》(1978)。该备忘录是双方工作拓展的重要里程碑,是中国和联合国教科文组织开展合作的真正起点。

《备忘录》签署之后,在中国国内政治系统内,也正式启动了中国联合国教科文组织全国委员会的建设工作。1978年10月4日,教育部、外交部正式向国务院报送《关于成立中国联合国教科文组织全国委员会的请示》([78]教科字1043号),请示要点包括:关于全国委员会的名称、全国委员会的构成、全国委员会的主要任务、请国务院批准刻制"中华人民共和国联合国教科文组织全国委员会"印章(部级)和"中华人民共和国联合国教科文组织全国委员会秘书处"印章(局级)各一枚。8日,邓小平本人在请示件上批示"拟同意,华主席、剑英、先念、东兴、登奎、慕华同志批阅"。邓小平本人对此事非常重视:一、"邓小平在请示文中的有些段落下还特意划了引人关注的曲线,甚至对请示文中把党组误写为党委还做了修改。党中央、国务院两衔的批示提高了文件审批的规格,这些充分体现了邓小平对全国委员会的高度重视"①。二、这一请示只用了短短4天就得到了邓本人的亲自批复。17日,以教育部名义发出《关于中央已批准成立中国联合国教科文组织全国委员会的通知》([78]教科字1102号)。次年2月,该全国委员会正式成立。1983年中国与联合国教科文组织先后签署的第二和第三个备忘录,使合作关系进一步加强。1984年,联合国教科文组织在北京开始设立科技办事处(2002年1月,该办事处发展成为东亚地区区域办事处)。全

---

① 贾学谦:《在邓小平理论指引下前进——庆祝联合国教科文组织成立60周年》,载中国联合国教科文组织全国委员会秘书处、联合国教科文组织驻北京办事处编:《中华人民共和国联合国教科文组织全国委员会史迹》,2006年,第61页。

国委员会的设立,表明新中国真正开始参与联合国教科文组织的实际业务。

(二) 学习的开始与增长

中国联合国教科文组织全国委员会和联合国教科文组织北京办事处的成立,为双方的合作准备了合适的管理架构和人力资源;三份备忘录则为全方位合作提供了行动指南。以此出发,双方真正开始合作。"全国委员会的成立,在不长的时间内,我们参与了教科文组织业务领域里的所有合作形式。"①从联合国教科文组织总干事访华的频率上,可以看出这种合作之深度与广度的增加:从1975年到2020年的40多年间,联合国教科文组织总干事一共访问了中国21次,其中仅姆博在任期间就一共访问中国5次,分别是1975年、1978年、1983年、1984年和1987年。"经过中国常驻联合国教科文组织常驻团办理的业务合作项目,1980年是1978年的3倍多,同期,中国派入联合国教科文组织秘书处工作的人员增长了9倍多。"②从双方合作项目的数量变化上,更能看出合作的增加与深化:从1971年到1978年上半年,中国与联合国教科文组织之间的合作项目数目尚为零,而从1978年上半年至1996年这不到20年的时间里,双方合作项目数量则增长巨大。

因与外界隔绝多年,在与联合国教科文组织合作之初的若干年里,

---

① 贾学谦:《在邓小平理论指引下前进——庆祝联合国教科文组织成立60周年》,载中国联合国教科文组织全国委员会秘书处、联合国教科文组织驻北京办事处编:《中华人民共和国联合国教科文组织全国委员会史迹》,2006年,第64页。
② 钱李仁:《在常驻联合国教科文组织代表团的岁月》,载中国联合国教科文组织全国委员会秘书处、联合国教科文组织驻北京办事处编:《中华人民共和国联合国教科文组织全国委员会史迹》,2006年,第15页。

中国始终是个完全的学习者,或者说是知识与技术输入国。这一学习过程持续逾20年。并且,学习的内容远非技术或知识本身,也不局限于某一个领域。所谓的学习内容分为两个部分或两个阶段,一是欠缺的基本知识,二是先进知识。就学习领域来说,在教育、科学和文化这3个联合国教科文组织的主要业务领域,中国的学习都取得了可观的成绩。

例如,全国委员会秘书处先后两任的教育处处长对此的总结是:

> 以教育领域为例来说,1980年代为学习阶段,表现为积极参与国际会议与国际项目,争取一些可能合作的机会,努力学习和弥补我们所欠缺的知识和经验;90年代为稳步发展与深化合作阶段,更注重学习与消化国际先进理念与经验,并应用到我国的教育实践。①

教育领域的学习途径具体分为会议、参与重大计划和出版3种。会议分为参加与主办两个层次。首先是参加政府层面的会议 积极参加联合国教科文组织的政府间教育会议,这是开展国际教育交流与合作、各国教育决策者之间对话和交流的重要机会和场所。自1978年起,中国派教育部副部长或以上级别官员率团出席了各届国际教育大会、亚太地区教育部长和经济规划部长会议,由国务委员率团出席历届世界教育大会,由副总理率团出席9个人口大国全民教育高峰会议,上述参与基本上涵盖了联合国教科文组织在教育领域的全部重要国际会

---

① 杜越、董建红:《我国与教科文组织在教育领域的合作》,载中国联合国教科文组织全国委员会秘书处、联合国教科文组织驻北京办事处编:《中华人民共和国联合国教科文组织全国委员会史迹》,2006年,第91页。

议。这些高层国际会议为中国教育决策者们了解世界教育发展趋势、开阔思路、借鉴国际经验、推动中国教育改革与发展提供了良好的机会。其次是主办国际会议——利用联合国教科文组织提供的智力合作和资金支持,在中国举办了一系列大型国际专题讨论会,邀请其他国家教育部门负责人和知名人士、专家参加,探讨中国乃至世界教育发展的热点问题和共同问题。"这些专题讨论会对中国的教育科研和决策部门带来很多重要启示,为中国逐步形成诸如优先发展教育、不断革新教育体制和结构、提高教师地位和素质、发展面向21世纪的终身教育、多渠道增加教育投入等战略决策,提供了借鉴和宝贵经验。"①

国际组织的会议,尤其是联合国教科文组织的会议很多时候是极富效率的多边业务会议,信息量也远较双边会议丰富。这些会议所蕴含的先进理念、决策经验、国际活动组织经验等,对中国教育部门打开决策视野起到了重要作用。因此可以说,中国教育决策部门在联合国教科文组织会议上的学习效率和学习成果亦较普通的双边会议更为有效和丰富。

这一时期在教育领域,中国的一个显著成就是在北京成立了联合国教科文组织国际农村教育研究与培训中心(INRULED)。1993年底,联合国教科文组织第27届大会通过决议,决定在中国建立国际农村教育研究与培训中心。据此,国家教育委员会(现教育部)、中国联合国教科文组织全国委员会和河北省政府于1994年在河北省保定市建立了国际农村教育研究与培训中心(以下简称"农教中心",2008年迁入北京师范大学)。时任联合国教科文组织总干事马约尔先生和国家教委

---

① 中国联合国教科文组织全国委员会秘书处:《中国与联合国教科文组织合作的回顾与展望——纪念党的十一届三中全会召开暨中国联合国教科文组织全国委员会成立20周年》,1991年。

副主任、中国联合国教科文组织全国委员会主任韦钰分别代表联合国教科文组织和中国政府签署了《国际农村教育研究与培训中心协议备忘录》。这是在中国创建的第一个联合国教科文组织教育部门二类机构①,也是教科文组织支持的第一个为发展中国家在农村教育方面进行专门研究和专项培训工作的国际机构。② 农教中心20多年来秉持"教育促进农村变革"的使命,面向世界特别是广大发展中国家,广泛地开展了多个领域多层次的研究、培训和交流活动,服务教科文组织各会员国,成为"南南合作"的成功典范。

在参与联合国教科文组织的重大计划方面,中国组织人员参加了诸如"国际教育革新计划"等重大项目,使上千名中国专家有机会参加亚太工作会议、接受培训、研究考察教育。通过参加联合国教科文组织的全民教育运动,促进了中国的基础教育和扫盲工作,进而在1993年制定公布了"中国全民教育行动纲领",吸取了其他国家的有益经验,对中国"两基"③工作起到了配合作用。对中国教育决策者来说,参与联合国教科文组织在教育领域的各项会议和活动的重要收获,不仅在于吸收了终身学习、全民教育、扫盲等先进理念,还在于以此制定了重要的国家政策来指导教育工作,比如终身学习概念被引入国家的教育政策,从2003年起开始公布年度《中国全民教育国家报告》,等等。除此之

---

① 即由一个会员国建立,联合国教科文组织参与并给予资助的中心,联合国教科文组织的教育类二类中心在全世界一共有5个。
② 1993年联合国教科文组织第27届大会通过159号决议,决定在中国建立联合国教科文组织国际农村教育研究与培训中心,总部设在中国河北省保定市。1994年11月中华人民共和国国家教育委员会与联合国教科文组织签署了《中国国家教育委员会—联合国教科文组织国际农村教育研究与培训中心协议备忘录》。
③ "两基"是基本普及九年义务教育和基本扫除青壮年文盲的简称。首次出现于国家教育部为贯彻《国务院关于进一步加强农村教育工作的决定》(国发〔2003〕19号),进一步推进西部大开发,实现西部地区基本普及九年义务教育、基本扫除青壮年文盲目标,特制订的《国家西部地区"两基"攻坚计划(2004—2007年)》。

外,为了引进国际教育思想和研究成果,中国于20世纪80年代末开始翻译出版联合国教科文组织教育方面的出版物,比如《教育展望》、《世界教育报告》、各种扫盲培训教材以及数十种教育专著等。在教育领域的这些学习,不仅为国内学者提供了国际交流的机会,也为他们提升业务水平和协调能力创造了条件;组织召开国际会议更使中国教育部门管理的国际化水平得到很大提升。

由于科技的淡意识形态色彩性质和当时中国对国际先进科技的急需,因而科技领域是中国与联合国教科文组织合作起步最早、最为活跃、最富成果的一个领域。"从1949年中华人民共和国建立直到1978年底改革开放政策开始之前,中国几乎完全与西方世界隔离。直到20世纪70年代末,中国的科学家除了很少数人有很少机会参加一些国际学术会议外,几乎与世界各国的科学家没有什么联系。"[①]对于当时试图走出国门,探索与国外科技界建立联系渠道和合作关系的中国科技界来说,在尚未与西方科技大国建立双边学术交流的情况下,联合国教科文组织的多边科技合作渠道非常宝贵和重要。20世纪70年代后期,联合国教科文组织的政府间科学计划为中国科技界走向世界提供了机会和可能。但即使科学的意识形态色彩比较淡,中国与联合国教科文组织在科技领域的早期合作,亦充满当时的时代政治特征。譬如,在提到引进先进技术时往往要声明以自力更生为主,外交部国际司在谈到可以通过教科文组织的"参与计划"给某些项目争取一点小额资助时,还要声明这是我方作为会员组织的权利而不是乞求外援;在1977年底传达的会议精神中,还有"不要把大家的注意力引到引进国外技术上来,

---

① 李佩珊:《1949年以后归国留学生在中国科学、技术发展中的地位和作用》,《自然辩证法通讯》1989年第4期。

还是自力更生为主"这样的话。① 为"四化"建设服务,当时考虑从自然科学方面入手,因为这是中国当时最需要而且争议性最小的国际合作领域。

在作为学习者的20多年里,中国与联合国教科文组织建立了比较广泛的合作关系,涉及物理、化学、自动化技术、信息情报、海洋学、环境、生物、水文地质、计算机等方面。这些广泛的合作对中国帮助甚大。首先,直接推动了某些具体学科的建设。以中国早期的情报学科骨干和师资来说,主要通过联合国教科文组织培养。1975—1983年间,中国科技情报所(现中国科技信息研究所)通过向联合国教科文组织派出人员学习和请外国专家来华举办学习班,为中央部委、省市及大专院校的情报科研机构培训了200多名情报学科人员。

其次,为中国在科学领域的学习提供了整体渠道,即联合国教科文组织为中国开放旗下的六大政府间合作计划(政府间海洋学委员会、国际水温计划、人与生物圈计划、国际地质对比计划、综合信息计划、政府间信息学计划)。它们在中国的对口学习机构分别设在国家海洋局、水利部、中国科学院、国土资源部、科技部。其中与海洋学委员会的合作最为有效:中国通过参与联合国教科文组织政府间海洋学委员会和海洋科学处的各种会议活动,对海洋研究发展方向有了较明确的了解,从而确定了海洋研究的重点,避免了弯路。至1985年,中国同32个国家的170个机构建立了资料互换业务关系,获得海洋学各学科科技图书、文献6500余册。1903—1981年间有关中国海区的各种海洋资料,是国家海洋局通过与联合国教科文组织的合作

---

① 钱李仁:《在常驻联合国教科文组织代表团的岁月》,载中国联合国教科文组织全国委员会秘书处、联合国教科文组织驻北京办事处编:《中华人民共和国联合国教科文组织全国委员会史迹》,2006年,第14页。

得到的,如果单靠中国自己的力量,则需要相当长的时间(10条船25年的工作量①)才能完成。1988年,通过联合国教科文组织政府间海洋学委员会的批准,中国正式在南沙群岛建立了海洋观测站,填补了这一地区海洋要素观测的空白,在政治和军事层面来说,这更是中国当时在南沙海域的唯一实际存在,战略意义不言而明。除海洋学合作之外,另一个典型的案例当属通过参加"人与生物圈计划",推动了中国资源与环境的研究,确立了"人口、资源、环境相互关系的战略研究"项目,扩大了生物保护区,促进了中国自然保护事业的发展,也培养了一批专业科技人员。因此,在科技领域与联合国教科文组织的合作,不仅学习面广,而且卓有成效。

再次,在科技领域,中国尝试推动和建设了相关国际机构,提升了在国际科学界的话语空间。1980年钱宁教授在"第一届河流泥沙国际学术讨论会"上提出建立国际泥沙中心的创议。中国代表团当年即在联合国教科文组织第109届执行局会议上正式提出建立国际泥沙中心的建议,1980年9月联合国教科文组织第21届大会通过关于建立该中心可行性研究的修正案。1983年,联合国教科文组织第22届大会正式通过建立该中心的决议。1984年,中国政府与联合国教科文组织签署协议,在北京共同建立了国际泥沙研究培训中心(IRTCES)。② 这是联合国教科文组织在全球设立的第一个涉水二类机构,也是中国水利行业主持的第一个国际中心,该中心主办的河流泥沙国际学术讨论会已

---

① 贾学谦:《在邓小平理论指引下前进——庆祝联合国教科文组织成立60周年》,载中国联合国教科文组织全国委员会秘书处、联合国教科文组织驻北京办事处编:《中华人民共和国联合国教科文组织全国委员会史迹》,2006年,第64页。
② 时任国家水利部部长陈雷:《在国际泥沙研究培训中心成立25周年庆典上的讲话》,2009年7月29日,http://www.mwr.gov.cn/xwpd/slyw/200907291642159096ad.aspx,最后访问日期:2021年7月16日。

经成为泥沙领域最重要的国际学术会议,创办的《国际泥沙研究》是全球泥沙学科唯一的英文国际期刊,已列入"科学引文索引"(SCI)和"工程索引"(EI)。中心所开发和建设的全球江河泥沙信息管理数据库、全球泥沙海量信息共享平台和信息管理系统,也是国际泥沙学界重要的数据库。多年来,中心既邀请国际知名专家学者来华讲学,也组织国内学者出国参加国际学术讨论会和技术考察;还举办了50余期国际培训班,培养了2600多名学员,也举办了数十次国内培训班,直接促进了全球泥沙研究领域的技术进步。中心还承担了联合国教科文组织、联合国粮农组织、世界银行等国际组织的研究咨询项目45项,与多个国家和地区开展多边和双边合作研究。该中心的"钱宁泥沙科学技术奖"是中国泥沙界的最高奖项,2007年开始面向全球颁发"钱宁国际泥沙科学技术奖"。

在文化领域,中国与联合国教科文组织最初的合作完全是被动学习型的——联合国教科文组织主动派知名专家来华对中国保护文化和自然遗产工作进行指导和培训。中国加入《世界文化和自然遗产保护公约》也是非常后知后觉而偶然的——历史地理学家侯仁之教授于20世纪80年代在美国访问时,才在与美国教授的交流中偶然得知这一公约。1986年中国方才加入这一公约,从1987年开始,中国有一批文化遗产得到了联合国教科文组织的确认。截至1998年,中国已有14处文化遗产列入《世界遗产名录》,它们分别是周口店北京猿人遗址,长城,敦煌莫高窟,明清皇宫(北京故宫、沈阳故宫),秦始皇陵及兵马俑坑,承德避暑山庄及周围寺庙,曲阜孔府、孔庙、孔林,武当山古建筑群,布达拉宫(大昭寺、罗布林卡),丽江古城,平遥古城,苏州古典园林,颐和园,天坛。这一时期的交流学习对这批世界文化遗产的保护起了重要作用。"从1985年到20世纪末,中国世界遗产事业走过了第一阶段,可概括为'萌发与草创期',特点是实现零的突破并不断地持续积累,在学习、探索中总结经验、扩大影响,专家、政府和具体管理部门尝试互动、整合力量,并与国际社会在接触中展开交流与合作。"①

除了上述被动学习,中国在文化领域还进行了参与式学习,即参与联合国教科文组织组织的大型国际学术项目,其中最重要的是参与了"世界文化发展十年"框架内所发起的"丝绸之路"和"奴隶之路"两个大型项目。"丝绸之路"项目,是跨地区、跨学科、多年度的国际学术考察活动,分为沙漠、海上和草原3阶段考察,是一项大型的国际科学与文化合作活动,中国从1987年到1990年全程参与。② 联合国教科文组织丝路项目总协调官说:"中国是丝绸之路的发源地,是丝路的核心国,也是实施这一项目的关键国。"③中国不仅是该项目的积极倡导者之一,也是其最先实施的两个最重要的考察项目——沙漠路线和海洋路线的承办国,本着"维护主权,积极参与,加强合作,扩大我国影响,在经费上量力而为"④的原则,国务院批准成立了跨部委协调组,陕西、甘肃、新疆、广东、福建等地方政府成立由副省长牵头的地方协调

---

① 杨志刚:《中国世界遗产事业的若干特点及其影响和意义》,载南京大学文化与自然研究所等编:《全球化背景下的中国世界遗产事业》,科学出版社,2009年。
② 逾百名专家和记者,沿着古代丝绸之路考察中国18座城市,开展了102项活动,沿途举办了10余次研讨会,并形成包括论文集、画册、音像资料在内多种形式的成果,使各国专家加深了对中国文化、宗教和民族政策的了解。海上考察从意大利威尼斯启程,途径16个国家,举办了一系列有关丝绸之路历史、文化、宗教、考古等问题的国际学术研讨会。考察队在广东和福建分别举办"广州与海上丝绸之路"学术座谈会和"中国与海上丝绸之路"国际学术讨论会等活动。草原路线于1991年4月在苏联境内举行,20多个国家的60人参加了考察。见贾学谦:《驼铃与古船——UNESCO国际丝路考察纪实》,教育科学出版社,2004年。
③ 贾学谦:《驼铃与古船——UNESCO国际丝路考察纪实》,教育科学出版社,2004年,第4页。
④ 贾学谦:《驼铃与古船——UNESCO国际丝路考察纪实》,教育科学出版社,2004年,第6页。

组。通过参与式学习,不但在政治上和学术上拓展了中国的影响,也在国际上再次确立了中国在古代东西方文化交流中的中心地位,同时,通过中央和地方的跨部门协调,也提升了中国参与国际大型项目的能力。

总体来说,在教育、科学、文化这三个意识形态相对较弱的领域,中国在联合国教科文组织的学习一直相对主动。而在联合国教科文组织意识形态斗争最激烈的传播领域,除了在广大发展中国家呼吁建立"国际传播新秩序"问题上表态支持外,中国则一直保持相对旁观或曰超脱的态度。

国际职员人数的增长也是中国加强对联合国教科文组织学习,并参与其业务活动的一个标志。从1978年到1980年,中国派入联合国教科文组织秘书处工作的工作人员数量增长了9倍多。除了派出人员数量的增长,派出人员的专长也由外语类翻译人才向各专业领域人才拓展。1976年至1983年间在教育部外事局负责联合国教科文组织工作的杨蕴玉女士回忆说:"我国除了向联合国教科文组织派出科长、翻译人员、打字员和历届执行局会议和大会的同声传译外,还分别向科学、文化、传播和行政等部门派遣了专业工作人员。"[1]此后的1985年,中央研究决定实行在国际组织工作的中国职员"就地转业"政策,使当时正在各国际组织,主要是在联合国系统中工作的中国国际职员转变为真正的国际职员,[2]不必再每两年主动辞职,而后由国内派人接任,在联合国教科文组织工作的中国职员也因之全部

---

[1] 杨蕴玉:《一次重要的会见》,载中国联合国教科文组织全国委员会秘书处、联合国教科文组织驻北京办事处编:《中华人民共和国联合国教科文组织全国委员会史迹》,2006年,第25页。

[2] 对王健的访谈,巴黎,2005年10月18日。

"就地转业",从而翻开了新中国与国际组织人事关系新的一页。这个政策的出台,反映出新中国在应对这种国家与国际组织在实际利益层面冲突上的进步。

在"学习期",中国从联合国教科文组织得到的不仅是资料、知识和人员培训,还有一点不容忽视的,即中国还得到了相当数量的资金支持。比如1987—1995年,中国在联合国教科文组织"人与生物圈计划"范畴内得到380万美元的德国信托基金,开展了8个研究课题;从联合国教科文组织得到了146万美元捐款,用于修复北京慕田峪长城西段;每年从联合国教科文组织得到的数个参与计划项目款,比如1990年吉林省收到500万美元用于筹建成人教育中心;①特定的预算外资金支持,比如中央电视台业务大楼是利用西德政府设在联合国教科文组织的信托基金来建设的;②等等。对于中国经济实力相对较弱的这一时期得到大量资金支持的情况,中国联合国教科文组织全国委员会曾经总结道:"后来我们又自觉不自觉地把教科文组织当成资金合作组织,期待该组织能为我国提供更多的资金和物质援助。"③

---

① 赵文卿:《情系教科文》,甘肃文化出版社,2003年,第70页。
② 对马燕生的访谈,北京,2009年12月4日。
③ 中国联合国教科文组织全国委员会秘书处:《中国与联合国教科文组织合作的回顾与展望——纪念党的十一届三中全会召开暨中国联合国教科文组织全国委员会成立20周年》,1991年。

六、与联合国教科文组织关系之深化：深度参与者（2000年至今）

深度参与期 （2000年至今）	1999和2001年苏纪兰两度当选海洋委员会主席 2001年举办第四次九个人口大国全民教育部长级会议 2004年举办世界地质公园大会 2004年举办苏州世界遗产大会 2004年完成《保护和促进文化表现形式多样性公约》谈判 2005年章新胜当选执行局主席 2005年设立孔子扫盲奖 2005年举办第五次全民教育高层会议 2010年唐虔当选教育助理总干事 2014年国家主席习近平到访巴黎总部 2014—2015年彭丽媛担任促进女童和妇女教育特使、设立女童和妇女教育奖 2018年曲星担任副总干事 2019年举办人工智能国际大会 2021年举办福州世界遗产大会

图 3-3 中国与联合国教科文组织关系演进（2000年至今）

从一定意义上来说，合作才能称得上真正意义上的参与。经过20年的学习，中国自20世纪90年代开始逐步参与联合国教科文组织的业务，在参与的数量与深度上，开始逐渐加强。中国从旁观者到学习者又到参与者的变化，与中国的国力增长成正相关。"进入21世纪，我国在联合国教科文组织内的地位发生了明显变化。我国教育发展的成果显现出来，参与国际合作的人才无论从数量还是质量上都有了质的提高。我国已经具备开展大规模国际合作的能力。"① 所谓大规模国际合作,不仅包括承办或主办大型高层国际会议,甚至包括国际机构的创立、出资在联合国教科文组织设立奖项、在联合国教科文组织世界文化遗产名录的启发下设立国家级和省级文化遗产名录、在国内文化官僚系统内设置相应的遗产管理机关、接手并拓展世界地质公园项目、在中国组建世界地质公园网络等等。这些活动涵盖了教育、科学、文化这 3 个联合国教科文组织的重要业务领域。一定意义上,这种以中国外延为表现的局部性创造,就其实质意义来说,已经超越了纯粹的参与。

（一）深度参与的内容

国际农村教育研究与培训中心的业务在 2000 年以后发展很快。原因有二:一是 2003 年教育部部长周济与联合国教科文组织总干事松浦晃一郎签署了《中华人民共和国教育部与联合国教科文组织合作备忘录》,一致表示将"进一步提高中心的地位和影响,发挥中心的作用"。二是该中心 2008 年由河北保定迁至北京。2009 年,国际农村教育与培训中心组织召开联合国教科文组织教育部门 5 个二类中心主任联席会议,这是联合国教科文组织历史上第一次召开此类会议。联合国教科文组织教育助理总干事尼古拉斯·伯内特(Nicholas Burnett)对此专门评论说:"中国已经开始向国际社会提供更多的援助,我们将乐见非洲从中受益并获得进一步发展。但我认为,更重要的是让国际社会分享

---

① 杜越、董建红:《我国与教科文组织在教育领域的合作》,载中国联合国教科文组织全国委员会秘书处、联合国教科文组织驻北京办事处编:《中华人民共和国联合国教科文组织全国委员会史迹》,2006 年,第 91 页。

中国的成功经验。"①此外,2005年,山东省济宁市政府每年出资15万美元,在联合国教科文组织设立孔子扫盲奖。②

在教育领域,这一时期中国举办了一系列最重要和最成功的会议,主要有2001年主办联合国教科文组织发起的第四次"九个人口大国全民教育部长级会议"和2005年的联合国合国教科文组织"第五届全民教育高层会议"。前者是中国恢复在联合国教科文组织合法席位以来,首次在教育领域合作举办的部长级会议,也是进入21世纪后的第一次全民教育部长级会议。这9个国家包括:孟加拉国、巴西、中国、埃及、印度、印度尼西亚、墨西哥、尼日利亚和巴基斯坦。上述9国人口占到世界总人口的50%,而文盲人口又占世界文盲总数的70%,9国教育的发展,不仅对各自经济社会发展具有重大意义,而且直接关系世界的繁荣与进步。此次会议的召开对之后10—15年,国家乃至世界全民教育的政策、战略和发展产生影响。

"第五届全民教育高层会议"是中国教育部与联合国教科文组织联

---

① 周一、熊建辉、张鹤:《全球教育治理:联合国教科文组织的作用与中国的参与——联合国教科文组织教育助理总干事尼古拉斯·伯内特专访》,《世界教育信息》2009年第3期。

② 详见《设立由中华人民共和国出资的"联合国教科文组织孔子扫盲奖"》(172 EX/12),2005年8月11日,https://unesdoc.unesco.org/ark:/48223/pf0000140338_chi? posInSet=1&queryId=55a34ba0-f3e5-4662-bf4b-0931cf1d1e9b,最后访问日期:2021年7月16日。自1969年以来联合国教科文组织等国际机构曾先后设立了七项国际性扫盲奖:1.娜杰日达·克·克鲁普斯卡娅国际文化奖(Nadezhda K. Krupskaya International Cultural Prize),由苏联政府捐助,每年国际扫盲日由教科文组织颁发,故又称为教科文组织扫盲奖(UNESCO International Literacy Prize)。2. 伊拉克扫盲奖(Iraqi Literacy Award),已于1991年伊拉克侵略科威特后撤消。3. 国际野间扫盲奖(Noma Literacy Prize),1980年由日本最大的综合出版社"世谈社"设立,并以该社社长姓氏命名,奖金1.5万美元。4. 国际阅读协会扫盲奖(International Reading Association Literacy Award),1979年创立,奖金为1.5万美元。5. 世宗大王扫盲奖(King Sejong Literacy Prize),1990年由韩国政府设立,有两个奖项,奖金各为1.5万美元。6. 马尔科姆·阿迪塞希亚国际扫盲奖(Malcolm Adiseshiah International Literacy Prize),以联合国教科文组织前副总干事的名字命名,1998年开始颁发,奖金2万美元。7. 穆罕默德·礼萨·巴列维奖(Mohammed Reza Pahlavi Literacy Prize)。

合承办的国际会议,是在中国召开的第一次规模较大、规格很高的政府间国际教育大会,时任国务院总理温家宝致开幕辞并宣布了对非洲的援助。若干位国家首脑、41位教育部长或国际援助部长以及重要国际组织(包括非政府组织和民间团体)负责人与会①,会议主题是"扫盲工作与农村教育"。会议通过了《北京公报》和《全民教育行动计划》,是对2005年联合国首脑会议和西方八国首脑会议的一个及时、积极、具体的响应。此外,作为中国外交重头戏"中非合作论坛"重要后续行动的19个非洲国家教育部长参加的"中非教育部长论坛",也借此机会召开。此次全民教育高层会议的召开,全面检视了中国重返联合国教科文组织30余年的学习进展。包括会议主办权的申请、会议的筹备、会议公报的草拟与公布等等,如此一项大型国际活动,由人员编制仅14人的中国联合国教科文组织全国委员会秘书处在短时间内顺利完成。这样的效率,与20世纪80年代"丝绸之路"考察活动所消耗的行政资源(中央层面成立了由8个部委组成的项目协调工作组、各省市自治区建立了协调机构并由主管副省长担任协调组长、途经地陕西省公安厅每天出动1000名以上的安全保卫人员、甘肃省政府在盘山公路的所有拐弯处都设有警岗等等②)相比,无疑有了巨大的进步。此外,当年的丝绸之路考察"活动所到之处是首次开放"③,"当我们的车队经过秦安县城时,遇到了意想不到的令人吃惊的场面。街道两面站满了几万欢迎的群众,在可以看到的房顶上、窗台上、房后的山岗上都站满了人,有的孩

---

① 第一至四届高层会议分别于2001年、2002年、2003年和2004年在法国、尼日利亚、印度和巴西召开,第五届全民教育高层会议由中国承办。
② 贾学谦:《驼铃与古船——联合国教科文组织国际丝绸之路考察纪实》,教育科学出版社,2004年,第20、40、117页。
③ 贾学谦:《驼铃与古船——联合国教科文组织国际丝绸之路考察纪实》,教育科学出版社,2004年,第2、6页。

子甚至站在树上。近1000年来,考察队副领队塞内加尔人杜杜·迪安是第一位重新踏上丝绸之路的黑人了"①。而联合国教科文组织第五届全民教育高层会议,不仅动用的行政资源很少(由教育部和外交部负责协调),会议现场的辅助性工作更是仅由来自中国人民大学和北京第二外国语学院的几十名学生完成;除了外国元首和国际组织负责人有专门的礼宾待遇之外,其他部长级与会代表则并没有特殊礼遇。30年来中国在动员方式、动员效率等方面的进步,国际化程度的大幅提高,经由全国委员会承办的这一次国际会议得到验证。

在文化领域,围绕《保护世界文化和自然遗产公约》《保护非物质文化遗产公约》以及《保护和促进文化表现形式多样性公约》所开展的活动最能体现中国的深度参与。1952年联合国教科文组织通过《世界版权公约》时,新中国尚游离于联合国体系之外;1972年联合国教科文组织大会通过《保护世界文化与自然遗产公约》时,新中国刚刚重返联合国教科文组织,对公约的起草与通过一无所知,中国政府代表团团长黄镇虽然应邀在该届大会上做了发言,但发言内容完全没有提到这一公约;而关于《保护和促进文化表现形式多样性公约》的谈判,则是中国50年来在联合国教科文组织参与的规模最大的一次公约谈判活动。

总体来说,关于《保护和促进文化表现形式多样性公约》的谈判,中国的反应亦是被动应战型。从时间上来说,中国的跨部门反应机制开始于该公约第一次政府间专家会议之后。在法国联合加拿大等国从文化例外性出发,思考和寻求在联合国教科文组织内突破的两年时间里,中国没有意识到这一命题的重要性,或者说没有意识到这一命题转化为公约的可能性。但是在政府间专家会议召开之后,中国的反应则足

---

① 贾学谦:《驼铃与古船——联合国教科文组织国际丝绸之路考察纪实》,教育科学出版社,2004年,第20、39—40页。

够迅速和高效,从而顺利完成了谈判。这场谈判本身对中国的文化管理部门不仅是挑战,同时也对其业务的国际化程度进行了考验。关于这场公约的谈判,法国视之为自己成功外交的典范,[①]并总结了从政治愿望到行动计划的逻辑变化:对联合国教科文组织政治合法性的认识、对其运行机制和组织规则的深刻了解以及超越各方的政治差异,从而在操作层面完成公约的过程。相比之下,中国在公约起草通过的整个过程中,虽然顺利完成谈判,但被动应对的色彩仍然很浓厚——该公约的概念酝酿、概念推广乃至推入实际操作的整个过程,中国都没有介入。然而即便如此,中国在联合国教科文组织的参与水平与效率同此前相比,仍是有所进步的。类似的经历亦发生在对《保护非物质文化遗产公约》和《反对在体育运动中使用兴奋剂国际公约》等公约的谈判上。

文化领域深度参与的另一主要案例是世界遗产的申报工作。1972年的《保护世界文化和自然遗产公约》确立了国际社会保护人类物质遗产的义务,2003年通过的《保护非物质文化遗产公约》确立了通过传统方式世代相传的各种社会实践、观念表述、表现形式、知识、技能等和人类物质遗产同等重要的地位。与中国对20世纪70年代《保护世界文化和自然遗产公约》的后知后觉相比,中国对2003年通过的《保护非物质文化遗产公约》的跟进极为迅速。不仅如此,中国在申报世界非物质文化遗产的基础上,创造性地实现了超越:及时公布了《国务院关于加强文化遗产保护的通知》(国发〔2005〕42号),在文化部专门设立"非物质文化遗产保护司",更在各省市自治区文化厅设立"非物质文化遗产保护处"等政府机构。与此对应的是,创设了"国家级非物质文化遗产名录""省级非物质文化遗产名录"乃至"地方非物质文化遗产名录"

---

① 让·姆齐戴利:《文化多样性公约:对一次成功外交的分析》,北京法国文化中心:《文选》,2006年9月。

等。与这一系列名录配套的是来自中央政府和各级地方政府的专项拨款。在非物质文化遗产保护方面,中国对联合国教科文组织的参与实际上可以说是超越式参与。

中国在世界文化遗产和自然遗产领域的参与主要表现在会议和申报两个方面。2004 年在苏州举办了第 28 届世界遗产委员会会议。联合国教科文组织对该会议的态度可见其世界遗产中心主任巴达兰"本届会议达到了预期的目标,取得了战略性的成功,简直是创造了一个奇迹,中国人的精神是成功的关键因素"这一评价。这届会议最大的突破是对《凯恩斯决议》①的修订。在阿根廷和中国提案的基础上,会议通过了关于《凯恩斯决议》修订的决议草案,规定世界遗产委员会每年只受理 45 项申报,同时每个国家每年可申报两项(原定一国每年只能申报一项世界遗产的规定),但其中须至少有一项为自然遗产。中国在世界遗产申报方面的工作,虽然受到《凯恩斯决议》的重大影响,但仍算相对成功。以 2009 年 6 月在西班牙举行的世界遗产大会为例,韩国媒体称之为"将不可能变成可能的中国力量"②。中国提出嵩山和五台山申遗,结果取得了五台山成功申遗、嵩山补充材料次年再议的成果。按照规定,各国每年只能申报一项世界遗产,嵩山获得次年补充材料的资格意味着获得了第二年世界遗产大会上再次接受审核的资格,这是将不可能变成可能的成功之作。对中国来说,嵩山获得了次年再次挑战申遗的机会。中国将五台山和嵩山同时作为文化遗产申报,实际上突破了

---

① 2000 年,在澳大利亚的凯恩斯,为了世界遗产名录的代表性、平衡性和可信度,减轻世界遗产委员会、专业咨询机构和世界遗产中心解决项目的工作压力,第 24 届世界遗产大会决定,已有项目列入遗产名录的每个缔约国每年送审的申报项目被限制为一个,没有遗产项目的缔约国每年则可报 2—3 个项目,这就是《凯恩斯决议》限额申报的主要内容。除此之外,该决议还有其他关于能力建设,预备清单规划等许多丰富的内容。

② 《韩媒羡慕中国申遗力量》(韩联社文章《将不可能变成可能的中国力量》),《环球时报》2009 年 7 月 1 日第 6 版。

同一个国家不能在文化遗产、自然遗产和复合遗产中的一个领域同时提出一项以上的申请的规定。虽然,本次世界遗产委员会的决定有违上述规定,但是并没有一个国家提出异议。中国国家文物局副局长率领60人的大型代表团到西班牙展开大规模游说活动,还从政府层面,通过外交途径为申遗提供大规模支援。对于中国提出的两项申请,肯尼亚等非洲国家接连发表支持中国的发言,使中国的申遗相关讨论比任何国家耗时都要长。最终,中国凭借非洲国家的支持取得了超预期的效果。可见,中国对联合国教科文组织的参与已经融入了中国外交战略之中。截至2021年7月,中国共有56处世界遗产,仅次于意大利(58处),排名世界第二。

世界地质公园则是中国在科学领域深度参与的成功案例。为了指导和协调各国的地质公园建设,增加各地质公园间的联系、合作和交流,2003年,联合国教科文组织决定成立"世界地质公园网络办公室"。但是,联合国教科文组织执行局会议否决了由该组织牵头的提议,通过了支持由会员国来牵头的建议。由于中国国土资源部的积极争取和中国联合国教科文组织全国委员会的支持,联合国教科文组织决定将"联合国教科文组织世界地质公园网络办公室"设在中国北京。在2004年的联合国教科文组织会议上,8个中国国家地质公园被批准为世界地质公园。同时,联合国教科文组织地学部主任伊德(W. Eder)教授与中国代表探讨了召开世界地质公园大会的有关问题,提出将大会办成系列会议的建议,并决定于2004年6月在中国召开第一届世界地质公园大会。此次在北京成功举办的第一届世界地质公园大会是联合国教科文组织决定在全球推进世界地质公园网络建设后的首次大会,是地质公园发展史上的重要里程碑。此次大会也是国土资源部以联合国教科文组织为舞台、在国际多边领域合作的一个典范。相较于重返联合国教科文组织之后前20年中国在科技领域内的选择式参与和重在学习的行为方式,在世界地质公园事务上的主动、全面和领先,无疑在参与层次上有了很大提升。

(二) 深度参与的集中表现:高层职位的竞争

中国对联合国教科文组织的深度参与,集中的表现是中国人开始积极参与竞选联合国教科文组织的高层职位。在这方面,中国最早的突破来自政府间海洋学委员会。中国科学院院士、中国国家海洋局第二海洋研究所名誉所长苏纪兰,于1999年和2001年两次当选联合国教科文组织政府间海洋学委员会(简称海委会)主席,这是中国籍科学家首次在联合国教科文组织的重要机构中连任主席职务。而且,苏的第二次竞选是以唯一候选人的身份赢得了全部选票。苏在海委会的经历非常具有代表性:以纯粹的科学家身份入场,到亚太海委会主席,直至海委会副主席、主席、连任主席,苏可以说非常全面地经历了这一政府间专门委员会各级领导职位的获得。苏纪兰在获得连任后说,他的连任表明中国在国际海洋科学研究领域的活动日趋活跃,地位正在不断提高。[①]

章新胜2005年当选联合国教科文组织执行局主席(任期为2005—2007年),就中国与联合国教科文组织的关系演进来说,是一次重大突破——与联合国副秘书长等职位的政治分配不同,这是中国首次在联合国系统中以竞选方式赢得高层职位。章的胜选,一定程度上是对中国重返联合国教科文组织30年工作的检验,是对中国对联合国教科文

[①] 《苏纪兰连任联合国教科文组织海委会主席》,2009年8月1日,http://www.china.com.cn/chinese/TEC-c/44106.htm,最后访问日期:2021年7月16日。

组织规则和程序的了解与掌握水平、对多边外交的掌握程度、外交资源的立体使用等方面的考察。在竞选层面,也考察了中国竞选团队筹划参与竞选的高强度协调与应变能力——章新胜甚至是在亚洲已经有其他国家表态竞选该执行局主席位置之后才提出代表亚洲参选,这无疑对竞选团队提出了更高挑战。章的当选提升了中国对联合国教科文组织的参与层次,因之带来的工作量的增加也拓宽了中国对该组织事务的卷入。联合国教科文组织语言文化司中文处以前只负责将重大文件译成中文,章就任之后则必须为所有执行局主席必须过目的文件准备中文文本。中文处工作量的变化,几乎可以视为中国对联合国教科文组织参与程度的一个衡量指标。

中国在联合国教科文组织高层职位竞争方面的新进展则是唐虔、曲星先后获任联合国教科文组织助理总干事和副总干事。2010年唐虔获任教育助理总干事一职,负责分管教育部门。教育部门是联合国教科文组织最大的业务部门,占经费总额的47%,因此,教育助理总干事一职一般被认为是联合国教科文组织秘书处的第三位重要职位,仅次于总干事和副总干事。在联合国教科文组织教育部门任职的有俄罗斯前副总理、冈比亚前教育部长、韩国前教育部副部长、法国巴黎一大前校长等重量级人士。博科娃就任总干事后对高层职位进行重新招聘,教育助理总干事一职有400多人竞争,唐虔经过激烈竞争最终获得任命。尽管唐虔未能在2018年总干事竞选中获胜,但是中国籍的曲星获得任命担任了联合国教科文组织副总干事一职,成为70多年来中国在联合国教科文组织中任职最高的一位。此前的2015—2017年,中国教育部副部长、中国联合国教科文组织全国委员会主任郝平,还曾竞选获任联合国教科文组织大会主席一职。

中国在对待联合国教科文组织高层职位竞选方面的态度与取向,

亦是中国改革开放以来外交态度发生积极变化的体现。章新胜和苏纪兰的竞选是中国主动提出的；苏是在相关专家再三建议动员之后参选（国家海洋局的李海清和蒋逸航两位年轻同志再三动员①）；章本人则在竞选的提出和进行过程中发挥了相当积极的作用。与此相比，1982年贾学谦当选联合国教科文组织国际教育局第27届理事会主席团副主席时，虽然当时的国际教育局局长明确说"主席团是选人，而不完全是选国家"，贾学谦接到的指示精神仍是"不主动竞选，如被选我可接受"。②唐虔对自己担任教育助理总干事一事的表述是"被任命为助理总干事是个人努力和国家支持共同作用的结果"③，"在政治层面上，中国政府给了我坚定的支持"④。由此可见，从1982年到1999年再到2010年，28年间中国对竞选教科文组织高层职位的态度发生了从被动接受到局部主动、再到完全主动的变化。这种态度变化的原因固然与个人特质有关，但个人特质绝非最重要的因素。以贾学谦为例，关于当选，他谨慎地提到自己所接到的指示精神是"不主动竞选"，苏和章的参选明显说明并非不主动，由是可知是指示精神发生了重大变化，而这才是个人对待竞选的态度发生变化的主因。从1982年到2010年，中国对待外部世界的态度随着改革开放的进程而变得日趋自信而开放；反过来说，这些国际组织中中国籍高级职员当选亦加强了中国对参与国际

---

① 苏纪兰：《我在海委会的经历》，载中国联合国教科文组织全国委员会秘书处、联合国教科文组织驻北京办事处编：《中华人民共和国联合国教科文组织全国委员会史迹》，2006年，第68页。

② 贾学谦：《在邓小平理论指引下前进——庆祝联合国教科文组织成立60周年》，载中国联合国教科文组织全国委员会秘书处、联合国教科文组织驻北京办事处编：《中华人民共和国联合国教科文组织全国委员会史迹》，2006年，第64页。

③ 李学梅：《访中国首位联合国教科文组织教育助理总干事唐虔》，2010年4月30日，http://news.xinhuanet.com/world/2010-04/29/c_1264285.htm，最后访问日期：2021年7月16日。

④ 唐虔：《我在国际组织的25年》，中信出版集团，2020年，第75页。

组织实践的自信。在如此这般的互动中,中国对国际组织的参与日益加深。

(三) 深度参与的背景:中国会费和资金投入的变化

与早期努力从联合国教科文组织争取资金支持相反,中国从20世纪80年代中后期,尤其是从90年代起,逐步开始对该组织提供资金,并且不断增加资金支持力度。这也被视为中国对联合国教科文组织业务全面参与的一个指标。中国对联合国教科文组织的资金支持主要有两类:一为缴纳会费,二为提供预算外资金支持。中国对联合国教科文组织的会费与对联合国的会费实行同比例联动,其对联合国教科文组织的会费缴纳,在过去40多年里发生了很大变化,已经从资金受益国完全变成了会费缴纳大国。

表3-3 中国缴纳的联合国教科文组织会费占比变化(1985—2019)

年份	1985	1987	1989	1991	1993	1995	1997	1999	2001
会费占比(%)	0.87	0.78	0.78	0.78	0.76	0.71	1.30	2.03	2.01
年份	2003	2005	2007	2009	2011	2013	2015	2017	2019
会费占比(%)	2.06	2.64	2.67	2.67	2.67	3.19	5.15	7.92	15.49

资料来源:UNESCO, General Conference, *Collection of Member States' contributions, 1985-2019*; UNESCO, Executive Board, *Report by the Working Group of the Executive Board on the scale of assessments of Member States' contributions and the collection of Member States' contributions and payment plans*。

中国承担的联合国系统会费的占比最低值是1983年的0.88%,最高值是1974年的5.5%。与联合国会费相似的是,中国的联合国教科文组织会费在1973—1974年间是3.73%,1975—1976年间则是5.46%。

中国在联合国系统的会费在20世纪70年代中期达到最高值主要是出于政治因素的考量,在改革开放以后则本着实事求是的原则,按照自己的国民生产总值的客观水平来缴纳,因此出现了20世纪80年代的下降。进入90年代,随着中国综合国力的提高,相关会费开始逐渐增加。随着中国的国内生产总值从1996年的71813.6亿元人民币增长到了2006年的219438.5亿元人民币,中国在联合国的会费比例从1996年的0.74%增加到了2006年的2.06%。2009年中国成为联合国系统的第九大会费缴纳国、也是联合国教科文组织的第九大会费缴纳国。中国在联合国教科文组织的分摊会费于最近10年连续上调5次,从2.67%到5.15%,再到7.92%和15.49%,并在2017年成为教科文组织的第一大会费国。

在正常的会费缴纳之外,中国也开始对联合国教科文组织提供预算外资金支持。这种支持既包括对联合国教科文组织相关机构的支持,也包括诸如奖学金和奖项等支持,还有对特定项目的专项支持等。首先,由于联合国教科文组织对二类中心并不给实际投入,中国政府对设立在中国的几个二类中心一直予以资金支持。比如,设立在中国的国际农村教育研究与培训中心,教育部和河北省有关部门一直予以支持;至于设立在北京的国际泥沙研究培训中心,"25年来,中国政府一直信守承诺,在人力、物力、财力和政策等方面全力支持国际泥沙中心的发展"[①];此外,中国工程院向国际工程教育中心(ICEE)和国际工程科技知识中心(IKCEST)提供财政支助,深圳市政府向设在南方科技大学的国际高等教育创新中心(ICHEI)提供支持,上海市支持了设在上海

---

① 水利部部长陈雷:《在国际泥沙研究培训中心成立25周年庆典上的讲话》,2009年7月29日,http://www.mwr.gov.cn/xwpd/slyw/200907291642159096ad.aspx,最后访问日期:2021年7月16日。

师范大学的国际教师教育中心(ICTE),等等。

其次,自1994年开始,利用教育部外国学生来华留学基金,中国每年向联合国教科文组织提供10个"长城奖学金"名额,用于资助外国学生来华学习,并在教育部与联合国教科文组织签署了教育合作备忘录之后,将每年的奖学金名额增至25人(2015年起增加至75人),截至2019年设立25周年时,已经颁发逾700份奖学金。自1997年开始,中国每年向联合国教科文组织政府间海洋学委员会提供2万美元捐款,自1996年起在联合国教科文组织设立孔子扫盲奖(每年奖金额度为15万美元),自2010年起设立国际教育创新文晖奖(每年奖金额度为4万美元),自2015年起设立女童和妇女教育奖(每年奖金额度为10万美元),等等。同时,2005年中国向设在非洲的联合国教科文组织能力建设研究所以及非洲女童与妇女教育中心提供了100万美元的捐款;2012年在联合国教科文组织设立为期4年的信托基金,每年200万美元,共800万美元;2017年设立教科文组织-深圳信托基金200万美元;2020年续签了第二期800万美元的信托基金协议;等等。

此外,对于在中国开展的联合国教科文组织相关活动和举办的国际会议等,中国各级政府都有为数不少的配套资金投入。比如,"自1978年以来,中国每年对联合国教科文组织北京办事处提供约16万人民币的资助"[①]。上述多种预算外资金支持,虽然尚未有正式统计,但即便仅以文中提到上述资金支持来说,总数额已甚为可观。联合国教科文组织前教育助理总干事唐虞指出:"上世纪90年代初刚到达联合国教科文组织开始工作时,只要把一个二三十万美元的教育项目介绍到中国,当地政府就感到很高兴,但是现在再去和中国的地方政府谈,当

---

① Yasuyuki Aoshima(Director & Representative, UNESCO Office Beijing),"UNESCO & China",2008年6月,北京,中国人民大学。

地官员询问更多的是他们自己能为教科文组织做什么。"①这也是对上述资金支持的侧面证明。

中国国内生产总值的增长(会员国的联合国分摊会费及专门机构的分摊会费均按照其国内生产总值在全球经济中的比重收取)、中国对联合国教科文组织会费的增加、中国各级政府对联合国教科文组织活动的预算外配套投入的增加,这些与中国参加联合国教科文组织业务活动和参与高层职位竞选数量的增加基本是同步的。因此可以得出一个结论,即中国对联合国教科文组织参与的广度与深度同中国国力的增长成正相关。这也再次说明,国力是中国有效参与联合国教科文组织业务活动的根本前提。

(四) 深度参与的不均衡:国际职员的瓶颈

相较于中国对联合国教科文组织会费、预算外资金和其他方式投入的不断增长,中国对联合国教科文组织教育、文化和科学领域业务活动的卷入层次、卷入深度和密度的不断增加,一个不容忽视的问题一直存在,即中国一直面临着派不出国际职员去联合国教科文组织任职的困境。②造成这一难题的原因在于国际组织的组织文化和工作语言等明显西方化的现实,日本等其他亚洲国家也面临着相似的问题,中国和日本等亚洲国家在联合国体系内、在联合国教科文组织内的国际职员人数一直远未满员。若干年前,中国在联合国教科文组织中一共可以有 25 名国际职员的地区配额,但一度只有 9 人就职。过往

---

① 李钊:《世界的未来要看今天的教育——访联合国教科文组织助理总干事唐虔先生》,《科技日报》2010 年 5 月 4 日第 2 版。

② 对田小刚的访谈,北京,2006 年 11 月 5 日。

20多年里,中国在这一问题上取得的进展十分有限,以至于最终开始学习日本政府的做法,由政府出资派员自带薪水进入联合国教科文组织进行"借调工作"[①]。然而即便如此,仍然收效甚微。目前,中国在联合国教科文组织的专业工作人员非常少,高级管理人员(D1级以上)更是少之又少。

国际职员人数的困境,从表面上来看,是中国选派的外事干部单一的外语背景和工作履历不符合联合国教科文组织所要求的"外语熟练的专业人员"这一标准。在上世纪末,中国甚少有像唐虞那样既在西方大学获得生物学博士学位,又有中国中央政府和地方政府管理工作经验,还做过外交官丰富经历的人才,也很少有像韩群利一样先后主持教科文组织雅加达西太地区科技办事处和德黑兰办事处经历的适应性强的候选人,因而一直很难在联合国教科文组织的全球人才招聘中胜出。实际上,这一困境的背后,所反映出来的是人才储备上的一系列历史性、结构性的问题。所谓结构性问题有3层含义:其一是观念与认识上的差异,即外事和业务的剥离和不统一,包括工作人员的分离。其二是选派人员的单一化取向,即由教育部人事司向下属单位发文要求推荐人才。其三是外语和专业学科教育的割裂,导致所谓"会外语的没有专业,懂专业的不会外语"[②]。实际上,国际组织的总干事级别的位置是动用外交资源进行的政治竞选,但D1以上高层职位则更多是基于业务能力的竞争。然而,国际组织D1以上高层职位的争夺实际上是一种"非升即走"制度,但由于我国体制并非西方发达国家的"旋转门"制度安排,难以为高层次人才提供国内体制——国际组织间的职位流畅过渡,

---

① 即从2006年开始,由国家统一安排,派出5名工作人员进入联合国教科文组织非洲局、纽约办事处等机构进行为期两年的借调工作。

② 对窦春祥的访谈,北京,2006年11月5日。

造成了事实上的"够水平的派不出"和"可派出的水平低"等悖论。以此言之,国际组织人才工作是一项需要扎实推进的长期战略,不可能一蹴而就。

七、与联合国教科文组织关系之"黄金八年":第一会费国

出身保加利亚共产党党报总编家庭,有着社会主义体制内成长经历的博科娃本人对中国怀有亲切感。2009年当选联合国教科文组织总干事之后半年,博科娃即访问了中国,而且任内每年均到访中国,与中国国家领导人建立了良好的关系。她在8年任期中推动了中国与联合国教科文组织在教育、科技和文化领域互利共赢的广泛合作。"博科娃在任的8年可以说是双方合作的'黄金八年'。"①从2010年以来,中国与联合国教科文组织的关系实现了一系列突破,集中体现在顶层外交的突破、信托基金的设立和高层国际职位的竞聘上。

(一)顶层突破:国家主席首次到访与"第一夫人"担任特使

2014年3月27日,中国国家主席习近平到访巴黎,在联合国教科文组织总部发表了历史性演讲,全面深刻阐述了对文明交流互鉴的看法和主张,强调应该推动不同文明相互尊重、和谐共处,让文明交流互鉴成为增进各国人民友谊的桥梁、推动人类社会进步的动力、维护世界

---

① 唐虔:《我在国际组织的25年》,中信出版集团,2020年,第343页。

和平的纽带,"历史告诉我们,只有交流互鉴,一种文明才能充满生命力。只要秉持包容精神,就不存在什么'文明冲突',就可以实现文明和谐"。联合国教科文组织评价这次访问是"一次非常重要的历史性访问,因为这是中国国家主席首次访问教科文组织"①。这次演讲被称为"新文明观"和"2014文明宣言"。

同年,彭丽媛教授受邀出任联合国教科文组织促进女童和妇女教育特使。中国于次年在联合国教科文组织设立了女童和妇女教育奖,为期5年,并于2020年续签对该奖项下一个5年的支持。2019年3月26日,在应邀出席联合国教科文组织女童和妇女教育特别会议时,彭教授强调,知识和技能是改变女性命运的强大力量,只要享有平等、优质的教育,每个女性都有人生出彩的机会,促进女童和妇女教育是项崇高的事业,中方将继续支持联合国教科文组织办好这一奖项,并利用好共建"一带一路"为国际教育交流合作提供的机遇和平台。联合国教科文组织总干事阿祖莱高度评价中国在这方面取得的成就,认为目前世界上有近1亿3千万失学女童,全球7亿5千万文盲者中女性占三分之二,促进女童和妇女教育是既是联合国2030年可持续发展议程的重要内容,也是联合国教科文组织的重点工作。

(二) 在联合国系统内首度设立教育信托基金

中国-联合国教科文组织援非信托基金项目(UNESCO-China Funds-in-Trust,CFIT)"是教科文组织首次收到来自中国的、用于促进教师培训

---

① 博科娃:《习近平访问教科文组织具有历史意义》,2014年3月27日,http://news.cri.cn/gb/42071/2014/03/27/7211s4481805.htm,最后访问日期:2021年7月16日。

的大笔资助,这一计划标志着一个新的伙伴关系的开始"①。该信托基金由中国政府于 2012 年在联合国教科文组织设立,2013 年启动,旨在通过信息通信技术(ICT)提升非洲项目国家重点教师教育与培训机构的能力,以提高撒哈拉以南非洲国家教师教育水平,缩小教育质量差距。联合国教科文组织中国信托基金(CFIT)项目"加强教师培训,缩小非洲教育质量差距",于 2012 年 11 月 22 日在"全民教育全球会议"闭幕之际发起,旨在利用现代信息通信技术,通过远程教育方式提高非洲有关国家在岗前教师培训和教师继续教育领域的能力。中国政府为该项目出资 800 万美元,埃塞俄比亚、纳米比亚、科特迪瓦、刚果(金)、刚果(布)、利比里亚、乌干达和坦桑尼亚等 8 个非洲国家入选该项目。

中国-联合国教科文组织援非信托基金项目是中国首个通过教科文组织实施的教育专业领域的多边合作项目。根据联合国教科文组织的统计数据,全球教育援助金额在 2010 年达到顶峰后呈下降趋,2010—2011 年,提供给各个教育阶段的援助总额下降了 7%,2010—2011 年,21 个双边及多边捐助方减少了对基础教育的援助。按数额计算,加拿大、欧盟、法国、日本、荷兰、西班牙和美国的削减幅度最大,共计占到基础教育援助降幅的 90%。②

中国-联合国教科文组织援非信托基金项目的法理基础是 2001 年实施的《中华人民共和国信托法》。这一项目重点关注师资教育,在兼顾非洲国家自身愿望的基础上,致力于提升项目参与国家教师教育和培训机构的能力,得到教科文组织和非洲国家的高度评价,是联合国教

---

① 《加强教师培训,缩小非洲教育质量差距》,2020 年 12 月 3 日,https://zh.unesco.org/news/,最后访问日期:2021 年 7 月 16 日。

② 联合国教科文组织:《全民教育全球监测报告(2013/2014):教学与学习——实现高质量全民教育》,联合国教科文组织,2014 年,第 80 页。

科文组织教育部门的旗舰项目。该项目"在非洲国家和国际社会产生了很好的反响"①。这一项目的顺利实施对习惯以双边合作为路径开展对外援助的中国而言,打开了利用国际组织开展多边援助的一条新路。2019年,中国政府与联合国教科文组织总干事阿祖莱共同签署《中国-联合国教科文组织信托基金协议》,双方决定自2019年起实施新一期中国-联合国教科文组织信托基金(CFIT)项目,支持非洲发展高等职业技术教育,资助期限为4年,二期项目经费仍为800万美元。中国-联合国教科文组织援非信托基金项目是中非合作论坛对非行动的后续活动之一,是中国外交战略框架下的多边合作。

(三) 国际职位的突破

到2023年之前,联合国教科文组织将有7个D2级空缺岗位和19个D1级别空缺岗位,但中国占地区分配名额的唯一的D1级别官员将于2021年7月到任,之后该组织D1级以上职位中的中国籍官员将只余副总干事曲星一人。同时中国在D1级别以下的职位中的人数也远远低于名额。尽管在人才储备上依旧面临着困难与挑战,但是与会费增长同步,中国在联合国教科文组织执行局、大会、秘书处的重要岗位上接连取得了突破。2005—2007年,中国教育部副部长、中国联合国教科文组织全国委员会主任章新胜竞选担任联合国教科文组织执行局主席。2010年,唐虔竞选担任联合国教科文组织教育助理总干事并连任8年,期间还曾兼任联合国教科文组织战略规划局局长和人事局局长。2015—2017年,中国教育部副部长、中国联合国教科文组织全国委员会

---

① 薛莲:《中国对非教育援助研究:以中国-联合国教科文组织信托基金为例》,社会科学文献出版社,2020年,第164页。

主任郝平当选联合国教科文组织第 37 届大会主席。2018 年,中国驻比利时大使曲星被联合国教科文组织总干事任命为副总干事,成为 72 年来中国在联合国教科文组织内任职最高的一位。

八、结语

中国与联合国教科文组织的关系演进过程首先反映的是中国与联合国体系关系变化的历史事实。就这一演进的发生来说,最主要的原因是国际和国内政治形势的变化。在成为主要发起国并参与联合国体系这个问题上,国共两党利益与看法一致。但是解放战争结束后,新中国在联合国系统的合法席位逾 20 年得不到解决的最主要原因则是当时的国际政治现实,即冷战的国际关系基本格局。在这样的格局中,被定位为社会主义阵营的新中国恢复在美国主导建立的联合国体系中的合法席位,是美国和西方国家无论如何也不愿见到的,因而朝鲜战争、"两个中国"提案等才会相继出现。

重返联合国和改革开放是中国外交最重要的两大分水岭。中国在联合国系统内席位的恢复,源于 20 世纪 70 年代大批发展中国家加入联合国及其专门机构,彻底改变了其成员国构成结构。而中国恢复在联合国系统的席位之后的参与行为,决定因素则是中国的国内政治。无论是恢复联合国体系席位之初在联合国和各个专门机构内的纯政治取向,还是改革开放以后在联合国等高政治性组织内的政治取向和联合国教科文组织等专门机构中的业务取向,都是由中国国内政治发展所决定的。

中国重返联合国教科文组织之后 50 年的行为变化,基本上可以总结为从无知无觉到后知后觉,进而从后知后觉到积极跟进乃至深度参与的变化。发生上述变化的最主要因素,乃是中国通过对国际体系的参与带来的对自身和世界认识、定位和判断方面的进步。其次的因素则是中国持之以恒的对外开放政策。这两个因素促进了中国对联合国教科文组织的全面跟进,而积极跟进本身又不断地促进了中国的改革开放和对世界体系的了解和参加。在这种互动过程中,中国与联合国教科文组织不断地促进和加深相互间关系的发展。从这个意义上来说,对业务领域活动的全方面参与,使中国与国际组织的关系开始了真正的双层变迁。

然而在很长时间里,中国对联合国教科文组织的全面参与一直是个"不均衡的全面参与者"。具体言之,包括参与内容的不均衡、高层职位竞选的突破与国际职员派不出之间的不均衡、在国内开展活动数量的大幅增多和对在该组织内部活动参与的低频率之间的不均衡,等等。这些状况的长期存在,始终考验着中国对该组织参与力度和广度的加深与拓宽,也对有效参与全球治理构成了制约。

第四章　对口机构与对口人员的设置与变化

对于成员国来说,对国际组织的参与绝非仅仅是简单参与其活动。在具体的机构层面,国际组织为国内政策制定引入了国际因素,促进国家内部建立与国际制度联系的对口协调部门制度,这是最初也是最重要的结构性协调机制。随着参与的全面与深化,成员国会在许多方面发生改变:"一般来说,国际制度通过议事日程和规则的变化以及新配套协调机构的建立来影响有关国家政府部门的利益表达、部门之间的知识(信息)建构以及各部门对决策形成的意见交换,从而导致国内新制度的产生。"①就本书的研究主题而论,所谓国家的学习者形象具象地体现为对口机构以及对口人员的变迁。这些"对口者"实际上就是特定的成员国与特定的国际组织相衔接的"接轨者"。

一、对口机构的专门化与常态化

通常来说,国际组织对发展中成员国的影响,除了业务领域的提升之外,主要体现为对成员国国际化的影响。这种国际化有若干衡量指标,比如外文的普及和推广、涉外工作人员能力的提升、活动组织方式

---

① 于宏源:《国际制度与政府决策转型》,《国际政治科学》2007年第1期。

和内容与国际接轨等等。但是,在制度建设层面,国际组织尤其是政府间国际组织的巨大作用往往被忽视。实际上,制度建设的重要性在操作层面早已引起重视,只是未及总结。比如,中国联合国教科文组织全国委员会较早指出"注意引进我国事业发展所需要的国际组织和机构"[1]。各国的经验表明,建立国际组织是参与国际合作、赢得主动的最佳办法。中国也开始了一些有益的尝试,例如与联合国教科文组织合作建立的国际河流泥沙中心、国际农村教育中心等十多个二类机构,这些都对中国参与国际合作发挥了不可替代的作用。这种国际机构的创立,实质是国际组织对一国国际化程度产生影响的实际表现。但就实际工作的协调效能来说,对口机构的专门化与常态化才是会员国与政府间国际组织关系发生增进的最主要变量。

就联合国教科文组织与中国的关系演进来说,所谓对口机构的专门化与常态化,指的是前方常驻代表团与全国委员会这两个基本对口机构的设立与运作,这也是该国际组织在制度建设层面对中国的主要影响。需指出的是,会员国在联合国教科文组织总部的常驻代表团,与成员国常驻联合国体系及其专门机构的代表团性质相同,即这一代表团的性质与成员国驻联合国纽约总部代表团、驻联合国日内瓦代表团、驻维也纳代表团、驻世界贸易组织代表团的性质相同,均属于会员国派出的外交代表团,团长是大使衔。具体到中国,不同之处在于,虽然中国常驻联合国教科文组织代表团的成员包括科技部派出的科技代表、文化部派出的文化代表,但这一复合代表团由教育部归口主管;而中国驻联合国纽约、日内瓦和维也纳等复合代表团(成员由外交部及多个职

---

[1] 《业务领域国际多边合作》,载中国联合国教科文组织全国委员会秘书处、联合国教科文组织驻北京办事处编:《中华人民共和国联合国教科文组织全国委员会史迹》,2006年,第90页。

能部委派出)都由外交部直接领导;中国驻世界贸易组织和联合国粮农组织的单一代表团分别由商务部和农业部归口领导。但总体而言,常驻代表团的派出完全是会员国的自主行为,而且是在会员国外交部或主管部委的基础上派出的。而以《联合国教科文组织组织法》为依据在会员国设立全国委员会是该组织最大的特色,更是联合国教科文组织与其他联合国机构在成员国机构设置层面最大的不同。

另需指出的是,中国常驻联合国及联合国其他专门机构的代表团通常是在中国重新恢复在该组织的合法席位后不久即派驻的,但是,中国常驻联合国教科文组织代表团、中国联合国教科文组织全国委员会、中国重返联合国教科文组织这三者之间却存在着若干年的时间差,即重返联合国教科文组织是 1971 年,中国常驻联合国教科文组织代表团于 1974 年 3 月开始派驻,中国联合国教科文组织全国委员会则成立于 1979 年。之所以产生这三者之间的时间差,主要原因是 20 世纪 70 年代中国特殊的政治环境因素。总体来说,全国委员会和前方常驻代表团这两个在时间上并未同步设立的机构,在空间上以前后呼应的方式,协调和负责了中国对联合国教科文组织的全部工作(见下图 4-1)。同时,这两个机构与联合国教科文组织立体办事机构(即巴黎总部、曼谷亚太地区办事处、雅加达地区科技办事处、北京东亚办事处等)一起,共

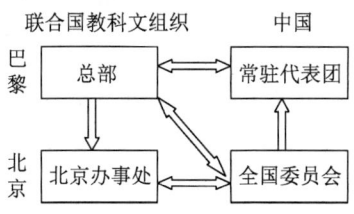

图 4-1 联合国教科文组织与中国的沟通结构

资料来源:作者总结。

同协调与实施联合国教科文组织业务领域的工作。

就联合国教科文组织对中国国际化在机构层面的影响而言,全国委员会这一个全新的机构创建具有最典型的指标型意义。参与联合国教科文组织对中国的管理结构不仅提出了挑战,更直接促进了相关管理结构的设立,而且这种设立直接发生在政府结构内部,即以"对口机构"的名义产生了全新的政府部门。这是比引进所需要的国际组织和机构更为重要的举措。最重要的是,这一机构的设立并不是中国的独创,也不是应对联合国教科文组织的被动行为。它创建的合法性并不是国内法律或规章制度,而是政府间国际组织的基本法。就中国来说,以国际组织的《组织法》为依据而设立国内政府部门,中国联合国教科文组织全国委员会是第一例,也是迄今为止的唯一一例,而且这新产生的政府部门,在其后的40多年时间里保持了结构性稳定。这种结构性对口机构的专门化与常态化,为中国与联合国教科文组织业务合作的稳定发展提供了制度保障。考察这一机构的制度创设以及在随后40多年里的变迁,有助于在现有的政治经济外交框架里分析这一指标型机构对中国与联合国教科文组织关系演进的意义比重。

(一) 全国委员会

在中国1971年10月重返联合国教科文组织之后的一段时间里,国内并没有专门的对口单位来管理相关工作。1972年7月,在国务院科教组、外交部、文化组提出的《关于我国参加联合国教科文组织问题的请示报告》中,提出了建立国内工作机构的问题。1974年1月,外交部、国务院科教组提出的《关于联合国教科文组织工作的指示》中规定,设立一个由5人组成的专职人员工作班子,并提出要准备建立全国委员会的问题。1975年4月,教育部、外交部、文化部、科学院写的《关于加强对联合国教科文组织工作的请示报告》中明确提出,第四届全国人民代表大会后,这项工作由教育部抓总,其他部门积极协助;成立教科文组织工作委员会;充实常驻教科文组织代表团;向联合国教科文组织秘书处派人;等等。据此文件,对内成立了由教育部、文化部、科学院、外交部、外经部、文物局等单位组成的"中国联合国教科文组织事务工作委员会",由每个单位派出1—2名司局级以上干部组成,教育部抓总,教育部副部长李琦兼任主任。1976年底,该机构的专职工作人员已达到10人,1978年增至15人。后来即在这个结构的基础上成立了中国联合国教科文组织全国委员会。①

联合国教科文组织会员国的全国委员会设置非常独特。通常政府间国际组织在中国的工作,在国家层面是由相关的单一职能部委负责协调,由该部委国际司或其下的国际组织处来负责。以联合国专门机构来说,卫生部国际司国际组织处负责协调中国与世界卫生组织的工作,农业部国际司负责协调中国与联合国粮农组织的工作,商务部负责协调中国与联合国工业发展组织和世界贸易组织的工作,人民银行国际司国际货币基金处则负责协调中国与国际货币基金组织的工作。②以世界银行的归口协调单位财政部为例,其国际司共设9个处室,其中有三分之一的处室负责国际金融组织,即国际金融组织一处、国际金融

---

① 贾学谦、周玉良:《联合国教科文组织与中国教育领域的合作》,载《中国教育年鉴》编辑部编:《中国教育年鉴(1985—1986)》,湖南教育出版社,1988年,第84页。

② 资料来源:人民银行网站,http://www.pbc.gov.cn/renhangjianjie/jigoushezhi/neishejigou/guojisi.asp。

组织二处、国际金融组织三处,①除此之外,亦曾专门成立世界银行司。总体来说,即使在整个联合国系统中,联合国教科文组织各会员国的全国委员会设置也是独一无二的。

中国联合国教科文组织全国委员会是一个极其特殊的机构设置。该机构设置的法理依据是《联合国教科文组织组织法》,其中具体规定:"各会员国应采取适合该国具体情况之措施,使其本国有关教育、科学及文化事业之各主要机构与本组织之工作建立联系,并以设立一广泛代表其政府及这些主要机构之全国委员会最为适宜。"根据这一规定,几乎所有会员国均设有全国委员会,负责协调本国与联合国教科文组织相关的业务。全国委员会制度是联合国教科文组织的奠基者们为这个组织所做的伟大贡献之一,为这一多业务领域的政府间国际组织在国家层面开展活动提供了极具效率的协调机制。

但是,由于《组织法》并没有明确规定全国委员会的具体组织结构乃至组织形式和性质,只是指称"适合该国具体情况之措施",所以各国的全国委员会性质也不尽相同。具体来说,目前联合国教科文组织各会员国的全国委员会可分为半政府和政府两种不同性质。第一种的代表是韩国全国委员会,是半政府性质——由主管教育的副总理兼教育部部长直接领导,但是工作人员并不隶属政府公务员序列;第二种则是政府性质的全国委员会,这种有两类,一类的代表是越南全国委员会,它不仅是政府机构,工作人员是外交部门的政府公务员,而且该全国委员会就设在外交部,归外交部副部长直接领导,另一类则是中国的全国

---

① 资料来源:财政部网站,http://www.mof.gov.cn/guojisi/pindaoliebiao/guanyuwomen/jigoushezhi/200807/t20080731_60012.html。

委员会,机构本身是政府机关,工作人员为政府公务员,但设在教育部,归主管外事的教育部副部长直接领导。

除了第一种半政府性质的全国委员会,就各会员国全国委员会的隶属关系来说,以归口外交部和教育部管理为多,在欠发达国家中归口外交部领导的较多,在发展中国家中则归口教育部领导的比较多。这些不同形式和不同性质的全国委员会的产生,固然与《组织法》没有明文规定具体措施有关,却也与各国的具体情况直接相关。换言之,在起草《组织法》该条款时,已经充分考虑到了这一点。因此,各会员国因地制宜地成立各自的全国委员会,有利于依照所在国家的具体情况充分协调联合国教科文组织的工作。

中国的联合国教科文组织全国委员会的建立,正是基于《组织法》的规定。1971年重返联合国教科文组织后,由于国内的政治形势,一方面没有和该组织产生真正意义上的各领域业务往来,另一方面建立全国委员会也一直没有提上议事日程。当时关于联合国教科文组织的事务,中国国内的归口管理部门是国务院科教组,在巴黎联合国教科文组织总部,负责协调的则是黄镇担任大使的中国驻法国使馆。

随着姆博总干事1978年的再次访华并与邓小平的会谈以及之后签订的备忘录,外交部和教育部联合于1978年10月4日向国务院报送《关于成立中国联合国教科文组织全国委员会的请示》,经国务院批准,1979年2月成立中国联合国教科文组织全国委员会。这是一个由教育部牵头领导的跨部门政府机构,归口负责中国与联合国教科文组织之间的合作事务:"中国联合国教科文组织全国委员会的主要任务是,为我国政府、有关部门和出席联合国教科文组织大会的代表团提供有关联合国教科文组织的情况和咨询,负责协调我国有关部门涉及联合国教科文组织的工作,并负责与该组织秘书处和会员国全国委员会的联络工作。"①关于全国委员会的性质,最新的官方文件是2003年中央编制委员会办公室下发的《关于中华人民共和国联合国教科文组织全国委员会机构性质的复函》(中央编办函〔2003〕76号),该文件指出:"确认中华人民共和国联合国教科文组织全国委员会是教育部牵头归口负责协调我国与联合国教科文组织合作的政府机构。"中国对联合国教科文组织的协调工作一度由国务院科教组负责,后由教育部外事局负责。全国委员会成立之后,全部的协调工作转归全国委员会负责,工作人员也由教育部外事局转入。

这一全国委员会在过去40多年间之所以运转良好,原因之一就在于其机构设计的有效性。所谓机构设计的有效性,可以从机构本身的行政级别和构成单位来分析。众所周知,行政级别直接决定了一个机构在官僚体制内的层级高度,进而决定其能够调动的行政资源量。就行政级别来说,中国联合国教科文组织全国委员会是部级单位,它的主任由教育部一位主管副部长担任,副主任分别由文化部、科技部、外交部、中国科学院、中国社会科学院的一位主管副部长或副院长担任。这一正六副的设置,涵盖了联合国教科文组织的4大工作领域;由教育部牵头领导,亦回应了教育是该组织第一大工作领域的现实。就全国委员会的构成单位来说,该机构由30个委员单位构成,这些单位的性质分别是国家级公共机构、国务院职能部门以及全国性非政府组织,它们的业务范围不仅涵盖了联合国教科文组织所有业务领域,也包括了财政部、商务部等非业务性的资源型部门;同时,这些委员单位的构成保持了30年大致的稳定。现有的30家委员单位名单

---

① 资料来源:教育部网站,http://old.moe.gov.cn/publicfiles/business/htmlfiles/moe/moe_557/200507/8190.html。

如下：

表 4-1　中华人民共和国联合国教科文组织全国委员会委员单位表（截至 2020 年）

名称未发生变化的委员单位（12家）	外交部（1978*）、国务院新闻办（2009）、财政部（1979）、中国科学院（1978）、中国社会科学院（1978）、新华通讯社（1978）、中华全国青年联合会（1983）、全国科协（1978）、中国作家协会（1981）、中华全国新闻工作者协会（1981）、中国对外翻译出版公司（1981）、中国国际文化交流中心（1984）
名称发生变更，相关职能没有较大变化的委员单位（8家）	教育部（原国家教委，1978）、中国教育学会（原全国教育协会，现为教育部二级单位，1978）、科学技术部（原国家科委，1978）、水利部（原水利电力部，1979）、工业和信息化部（原信息产业部，2009）、商务部（原外经部，1978）、国家体育总局（原国家体委，1983）、中国地震局（原国家地震局，现由应急管理部管理，1979）
名称和相关职能均发生较大变化的委员单位（10家）	文化和旅游部（原文化部［1978］和对外文化联络委员会［1981］）、国家文物局（原文物局，现由文化和旅游部管理，1978）、自然资源部（原国家地质总局［1979］和地质矿产部）、国家林业和草原局（现由自然资源部管理，2018）、国家海洋局（自然资源部对外保留牌子，1979）、住房和城乡建设部（原城乡建设环境保护部，1983）、国家广播电视总局（原出版局［1978］、中央广播事业局［1978］、广播电影电视部）、中央广播电视总台（原中央电视台，由中宣部领导，1986）、中华全国总工会（原中华全国总工会［1983］和中国职工对外交流中心）、中华全国妇女联合会（原中华全国妇女联合会［1983］和中国人民保卫儿童全国委员会）

*括号内所标年份为该机构加成为中国联合国教科文组织全国委员会委员单位的时间。

参考资料：中国联合国教科文组织全国委员会秘书处：《中国联合国教科文组织全国委员会委员单位调整相关调研情况》，2020 年 3 月。

此外,中国联合国教科文组织全国委员会的常务委员会由8位成员组成,即上述6位副部长和全国委员会秘书处一正一副2位秘书长。全国委员会每年召开一次全体会议,听取并审议全委会关于过去一年的工作总结和新一年的工作计划要点,并就全国委员会重大方针政策问题发表意见与提出建议。整体来说,部级单位的设置、7位副部级干部领导层和30家委员单位的机构设计,确保了该全国委员会的领导力和协调的有效性。

在操作层面,中国联合国教科文组织全国委员会的常设工作机构为秘书处,设在教育部,行政级别为正局级,是教育部国际合作与交流司之外的另一负责涉外事务的局级单位。在全国委员会主任的直接领导下,秘书处在全国委员会职责范围内开展日常工作。秘书处由秘书长和副秘书长负责,秘书处下设教育处、科学文化处和综合处,目前秘书处有14名工作人员,均属于教育部国家公务员编制。

从1979年至今,全国委员会的基本结构并没有变化,包括委员会的性质、行政级别、常务委员会和委员单位的构成基本保持了稳定。这种稳定是非常相对性的,原本全国委员会的人员编制直接属于中央编制办公室,1998年的国务院机构改革后划入教育部编制内。此外,秘书处的机构设置和人员编制经历了一些变化,比如人员编制从最多时的26人下降到2009年的14人编制,曾经的翻译处也已经撤销。人员编制变化的原因在于国家对部委机关编制的几次改革。受此影响,中国联合国教科文组织全国委员会秘书处的建制一直保持了40年,但是人员编制就发生了变化。1980年和1990年,国家编制委员会两次批复的全国委员会编制均是26人,后来才减至14人。

就职责来说,全国委员会的官方声明是:

经国务院批准,教科文全委会具有以下基本职能和职责:

- 协调和协助中央和地方政府各部门和各机构参与教科文组织各业务领域的活动;
- 执行中国与教科文组织合作开展的部分活动,主要为教育领域的活动,亦包括科学、文化等方面的活动;
- 就中国参与教科文组织活动和与之在正常计划、参与计划和预算外财源计划项下开展合作事宜进行对外联络,包括直接或通过中国常驻教科文组织代表团与教科文组织总部各业务部门的联络;与教科文组织亚太地区总办事处和东南亚地区科技办事处,与教科文组织驻北京办事处及与各国教科文全委会的联络;
- 就中国出席教科文组织大会做准备工作,就参与有关论题讨论、提交决议草案,机构选举等事宜向政府提供咨询建议;
- 协助教科文组织执行局中国委员准备和参与执行局届会;
- 对教科文组织总干事寄发的关于编制起草教科文组织中期战略、双年度计划与预算、国际法规性文件及其他重要文件的征询意见函进行书面答复,并参与有关问题的磋商会议;
- 组织出席亚太地区国家教科文全委会会议和分地区会议,与本地区和其他地区国家教科文全委会开展教科文组织主管领域内的交流与合作;
- 宣传教科文组织开展的重要业务活动和中国与该组织合作情况,传播有用和有参考价值的新的思想、观点、知识、经验。[①]

---

① 资料来源:教育部网站,http://old.moe.gov.cn/publicfiles/business/htmlfiles/moe/moe_557/200507/8190.html。

从上述文字可见,全国委员会的 8 项主要职能主要是协调、执行、对外联络、咨询、协助、答复、出席会议、宣传,全部属于执行层面的职能。全国委员会的搜集资料的任务由中国常驻联合国教科文组织代表团承担。很大程度上,中国联合国教科文组织全国委员会是介于外交部和其他职能部委国际司之间的一个中间型政府机构,在整个中国政府体系内是独一无二和难以复制的。

(二) 常驻代表团

在中国重返联合国教科文组织之初,虽然派团参加了该组织的大会,但并没有在其巴黎总部派驻常驻代表团,相关事务是由当时的中国驻法国使馆负责协调的。由于中法建交早于中国恢复在联合国和联合国教科文组织席位的时间,位于巴黎乔治五世大街 11 号的原国民党驻法馆舍,中法建交后被过户给当时台湾当局驻联合国教科文组织代表团,此事也是由驻法大使黄镇出面主持协调解决的。[1] 1972 年首次参加联合国教科文组织会员国大会的中国政府代表团团长也是黄镇。

常驻代表团的派驻是中国外交正常化和系统化的表现。以中国常驻世界贸易组织代表团为例,"加入世贸组织后,在实施加入承诺的同时,中国的工作重心将转向全面参与世贸组织的各项活动。向世贸组织派遣常驻代表团,是这一角色转变过程中的重要步骤,也是中国全面

---

[1] 姚仲明、谢武申、裴坚章主编:《将军、外交家、艺术家——黄镇纪念文集》,解放军出版社,1992 年,第 448—449 页。

参与世贸组织活动的开始"①。中国常驻联合国教科文组织代表团的派出,具有同样的外交意义。中国驻联合国教科文组织代表团于 1974 年派出,②早于全国委员会的成立。

中国驻联合国教科文组织代表团是一个编制为 14 人的复合代表团,成员包括中国常驻联合国教科文组织代表(大使衔)、中国常驻联合国教科文组织副代表(公使衔参赞)、参赞综合事务官员(一等秘书)、教育事务官员(一等秘书)、科学事务官员(一等秘书)、文化事务官员(一等秘书)等,其中代表、副代表、综合事务官员和教育事务官员通常都由教育部派出,一般是中国联合国教科文组织全国委员会秘书处成员,科学事务官员由科技部和中国科学院派出,文化事务官员由文化部派出。因为大使衔代表和公使衔副代表一直由教育部派出,因此总体而言这是一个由教育部领导的外交常设机构。

与中国驻联合国系统的其他常驻团相比较,中国常驻联合国教科文组织代表团的特点在于既是复合代表团,成员结构与数量又相对单一。单一代表团的典型是中国常驻联合国粮农机构代表处,这一机构由农业部派出,归农业部直接领导,负责"协助国内开展与联合国粮农组织、世界粮食计划署(WFP)、国际农业发展基金会三个国际组织的合作与交流"③。单一代表团还有两个典型,即中国驻世界贸易组织代表团(日内瓦)和常驻联合国工发组织代表团,它们由商务部单独派出,业务内容和成员也完全单一。其中驻世界贸易组织代表团于 2002 年中国加入世界贸易组织后成立,下设综合组、货物贸易组、服务贸易组、办

---

① 《我常驻世界贸易组织代表团在日内瓦开馆》,2002 年 1 月 28 日,https://www.wf66.com/day.asp?id=432,最后访问日期:2021 年 7 月 16 日。

② 贾学谦、周玉良:《联合国教科文组织与中国教育领域的合作》,载《中国教育年鉴》编辑部编:《中国教育年鉴(1985—1986)》,湖南教育出版社,1988 年,第 84 页。

③ 资料来源:中国常驻联合国粮农机构代表处网站,http://www.cnafun.moa.gov.cn。

公室等。商务部派往国际组织的"驻外经商机构"共有4个,分别是常驻联合国代表团发展组、常驻日内瓦代表团经贸处、常驻联合国工发组织代表处、常驻世贸组织代表团。① 除上述两个单一代表团外,常驻联合国代表团发展组和常驻日内瓦代表团经贸处则归属两个复合型常驻联合国代表团,"常驻联合国代表团发展组是商务部派驻联合国归口管理中国与联合国有关机构及各国常驻代表团发展经济贸易合作关系的代表机构,是中国常驻联合国代表团的组成部分"②。中国驻联合国纽约总部代表团、驻联合国日内瓦代表团、驻维也纳代表团是典型的复合代表团,即主管单位是外交部,成员主要来自外交部,但也包括来自各个职能部委派出的外交人员。以中国常驻联合国纽约总部代表团的机构设置来说,分为政治组、经济组、社会组、发展组(商务部派驻)、科技组、法律组、裁军组、行财组、联工组、军参团、新闻组、办公室等。③ 以中国驻维也纳代表团的机构设置来说,分为代表团本部、国际条法组、军控组、原子能机构团、工业发展组等。④ 至于中国常驻联合国日内瓦办事处和瑞士其他国际组织代表团则主要负责与世界卫生组织、国际红十字会、万国邮政联盟、世界知识产权组织的对接。⑤ 这是一个典型的复合代表团,不仅负责联合国在日内瓦机构的协调工作,也负责若干总部设在日内瓦的联合国专门机构的协调。通过与以上其他常驻代表团的比较可以看出,中国常驻联合国教科文组织代表团是一个简单型复合代表团。

---

① 资料来源:商务部网站,http://www.mofcom.gov.cn/mofcom/guoji.shtml。
② 资料来源:商务部网站,http://www.mofcom.gov.cn/mofcom/guoji.shtml。
③ 资料来源:中国常驻联合国代表团网站,http://chnun.chinamission.org.cn/chn/。
④ 资料来源:中国常驻维也纳代表团网站,http://www.chinesemission-vienna.at/chn/dbtxx/lxwm/t127354.htm。
⑤ 资料来源:中国常驻联合国日内瓦办事处和瑞士其他国际组织代表团网站,http://www.china-un.ch/chn/。

就工作任务而言,中国常驻联合国代表团发展组的主要任务是:"结合国际和国内经济贸易发展的最新形势。贯彻执行中国外交和对外经济贸易的方针政策和发展战略,按照'信息、服务、协调、调研、交涉、保护'12字方针,促进中国与联合国多边经济贸易组织和各国常驻联合国代表机构在联合国宪章和有关协议的基础上发展经贸合作关系。"①中国驻日内瓦联合国代表团经贸处"是商务部派在日内瓦从事与联合国和有关国际组织相关的多边经济贸易事务的常驻机构(注:与WTO有关的工作由中国常驻世界贸易组织代表团负责),它的主要工作职能是:1.与国际机构的联络,主管和处理与联合国贸易和发展会议(UNCTAD)有关的各项工作;2.负责与国际贸易中心(ITC)的工作联络;3.跟踪和参与联大二委和联合国经社理事会在经济、贸易、发展、技术、资金、商品等领域的工作;4.协调和参与联大委托贸发会议负责、或由贸发秘书处提供服务的各其他政府间常设、临时机制的工作;5.负责与77国集团(G77)及其亚洲组的工作联络和协调;6.联系或代理处理与联合国其他经济机构在日内瓦的业务工作有关的事务"②。从商务部主管的这两个驻国际组织常设机构的机构定位和主要任务来说,与中国常驻联合国粮农组织代表处、中国常驻联合国教科文组织代表团非常近似,是同一类性质的驻外机构。

---

① 资料来源:中国常驻联合国代表团网站,http://chnun.chinamission.org.cn/chn/。
② 资料来源:商务部网站,http://genevese.mofcom.gov.cn/aarticle/about/intruduce/200701/20070104315565.html。

二、对口人员与业务知识的专业化

(一) 对口人员的专业化

在高级领导层面首先实现了对口人员的专业化。中国联合国教科文组织全国委员会历任主任是李琦、高沂、杨海波、腾藤、韦钰、章新胜、郝平、田学军,身份皆为教育部副部长(或国家教委副主任)。同时,除了章新胜和田学军是从其他部委调入(国家旅游局和外交部)之外,其他皆为教育系统提职的干部。从 1978 年联合国教科文组织第 20 届大会开始,中国出席联合国教科文组织历届大会的政府代表团团长即由中国联合国教科文组织全国委员会历任主任担任。代表团副团长由中国常驻联合国教科文组织代表团代表出任则始于 1976 年。而 1976 年至 1985 年间的代表团副团长是多人一起担任,包括时任的联合国教科文组织执行局中国委员。历任的中国联合国教科文组织全国委员会副主任皆是教育部、外交部、科技部、文化部、中国科学院、中国社会科学院这 6 家全国委员会委员单位的副部长或部长助理等副部级领导,仅有的例外是时任外交部国际司司长的李道豫和担任科技部办公厅主任的吴兴。高层领导的专业化,保证了中国对联合国教科文组织业务工作的顺利开展和不断深化。

从表 4-2 可见,中国在全国委员会主任层级已经完成了代际转换,即从无留学经历的老一代革命型领导转换为选任有学科和留学背景并且有资深教育行政管理经历的教育官员和职业外交官转任的教育外交官员。这一代际转换的完成时间是 20 世纪 80 年代后期,大背景是中国现代化建设进程的推进和改革开放的常态化。从这一转换的完成可以看出,中国对联合国教科文组织的工作在领导层面已经完全实现了基本的专业化与稳定化。

表 4-2 中国联合国教科文组织全国委员会历任主任基本情况

负责人	任期	政府内职务	主要身份	教育/留学背景
李 琦	1979—1981	教育部副部长	政府官员	北京四中
高 沂	1981—1985	教育部副部长	政府官员	北京师范大学
杨海波	1985—1988	教育部副部长	政府官员	北京四中
腾 藤	1988—1993	教育部副部长	教授、教育管理	清华大学、列宁格勒化工学院
韦 钰	1993—2001	教育部副部长	教授、教育管理	南京工学院、德国亚琛工业大学
章新胜	2001—2008	教育部副部长	政府官员	杭州大学、美国哈佛大学
郝 平	2008—2017	教育部副部长	教授、教育管理	北京大学、美国夏威夷大学
田学军	2017—	教育部副部长	外交官	山东大学、外交学院

资料来源:《中华人民共和国联合国教科文组织全国委员会史迹》、教育部网站、北京大学网站等。

其次,中国常驻联合国教科文组织代表团的领导层发生的变化,既是新中国外交发展的体现,也是与联合国教科文组织业务关系发展的要求(见表 4-3)。第一任常驻代表由国务院科教组负责人胡沙

(1976—1977)出任,第二任常驻代表由资深外交官钱李仁①(1978—1981)出任,这两位部级干部的任命有其特殊性:胡沙 1975 年是国务院科教组联合国教科文组织工作组负责人,并因其身份担任了当年联合国教科文组织第三届特别大会的中国政府代表团团长。钱李仁是新中国第二位派驻联合国教科文组织的代表,肩负开拓者的重任,他一流的外交才华与英法外语能力即便在多年后亦备受肯定与怀念。② 钱本人在对 3 年巴黎驻外生涯的回忆中认为,20 世纪 40 年代在上海组织大型学生运动的经历、1953 年任青年团中央国际联络部副部长和 1953 年—1956 年任青年团中央驻世界民主青年联盟常驻代表兼书记处书记的工作,为他在巴黎开展教科文组织工作做了很好的铺垫。③

钱李仁之后至今的历任常驻代表则皆由教育系统的司级外事干部担任,分别是苏林、来汉宣、秦关林、于富增、张崇礼、张学忠、师淑云、尤少忠、张秀琴、沈阳、杨进。从资历和级别上来说,前两位常驻代表和后来的 11 位不在一个量级上。但是,前两位出任常驻代表的时代特殊性,决定了他们任命的特殊性和不可复制性。随着中国改革开放的深入,外交工作的全面展开,一则不可能有数目众多,或越来越多

---

① 钱李仁(1924—),浙江嘉兴人。1940 年在上海中学学习并任党支部委员。后在上海圣约翰大学化学系、上海中华工商专科学校会计系、上海师范专科学校英文系学习,曾任党支部书记、中学区委委员、区委书记、上海学联党组书记,上海市学委委员、市人民团体联合党组成员兼市学联党组书记。1949 年任中国新民主主义青年团上海市工委学生部副部长、部长、秘书长。1953 年任青年团中央国际联络部副部长(1953—1956 年任青年团中央驻世界民主青年联盟常驻代表、书记处书记)。1958 年任共青团中央国际联络部部长、共青团中央常委、全国青联副主席。1964 年任国务院外事办公室社会主义国家组组长,中国亚非团结委员会副主席。1972 年任对外友协伊文思接待组组长。1978 年任中国常驻联合国教科文组织大使衔代表。1982 年任中共中央对外联络部副部长、部长。后任《人民日报》社社长。第 8 届全国人大常委、教育文化委员会副主任。中共第 12 届(1985 年 9 月中共全国代表会议增选)、13 届中央委员。

② 对杜越的访谈,北京,2009 年 5 月 10 日;对马燕生的访谈,北京,2009 年 11 月 30 日。

③ 对钱李仁的访谈,北京,2012 年 10 月 2 日。

的资深部级政治外交干部高配外放到越来越多的外交岗位上,二则与联合国系统、与联合国教科文组织工作的常规化使超级常驻代表的高配派出在实际操作层面也成为不必要,三则联合国教科文组织的业务特点也要求常驻代表需要具备专业背景以更好地发挥作用。从这个意义上来说,常驻代表团团长人选的变迁,也是40多年间中国专业外交整体变化的一个侧面见证。但是,由于教育外交通常以双边为主且只关涉教育业务,因此开展教科文组织多边外交对教育参赞(公参)出身的团长而言,工作方式的改变和工作内容的扩大是相当大的挑战。

表4-3 中国常驻联合国教科文组织代表团历任代表基本情况

姓名	任期	主要从事的工作	教育背景
胡 沙	1976—1977	教育管理	不详
钱李仁	1978—1981	外交	上海圣约翰大学
苏 林	1981—1984	行政	不详
米汉宣	1984—1988	教育管理	清华大学
秦关林	1989—1993	教育管理	不详
于富增	1993—1996	教育外事管理	不详
张崇礼	1996—2001	教育外事管理	北京大学
张学忠	2001—2007	教育外事管理	加拿大麦吉尔大学
师淑云	2007—2011	教育外事管理	马耳他大学
尤少忠	2011—2014	教育外事管理	对外经济贸易大学
张秀琴	2014—2016	教育外事管理	天津外国语大学、英国利兹大学

(续表)

姓名	任期	主要从事的工作	教育背景
沈 阳	2016—2020	教育外事管理	上海外国语学院、英国曼彻斯特大学
杨 进	2020—	职业教育、教育外事管理	西安交通大学、英国曼彻斯特大学

资料来源:《中华人民共和国联合国教科文组织全国委员会史迹》等。

从表 4-3 可以看出,常驻代表团领导层的代际转换也在 20 世纪 80 年代中后期完成。这一时间段与全国委员会领导层代际转换的完成时间基本吻合。这一时间段,也正是中央提倡干部队伍年轻化、专业化之时①,同时大批老干部陆续离退休。上述两个代际转换的完成正是邓小平关于干部队伍年轻化政策贯彻落实的体现。同时,进入 21 世纪以来的历任代表均有海外留学背景且多人为外语专业出身,迥异于此前外事干部的多元化教育背景。值得注意的是,最新的一任代表并非出身教育部外事司而是职业成人教育司,并曾经在教科文组织职业教育研究所(德国汉堡)任职多年,是第一位具有国际组织任职经验的大使衔代表。

在过去 40 多年里,中国联合国教科文组织全国委员会不仅保持了机构的相对稳定,也保持了秘书处工作人员的相对稳定,这与其他部委外事司局从事外事工作的干部相比,有明显的区别:首先,经历所形塑的视野完全不同,即全国委员会秘书处的领导层多具备数十年从事联合国教科文组织工作的经历,这一特点,也适合该组织跨学科、多领域

---

① 所谓干部队伍"年轻化"战略构想,按照邓小平的设想,从 20 世纪 80 年代初开始,用 10 年或更长时间,完成干部的新老交替,使干部队伍,特别是领导班子年富力强,精力充沛,能够担负起四个现代化繁重而紧张的工作。

的业务特征。其次，与外交部的职业政治外交官相比，这一机构的外事干部不但具有普通外交官的素质，也兼具教育外事干部和教科文多领域外事干部的专业特质。易言之，这一领域的对口外事人员的职业素质是符合全国委员会功能设计的，即具备专业沟通功能，而不单是外交部干部的单一政治沟通功能。

此外，中国联合国教科文组织全国委员会还成立了与联合国教科文组织工作领域相对应的分委员会，其中之一是 1984 年成立的"交流工作委员会"（1991 年更名为交流分委员会），共有 11 家委员单位，分别为中华全国新闻工作者协会、新华通讯社、人民日报、国家广播电影电视总局、国家新闻出版署、光明日报、中国日报、农民日报、中国新闻社、中国科学院新闻研究所、中国外文出版发行事业局。① 同时，还成立了 4 个独立的专家委员会：教育专家委员会、科学技术专家委员会、文化专家委员会、传播专家委员会。这 4 个分委员会的建立可视为在常驻联合国教科文组织代表团的调研任务和全国委员会的咨询任务之间组建调研分析和处理机构。在各分委员会建立的同时，全国委员会在相关高校专门成立了联合国教科文组织研究中心②，专门负责政策分析。同时，全国委员会经常选派中国专家参加联合国教科文组织所召开的各领域专业会议。由于教科文组织业务领域的广泛性和议题的专业性，从 2018 年起，全国委员会开始组建各个领域的顾问专家队伍，到 2020 年，累计聘请了 120 人。总而言之，全国委员会所开展的智力合作和所组建的智力合作网络，正是对联合国教科文组织业务学习的结果。

---

① 大洪：《联合国教科文组织中国全委会交流分委员会成立》，《新闻与传播研究》1991 年第 2 期。
② 中国人民大学联合国教科文组织研究中心，2003 年成立。北京第二外国语学院联合国教科文组织研究中心，2017 年成立，为教育部区域国别研究中心。浙江大学联合国教科文组织研究中心，2021 年成立，为教育部区域国别研究中心。

(二) 翻译的介入与退场

参与国际组织在人力资源方面的要求首先是外语能力,在中国恢复联合国教科文组织席位的最初阶段尤其如此。"如何选择合适的合作单位?首先,领域对口;其次,有积极性;第三,最好有承担项目所需的一定的实力(财力和人力,包括外语力量)"①,"自上世纪80—90年代以来,借助国内学者对联合国教科文组织文献的翻译,国内教育界逐渐了解并接受了这些观念,并在一定程度上影响了教育实践"②,这说明了翻译在对这个组织工作参与中的重要性。翻译的介入与退场,是中国对联合国教科文组织工作参与过程中的一个重要变化。

具体来说,在全国委员会成立之前,在教育部外事局从事联合国教科文组织工作的先后主要有两批外语专业人才,一是"文化大革命"期间部队出身的外语人才,二是1977年从北京外国语学院附校召来的10名外语学生,这两批基本上都是英文和法文人才。在全国委员会成立后进入秘书处的也多是外语专业毕业生,与外交部和其他部委外事司一样,这些外语专业毕业生多来自外语院校或著名大学的外语专业。此外,1977年进入全国委员会的外语学生,此后多以在职身份在国内或欧美完成了大学乃至研究生阶段的教育。40多年间,只有极少数非外语类大学毕业生进入全国委员会秘书处工作。从全国委员会秘书处人

---

① 张崇礼:《撷兰折菊 嫁吾芳閫——为纪念中国联合国教科文组织全国委员会成立25周年而作》,载中国联合国教科文组织全国委员会秘书处、联合国教科文组织驻北京办事处编:《中华人民共和国联合国教科文组织全国委员会史迹》,2006年。
② 杨桂青:《农村教育 中国与世界对话——访联合国教科文组织国际农村教育研究与培训中心主任朱小蔓教授》,《中国农村教育》2008年7月15日第4版。

员的专业背景可见,外语一直是进入全国委员会秘书处工作的第一要素。实际上,"文化大革命"期间进入全国委员会秘书处工作的几位人员,后来也进入联合国教科文组织秘书处语言司中文处——该组织中文处的负责人以及几位主要翻译,皆是当年全国委员会秘书处的人员。数位中国驻联合国教科文组织代表,亦是从资深翻译的职位上提拔而来,比如张学忠大使衔代表本人曾是前中国驻联合国教科文组织大使衔代表苏林的翻译,马燕生副代表、杜越秘书长等人,也均曾供职于联合国教科文组织语言文化司中文处,司职翻译。

翻译的进场和退场是全国委员会在人员方面发生的最显著的变化。从1978年至今,秘书处的机构设置和人员编制经历了一些变化,比如人员编制从最多时的26人下降到2009年的14人,曾经的翻译处也已经撤销。翻译处建制的消失则是社会经济发展与个人选择合力作用的结果,一方面受到了国务院机构改革的影响,另一方面则是在20世纪90年代的经济大潮中,翻译人员,尤其是同声传译人员在体制内外收入的巨大落差,促使专业翻译人员逐渐自愿选择脱离政府机关,成为自由职业者。[1]

翻译入场的意义在于:首先,中国与外部世界的疏离和对接的难度,凸显了翻译这一沟通媒介在特定历史阶段的重要作用;其次,翻译人才入场也表明,在特定历史条件下,外语人才的集中使用不仅有利于中国与外部世界的沟通,也对高级翻译的培养起了积极推动作用,以至于直到21世纪第一个10年,在联合国教科文组织的相关专业国际会议中,最出色的同声传译人员仍大多是20世纪80年代培养的那批翻译。[2] 翻译的退场则说明了两点:第一,中国与外部世界的差距大幅度

---

[1] 对程体英的访谈,北京,2009年6月12日。
[2] 对董建红的访谈,北京,2009年10月12日。

缩小,能够以外语作为工作语言的领导人、工作人员和专业人士不断增加,因而对翻译的需求大幅降低;第二,中国对联合国教科文组织工作的高度专业化、有序常态化转型已经完成。

(三)制度精英与知识精英

制度精英

在中国对联合国教科文组织活动的参与中,有几类人物发挥了重要作用。其中第一层人物是国家领导人,比如邓小平。他于1978年提出:"有条件吸收世界一切先进的科学技术和成果,勇敢地向国际一切先进的东西学习。像教科文组织这样的国际组织,可以做很多帮助我们的事,应该充分利用来帮助我们实现四个现代化。教科文组织对我们能帮助多少,就要多少。只要教科文组织可能的帮助我们都愿意接受,教科文组织需要我们做什么,只要可能也可以。"此外,1978年底,中国确立了新的指导原则,欢迎国际组织向中国提供援助。同时,也开始同国际组织采取"有给有取"的政策。这也对中国开展与联合国教科文组织的工作起了非常大的推动作用。联合国教科文组织前任总干事姆博曾经于1975、1978、1983、1984和1987年五度访华,中国与联合国教科文组织关系之所以有重大突破,他起了重要作用。1978年姆博访问中国时,就向时任教育部外事局局长的杨蕴玉提出,希望有机会再次见到邓小平。"会见后,姆博主动提出与中国签署一份会谈备忘录,以利于今后的合作。"[①]在中国首次派团

---

① 杨蕴玉:《一次重要的会见》,载中国联合国教科文组织全国委员会秘书处、联合国教科文组织驻北京办事处编:《中华人民共和国联合国教科文组织全国委员会史迹》,2006年,第24页。

参加的第37届世界教育大会上,姆博特别强调说"这是本届大会的突出事件"。这两位领袖人物对中国与联合国教科文组织关系的推进起了决定性作用。

发挥重大作用的第二层人物是特定的高级政府官员。与联合国秘书处高层管理职位的政治分配不同,因为自身的技术和专业定位,联合国专门机构的高层职位则均必须通过竞选方式争取。在最高层级的大会主席、执行局主席和秘书处总干事位置上,当前,联合国16个专门机构中的3个由中国人领导:联合国粮农组织总干事屈冬玉、联合国工业发展组织总干事李勇、国际电信联盟秘书长赵厚麟[1]。此前以竞选方式获得高层管理职位的还有世界气象组织的邹竞蒙(大会第二副主席1983—1987年、大会主席1987—1995年)[2],联合国教科文组织的章新胜(执行局主席,2005—2008年)[3]、郝平(大会主席,2013—2015年)[4]

---

[1] 赵厚麟(1950—),南京邮电学院毕业,1979年作为首批公派访问学者赴瑞士进修。1985年英国埃塞克斯大学硕士。1986年经邮电部选拔推荐、国际电信联盟公开招聘被录用为国际电信联盟职员。1998年被中国政府提名为国际电信联盟标准化局局长候选人,同年当选。2002年10月再次当选,2006年当选副秘书长。资料来源:国际电信联盟网站,http://www.itu.int/net/ITU-SG/index.aspx? ot=1。

[2] 邹竞蒙(1929—1999),邹韬奋之子,中国人民解放军军事工程学院空军工程系气象专业毕业。曾任国家气象局、中国气象局局长。在1983年的世界气象组织第10次大会上当选主席,并在第11次世界气象组织大会上连任。世界气象组织秘书长米歇尔·雅罗特别指出,在邹竞蒙担任世界气象组织主席期间,世界气象组织通过了决议,决定发起和共同建立政府间气候变化专门委员会(IPCC)。2007年年底,该委员会荣获诺贝尔和平奖。资料来源:世界气象组织网站,http://www.wmo.int/pages/governance/president/former-presidents_en.html。

[3] 章新胜(1948—),杭州大学外语系本科、美国哈佛大学城市规划设计硕士,教育部前副部长、中国联合国教科文全委会前主任,2005年联合国教科文组织173届执行局会议上当选为执行局主席。

[4] 郝平(1959—),北京大学历史系本科、美国夏威夷大学历史系硕士、北京大学国际关系博士,北京大学校长,曾任北京大学副校长、北京外国语大学校长、教育部副部长、中国联合国教科文全委会主任、北京大学党委书记。参见北京大学网站,https://www.pku.edu.cn/detail/26.html。

和唐虔(助理总干事,2010—2018 年)①,世界卫生组织的陈冯富珍(总干事,2007—2017)②,联合国粮农组织的何昌垂(副总干事,2009—2011)③,国际民航组织的柳芳(秘书长,2015—2021)。其中,章新胜以教育部副部长和中国联合国教科文组织全国委员会主任的双重身份竞选担任联合国教科文组织执行局主席。

第三层是执行层面的制度精英,他们对中国与联合国教科文组织关系的发展起了积极作用。比如国家海洋局的蒋逸航④、李海清⑤等人,他们对中国海洋学者竞选担任联合国教科文组织相关机构的领导职务起了直接的推动作用。苏纪兰回忆道:

> 大概由于我在 SCOR 工作中的表现值得肯定,合作司的李海清动员我竞选 WESTPAC(联合国教科文组织政府间海洋学委员会之西太平洋分委员会)分委会的副主席。对于海委会工作,1990 年前我一无所知,那时我在研究上负责"中日黑潮合作研究",承担有关杭州湾锋面的国家重点基金课题,同时致力于我国海洋学者参与

---

① 唐虔(1950—),山西大学体育系本科,1979 年通过教育部首次举行的选拔考试,国家公派留学人加拿大温莎大学,获运动生理学博士。曾任陕西省科协副主任、联合国教科文组织教育部门办公厅主任、联合国教科文组织副教育助理总干事、联合国教科文组织教育助理总干事。

② 陈冯富珍(1947—),加拿大西安大略大学文学士及医学博士、新加坡国立大学理学硕士。1978 年加入香港卫生署,1994 年成为首位女署长。2003 年后出任世界卫生组织人类环境保护局局长、传染病监控及反映局局长、兼任世界卫生组织总干事人类大流感特别代表。2006 年当选世界卫生组织总干事。2020 年获聘担任清华大学公共卫生学院院长。

③ 何昌垂(1949—)生于中国福建省,北京大学博士,先后在中科院、原国家科委、联合国亚太经社会、FAO 等机构工作。

④ 蒋逸航,曾任职海委会,现任联合国开发计划署项目办主任。

⑤ 李海清,曾任国家海洋局国际合作司司长,现任中国地质调查局纪检组组长,党组成员。

SCOR 的协调工作,没有时间再参与海委会的工作。李海清同志游说说副主席是个兼职,不会占什么时间,就这样我成为 WESTPAC 分委会首届两位副主席之一。主席在半年之后去世,合作司认为这为我国进军政府间国际科学组织领导层提供了一个好机会,极力动员我去竞争。在国家需要的大帽子下,我这个从不愿卷入行政事务的人也只好认命。在复杂的背景下,加上合作司努力和我的表现……我被任命为主席。

应该说,在我任内 WESTPAC 分委会是气象一新的。这应归功于多方面的努力和配合:首先海洋局在 WESTPAC 分委会秘书处有蒋逸航同志、在 IOC 总部有李海清同志,他们上下疏通、争取经费,为 WESTPAC 分委会事务打下了开展工作的良好基础。①

全国委员会秘书处层面上的专业干部对中国与联合国教科文组织关系的拓展也起了积极的推动作用,②全国委员会前秘书长贾学谦在其回忆性著作中亦专门提及杜越、董建红这前后两位全国委员会秘书处教育处处长的协助与推动。吉林省成人教育负责人赵文卿亦在书中专门提及杜越在吉林成人教育工作方面的推动作用:"杜越先生对促成我们这次出访做了许多努力。我们这次在法国的考察非常顺利,除了得益于 CCFD 组织的热情、周到安排,更得益于杜越先生的精心、细致的组织与有效的联系。由于他既了解国内情况,又熟悉联合国教科文组织方面的情况,使我们的这次法国之旅能够做到有礼有度。"③

---

① 苏纪兰:《我在海委会的经历》,载中国联合国教科文组织全国委员会秘书处、联合国教科文组织驻北京办事处编:《中华人民共和国联合国教科文组织全国委员会史迹》,2006 年,第 68 页。
② 对马燕生的访谈,北京,2009 年 11 月 30 日。
③ 赵文卿:《情系教科文》,甘肃文化出版社,2003 年,第 81—84 页。

在中国申报世界遗产工作中,对中国申报流程的规范化、标准化,进而与联合国教科文组织的申报要求实现国际化接轨起了推动作用的马燕生,则是从事联合国教科文组织工作多年的文化传播处处长。马提出"以外促内"的指导方针,推动了中国"文物保护到文化遗产保护"的概念引入,对申报文本制定了严格的规范,提议对申报成功的世界遗产由建设部、文化部和中国联合国教科文组织全国委员会联合发文,制定并颁发统一的名牌,甚至成功地提议将国家文物局的英文译名由 State Bureau of Cultural Relics 改为 State Administration of Cultural Heritages,这一建议被采纳,并使用至今。

从执行层面来说,上述群体的作用可以说兼具制度精英与技术精英的双重含义。他们的努力,超越了一般意义上官僚体制中的刻板常规角色,在联合国教科文组织与中国的关系发展,尤其是引入先进理念和学习国际规则发挥了积极作用,为推动国家的现代化和国际化发挥了作用。

知识精英

在中国参与联合国教科文组织之初,若干学者的重要作用不容忽视,比如早期在教育领域的晏阳初、瞿世英、庄泽宣,科学领域的叶渚沛、鲁桂珍、汪敬熙以及林语堂等人。新中国恢复在联合国教科文组织席位之后,泥沙领域的钱宁,海洋科学领域的任美锷、苏纪兰、汪品先,遗产保护方面的侯仁之,教育学领域的王承绪、顾明远等人则对中国参与联合国教科文组织专业活动和提升参与水平发挥了重要作用。甚至可以说,如果没有这些杰出学者,中国对联合国教科文组织的参与很难取得快速而深化的进步。

以侯仁之为例,作为历史地理学教授,他最早敏锐地意识到《保护世界自然和文化遗产公约》的重要性,并积极推动了申遗工作:"我的另一项有价值的工作是促进了我国加入《世界文化和自然遗产保护公约》。在康奈尔大学期间,我了解到联合国教科文组织有一项《世界文化和自然遗产保护公约》,目的是通过国际合作,更有效地保护对人类具有重大价值的文化和自然遗产,我国却尚未参加。1985年4月,我作为全国政协委员提出我国应尽早予以批准的书面提案,由其他三位委员联合署名,终于得到批准。"①

水利学家钱宁倡导并推动了联合国教科文组织国际泥沙中心在中国的建立,并将之建设成为国际泥沙领域一流的研究机构。"为了巩固发展我国泥沙工作在国际上的地位,进一步推进国际合作,钱先生主张在我国成立国际泥沙培训中心。在第一次河流泥沙国际学术讨论会上,他代表中国学者在大会上提出这一倡议后,当即得到与会的外国学者的响应。在国内意见一致的基础上,我国向联合国教科文组织提出了在中国成立国际泥沙培训中心的申请,经过中国代表团的努力,1983年教科文组织第22届代表大会通过决议,在中国成立国际泥沙研究培训中心,并于1984年与中国政府签订了协议。"②物理海洋学家苏纪兰是第一位在联合国教科文组织科学系统内以竞选方式获得高层领导职位的中国科学家。他先后在加州大学、纽约大学布法罗分校、佛罗里达大西洋大学海洋工程系任教并获终身教职。1979年到国家海洋局海洋二所工作,长期致力于物理海洋学环流动力学研究,是中科院院士、俄罗斯科学院外籍院士、第三世界科学院院士、中国科学院地学部副主任,曾任联合国教科文组织政府间海洋学委员会副主席、主

---

① 侯仁之:《侯仁之文集》,北京大学出版社,1998年,第446页。
② 周志德:《钱宁与国际泥沙研究》,载《纪念钱宁同志》编辑小组编:《纪念钱宁同志》,清华大学出版社、水利电力出版社,1987年,第188—189页。

席,国际海洋研究委员会执行委员、全球海洋观测系统科学指导委员会委员。

表 4-4　与联合国教科文组织有关的中国高级知识分子基本情况*

姓名	生卒年份	第一学历	留学经历	国际学术(曾)任职
韩儒林	1903—1983	北京大学	鲁汶大学、巴黎大学和柏林大学,师从伯希和	联合国教科文组织的《中亚文明史》编委会副主任
侯仁之	1911—2013	燕京大学	英国利物浦大学博士	无
马世骏	1915—1991	北京大学	美国犹他大学硕士、美国明尼苏达大学博士	联合国粮农组织和环境规划署专家委员会委员、国际昆虫学会常务理事、欧洲生态科学院通讯院士、英国皇家科学院昆虫学会会员。《我们共同的未来》之联合国世界环境与发展委员会委员
钱　宁	1922—1986	中央大学	美国加利福尼亚大学博士	联合国教科文组织国际泥沙中心顾问委员会主席
任美锷	1913—2008	中央大学	英国格拉斯哥大学博士	国际海洋地质委员会委员、国际海事组织与国际原子能委员会深海抛弃放射性废料专家委员会委员

（续表）

姓名	生卒年份	第一学历	留学经历	国际学术(曾)任职
苏纪兰	1935—	台湾大学	美国加州大学伯克利分校博士	联合国教科文组织政府间海洋学委员会主席、国际海洋研究委员会执行委员、全球海洋观测系统科学指导委员会委员
汪德昭	1905—1998	北京师范大学	法国巴黎大学博士	法国物理学会和声学学会国外会员、英国《低频与振动》学报编委
汪品先	1936—	莫斯科大学	苏联莫斯科大学	国际海洋研究科学委员会副主席、国际海洋地质委员会委员
夏鼐	1910—1985	清华大学	英国伦敦大学博士	英国学术院通讯院士、德意志考古研究所通讯院士、瑞典皇家文学历史考古科学院外籍院士、意大利远东研究所通讯院士、第三世界科学院院士
王承绪	1912—2013	浙江大学	英国伦敦大学硕士	中国比较教育学创始人之一、浙江大学教授。1972年中国恢复在联合国的合法席位之后中国政府首批派出的在联合国教科文组织工作的学者之一。2003年荣获联合国教科文组织"亚太地区教育革新终身成就奖"。

(续表)

姓名	生卒年份	第一学历	留学经历	国际学术(曾)任职
顾明远	1929—	北京师范大学肄业	苏联国立莫斯科列宁师范大学本科	中国教育学会会长、北京师范大学副校长、国务院学科评议组教育学科组长,世界比较教育联合会任两主席之一。
龚 克	1955—	北京理工大学	奥地利格拉茨大学博士	世界工程组织联合会主席、联合国秘书长"科学咨询理事会"成员、南开大学校长。
林毅夫	1952—	北京大学	芝加哥大学博士	世界银行副行长、联合国教科文组织"教育的未来"国际委员会成员

* 按姓氏拼音排序

资料来源:《中国大百科全书》《纪念钱宁同志》《侯仁之文集》《王承绪文集》等。

自从中国1971年重返联合国教科文组织以来,上述代际知识分子对中国参与联合国教科文组织的工作起了很重要的作用。从表4-4所列出的履历中不难看出,他们基本上都具备国内与国外受教育的经历,因而专业视野开阔,并具有国际学术名望;但是,随着这批知识分子在专业领域的逐渐淡化和退出,能够在同样位置上发挥与此代人相似作用的下一代际或下数代际的知识分子迄今仍比较少见。此外,2006年联合国教科文组织第175届执行局会议在巴黎总部举行主题辩论会,所邀请的是当时为美籍华人科学家的杨振宁[①],亦间接说明当代中国知

[①]《杨振宁在联合国教科文组织作专题演讲》,2006年10月4日,http://news.sohu.com/20061004/n245645862.shtml,最后访问日期:2021年7月16日。

识分子在该组织所涉及的学科领域的缺位。

就会员国参与联合国教科文组织的水平来说,知识分子缺位会导致对联合国教科文组织理念的引进与理解不够,导致对该组织的实际影响力不足。联合国教科文组织作为国际上最大的智力合作机构,与知识界的合作是非常灵活的,不仅常常委托相关专家参加会议、起草文件,甚至将重要的专家直接吸纳入该组织,担任要职。比如,"终身教育"理念的倡导者保罗·朗格朗本不是联合国教科文组织的成员,但是在他于联合国教科文组织发表轰动一时的关于"终身教育"理念的发言之后,即被吸纳入联合国教科文组织,担任该组织教育部门的成人教育处处长,负责推广"终身教育"理念。这一吸纳是双赢的,对保罗·朗格朗来说,他获得了联合国教科文组织这样一个高度理想的国际平台,对联合国教科文组织来说,则找到了一位理解和推广终身教育理念的最合适的人选。中国参加联合国教科文组织 70 余年的关系,很少有保罗·朗格朗这样重量级的中国知识分子出现,唯一的例外应当是 1946 年该组织成立之初曾受到首任总干事赫胥黎再三邀约的晏阳初,而晏阳初为了不违背自己服务国内平民教育的诺言,并未接受赫胥黎的邀请,失去了唯一一次可能以联合国教科文组织为国际舞台来推广本国教育理念与经验的机会,也错过了一次以该组织为平台服务世界教育发展的机会。

三、结语

中国联合国教科文组织全国委员会和常驻联合国教科文组织代表团这两个机构在过去 40 年来相对稳定的机构设置,与中国和联合国教科文组织关系在过去40多年的相对平稳发展是契合的。这两个机构领导层经历了从政治干部到业务干部的变化,也与中国40年来的发展同步,符合联合国教科文组织是联合国体系内最大的多边智力合作组织的业务定位。需指出的是,从1998年开始,全国委员会秘书处的人员编制不再由中央编制办单列,而是统一划归教育部。这一新变化的意义在于:一是新时期如何对这一根据《联合国教科文组织组织法》所建立的机构进行定位;二是在新时期如何对这一特殊机构的角色进行重新定位,即该全国委员会的主要协调任务是教育领域,跨部委的协调任务和效力已经弱化,编制的这一变化是对这一事实的确认。

相较于全国委员会的变化,常驻代表团的变化则完成得相对要早很多。常驻代表团的第一任代表胡沙当时是国务院科教组负责人、第二任常驻代表钱李仁是外交部资深外交官;1981年以后,常驻代表团代表皆由教育系统外事官员担任,即常驻代表团的"教育部化"已经完成。在常驻代表团中,由于文化官员和科技官员分别来自文化部外联局和科技部外事司,文化领域和科技领域的协调工作很大一部分由这两个部委牵头完成。因而在实际工作层面,教育领域的协调就是该常驻团的最重要任务。因此,无论是编制定位的改变还是常驻团代表层的变化,皆指向了全国委员会"教育部化"的这一既成事实,即全国委员会主任一直由教育部副部长出掌。从这一点来说,"教育部化"也是1978年国务院批复成立该全国委员会的正式文件所隐含的必然的实践走向。

第五章 从国际组织理念到国家政策

联合国教科文组织的自我定位,是思想实验室、信息交流中心、国际规则的制定者和监督者。联合国教科文组织通过推广理念对世界各国发挥影响的渠道主要有二:一是文本形式的渠道,即通过制定国际公约与宣言来倡导或推广特定的理念。70多年来,联合国教科文组织在教育、科学、文化、传播领域所倡导和发起的重要理念以及所通过的国际公约,包括1952年的《世界版权公约》、1954年的《武装冲突情况下保护文化财产公约》、1972年的《保护世界文化与自然遗产公约》、2003年的《保护非物质文化遗产公约》、2005年的《保护和促进文化表现形式多样性公约》、2005年的《反对在体育运动中使用兴奋剂国际公约》、2019年的《承认高等教育相关资历全球公约》等,通过的若干重要宣言,有1990年的《世界全民教育宣言》、1997年的《世界人类基因组与人权宣言》、2001年的《联合国教科文组织世界文化多样性宣言》等。二是讨论形式的渠道,即主要通过各种专业性和政府间国际会议提出和扩散先进的理念。因此,"以联合国教科文组织为代表的国际组织对世界教育、特别是在发起全民教育、倡导教育公平、构建终身学习社会等方面产生了重大影响"①。所谓重大影响,从教育智力合作来讲,联合国

---

① 周一、熊建辉、张鹤:《全球教育治理:联合国教科文组织的作用与中国的参与——联合国教科文组织教育主力总干事尼古拉斯·伯内特专访》,《世界教育信息》2009年第3期。

教科文组织对会员国的影响绝不仅仅局限在扫盲、免费义务教育、终身学习、全民教育、全球教育治理等理念和思想的创造上,这些理念和思想不仅被世界各国和众多国际组织所接受,更成为许多国家的国家政策。

一、个案选择与测度指标

就联合国教科文组织对中国的影响而言,涵盖了从信息资料、理念、政策乃至基本国策的各个方面。在资料方面,它为早期中国国家科学发展规划的制定提供了重要帮助:"1978年中国科学院需要制定科学发展规划,由于当时资料少、时间紧,如果从双边各国搞资料则需要较长时间,而且不一定能搞到。后来利用了联合国教科文组织和其他国际组织的资料,在较短时间内完成了中国科学发展规划。"①关于联合国教科文组织对中国的影响,曾担任中国驻联合国教科文组织常驻代表、中国联合国教科文组织全国委员会秘书长的张崇礼曾经总结为:

> 1972年由法国前总理富尔为主席的国际教育委员会出版的《学会生存:世界教育的今天和明天》,提出了"终生教育"和建立"学习型社会"的思想。在发展方面,联合国教科文组织近三十年来相继提出了"一体化的发展""内源发展""可持续发展""以人为本的发展"等理念,已为广大发展中国家所认可,对中国梳理科学

---

① 贾学谦:《在邓小平理论指引下前进——庆祝联合国教科文组织成立60周年》,载中国联合国教科文组织全国委员会秘书处、联合国教科文组织驻北京办事处编:《中华人民共和国联合国教科文组织全国委员会史迹》,2006年,第62页。

的发展观有一定的认识价值,甚至被吸收、借鉴成为中国的基本国策。①

教育是中国最早参与联合国教科文组织的工作领域,无论是该组织成立之初晏阳初以及平民教育促进会的参与,还是新中国重返该组织之后对该组织活动的参与,在教育领域中国与该组织的合作数量最多。历经70多年,中国从输出平民教育理念转至学习该组织所倡导的终身学习、全民教育等先进的教育理念。但中国的学习远不止是学术探讨意义上的,这些理念在经过学术界的接受与消化之后,逐渐进入了中国的教育政策,进而上升至国家层面的教育规划,最终成为中国的基本国策。

本章使用文本分析定量研究方法来研究联合国教科文组织的观念对中国的作用与影响。数据的来源是人民数据库中"国家政策信息"子库(中国人民大学图书馆镜像站),时间区间设定为1946—2009年。该数据库是中国最大的党政时政数据库,国家政策信息子库收集的是国务院和各职能部委级的政策文件。搜集和整理联合国教科文组织相关概念在中国的国家政策信息中出现的时间和频率,可从国家政策层面验证该国际组织对中国的作用,并梳理其出现的脉络与走势。

二、终身学习、终身教育与学习型社会

终身学习的思想产生由来已久,比如《庄子·养生主》中提到"吾生

---

① 张崇礼:《撷兰折菊 嫁吾芳圃——为纪念中国联合国教科文组织全国委员会成立25周年而作》,载中国联合国教科文组织全国委员会秘书处、联合国教科文组织驻北京办事处编:《中华人民共和国联合国教科文组织全国委员会史迹》,2006年。

也有涯,而知也无涯",夸美纽斯说"人生从摇篮到坟墓也是课堂。人生在任何阶段都要学习,人生除了学习之外再无其他目的"①。首先需要指出的是,由于论述主体的不同,这一概念通常被分为终身学习和终身教育。从受教育者角度来说,是"终身学习";从教育者的角度来说,则是"终身教育"。

现代意义的"终身学习"(lifelong learning)这一概念是联合国教科文组织对20世纪最伟大的贡献之一,其内容是指社会每个成员为适应社会发展和实现个体发展的需要,贯穿人一生的、持续的学习过程。关于终身学习,有3种权威性的观点,而这3种观点的代表人物皆是联合国教科文组织教育部门的成员。公认的现代终身学习概念创始人、联合国教科文组织成人教育局局长保罗·朗格朗②认为,终身教育并不是指一个具体的实体,而是泛指某种思想或原则,或者说是指某种一系列的关心与研究方法。概言之,即指人的一生的教育与个人及社会生活全体的教育的总和(见保罗·朗格朗1970年出版的 *An Introduction to Lifelong Education*)。联合国教科文组织教育研究所专职研究员 R.H.戴维(R. H. Dave)的观点是,终身教育应该是个人或集团为了自身生活水平的提高,而通过每个个人的一生所经历的一种人性的、社会的、职业的过程。这是在人生的各种阶段及生活领域,以带来启发及向上为目的,并包括全部的正规的(formal)、非正规的(non-formal)及不正规的

---

① 联合国教科文组织:《世界教育报告(2000年)》,人民出版社,2001年,第53页。
② 保罗·朗格朗(Parl Lengrand,1910—2003),当代法国成人教育家,终身教育理论的理论奠基者和积极倡导者。1965年,在联合国教科文组织召开的第三届促进成人教育国际委员会议上,保罗·朗格朗以"education permanente"为题作了学术报告,引起与会者极大反响,后来联合国教科文组织将"education permanente"改为英译"lifelong education",即"终身教育"。保罗·朗格朗于1970年写成并出版了《终身教育引论》(*An Introduction to Lifelong Education*)。《学会生存》发表之后,终身教育的概念更为全面、清晰、具体,促使终身教育由一种思想转为各国主导的教育政策和普遍的教育实践。

(informal)学习在内的,一种综合和统一的理念。联合国教科文组织终身教育部主任 E. 捷尔比(E. Gelpi)的观点认为:"终身教育应该是学校教育和学校毕业以后教育及训练的总和;它不仅是正规教育和非正规教育之间关系的发展,而且也是个人(包括儿童、青年、成人)通过社区生活实现其最大限度文化及教育方面的目的,而构成的以教育政策为中心的要素。"

这3种观点在表达和侧重上都有所不同,但有一点是一致的:他们都认为终身教育包括人一生所受的各种教育的总和。联合国教科文组织国际教育发展委员会的报告《学会生存》(1972年)对终身教育所作的定义是,"终身教育这个概念包括教育的一切方面,包括其中的每一件事情,整体大于其部分的总和。换而言之,终身教育并不是一个教育体系,而是建立一个体系的全面组织所根据的原则,而这个原则又是贯穿在这个体系的每个部分的发展过程之中的"。对于终身教育比较普遍的看法是,"终身教育是人们在一生中所受到的各种培养的总和",它指开始于人的生命之初,终止于人的生命之末,包括人发展的各个阶段及各个方面的教育活动。既包括纵向的一个人从婴儿到老年期各个不同发展阶段所受到的各级各类教育,也包括横向的从学校、家庭、社会各个不同领域受到的教育,其最终目的在于"维持和改善个人社会生活的质量"。

联合国教科文组织对于终身学习理念的接受与推广,是其智力合作机制的一个成功标本。保罗·朗格朗本人1965年应邀在联合国教科文组织发表关于终身学习的讲话并获得很大反响时,他并不是该组织的成员。然而当联合国教科文组织认识并接受这一概念后,不仅开始推广,更直接聘请朗氏本人进入联合国教科文组织工作,担任教育部门的成人教育处处长一职。在其任内,终身学习的概念得以倡导和推广。朗氏的理论和联合国教科文组织的体制相结合,使"终身学习"概念从20世纪60年代中期以来在全世界范围得到推广和接受。首届世界终身学习会议于1994年在罗马举行,终身学习在世界范围内形成共识。相应的,终身教育也已经作为一个极其重要的教育概念在全世界广泛传播。许多国家在制定本国的教育方针、政策或是构建国民教育体系的框架时,均以终身教育的理念为依据,以终身教育提出的各项基本原则为基点,并以实现这些原则为主要目标。

终身教育理论确立以来,不仅受到各国的普遍重视,不少国家还通过立法,从法律上确立终身教育理论为本国当今和今后教育发展和改革的基本指导思想。如美国在联邦教育局内专设了终身教育局,并于1976年制定并颁布了《终身学习法》;法国国民议会在1971年制定并通过了一部比较完善的成人教育法《终身职业教育法》,而且还在1984年通过了新的《职业继续教育法》,对一些问题作了补充规定;韩国于20世纪80年代初把终身教育写进宪法,并开始实施终身教育政策;日本在1988年设立了终身学习局,并于1990年颁布并实施《终身学习振兴整备法》;联邦德国、瑞典、加拿大等许多国家也针对终身教育颁布了相应的法律。许多国家的政府把终身教育作为本国的教育改革的总目标,努力把终身教育纳入规范化渠道,并以终身教育的原则来改组、设计自己的国民教育体系,以建立一个从幼儿园到老年大学、从家庭教育到企业教育的全面实施终身教育的终身教育大系统。

此外,根据联合国教科文组织的建议,各国政府还把成人教育纳入终身教育的大体系中。1976年在肯尼亚首都内罗毕召开的联合国教科文组织第19届大会通过了《联合国教科文组织关于发展成人教育的建议》,建议提出:成人教育是包含在终身教育总体中的一部分;教育决不仅限于学校阶段,而应扩大到人生的各个方面,扩大到各种技能和知识的各个领域。在这种终身教育思想的影响下,各国政府把成人教育看成推动终身教育进程的先导,高度重视成人教育,通过制定法律来保障成人教育的发展。1976 年,挪威成为世界上第一个通过成人教育法的国家,把成人教育视为终身学习体制的基础,促进了成人教育各领域间的协调合作。1982 年韩国制定了《社会(成人)教育法》,提出了社会(成人)教育制度化。联邦德国 1973 年通过的教育计划把成人教育列为与普通教育的初、中、高等 3 种教育并列的第四种教育。许多国家为了保障成人教育的实施,采取了许多有效措施,如在入学条件上采取灵活的政策;带薪教育休假制度;经济援助;开设成人学分累计课程;等等。虽然各国在终身教育这个领域都取得了一定的成绩,但总体来看,终身教育在世界各国都还处于实践阶段,还没有一个国家真正建立起完整的终身教育制度。

除了国家层面,在地区层面,终身教育与学习化社会的理念也得到了推广。1995 年欧洲部长委员会和欧洲议会将 1996 年定为"欧洲终身教育年"。1996 年 1 月,经合组织各成员国教育部长共同提出要使终身学习成为每个人的现实。由是,终身教育概念完成了向学习型社会的转变。①

"学习型社会"这个词组向我们展示了这样的一种新型社会:知识的获取既不限于教育机构中(空间上),也不限于初始培训的结束(空间上)。在一个日益复杂的世界里,每个人一生中可能需要从事多个职业,终身继续学习成为不可避免的事。在学习型社会这个概念落到实处的时代,皮特·德鲁克(Peter Drucker)在 1969 年发表的著作中预言将会出现一个首先必须"学会学习"的知识型社会,这种新的教育观念几乎同时也在埃德加·富尔所领导的联合国教科文组织国际教育发展

---

① 王晓辉:《全球教育治理——鸟瞰国际组织在世界教育发展中的作用》,《北京大学教育评论》2008 年第 3 期。

委员会 1972 年撰写的报告《学会生存:世界教育的今天和明天》中得到强调:"教育不再是精英阶层的特权,也不再是某个年龄段应当做的事情,教育正在把外延扩展到全部人员,扩展到每个人的一生。"[①]"学习型社会"的概念也早在 1968 年罗伯特·赫钦斯(Robert Hutchins)的《学习型社会》(*The Learning Society*)和 1974 年托尔斯滕·胡森(Torsten Husen)的《学习化社会》中即已提到。尽管赫钦斯本人担任芝加哥大学校长长达十几年,他的著作可谓是学习型社会研究领域的里程碑式的奠基之作,但是相关教育思想散落各处,在世界范围的影响力一直相当有限。只有成为教科文组织的政策之后才产生了广泛的世界影响。

对终身学习思想的引进过程,和中国与联合国教科文组织的关系演进逻辑是契合的。保罗·朗格朗于 1965 年在联合国教科文组织提出终身教育思想时,中国尚未恢复在该组织的席位,对于该组织的新思想和新观念更无从知晓。恢复在该组织席位之初,中国仍然只关注政治领域,对业务领域毫不关注——个别学者即使有机会接触,亦囿于时代政治思想而无从谈起学习与接受。"文革"结束后,在邓小平的推动下,中国与联合国教科文组织于 1978 年签署了备忘录,之后才成立了中国联合国教科文组织全国委员会,在北京开设了联合国教科文组织科学办事处。而中国引进保罗·朗格朗的终身教育思想始于 20 世纪 70 年代末至 80 年代初。比如 1979 年张人杰发表《终身教育——一种值得注意的国际教育思潮》[②]、1981 年孙世路发表《终身教育论》[③]等,都

[①] 联合国教科文组织:《从信息社会迈向知识社会》,2005 年,第 59 页,https://unesdoc.unesco.org/ark:/48223/pf0000141843_chi? posInSet = 1&queryId = 733dcd5b-9f52-4f61-97ca-7b887580c453,最后访问日期:2021 年 7 月 16 日。

[②] 张人杰:《终身教育——一种值得注意的国际教育思潮》,载《外国教育丛书》编辑组编:《业余教育的制度和措施》,人民教育出版社,1979 年。

[③] 孙世路:《终身教育论》,《外国教育》1981 年第 6 期。

对这一教育思想进行了初步介绍。关于"终身学习"与"终身教育"这两个概念在中国的认识路径与推广过程,曾于1974年担任联合国教科文组织大会中国政府代表团教育顾问的北京师范大学前副校长顾明远教授,在其口述史中关于终身学习概念认识的这一章节定名为"一个愚蠢的笑话——我对终身学习的认识":

> 1976年"文革"以后,我们才看到联合国教科文组织教育委员会1972年的教育报告《学会生存:世界教育的今天和明天》。实际上法国学者郎格朗在联合国教科文组织1965年就提出了终身教育的主张。1980年,我在准备中国教育学会和北京市高教局为北京市高等学校领导、干部举办的教育讲座时,我查阅了马克思的《资本论》第一卷第十三章,发现马克思在一百几十年以前就讲到终身教育的思想。意思是说,怎么才能做到全面发展,那就要学习,工人要接受教育,要把生产劳动和教育结合起来。只有这样,工人不仅体力得到发展,脑力也得到发展,才能够适应大工业机器生产的不断变革。虽然马克思没有使用终身教育这个词,但他这些思想中不是包涵终身教育的思想吗?因此终身教育不仅不是资产阶级的教育思想,而是十分先进的,有远见的教育思想。20世纪60年代提出来并很快流行不是偶然的,是社会发展的必然,也是教育发展的必然,因此我把它称之为20世纪最重要的教育思潮。可惜我们对它的认识可以说落后了30年。①

尽管政治因素和思想领域的教条化是影响接受教育新思想的主要

---

① 顾明远口述:《顾明远教育口述史》,李敏谊整理,北京师范大学出版社,2007年,第63页。

因素,但参加联合国教科文组织举办的教育国际会议,对终身学习思想在中国的传播和决策部门的接受发挥了非常关键的作用:"这些专题讨论会对中国的教育科研和决策部门带来很多重要启示,为中国逐步形成诸如优先发展教育、不断革新教育体制和结构、提高教师地位和素质、发展面向21世纪的终身教育、多渠道增加教育投入等战略决策,提供了借鉴和宝贵经验。"[1]

在学术界和教育决策部门接受和开始传播终身教育思想之后,这一思想逐渐进入教育政策,在国家政策层面,"中国政府在正式文件中第一次提到终身教育概念的是1993年公布的《中国教育改革和发展纲要》。随后,1995年人大通过的《中华人民共和国教育法》才正式提到要建立终身教育体系,并且两处提到终身教育"[2]。具体来说,1993年中共中央国务院印发的《中国教育改革和发展纲要》第一次正式提出"终身教育"概念,指出"成人教育是传统学校向终身学校发展的一种新型教育制度"。1995年,全国人大通过的《中华人民共和国教育法》明确规定:"推进教育改革,促进各级各类教育协调发展,建立和完善终身教育体系。"1999年,教育部在《面向21世纪教育振兴行动计划》中规定,"要瞄准国家创新体系的目标,培养造就一批高水平的具有创新能力的人才。到2010年基本建立起终身体系,为国家知识创新体系以及现代化建设提供充足的人才支持和知识贡献"。这是再次对终身教育予以肯定。而"终身学习"概念首次进入国家政策,是2000年劳动和社会保障部《关于加快技工学校改革工作的通知》,

---

[1] 中国联合国教科文组织全国委员会秘书处:《中国与联合国教科文组织合作的回顾与展望——纪念党的十一届三中全会召开暨中国联合国教科文组织全国委员会成立20周年》,1991年。

[2] 顾明远口述:《顾明远教育口述史》,李敏谊整理,北京师范大学出版社,2007年,第63页。

比"终身教育"概念晚了7年。这一时间差的产生,也说明了中国教育政策的规划性特点。

20世纪90年代中期以来,虽然具体的增幅有所不同,但"终身学习"与"终身教育"两个概念不仅进入了中国的国家政策,而且在国家政策中出现的频率都呈不断增长的趋势。具体来说,"终身教育"概念于1995年在中国开始兴起的主要原因即是该年通过的《教育法》对"终身教育"概念的肯定。而"终身学习"的概念则与中共第三代领导人有关。1999年江泽民在第三次全国教育工作会上指出:"终身学习是当今社会发展的必然趋势。要逐步建立和完善有利于终身学习的教育制度。"[①]江泽民2002年11月8日在中国共产党第十六次全国代表大会上所做的《全面建设小康社会,开创中国特色社会主义事业新局面》报告中提出"终身学习的学习型社会"概念。十六大的这一报告表明,党和政府对终身学习这一概念已经不仅停留在学习与接受的层面,而是拓展到了建立"学习型社会"的更高水准。十六大报告是当年"终身学习"概念在中国的国家政策中出现频率突然增加的直接原因。2000年,党的十五届五中全会再次提出,完善继续教育制度,逐步建立终身学习体系。此后的2005年,国务院下发的《国务院关于大力发展职业教育的决定》(国发〔2005〕35号)则明确提出"进一步建立和完善适应社会主义市场经济体制,满足人民群众终身学习需要,与市场需求和劳动就业紧密结合,校企合作、工学结合,结构合理、形式多样,灵活开放、自主发展,有中国特色的现代职业教育体系",将十六大关于"终身学习的学习型社会"提法推进到了政策实施层面。2021年颁布的《中华人民共和国国民经济和社会发展第十四个五年规划和2035年远景目标纲要》指

[①] 《人民日报》1999年6月16日第1版。

出,"发挥在线教育优势,完善终身学习体系,建设学习型社会。推进高水平大学开放教育资源,完善注册学习和弹性学习制度,畅通不同类型学习成果的互认和转换渠道"。2021年5月20日,《中共中央 国务院关于支持浙江高质量发展建设共同富裕示范区的意见》文件明确提出,"探索终身学习型社会的浙江示范,提高人口平均受教育年限和综合能力素质",终身学习和学习型社会建设已经成为接受度很高的中国国家政策术语。

总之,中国对终身学习和终身教育思想的学习乃至学以致用,不仅符合了中国与联合国教科文组织关系的演进,也开创了将国际组织的观念与思想引入中国国家政策的新途径。从国际组织与主权会员国的双边关系来说,这是国际组织对会员国的一种真正意义上的建构。通过这种建构,国际组织不仅对会员国输入了先进的思想理念,更拓展了国际组织和会员国之间的对话语言与对话空间。保罗·朗格朗1983年在为《终身教育引论》中文版专门题写的序言中曾经指出:"在社会建设中已经完成并将继续完成重大变革的中国人民,对终身教育观点及其所含的改革内容表现出明显的关注是很有意义的。"①但是这一理念38年来对中国所产生的巨大影响,远超乎他当初预料。

三、全民教育

"全民教育"对中国教育界来说不是一个陌生词语。1958年12月10日中国共产党第八届中央委员会第六次全体会议通过的《关于人民

---

① 保罗·朗格朗:《终身教育引论》,周南照、陈树清译,中国对外翻译出版公司、联合国教科文组织出版办公室,1985年。

公社若干问题的决议》中,就已经提到过"全民教育日益发展""全民教育普及并且提高了"。① 在更早的1926年,常乃惠②出版有《全民教育论发凡》。陶行知先生1945年即为生活教育运动制定了3个行动纲领,其中第三个名称即为"全民教育(education for all)指导原则"③。台湾学者贾馥茗则在《全民教育与中华文化》一书中,将《周礼》中所记载的周朝的教育总结为"全民教育的先例"④。但是,陶行知的"全民教育"所指乃是普及全国人民的民主教育,贾馥茗所指"全民教育"意思是"教育全国人民",《关于人民公社若干问题的决议》所指称的"全民教育"乃是当时的政治文化语言中对"全民"概念的过度泛化,比如"全民大练兵""全民大炼钢铁"等等。"全民教育"这一教育学概念的现代内涵和在中国的真正普及,则直接来自于中国对联合国教科文组织教育领域相关活动的参与。

全民教育是指对社会全体民众所提供的教育。实行全民教育,其目标就是满足全民的基本教育要求,向民众提供知识、技术、价值观和人生观,使他们能自尊、自立地生活,并通过不断学习来改善自己的生活,同时为国家和人类发展做出贡献。全民教育的内涵,主要是指教育对象全民化,即教育必须向所有人开放,人人都有受教育的权利,而且是一种必需。作为当今教育的两大思潮,全民教育更多侧重于普及教育,终身教育主要倾力于继续教育。这一概念兴起的原因有二:其一,从个体发展层面上看,全民教育既是每个社会成员都享有受教育的权利和机会、实现社会平

---

① 《人民日报》1958年12月19日第1版。
② 常乃惠(？—1947),山西人,中国青年党常委兼文化运动委员会主任。著有《全民教育论发凡》《中国思想小史》《中国文化小史》《文艺复兴小史》《社会学要旨》《中国民族小史》《中国史鸟瞰》《中国财政制度史》等。
③ 陶行知:"Education for All"(《全民教育》),载《陶行知全集》第6卷,四川教育出版社,2005年,第169页(英文),第316页(中译文)。
④ 贾馥茗:《全民教育与中华文化》,五南图书出版公司,1992年,第81页。

等的根本保证,又是使个人获得生存发展能力的基本手段;其二,从社会或国家发展的层面看,全民教育既是社会经济进步带来的必然结果,亦是社会和国家走出危机、摆脱贫困、实现繁荣的必然选择。

1948年联合国《世界人权宣言》明确提出人人都有受教育的权利,但直到20世纪80年代末,全球仍有近10亿成年文盲,即占世界总人口约五分之一的人不会读和写;有近1亿儿童,其中包括6000万女童没有机会接受初等教育。为此,联合国教科文组织、联合国儿童基金会、联合国开发计划署和世界银行等联合发起世界全民教育行动。1990年是联合国"国际扫盲年",全球范围第一次世界性全民教育大会在泰国宗滴恩举行。155个国家、33个国际组织和125个非政府组织共1500名代表出席会议,最后通过了《世界全民教育宣言》和《满足基本学习需要的行动纲领》,表达了国际社会的共同承诺:广泛动员人力、财力和技术资源,加强基础教育,在20世纪末达到满足所有儿童、青少年和成人的基本学习需要。宗滴恩世界全民教育大会是世界全民教育发展的里程碑,《世界全民教育宣言》已经成为各国政府以及基础教育有关组织和机构的参照标准。在2000年塞内加尔达喀尔世界教育论坛上,各国政府最后同意通过了《达喀尔行动纲领》,即全民教育的行动纲领。

作为联合国系统负责教育的专门机构,联合国教科文组织牵头发起"全民教育计划",这是一项以促进基础教育和扫盲为目的的全球性计划。1993年发起的九个人口大国全民教育计划,是世界全民教育的重要组成部分。这9个国家包括:孟加拉国、巴西、中国、埃及、印度、印度尼西亚、墨西哥、尼日利亚和巴基斯坦。上述9国人口占到世界总人口的50%,而文盲人口又占世界文盲总数的70%,这9国教育的发展,不仅对各自经济社会发展具有重大意义,还直接关系世界的繁荣与进步。中国不仅积极参加了联合国教科文组织的全民教育计划,也参与了九个人口大国教育计划。

由于政府代表团对联合国教科文组织"全民教育计划"的及时和高度的参加,中国对"全民教育"理念的引入较之对"终身学习"概念的引入,更为快速而高效。后者花费了30年的引入时间,而前者几乎是同步的。中国参加了联合国教科文组织的全民教育运动,包括宗滴恩会议和九个人口大国全民教育计划,并在1993年制定公布了《中国全民教育行动纲领》,吸取了其他国家的有益经验,对中国的"两基"工作起了配合作用。全民教育概念在九个人口大国教育计划发起的次年即首次进入中国政府文件——1994年全国人大八届二次会议上的《政府工作报告》。对中国教育决策者来说,参与联合国教科文组织的全民教育和扫盲活动的重要收获之一是进一步明确了扫盲教育的概念,提高了对扫盲工作长期性和艰巨性的认识。除此之外,为了引进国际教育思想和研究成果,中国于20世纪80年代末开始翻译出版联合国教科文组织教育方面的出版物,比如《教育展望》、《世界教育报告》、各种扫盲培训教材以及数十种教育专著等。在教育领域的这些学习,令中国收获了业务知识和技能,组织召开国际会议更使中国教育部门的管理国际化水平得到了很大提升。参与重大计划不仅为中国学者提供了国际交流的机会,也为他们提升业务水平和协调能力创造了条件。此外,为了实现全民教育目标,中国成立了由10个部委和社会团体组成的中国全民教育论坛,提出了新的《中国全民教育行动计划》。这些活动都促进了全民教育概念在中国的推广。

从图5-1可见,"两基"和"全民教育"这两个概念在中国国家政策中出现的时间点非常接近。国家教育委员会主任朱开轩1993年10月28日在第八届全国人民代表大会常务委员会第四次会议上所做的关于教育工作的报告,第一次将"两基"概念引入中国的国家政策文件中。

国务院总理李鹏1994年3月10日在全国人大八届二次会议上做的政府工作报告中指出"中小学教育是全民教育的基础",这是中国第一次将"全民教育"概念写入国务院的政府文件。从2003年起,中国开始每年公布《中国全民教育国家报告》。从图5-1可以看出,"全民教育"概念在国家政策中出现的频率在2005年突然增加,这一变化的主要原因是当年在北京召开了联合国教科文组织"第5届全民教育高层会议"。从图5-1也可以观察出,"两基"概念和"全民教育"概念在中国国家政策中出现的频率都呈逐渐增加的趋势。但是相对于"全民教育"这一国际化的通用概念而言,中国的国家政策制定者显然更偏好使用"两基"这一具有中国特色的教育概念。这一点,也可以从图5-1中"两基"概念和"全民教育"概念在中国国家政策中出现频率差的加大看出。对此,教育专家们曾经提出,要推动这两个名称不同的教育概念逐渐向通用的"全民教育"概念转化,减少中外教育交流中的沟通成本,以利于中国在相关教育领域成功经验的对外推广。① 但是近年来的趋势是中国

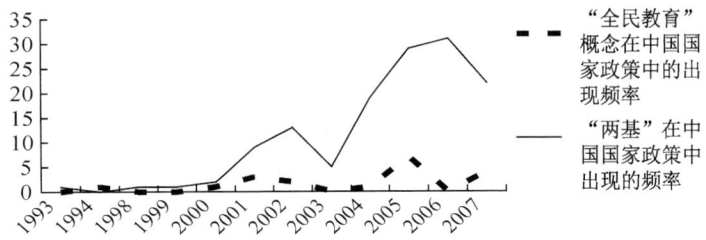

图 5-1　"全民教育"与"两基"概念在中国国家政策中出现频率的变化(1949—2009)

资料来源:《人民日报》数据库,http://data.people.com.cn/rmrb/20210510/1?code=2。

---

① 孟鸿伟:《在构建和谐世界与联合国教科文组织发展趋势专家研讨会上的发言》,中国人民大学,2009年5月10日。

教育政策中继续坚持"两基"的提法,而"全民教育"更多只用于教育国际比较研究或国际教育会议的文件中。

就概念引入的学习层次来说,终身学习思想在中国的接受程度看起来似乎要远高于全民教育思想在中国的接受程度。实际上,全民教育理念在中国的传播与接受并非仅止于此。内涵高度同质化的中国概念"两基"的广泛使用,掩盖或者说遮蔽了全民教育思想在中国的接受和推广程度。比如,2005年11月10日国务院新闻办公室就《中国全民教育国家报告》发布情况举行新闻发布会时指出:"2000年达喀尔会议以来,中国全民教育实现了新的突破:义务教育发展取得历史性进步,'两基'(基本普及九年义务教育,基本扫除青壮年文盲)攻坚取得显著进展,成人识字率有较大提高,教育的性别差异明显缩小,农村义务教育得到空前的重视和推进,投入水平、教师素质、办学条件得到明显改善。教育发展有力地支撑了中国经济和社会的快速发展。"从中可以明显看出,在中国政府官方文件中,"两基"是"全民教育"的子集,两者是被包含与包含的关系。虽然全民教育的概念在中国已经普及,并且教育部每年公布《中国全民教育国家报告》,但是在中国教育界,仍然主要通用"两基"概念,只是在涉外业务中才使用"全民教育"。虽然存在这一奇异的两概念并行现象,但与终身学习概念长达30年的漫长推广时期相比,已是进步。不过就目前的总体情况来说,联合国教科文组织的全民教育思想在中国的推广,尚未达到"终身学习"和"学习型社会"那样的高度。

全民教育理念在中国的传播可以说相当成功。这一结论可以从几个不同角度的评论中同时得到。中国联合国教科文组织全国委员会的看法是:"在教育方面,我们把全民教育作为我国与该组织合作的重点,我国在全民教育方面取得的成就,也被教科文组织视为发展中国家的样板。"①联合国教科文组织的看法是:"多年前,联合国教科文组织前副总干事科林·鲍尔曾这样评价中国的全民教育:'中国始终走在这场全民教育的前列,其整个教育体系在过去几十年里,也经历了彻底的变革。'"②联合国教科文组织教育助理总干事尼古拉斯·伯内特认为,"中国与联合国教科文组织的合作关系非常好。中国是全民教育运动中的一个领先国家,无论在国内政策成效还是在国际合作方面都走在世界的前列。中国过去在援助教科文组织全民教育运动方面已经做出可很大贡献。"③

关于中国与联合国教科文组织在全民教育领域的未来合作,尼古拉斯·伯内特指出:"现在,非洲的教师培训工作已得到来自中国的援助,设在非洲的教科文组织能力建设所正在获得来自中国的重要支持。在今天召开的国际农村教育研究与培训中心管理委员会上,我们希望教科文组织国际农村教育与培训中心与非洲有关国家建立更密切的联系。中国已经开始向国际社会提供更多的援助,我们将乐见非洲从中受益并获得进一步发展。但我认为,更重要的是让国际社会分享中国的成功经验。"④从伯内特的评论中也可以看出,如何将"两基"以"全民教育"方式推广,应当是中国深度参与联合国教科文组织教育领域的一个重要命题。

---

① 田小刚:《书写与联合国教科文组织合作的新篇章》,《中国教育报》2007年11月28日第1版。
② 杨桂青:《农村教育 中国与世界对话——访联合国教科文组织国际农村教育研究与培训中心主任朱小曼教授》,《中国教育报》2008年7月15日第4版。
③ 周一、熊建辉、张鹤:《全球教育治理:联合国教科文组织的作用与中国的参与——联合国教科文组织教育助理总干事尼古拉斯·伯内特专访》,《世界教育信息》2009年第3期。
④ 周一、熊建辉、张鹤:《全球教育治理:联合国教科文组织的作用与中国的参与——联合国教科文组织教育主力总干事尼古拉斯·伯内特专访》,《世界教育信息》2009年第3期。

但是,这一命题将会是非常大的挑战。挑战的原因之一是,中国有许多独特的教育概念,如"两基""普九"等,其根本原因是中国人口众多、东部与中西部发展差异巨大,如何将这些内容总结为普遍意义上的"中国模式",难度很大。挑战的原因之二是,中国缺乏能够将中国教育概念与国际概念熟练对接的业内专家。有学者坦承:"仅仅是因为联合国教科文组织寄给我一些新的资料(最初是《2000年全民教育》通讯),而《中国教育报》的刘微女士又正约我为《外国教育》专栏写稿,这使我在一种偶然的情况下接纳了以往并未注意到的全民教育这一教育思潮及其实践,而当时我对全民教育的内涵并无太清晰的认识。这时,距1990年3月召开的'世界全民教育大会'已达5年之久。"[①]教育界专业人士对联合国教科文组织业务的跟进尚且如此,那么将中国教育实践与之对接显然是个挑战。对上述挑战的应对水平,将直接决定中国是否能从联合国教科文组织的"理念输入国"转变为"理念输出国",即在输入国际概念的同时,是否可以普遍主义的视角总结和输出本国教育经验。

四、教育发展水平指标体系中的常用术语与概念

近年来,秉持着"教育经费投入的增长应该超过国民生产总值的增长""教育经费的增长应该超过财政预算的增长"等原则,中国教育投入占GDP比例已连续多年保持在4%以上水平:根据财政部文件,"2019年,国家财政性教育经费达到40049亿元,占GDP比重为4.04%,自

---

① 赵中建:《全民教育——世纪之交的重任》,四川教育出版社,1999年,第183页。

2012年起连续8年保持在4%以上"①。实际上,4%是联合国教科文组织若干年前基于对各国教育经费投入的数据提出的概数和推导出的原则,最早可见于联合国教科文组织1972年出版的著名报告《学会生存》②,用4%来说明1968年世界各国教育财政投入的平均水平:

> 教育的扩展,要求并将不断要求大量增加开支……但就政府财政而论,教育经费在国家预算中的比例正在普遍上升……一个更为重要的事实是,世界范围内,各国政府平均支出的教育经费比世界平均国民生产总值增加得快,因为教育费用在1960年占世界平均国民生产总值的3.02%,而在1968年则占到了4.24%。③

中国1993年颁布的《中国教育改革和发展纲要》提出,财政性教育经费占国民生产总值的比例在20世纪末要达到4%。而这一比例,相当于20世纪80年代发展中国家平均水平。通常人们认为,该《纲要》的这一比例,很大程度上是20世纪80年代一项名为"教育经费占国民生产总值合理比例研究"的国家课题项目的结果。④ 实际上,这一课题虽然使用了经济计量学方法,而非联合国教科文组织所采用的算术平均法,并且主要选取了39个人口在1000万以上的市场经济国家20年间的政府教育支出和人均GDP,但是,该课题得出的结论却验证和确认了联合国教科文组织专家20年前所提出的4%这一原则。此外,这一课题的研究很可能在一定程度上借鉴了联合国教科文组织的既有研究

---

① 《财政性教育经费投入连续8年占GDP4%以上》,2020年10月20日,http://www.gov.cn/xinwen/2020-10/20/content_5552753.htm,最后访问日期:2021年7月16日。
② 张民选:《国际组织与教育发展》,教育科学出版社,2010年,第66页。
③ 联合国教科文组织:《学会生存:世界教育的今天和明天》,1996年,第66—67页。
④ 《人民日报》2010年5月24日第12版。

与数据。中国的教育经费支出达到占国民生产总值的4%的时间晚于最初的政策规划。这也间接说明联合国教科文组织这一原则的深远意义。

此外,诸如"毛入学率""文盲率""师生比""十万人口中大学生比率""教育投入占政府预算比例""教育经费中公用经费所占比例""教育回报率""私立学校学生占全体在校学生比例""计算机与学生人数比例"等衡量教育发展水平的指标体系中的常用术语与概念,大多也都是由联合国教科文组织和其他国际组织研究提出并首先在报告和政策中采用,进而影响和扩散至包括中国在内的全球教育界。

五、文化遗产保护:从后知后觉到迅速跟进

中国的文物保护历史长久,但是在世界遗产领域起步非常晚。在接触联合国教科文组织的"世界遗产保护"概念之前,中国只有"文物保护"概念而无"文化遗产保护"概念。[①] 在1972年的联合国教科文组织第17届大会通过《保护世界文化和自然遗产公约》时,已经入场的中国政府代表团完全没有注意到,或者说没有意识到这一国际公约的重要性。10多年之后的1984年,著名历史地理学家侯仁之在美国康奈尔大学从事研究时,经由几位美国学者的特意提醒,方才开始对《保护世界文化和自然遗产公约》有所了解,进而意识到其重要性。1985年3月,由侯仁之起草,阳含熙、郑孝燮和罗哲文等3位政协委员联合署名,在中国人民政协第六届全国委员会会议上提交了第663号提案,提议

---

① 单霁翔:《从"文物保护"走向"文化遗产保护"》,天津大学出版社,2008年,前言。

中国应尽早加入《保护世界文化和自然遗产公约》，"并准备参加世界遗产委员会，以利于我国重大文化和自然遗产的保存和保护，加强我国在国际文化合作事业中的地位"①。一般认为，这一提议推动了中国加入《保护世界文化和自然遗产公约》的进程。1985年12月，中国正式加入《保护世界文化和自然遗产公约》，成为第87个缔约国。

中国申报世界遗产的工作不仅起步晚，而且起步后经历了相当长的一段停滞期。即在加入《保护世界文化和自然遗产公约》之后10年里，中国对申报世界遗产的重视程度并不高。1987年12月11日，在第11届世界遗产委员会会议上，中国的明清故宫、周口店北京人遗址、泰山、长城、秦始皇陵及兵马俑坑、敦煌莫高窟首次入选《世界遗产名录》。但是当天的《人民日报》除了在头版右上方发布《国务院通知进一步加强文物工作》之外，其他各大媒体并未对此次申遗成功有任何报道，即使是业内的《中国文物报》，也只是在几个月后的一次对文物会议的报道中提及了此事。② 从下图5－2可以看到，在1985年全国人民代表大会批准中国加入《保护世界文化和自然遗产公约》之后11年，这一公约的名字再也没有在国家政策文件中被提及。这一停滞的原因，于今看来，固然是当时中国经济发展，尤其是旅游业发展的落后，更主要的原因则仍是观念问题，即"文物保护"概念在中国不仅深入人心，而且有20世纪50年代以来的成熟的保护体制，"文化遗产保护"概念固然得到接受，但缺乏与之相应的保护体制，已经列入《世界文化遗产名录》的名胜古迹多归建设系统的园林部门管理，和固有的文物保护体制完全不接轨。

---

① 《中国世界遗产年鉴》编纂委员会：《2004年中国世界遗产年鉴 1985—2003年大事记》，中华书局，2004年。
② 王韦：《全球化背景下的话语构建——中国世界遗产事业略论》，载南京大学文化与自然遗产研究所等编：《全球化背景下的中国世界遗产事业》，科学出版社，2009年，第422—426页。

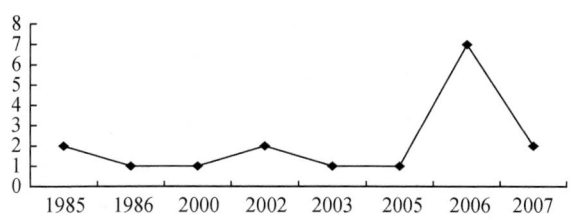

图 5-2 《保护世界文化和自然遗产公约》在中国国家政策
中出现频率的变化(1985—2007)

资料来源:《人民日报》数据库。

实际上,尽管对世界遗产的关注很晚,中国却对世界遗产体系的分类有意外而特殊的贡献。1972 年的《保护世界文化和自然遗产公约》只将世界遗产简单地分为文化遗产与自然遗产。但是,当 1987 年联合国教科文组织自然遗产协会考察中国的申报项目泰山时,发现它迥异于一般世界遗产,即它不仅符合世界自然遗产的标准,也符合世界文化遗产的标准。国际自然保护协会副主席卢卡斯(Lucas)认为:"世界遗产具有不同的特色,要么是自然的,要么是文化的,很少有双重价值的遗产在同一个保护区内,而泰山便是具有双重价值的遗产。这意味着中国贡献了一件独一无二的特殊遗产,它将使国际自然保护协会的委员们大开眼界,要重新评价自然与文化教育的关系,从而开拓了一个过去从未做过,也从未想过的新领域。"[1]于是,泰山不仅申遗成功,也改变了世界遗产的分类,即在以往的世界文化遗产(Cultural Heritage)和世界自然遗产(Natural Heritage)这两大类别之外,增加了"世界文化与自然双重遗产"(Mixed Heritage)这一新的类别。

随着中国经济的发展,尤其是旅游市场的兴起,世界遗产的旅游价

---

[1] 刘红婴、王建民:《世界遗产概论》,中国旅游出版社,2003 年,第 106 页。

值在20世纪90年代中期以后突然凸显出来,于是出现了全国各地争相申报世界遗产的火热局面。当然,这一变化的直接原因乃是世界遗产带来的经济利益使举国上下空前关注世界遗产的申报。对此,联合国教科文组织副总干事穆尼尔·布什纳基(Mounir Bouchenaki)曾经指出,"虽然没有正式的数据收集,但是列入世界遗产名录经常会导致参观人数的剧增"①。以1997年列入《世界遗产名录》的山西平遥古城为例,入选之前平遥县财政收入为4000万元,1999年则达到了1.01亿。同样的例子还有云南丽江等。除了旅游效益之外,另一重要的背景因素是20世纪90年代联合国教科文组织对世界遗产的重视,即"当时世界遗产是联合国教科文组织的旗舰项目"②。这两种因素的叠加,加上中国联合国教科文组织全国委员会的高度重视,使中国的世界遗产申报在20世纪90年代中后期得到了大幅拓展。

中国对联合国教科文组织世界遗产保护活动的参与,在线性的时间历程上,不仅经历了参与开始的滞后,也经历了参与之后的停滞,这两重滞慢导致的后果是,当中国各地兴起申报世界遗产高潮的时候,已经运行近30年的世界遗产委员会于2000年通过了《凯恩斯决议》,开始对世界遗产申报进行数量限制,中国申报世界遗产膨胀的热情迎面遭遇到的正是联合国教科文组织的这一"刹车行为"。面对《凯恩斯决议》和国内争相申报世界遗产的现实,中国的应对是积极而主动的,即由中国联合国教科文组织全国委员会出面争取,特别是经过当时的全国委员会主任、联合国教科文组织执行局主席章新胜的努力,在苏州召开了第28届世界遗产会议,并通过了关于修改《凯恩斯决议》的相关建

---

① 张双敏:《文化多样性与文化遗产保护——访联合国教科文组织副总干事Mounir Bouckenaki》,《中国文化遗产》2004年第1期。
② 对马燕生的访谈,北京,2009年12月4日。

议,在议程设置层面对已经发生的双重滞慢后果进行了尽可能的补救。在2000年之后的历次世界自然与文化遗产评选中,中国进行了积极争取,并在苏州(2004年)和福州(2021年)两次承办世界遗产大会。

总体来说,"我国对文化遗产概念的引入并实际运用,是在20世纪80年代,特别是1985年我国政府加入《保护世界文化和自然遗产公约》,1987年长城等6项遗产被列入《世界遗产名录》,实现世界遗产零的突破以后,通过世界文化遗产的申报等项工作,使文化遗产的概念逐渐引起社会广泛关注和普遍接受,并得到迅速普及,成为对我国既有文物保护体系产生较大影响的,既互相联系,又有明显区别的又一保护体系"①。2006年中国文化部颁布实施了《世界文化遗产保护管理办法》,之后相继制定和实施了《中国世界文化遗产监测巡视管理办法》《中国世界文化遗产专家咨询管理办法》等规章制度。同时,中国在国内开始建设《中国世界文化遗产预备名单》。

日本是最早开始保护非物质文化遗产的国家,②在1950年的《文化财保护法》中提出"无形文化财"的概念。美国国会则于1976年通过了《民间文化保护法》。"非物质文化遗产"的概念最早出现于20世纪80年代,成为与"物质遗产"相对称的术语。真正在国际社会实际推动非物质文化遗产保护的,是联合国教科文组织。该组织先是于1989年通过《保护民间创作建议书》,后于1997年的联合国教科文组织大会通过《人类口头和非物质遗产代表作申报书编写指南》,建立了机构认证体系。2003年通过了著名的《保护非物质文化遗产公约》。在不到20年

---

① 单霁翔:《文化遗产保护与城市文化建设》,中国建筑工业出版社,2009年,第83页。
② 单霁翔:《文化遗产保护与城市文化建设》,中国建筑工业出版社,2009年,第69页。

的时间里,联合国教科文组织不但完成了从"传统和民间文化"到"口头和非物质遗产"再到"非物质文化遗产"的概念界定,而且开始在全世界范围内实际推动非物质文化遗产保护工作,使《非物质文化遗产名录》成为与《世界自然与文化遗产名录》齐名的国际文化活动。

或许是吸取了在自然和文化遗产保护工作中后知后觉所造成被动的教训,亦或许中国在自然和文化遗产保护领域积攒了足够的经验,在非物质文化遗产领域,中国跟进得非常迅速。2004 年 8 月,全国人大常委会即通过《关于批准中国加入联合国教科文组织〈保护非物质文化遗产公约〉的决定》,当年 12 月,中国常驻联合国教科文组织代表团即向总干事递交了国家主席胡锦涛签署的中国加入联合国教科文组织《保护非物质文化遗产公约》批准书,实现了我国非物质文化遗产保护工作与国际社会的完全接轨。不仅加入的动作非常迅速,在政策和行动方面,中国的跟进也同样非常迅速。2005 年 3 月国务院办公厅发布了《关于加强我国非物质文化遗产保护工作的意见》,要求建立国家级和省、市、县级非物质文化遗产代表作名录体系。同年 12 月 22 日,国务院公布《国务院关于加强文化遗产保护的通知》(国发〔2005〕42 号),提出"文化遗产包括物质文化遗产和非物质文化遗产",强调"地方各级人民政府和有关部门要从对国家和历史负责的高度,从维护国家文化安全的高度,充分认识保护文化遗产的重要性,进一步增强责任感和紧迫感,切实做好文化遗产保护工作"。此外,非物质文化遗产保护立法已列入国务院立法计划,于 2011 年颁布《中华人民共和国非物质文化遗产法》,并在"十三五"期间新增地方性保护条例 37 部,非遗保护法律法规体系日趋健全。

在行动方面,国务院于 2006 年 5 月 20 日正式公布了《第一批国家级非物质文化遗产名录》(共 518 项),并决定将每年 6 月的第二个星期六设立为"文化遗产日",组建了国家、省、市、县4级名录体系。同时,建立了非物质文化遗产保护工作部际联席会议制度,由文化部、发展改革委、教育部、国家民委、财政部、建设部、旅游局、宗教局、文物局联合组成,文化部为部际联席会议牵头单位,文化部部长任部际联席会议召集人,文化部副部长任部际联席会议成员兼秘书长,各成员单位有关负责人任部际联席会议成员,各有关部门根据有关法律法规和国务院赋予的职能开展工作,部际联席会议办公室设在文化部,负责日常工作。①在文化部专门成立非物质文化遗产司。除此之外,各省文化厅相继成立非物质文化遗产处。此外,中国非物质文化遗产保护中心也于2006年9月14日在中国艺术研究院挂牌成立。该机构是经中央机构编制委员会办公室批准(批准文件见中央编办复字〔2006〕03号),在中国艺术研究院挂牌成立的国家级非物质文化遗产保护的专业机构,承担的工作包括:全国非物质文化遗产保护的有关具体工作,履行非物质文化遗产保护工作的政策咨询;组织全国范围普查工作的开展;指导保护计划的实施;进行非物质文化遗产保护的理论研究;举办学术、展览(演)及公益活动,交流、推介、宣传保护工作的成果和经验;组织实施研究成果的发表和人才培训等。在省市自治区一级,也成立了若干非物质文化遗产保护中心,比如贵州省非物质文化遗产保护中心等。在非物质文化遗产教育研究层面,先后成立了北京大学世界遗产研究中心、南京大学文化与自然遗产研究所、中央美术学院非物质文化遗产研究中心,《中国文物报》开始推出《遗产周刊》,等等。

截至2021年,中国认定非遗代表性项目10万余项,认定各级代表性传承人9万多人,共有42项非物质文化遗产项目列入联合国教科文

---

① 资料来源:中国非物质文化保护网,http://www.ihchina.cn/inc/zhuzhijigou.jsp。

组织相关名录名册,居世界第一。整个社会对非物质文化遗产的尊重、保护和传承意识有了质的提升。① 可以说,在非物质文化保护领域,中国不仅全面参与了联合国教科文组织牵头的国际非物质遗产保护体系,更从机构设置和制度建设层面创造和完善了中国国内的非物质文化遗产保护体系。从国际组织与会员国的相互影响来说,非物质遗产保护领域是中国与联合国教科文组织合作的一个典范。

总之,"联合国教科文组织《世界遗产公约》在全世界的成功,不仅是依靠其公约的约束力,也不仅是依靠其组织的号召力,更不仅是依靠其援助资金的影响力,而是依靠它所确立的先进理念和核心价值以及围绕世界遗产价值、世界遗产意义的国际对话体系"②。联合国教科文组织的世界遗产保护工作对会员国影响巨大,在中国产生的影响亦超过该工作设计者们当初的设想。联合国教科文组织副总干事穆尼尔·布什纳基指出:"在过去的二十年里,中国政府为如何利用世界遗产公约为工具,通过国家级、省级、和县市级来保护和维护文化遗产,提供了很好的范例。现在中国政府需要同本区域内以及世界上的其他国家共同分享这方面的知识和经验。"③联合国教科文组织总干事的评价是:"中国十分积极主动,去年(2008 年)7 月,北京还成立了教科文组织亚太地区世界遗产培训与研究中心,我为中国感到骄傲。"④2008 年在北京大学成立了亚太地区世界遗产培训与研究中心,这是设在发展中国

---

① 郑海鸥:《中国非物质文化遗产保护令人瞩目》,《人民日报》2021 年 6 月 12 日第 8 版。
② 单霁翔:《从"文物保护"走向"文化遗产保护"》,天津大学出版社,2008 年,第 12 页。
③ 张双敏:《文化多样性与文化遗产保护——访联合国教科文组织副总干事 Mounir Bouchenaki》,《中国文化遗产》2004 年第 1 期。
④ 《松浦晃一郎:中国为保护世界遗产做出积极努力》,2009 年 6 月 23 日,http://news.sohu.com/20090623/n264704569.shtml,最后访问日期:2021 年 7 月 16 日。

家的唯一一个专事世界遗产培训与研究的教科文组织二类机构,此前全球也只有一个位于意大利罗马的国际文化财产保护与修复研究中心。但是,一个不容忽视的基本现实是,中国拥有总数位居世界第二的世界遗产,但至今尚称不上遗产研究的大国。在遗产科学和遗产事业的国际论坛上,中国基本上是个聆听者,尚不具备理论干预的话语权。①

六、国家地质公园与世界地质公园:同步与超前

作为一个发展中国家,中国参与国际组织的很多活动的身份都是学习者,甚至是单向学习者。但是,与对联合国教科文组织其他业务领域的学习不同,中国在世界地质公园领域的学习不仅不是单方面的,而且还有一定的超前性。就时间概念来说,中国在国家地质公园的建设方面甚至早于联合国教科文组织世界地质公园的建设。"中国从地质遗迹保护到地质公园建立,一直与联合国教科文组织、国际地质科学联合会密切合作,在国际上为推动地质公园工作做出了贡献,走在世界前列。"② 2004 年,"联合国教科文组织与国土资源部一起成功举办了第一届世界地质公园大会,这次大会极大地促进了世界各国地质公园的建设,尤其是中国的世界地质公园建设",本届会议制定和通过了《世界地质公园大会章程》,发表了保护地质遗迹《北京宣言》,为中国 8 个世界地质公园揭碑开园。

---

① 王韦:《全球化背景下的话语构建——中国世界遗产事业略论》,载南京大学文化与自然遗产研究所等编:《全球化背景下的中国世界遗产事业》,科学出版社,2009 年,第 422—426 页。

② 赵逊、赵汀:《中国地质公园背景浅析和世界地质公园建设》,《地质通报》2003 年第 8 期。

需要指出的是,中国对地质遗迹的保护具有自身特色,即其动力之一直接来源于高层领导人的重视。最直接的动力是"1999年副总理李岚清到外地考察路过河北三河时,看到由于人为开发建筑材料破坏山体现象严重,他用'青山白面'来形容景观被破坏的现象,提出了如何考虑沿途矿产资源的开发与地质地貌景观保护的问题"[1]。在职能部委层面,"为了更有效地保护地质遗迹,1999年12月,国土资源部在山东威海召开了'全国地质地貌景观保护工作会议',孙文盛副部长亲自出席会议并作了重要讲话。会上讨论了2000—2010年'全国地质遗迹保护规划',在规划中提出了建立国家地质公园的设想"[2]。这项工作在时任国家领导人层面也得到了有力支持,"温家宝副总理2001年11月25日强调:地质工作要'根据中央的要求,适应新的形势,积极推进地质工作的根本转变,使地质工作更加紧密地与经济建设和社会发展相结合,更好地为经济与社会发展服务'"[3]。

国家地质公园并非是中国的原创,而是基于美国国家公园这一逾百年历史体系的启发。中国地质学家早在1985年就提出在地质意义重要、地质景观优美的地区建立地质公园的建议。中国地质遗迹保护的法律建设开始于地质矿产部《关于建立地质自然保护区规定(试行)的通知》(地发〔1987〕311号),该文件把保护地质遗迹首次以部门法规的形式提出。1995年,地质矿产部又颁布了《地质遗迹保护管理规定》,建立地质公园作为地质遗迹保护的一种方式出现在部门法规中。

---

[1] 姜建军:《国家地质公园——地质圣地,共同财富》,《国土资源科技管理》2002年第1期。

[2] 姜建军:《国家地质公园——地质圣地,共同财富》,《国土资源科技管理》2002年第1期。

[3] 姜建军:《国家地质公园——地质圣地,共同财富》,《国土资源科技管理》2002年第1期。

1999年12月,国土资源部在威海召开"全国地质地貌景观保护工作会议",会上进一步提出了建立地质公园的工作,通过了未来10年的地质遗迹保护规划,同时决定建立中国国家地质公园。2000年4月,国土资源部明确提出了开展地质公园工作的要求;同年8月,又下发了《关于国家地质遗迹(地质公园)领导机构及人员组成的通知》(国土资厅发〔2000〕86号),同时成立了"国家地质遗迹(地质公园)评审委员会";9月,国土资源部又下发了《关于申报国家地质公园的通知》(国土资厅发〔2000〕77号),随文附件有《国家地质公园申报表》《国家地质公园综合考察报告提纲》《国家地质公园总体规划工作指南(试行)》《国家地质遗迹(地质公园)评审委员会组织和工作制度》和《国家地质公园评审标准》,随后,又建立了国家地质遗迹(地质公园)的评审机构并出台了组织办法。至此,建立国家地质公园的条件和要求,申请程序和申报材料,评审要求和标准等都有了系统而完善的规定,使中国国家地质公园的建设和管理一开始就纳入了法制化的轨道。中国国家地质公园和世界地质公园的建立,也推动了各省、市、县对地质遗迹保护工作的高度重视。不少地方政府也评审命名了一批省、市级地质公园。这样,以国家地质公园和世界地质公园为核心,以省、市地质公园为网络成员脉络清晰、层次分明的地质遗迹保护系统渐次成型。中国国家地质公园的建立,也得到了联合国教科文组织的充分肯定。2003年,联合国教科文组织地学部有关专家在考察中国国家地质公园建设情况后,曾评价:"中国开拓性的地质公园建设工作,是对联合国教科文组织的巨大贡献。"

在国际层面,1989年国际地质科学联合会(IUGS)成立地质遗产工作组,开始地质遗产登录工作。1992年,来自30多个国家的150余位地质学家在法国召开地质遗迹保护讨论会,发表了《地质遗产权利宣言》。1996年,联合国教科文组织地学部正式提出建立"世界地质公园"的计划。之后在北京出席第30届国际地质大会的欧洲地质学家建议创立欧洲地质公园,得到欧盟(EU)的支持,建立了包括10个成员在内的欧洲地质公园网络。1997年联合国教科文组织第29届大会决定"建立具有特殊地质特色的全球地质景区网络"。联合国教科文组织执行局第156次会议则进一步要求"选择地质上有特色、同时兼顾景观优美,有一定历史文化内涵的地质遗迹建立地质公园"。2001年6月联合国教科文组织执行局决定:"联合国教科文组织支持其会员国提出的创建具独特地质特征的地质遗迹保护区或自然公园(也称地质公园),推进具有特别意义的地质遗迹全球网络建设。"[①]在2002年2月召开的联合国教科文组织国际地质对比计划的执行局年会上,联合国教科文组织地学部提出建立地质公园网络(GGN),以期实现以下3个目标:(1)保持健康的生态环境;(2)进行广泛的地球科学教育;(3)促进当地经济的可持续发展。2002年5月联合国教科文组织公布了《世界地质公园网络工作指南》。

2004年2月在巴黎召开的联合国教科文组织会议上,共批准了25个国家地质公园为世界地质公园,其中包括中国的8个国家地质公园(安徽黄山、江西庐山、河南云台山、云南石林、广东丹霞山、湖南张家界、黑龙江五大连池、河南嵩山)。本次会议上,联合国教科文组织地学部主任W.伊德教授与中国代表探讨了召开世界地质公园大会的有关问题,提出将大会形成系列会议的建议,并决定于2004年6月27日至29日在中国召开"第一届世界地质公园大会"。此前的2003年,联合国教科文组织已决定成立世界地质公园网络办公室。鉴于中国在国家地

---

① 161EX/Decosions, 3.3.1.

质公园建设方面所取得的良好成绩以及在世界地质遗迹保护中做出的贡献,联合国教科文组织决定将该网络办公室设在中国北京。2004年6月,世界地质公园网络办公室揭牌仪式在北京隆重举行。中国国土资源部两位副部长、联合国教科文组织自然科学助理总干事埃德伦(Walter R. Erdelen)、联合国教科文组织地学部主任 W. 伊德、国际地质科学联合委员会主席 E. D. 穆德(E. D. Mulder)、国际地质科学联合会副主席彼得·鲍勃罗斯基(Peter Bobrowsky)、国际地质科学联合会秘书长 W. 雅诺舍克(W. Janoschek)等都出席了揭牌仪式。

中国甚至将联合国教科文组织的文件内容以及该组织的评价正式列入了政府文件。在《关于申报国家地质公园的通知》(国土资厅发〔2000〕77号)附件三《国家地质公园总体规划工作指南(试行)》前言中,专门提道:

> 为了更有效地保护地质遗迹,联合国教科文组织第29次大会决定"建立具有特殊地质特色的全球地质景区网络",156次执行局会议为了贯彻这一决定,决定启动联合国教科文组织世界地质公园计划(UNSCO Geopark Program)。选择地质上有特色,同时兼顾景观优美,有一定历史文化内涵的地址遗址(区、点)建立地质公园,以期建立全球地质公园网……强调为了保护地质遗迹应重视开发,以开发来促进保护。为此,UNESCO建立了世界地质公园计划秘书处、世界地质公园在咨询委员会及世界地质公园专家小组,开展可行性研究,制定计划方案和实施指南。我国被选为首批地质公园试点国。1999年12月国土资源部在山东威海召开了"全国地质地貌景观保护工作会议",孙文胜副部长做了重要讲话。会上讨论了2000—2001年"全国地质遗迹保护规划",在规划中重新提

出了建立国际地质公园的设想。此举受到联合国教科文组织驻中国代表的重视。

地质公园建设提高了中国地学界的国际地位。中国是积极参与推动联合国教科文组织地质公园计划的国家之一，从地质遗迹保护到地质公园建立一直与联合国教科文组织密切合作，走在了世界前列。2002年联合国教科文组织副总干事和地学部主任在巴黎"国际地学计划"（IGCP）执行局会议听完中国代表团关于中国地质公园情况的介绍后评价说，"中国对地质公园工作起到了很大推动作用"。这是我国对联合国教科文组织的贡献，原对地质公园建立持异议或有怀疑的与会委员都被中国地质公园建立并产生积极效果所折服，认同在发展中国家建立地质公园是保护地质遗迹的有效途径。由于中国推动国家地质公园卓有成效，国际地质科学联合会E. D. 穆德主席把这作为一条理由，建议中国作为联合国行星地球年发起国，说"中国在目前世界地球科学所处的位置完全应享有这样一个地位"。

此外，联合国教科文组织要求地质公园成为传播科学知识的基地。地质公园在对景点解说词的编写、说明牌制作、旅游路线安排、导游资料的编印、导游人员的培训以及博物馆的陈设中要专门增添地球科学、气象科学、动物学、植物学知识，减少解说词中想象和传说的色彩。截至2019年10月，由联合国教科文组织组织专家实地考察、并经专家组评审通过，经联合国教科文组织批准的全球161处世界地质公园中，中国的世界地质公园共41处，位居第一。中国国家林业和草原局和原国土资源部已正式命名国家地质公园219处，授予国家地质公园资格56处，批准建立省级地质公园300余处。

总之，中国地质公园的建立既使保护地质遗迹成为民众共识，也推动了地方经济发展。同时，中国在联合国教科文组织世界地质公园网络建设中的努力，甚至可以说是挽救了该组织几乎要失败的一项国际计划，所以，"中国和欧洲在地质公园发展方面起到了开拓、引导和示范的作用"①。简言之，中国不但挽救了这一国际计划，并且使之对中国的地质公园建设起到了积极作用。就地质公园计划的实践而言，中国已经超越了单纯的学习者身份，对联合国教科文组织的国际议程起到了修补和重建作用。

七、结语

分析过往40多年中国对联合国教科文组织业务活动的参与，可以得出的基本结论是，联合国教科文组织的先进理念进入中国，主要有两种路径，一种是知识分子传播路径，另一种则是政府传播路径。前者以教育领域的终身学习与学习型社会、文化领域的遗产保护等为代表，后者则以全民教育、非物质文化遗产保护、世界地质公园等为代表。就传播实效来说，政府传播高于知识分子传播，而且知识分子传播路径的终极目标是进入政府传播路径，不但在学术层面，更在政策层面得到理解和阐述。比如终身学习与学习化社会的概念传入中国耗时约30年，最终进入了中国构建的"学习型社会"这一基本国策。全民教育理念在中国的传播因为中国对联合国教科文组织相关活动的同步参与而得到了快速的引入和推广。此外，中国恢复在联合国教科文组织席位的早期，

---

① 赵逊、赵汀：《中国地质公园背景浅析和世界地质公园建设》，《地质通报》2003年第8期。

由于对该组织的单一政治性定位,知识分子传播路径成为这一时期联合国教科文组织先进理念进入中国的主要传播渠道,近年来,由于对该组织活动参与的扩大与深化,政府路径转为主要渠道。路径的转变与参与内容的转变一样,最根本的变量是国家政治定位与外交战略的转变。

从理念到政策层面分析联合国教科文组织对中国的影响,可以得出几个结论:首先,中国基本上是一个纯粹的理念输入国,鲜有理念的反向国际化输出;其次,中国在理念输入的速度和接受的速度与程度上有一定进步,近年呈加速趋势;再次,中国最大的进步集中表现在对相关公约的谈判,尤其是公约执行的快速跟进上;最后,在理念的实践层面,中国经验将逐渐参与联合国教科文组织的组织构建。

总体来说,联合国教科文组织对中国的影响甚巨,其先进的教育与文化理念进入了中国的国家政策,甚至改变了中国政府机构的科层设置。易言之,"国际观念到国家政策"的接受与消化充分表明中国对联合国教科文组织一直所抱持的开放的学习态度。中国与联合国教科文组织的关系互动,在理念引入政策的基础上,沟通更为顺畅,话语体系逐渐趋同,推动了中国对国际社会的融入。

第六章　国际公约谈判和议程参与

参与国际公约的酝酿、起草和谈判，检视国家参与政府间国际组织业务的实际能力。对联合国教科文组织各项公约制定过程参与的变化，反映了中国参与水平的变化。以该组织早期的 3 项国际公约，即 1952 年的《世界版权公约》、1954 年的《武装冲突情况下保护文化财产公约》和 1972 年的《保护世界文化与自然遗产公约》为例：在前 2 项公约的起草、谈判和通过阶段，尚未恢复在联合国教科文组织合法席位的中国完全是不在场的。在《保护世界文化与自然遗产公约》1972 年的通过阶段，中国虽然在场，却是完全的旁观者。而该组织在 21 世纪所通过的 4 项公约，即 2003 年的《保护非物质文化遗产公约》、2005 年的《保护和促进文化表现形式多样性公约》、2005 年的《反对在体育运动中使用兴奋剂国际公约》以及 2019 年的《承认高等教育相关资历全球公约》，中国参与的速度和深度与以往相比，则完全不同[①]。

[①]《保护水下文物公约》暂不在讨论之列，因为中国政府尚未批准加入。

一、《保护非物质文化遗产公约》与《保护和促进文化表现形式多样性公约》谈判

2003年,联合国教科文组织通过《保护非物质文化遗产公约》。这是一个中国已经入场并且跟进非常迅速的国际公约,但是,在其整个制定过程中,无论是在巴西召开的探讨应列入国际公约的重点领域的专家会议中,以个人名义应邀与会的20位专家,还是总干事邀请的以法学家为主的负责起草《保护非物质文化遗产公约》的独立专家小组,以及小范围的术语专家会议,均没有中国专家名列其中。在其后召开的政府间专家会议中,所选出的主席一直是执行局成员、阿尔及利亚前外交部长穆罕默德·贝德贾维(Mohamed Bedjaoui)。① 在政府间专家会议中,中国也没有如后来《保护和促进文化表现形式多样性公约》的政府间专家会议般派出强大的复合政府代表团,而主要由中国常驻联合国教科文组织代表团副代表朱小玉和国内派出的少数专家全程参与。②

如图6-1所示,以《保护和促进文化表现形式多样性公约》为例,其制定过程是联合国教科文组织制定国际公约的典型过程:首先,联合国教科文组织总干事根据该组织通常的做法,邀请15位独立人士组建一个多学科国际专家小组(这15位专家的名字是不公开的,但以发达国家专家居多,没有中国籍专家③)。根据前法国常驻联合国教科文组织

---

① 《总干事关于国际保护非物质文化遗产公约草案初稿的报告》(167 EX/22),2003年7月29日,http://unesdoc.unesco.org/images/0013/001308/130869c.pdf,最后访问日期:2021年7月16日。
② 对遇小萍的访谈,北京,2009年9月29日。
③ 对遇小萍的访谈,北京,2009年9月29日。

代表让·姆齐戴利在文章中透露,加拿大法学家伊万·贝尼埃(Ivan Bernier)、美国经济学家泰勒·考文(Tyler Cowen)和他本人是专家组成员。① 该独立专家小组在2003年12月至2004年5月期间召开了3次会议,拿出了公约草案的第一稿。之后,总干事于2004年3次召集各会员国常驻代表团开会。此后并于当年内与世界贸易组织、世界知识产权组织和联合国贸易和发展会议进行了磋商。② 在这之后,总干事向会员国寄出了附有公约草案的初步报告,然后召开了3次政府间(专家)会议。3次政府间会议的参加者是来自132个会员国的近500名专家,2个常驻联合国教科文组织观察员、9个政府间组织和20个非政府组织代表。贯穿整个公约起草过程的3次政府间会议主席团主席是南非前教育部长卡德尔·阿斯马尔(Kadar Asmal),4个副主席分别是突尼斯、圣卢西亚、立陶宛和韩国的代表,报告员是加拿大的亚瑟·维尔钦斯基(Arthur Wilczynski)。中国所当选的,是24个起草委员会成员国之一。

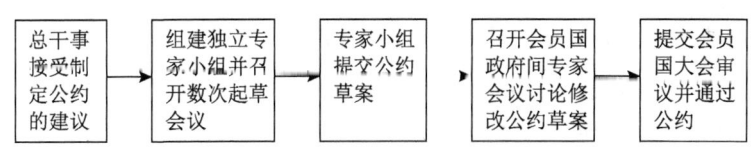

图6-1 联合国教科文组织国际公约制定过程

资料来源:联合国教科文组织网站,www.unesco.org。

法国在国际社会中素有"文化国家"之称。对法国来说,文化与政治和经济同等重要。长期以来,法国由文化名人出任外交官已成惯例,

---

① 让·姆齐戴利:《文化多样性公约:对一次成功外交的分析》,北京法国文化中心:《文选》,2006年9月。
② 详见《总干事关于应该制定一项规章的情况和该规章可能涉及的范围的初步报告,及一份保护文化内容和艺术表现形式多样性公约的草案初稿》(33 C/23),2005年8月4日,http://unesdoc.unesco.org/images/0014/001403/140318c.pdf。

比如卢梭曾作为大使秘书官常驻过威尼斯,威尔第曾作为负责文化的官员被派遣到国外,曾当过驻日大使的克洛代尔则是著名诗人。在国家领导人层面,路易十四和拿破仑都积极推进文化外交,蓬皮杜倡议修建了后来以其名字命名的艺术中心,密特朗对卢浮宫进行了大规模改造,建造新凯旋门、国立图书馆及新歌剧院等,希拉克还曾发起"中法文化年"活动。文化外交是法国外交的重要特色。法国文化国家的形象是历经多次失败后所确立的国家战略。普法战争之败使法国试图以学术、思想和艺术领域的活动来挽回在军事、经济和政治领域外交失败导致的对外负面印象。一开始,法国在世界各地设立了两类对外文化机构:一类是语言教育机构,目的是普及法语,扩大法语的影响力,这类机构总部设在巴黎,在包括殖民地在内的各城市都设立了据点;另一类是以考古研究为中心,研究所在地区的历史、文化、社会的学术研究机构。最早设立的是雅典法兰西学院、罗马法兰西学院和开罗学院,其后在河内设立了远东法兰西学院,在东京设立了日法会馆,这些学术研究机构在提高法国国际声望方面发挥了巨大作用。如在河内的远东法兰西学院受到越南高度评价,历史学家甚至明确指出学院为保护越南的文化遗产及历史研究做出了巨大贡献。"二战"后,由于法国在世界上的影响力再度下降,1945年在法国外交部内设立"文化关系总局",这是负责法国对外文化活动的核心部门。1959年设立文化部,参加过抵抗纳粹运动的著名作家马尔罗(André Malraux)是第一任部长,他在任的10年中,制定了"马尔罗法",使巴黎再度成为"世界之都";在美国展出《蒙娜丽莎》,在日本展出维纳斯雕像,推进了美术外交。在肯尼迪与戴高乐时期法美两国关系恶化的情况下,法国的文化资源为缓解两国的紧张关系发挥了作用。法国在联合国教科文组织成立之时力主将这一国际组织总部建在巴黎,亦有在战后的国际教育文化领域发挥引领作用的考量。

"文化媒介负有国家的使命。"(戴高乐语)"二战"后法国制定文化政策的主要背景是对抗美国的一元化价值观文化,因此,反对美国的文化统治、拥护多样性文化便成为法国文化外交的使命。法国对外文化机构的数目正是法国重视文化外交的表现。目前,法国设在海外各地的对外文化机构分为3类:其一是创办于1883年的法语联盟(Alliance Française),其二是法兰西文化中心及法兰西研究所,其三是法兰西学院等学术研究机构。以法语联盟为例,2013年已在全球100多个国家设有1071处法语联盟(2013年《法语联盟基金会手册》),其中在中国即设有17处。这些远比英国和德国的同类机构要多。法国2004年的对外文化活动预算是13.66亿欧元,其中外交部使用80%,教育部使用8.6%,文化部和通信部使用2.3%。对外文化机构的据点多、向对外文化活动投入的预算大、用文人和知识分子推动文化外交,这样的机制是支撑法国进行活跃的文化外交的基础。

法国的文化外交不仅是向外输出本国文化,还学习和接受别国的不同文化,通过吸收不同文化,影响国内的学术、艺术和思想等,使法国在文化上发挥创造性,最终提高了法国文化国家的声望。表面上看来,"恢复国家的声望"和"接受多样性的文化"是两个互不相干的理念,但这两点正是支撑法国文化外交的基础。而且,法国已经将"文化多样性"作为外交的一个重要方面,同其"世界多极化"的政治主张在理论和行动中相辅相成。[①] 正是在此基础上,法国推动联合国教科文组织通过了意义重大的《保护和促进文化表现形式多样性公约》。

如图6-2所示,联合国教科文组织的《保护和促进文化表现形式多

---

① 郭京花:《从文化多样性看法国外交》,《中国党政干部论坛》2004年第1期。

样性公约》主要是法国和加拿大两国联手酝酿和推动通过的。法国在文化领域的软实力广为人知,加拿大在这一领域亦有过人之处,比如创造性地提出了"文化主权"概念。① 加拿大属于世界上多文化主义、多元主义和两种语言共存的国家之一,文化多样性是其特点。加拿大视发展文化产业为头等要务,甚至提高到了"主权""安全""文化生存"的高度。加拿大同其他国家签署的各类文化协议是其塑造国际形象、在双边关系中发挥积极影响的根本。1965年,加拿大与法国签署了第一份国际文化协议,之后相继与比利时、德意志联邦共和国、墨西哥、日本、意大利和西班牙等国家签署了文化协议。最初的双边文化协议并不直接关系到联邦政府的外交政策目标,文化事务也并非首要任务,更多的则是关注地缘战略。这些协议被视作"目标有限的外交手段,是衡量双边政治重要性的一个指标"。

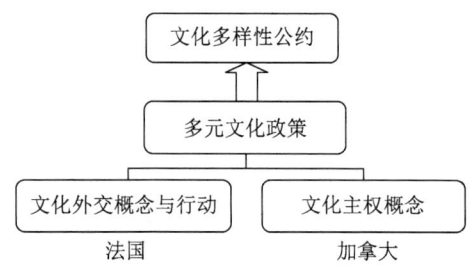

图6-2 法国与加拿大在文化领域的贡献

资料来源:作者整理。

加拿大的文化外交起源于20世纪50年代,正式发挥作用是在60年代中期。莱斯特·皮尔逊(Lester B. Pearson)总理推动下的和平的国家形象为加拿大在国际社会中赢得了声誉。1971年,加拿大公布《加拿

---

① 一鸣:《加拿大的文化政策》,《国际展望》1999年第20期。

大多文化主义法》，正式确立了多文化主义政策，这在当时独一无二。在很大程度上，加拿大国家形象的优化既是因为它所推动的多文化主义和国际主义，也是因为加拿大在促进发展方面表现出的援助和合作能力。对于加拿大来说，文化是在国际上赢得更多合作和理解的最佳工具。各种文化项目、文化基础设施、文化产业的发展和加拿大对《保护和促进文化表现形式多样性公约》谈判的参与都证明了这个国家在各种文化事务上所做出的国际承诺，而建立在成功的文化外交战略基础上的积极的国家形象，更加促进了它的开放和宽容形象的保持和传播。1995年公布的《世界中的加拿大》，为加拿大20世纪90年代在国际上的活动指明了方向：1.促进经济发展和创造就业；2.在全球稳定的大环境下保障国家安全；3.实施促进加拿大价值观和文化的计划，这被视为加拿大外交政策的"第三大支柱"。加拿大文化外交的"第三大支柱"这一概念的正式职能是促进加拿大的身份认同和加强国家团结，即将国际舞台作为增进国家团结感的橱窗。

联合国教科文组织《保护和促进文化表现形式多样性公约》肇始于法国和加拿大两国的联合努力。基于对美国一元文化传播的反对，兼之法国在世界贸易组织中的"文化例外性"主张孤掌难鸣以及加拿大在美加自由贸易区谈判中关于"文化产品例外"谈判的失利，在文化多样性领域有着共同利益、充足经验和失败体会的这两个国家，逐渐开始携手。1998年法国和加拿大总理签署的《文化多样性在世界经济中的重要性》联合公报，使"文化多样性"这一概念开始出现在法国官方文件中。而这一公报，也奠定了两国在文化多样性领域合作的框架，即成立了巴黎-魁北克的双向联合工作小组。这个工作组不仅在思想上提供了很多创见，而且实际上架构了之后《保护和促进文化表现形式多样性公约》起草团队的人事组成，如作为该小组成员的加拿大法学家伊万·

贝尼埃(Ivan Bernier),后来就以独立专家身份参加了联合国教科文组织总干事为起草《保护和促进文化表现形式多样性公约》而召集的独立专家小组,前法国常驻联合国教科文组织代表让·姆齐戴利也参加了该独立专家小组,他们直接对公约的起草发挥了重要作用。让·姆齐戴利在文章中曾透露,加拿大法学家伊万·贝尼埃(Ivan Bernier)、美国经济学家泰勒·考文(Tyler Cowen)和他本人作为独立专家组成员,他们的努力使制定的公约先期草案符合法国和加拿大的主要目标,遏制了美国专家的反对意见。[1]

起草文化多样性国际文件的思想由加拿大提出,具体的实施办法则由法国提出。加拿大在1999年即提出要制定一个文化多样性的国际文件,但路径是世界贸易组织,法国则主张由联合国教科文组织来讨论上述问题。在世界贸易组织所进行的努力无果之后,法加两国开始在联合国教科文组织密切合作,于1999年召开了"文化、市场和世界化"研讨会,当年又召开了55个国家文化部长参加的圆桌会议,共同确认联合国教科文组织是为推动文化多样性而进行讨论的最佳场所,以此圆桌会议的政治声明为基础,在法国和加拿大常驻联合国教科文组织代表的推动之下,第30届联合国教科文组织大会通过决议,吁请该组织总干事建立一个文化多样性的工作小组,正式拉开了《保护和促进文化表现形式多样性公约》制定工作的序幕。同时,法国通过"国际法语国家组织"(OIF),加拿大通过其建立和主持的"国际文化政策网络"(RIPC),不断推动世界各国对文化多样性的理解和认同,进而推动并促进了联合国教科文组织的行动。除此之外,在法国和加拿大的行业组织倡导之下,组成了30多个国家和300多个协会参加的文化

---

[1] 让·姆齐戴利:《文化多样性公约:对一次成功外交的分析》,北京法国文化中心:《文选》,2006年9月。

多样性联盟联络委员会,以很有建设性的方式参加了《保护和促进文化表现形式多样性公约》的主题和方向的设定。最后,法国总统在联合国可持续发展峰会上提议通过了一项世界公约,指定联合国教科文组织负起责任。

让·姆齐戴利专门指出,为了该公约,法国政府内部成立了高效的协调机制,由负责领导谈判的外交部、负责技术分析和专业接触的文化部、负责贸易和与世界贸易组织关系的财政部对外经济关系局这3家单位进行功能协调,法国常驻联合国教科文组织代表团、法国常驻日内瓦的世界贸易组织代表团以及驻布鲁塞尔欧盟总部的代表机构也承担了协商任务。同时,外交部成立了跨部门的联合工作小组,专门起草了公约草案。两任法国常驻联合国教科文组织代表负责领导整个行动。在这样立体而高效的协调与推动下,《保护和促进文化表现形式多样性公约》的起草与制定基本上按照法加两国,尤其是法国的设想成功如期推进。

通过联手在联合国教科文组织推动《保护和促进文化表现形式多样性公约》的起草和通过,法国和加拿大成功地向世界展示了其在文化领域和文化外交方面的优势。法国专家认为,对该公约的谈判清楚表明,在世界化的社会上,每个参与者都想突出自己的权利、思想和利益,要想追求办事的效率,就必须采取其他的途径。法国完全能够以有力的政治意愿和经过考验的技术能力为基础,提出明确的思想。在全球化的背景下,在外交领域的一个现实就是,与强权相比,灵活性更加重要。所以必须把想象力和务实的精神结合起来,把积极进取和顽强的精神结合起来,经常为自己留出足够的活动余地,不倦地建立与盟友的关系。法国以捍卫集体价值的名义来保卫民族的利益,把有可能在自家大门口孤军奋战的斗争,变成了为各国普遍接受的远大抱负,以建立世界管理体制而矗立起第一根文化的柱石。这可以视为对文化软实力重要性的精辟总结。法国和加拿大联手操作推动联合国教科文组织通过《保护和促进文化表现形式多样性公约》的整个过程,揭示了会员国推动国际组织的国际文件制定过程的若干关键要点:首先,对联合国教科文组织作为联合国体系内文化领域主管组织地位的合法性和公约制定权有明确的认识。其次,会员国要在国际组织主管业务领域有绝对的优势地位和强大的国际声誉,这是是推动相关工作的前提。再次,会员国从国家元首到职能部委乃至学术界需达成普遍的共识,方能使理念落实到国际文件的过程有足够的支持。最后,会员国要有足够数量和质量的专业人才与外交人才可堪大用。只有同时具备这4个关键点,牵头推动一项国际文件的酝酿与制定才有可能。

中国在进行加入世界贸易组织的谈判时,并没有注意到文化例外的重要性——抑或者说,无暇顾及这一问题。作为文化弱势国家,中国只是在2004年9月联合国教科文组织召开公约第一次政府间专家会议后,才意识到其重要性,立即成立了跨部门的"参与《保护和促进文化表现形式多样性公约》制定工作领导小组",建立了行之有效的跨部门协调机制。由文化部外联局牵头建立了由中共中央宣传部、外交部、商务部、广播电影电视总局、国家新闻出版总署、国家知识产权局、中国联合国教科文组织全国委员会秘书处、中国社会科学院、中国艺术研究院文化所等多家单位组成的跨部门协调小组,结合中国实际和各部门的业务内容对公约草案进行研究。经过反复研讨,确定了需要关注的重点问题,并据此形成了谈判方案。[①] 自2004年12

[①] 范帆、杨颖:《〈保护和促进文化表现形式多样性公约〉谈判通过始末》,《中国出版》2006年第2期。

月起到2005年10月公约获得通过为止,文化部一共召开了8次研讨会。紧密结合3次政府间会议的谈判情况,根据情况的发展变化,适时分析不同国家组成的不同利益集团对公约的立场,认清形势,逐条研究,提炼出重要概念、主权原则、敏感性问题等与中国最密切的3类问题,研究对策,争取中国利益的最大化。比如,原公约草案中关于媒体多元化以及自由选择文化表现形式等表述引起了中国的高度警惕,因而在政府间会议中对上述条款提出了修改意见,要求弱化关于多元化等可能涉及资本结构多元化的条款。经过3次政府间专家会议和1次起草文员会会议的艰苦谈判,上述条款一部分被删除,另一部分被弱化,弱化的条款不再是强制性或义务性条款,并为公约争取到了与其他国际条约不相隶属的独立地位。同时,中国代表还"灵活地通过与美、日等代表团的沟通,将'传统知识''文化活动'等相关内容写进了文本"[1]。在这一跨部委协调机制的努力下,联合国教科文组织大会最后所通过的公约文本基本与中国现行的新闻出版政策法律没有明显冲突。中国与欧盟、加拿大不同,在加入世界贸易组织时没有对视听服务做出最惠国待遇例外保留,因此,公约对中国今后在服务贸易谈判中抵制美国、日本等文化产业大国对中国视听服务自由化的要求提供了重要的国际法依据。

参与《保护和促进文化表现形式多样性公约》的制定是中国恢复在联合国教科文组织席位后参与的第二个国际公约制定工作。与联合国教科文组织的创立类似,这一公约的起草背景也是西方国家之间的利益分歧。随着经济全球化进程的加快,世界文化多样性面临着前所未有的挑战。在世界贸易组织谈判中,美国和欧洲国家就视听服务的开

---

[1] 张小兰、杨治、章建刚、张敏:《〈保护和促进文化表现形式多样性公约〉——一个非常值得关注的国际公约》,《中国文化报》2009年1月7日第8版。

放问题展开激烈斗争。虽然美国要求开放压力强大,但法国等欧洲国家和加拿大以"文化例外"为由反对开放,最终把视听服务列入"最惠国待遇例外清单",对本国视听服务实行特殊保护。之后,又借助欧盟25国的力量,在加拿大有克制的支持下,联合主要发展中国家,在联合国教科文组织积极推动有约束力的国际公约的制定,以此确立"文化例外"原则来制衡世界贸易组织框架下的自由贸易原则,从而保护本国的文化产品和服务,抵御以好莱坞文化为代表的美日文化对本土文化的冲击。1945年联合国教科文组织创立之时,美国作为后来者,联合英国一起,不仅将传播加入联合国教科文组织的业务范畴,而且通过了美英两国主导起草的《组织法》,法国作为先行者,其提出的组织法草案反而被搁置。60年后,在文化多样性问题上,法国完成了看似不可能的任务。反观中国,在《保护和促进文化表现形式多样性公约》酝酿阶段,即从"文化例外"概念到"文化多样性"概念的演变过程中,无论是学术层面还是政府层面,完全没有跟进。这一迟滞反应体现的不仅仅是在文化产品保护方面的觉醒迟滞,更是在理念创设乃至国际规则制定方面同发达国家的巨大差距。

有中国学者指出:"《保护和促进文化表现形式多样性公约》的主要起草人基本上来自发达国家这一事实,决定了他们的文化身份,决定了他们会天然地从发达国家的国情以及文化模式出发思考文化政策。"[①]这一指陈亦证实了中国在起草阶段的缺席以及发达国家专家对公约起草话语权的主导地位。而这一缺席所表明的并非是我国国际地位的不重要,而是中国对此类公约在酝酿与起草阶段的注意力缺失,易言之,在这样深度的业务领域,中国尚缺乏足够的参与能力。对此,文化部官

---

① 傅谨:《〈文化多样性公约〉与中国的国家立场》,《博览群书》,2004年第10期。

员总结道:"事后看,这个协调机制发挥了积极的作用。我们觉得这个多部委的协调机制有必要以某种方式固定下来,成为统一对外文化交往的一个便利机制。"①这固然是对于巩固与加强执行能力相当积极的看法,但同时也缺乏更长远的考量。

二、《反兴奋剂国际公约》谈判

兴奋剂是困扰全球的问题,世界各国也从各个层面努力对反兴奋剂进行推动,比如,2003年,世界反兴奋剂机构制定《世界反兴奋剂条例》;同年,中国政府签署了《哥本哈根宣言》,开发了兴奋剂控制质量管理体系,并通过了国际权威质量认证机构的审查认证;2004年1月13日,温家宝总理签署国务院令,正式颁布《反兴奋剂条例》,中国由此成为世界上为数不多的专门立法规范反兴奋剂事务的国家之一。但这些努力要么是个别国家的立法,要么是行业性的国际非政府组织②的条例,对各国并没有普遍约束力。

在反兴奋剂方面的最大突破来自联合国教科文组织这一有公约缔结权的政府间国际组织。2005年10月19日,联合国教科文组织第33届大会通过了《反对在体育运动中使用兴奋剂国际公约》(以下简称

---

① 张小兰、杨治、章建刚、张敏:《〈保护和促进文化表现形式多样性公约〉——一个非常值得关注的国际公约》,《中国文化报》2009年1月7日第8版。
② "世界反兴奋剂机构"是一个在国际奥委会推动下成立的瑞士私法基金会,其组成是混合型的(一半是政府间成员,另一半则是体育运动志愿组织),因此《世界反兴奋剂条例》不具备有约束力的公法法律性质。详见《体育运动部长及高官圆桌会议的后续活动:关于反对在体育运动中使用兴奋剂国际公约的技术和法律问题的初步研究》(32 C/50),2003年7月18日,https://unesdoc.unesco.org/ark:/48223/pf0000130797_chi? posInSet=1&queryId=eabfe027-88fc-4682-91ee-25a56b3e8e9e,最后访问日期:2021年7月16日。

《反兴奋剂国际公约》)。这是全球第一个有普遍国际约束力的反兴奋剂法律文书。公约为各国政府提供了一个法律框架,以便对打击在体育运动中使用兴奋剂的行为进行国际协调。公约规定,全世界所有运动员都要接受同样的规定,定期接受检查,并对违规行为处以统一的制裁。《反兴奋剂国际公约》是约束政府制定反兴奋剂措施的一个实用工具。考虑到许多政府不受《世界反兴奋剂条例》等非政府文件的约束,公约允许政府将国内政策与该条例结合,以统一体育反兴奋剂和公共立法的规则。世界反兴奋剂机构总干事戴维·霍曼(David Howman)指出:"联合国教科文组织大会通过的国际反兴奋剂公约是一个强烈的信号,它表明各国政府对反兴奋剂斗争做出了承诺。在仅仅两年的时间里就完成了公约的草案,这是国际条约领域的世界纪录,我们热情评价并感谢联合国教科文组织为推动国际反兴奋剂公约的通过所做出的努力。"[1]公约通过后,联合国教科文组织与世界反兴奋剂机构签署了一份谅解备忘录,指出实施《反兴奋剂国际公约》是当务之急。2007年12月在马德里世界反兴奋剂大会上通过的新版《世界反兴奋剂条例》中规定:"2009年1月1日以前,没有签署公约的成员代表没有资格当选世界反兴奋剂机构的执委和理事,即使在任,如果没有签署公约,也要自动卸任;2010年1月1日之前没有签署公约,就没有资格申办奥运会、残奥会和包括世锦赛在内的重大体育赛事。"[2]

中国对《反兴奋剂国际公约》的跟进非常迅速。表现之一是,中国不但派出国家体育总局代表参加了联合国教科文组织公约起草过程中

---

[1] 郑斌:《UNESCO正式通过国际反兴奋剂公约》,《体育科研》2006年1期。
[2] 马向菲、邹大鹏:《新"家法"给用药者"判死刑":从世界反兴奋剂大会看反兴奋剂趋势》,2007年12月9日,http://2008.sina.com.cn/dt/other/2007-12-09/090536422.shtml,最后访问日期:2021年7月16日。

的全部专家组会议("经过召开特设专家组一系列会议(第Ⅵ类)和三次政府间会议(第Ⅱ类),各国政府专家拟定了《反对在体育运动中使用兴奋剂国际公约》最后草案"①),同时还积极参与国际奥委会、世界反兴奋剂机构及国际单项体育组织的反兴奋剂国际会议和活动。2006年,国家体育总局就公约条文和是否加入公约征求了国务院有关部门的意见,并就公约涉及的港澳问题征求了香港、澳门特别行政区政府意见。2006年初,国家体育总局致函联合国教科文组织总干事,介绍了中国加入公约相关法律程序的运行情况,并表达了尽快加入的愿望。同年8月,国家体育总局会同国务院其他有关部门将《关于报请国务院审核并建议我国加入〈反对在体育运动中使用兴奋剂国际公约〉的请示》上报国务院。8月17日,温家宝总理正式批准了公约。由此,中国于2006年8月成为《反兴奋剂国际公约》缔约国,也是第一个加入该公约的亚洲国家。2006年10月6日,中国常驻联合国教科文组织代表团向联合国教科文组织递交了中国《反兴奋剂国际公约》加入书。从时效上来说,从联合国教科文组织通过该公约到中国正式加入该公约,不足1年。

跟进迅速的表现之二是,积极参与《反兴奋剂国际公约》缔约国大会。第一次缔约国会议在联合国教科文组织总部召开,41个缔约国政府代表与会。会议通过了《反兴奋剂国际公约》缔约国大会议事规则,批准了2007年《禁用清单—国际标准》,审议了《反兴奋剂国际公约》的监测框架和"杜绝在体育运动中使用兴奋剂基金"的行政管理框架。按照公平的地理分布原则,会议选出了1名主席、4名副主席和1名报告

---

① 《关于〈反对在体育运动中使用兴奋剂国际公约〉的制定工作的进展情况的报告》(171 EX/46),2005年3月31日,http://unesdoc.unesco.org/images/0013/001389/138914c.pdf,最后访问日期:2021年7月16日。

人。俄罗斯联邦体育局局长当选主席,中国国家体育总局科教司司长蒋志学和来自西班牙、牙买加、莫桑比克的3名代表当选副主席。

总体来说,与联合国教科文组织70多年来的所有公约相比,《反兴奋剂国际公约》是中国在参与速度和深度上都有了长足进步的一项国际公约。推动这一长足进步的最直接因素是即将到来的2008年北京奥运会。易言之,与各缔约国一道共同推进公约的实施,全力支持北京奥组委做好2008年奥运会的反兴奋剂工作,是中国政府推动这一进程的最大动力。

对《反兴奋剂国际公约》制定过程的参与,可视为中国参与政府间国际组织立法的水平和程度的一个常态表现。就中国对《反兴奋剂国际公约》谈判阶段的参与来说,与对《保护非物质文化遗产公约》的谈判类似,即缺席独立专家会议,同时全程参与政府间专家会议。在《反兴奋剂国际公约》起草阶段的专家小组中没有中方专家厕身其中(在联合国教科文组织执行局的正式文件中曾专门指出"感谢政府间会议的主席J.P.布莱斯先生(加拿大)以及起草小组主席V.拉克艾勒女士(圣卢西亚)"[1],亦间接表明至少在公约起草专家小组的领导层中并没有中国专家)。但是"该公约的草案是一个专家组三次讨论会和国际会议三次大会的成果,国际体育部长和高官第四次会议也助其解决了几个比较显著的问题"[2],由于中方只缺席起草专家小组会议,其他的会议并未缺席,所以在这一公约起草阶段的参与质量仍可以说相对较高。

此外,从制定本国反兴奋剂规定的过程看,中国充分体现了自己

---

[1] 《关于〈反对在体育运动中使用兴奋剂国际公约〉的制定工作的进展情况的报告》(171 EX/46),2005年3月31日,http://unesdoc.unesco.org/images/0013/001389/138914c.pdf,最后访问日期:2021年7月16日。

[2] 黄世席:《〈反对在体育运动中使用兴奋剂国际公约〉研究》,《武汉体育学院学报》2006年第3期。

是"发展中国家"的现实。1989年中国首次确定了对兴奋剂问题实行严令禁止、严格检查、严肃处理的三严方针;1990年建立了符合国际标准的兴奋剂检测中心;1992年成立中国奥委会反兴奋剂委员会,着手研究和加强反兴奋剂的制度建设;1995年经全国人大颁布《中华人民共和国体育法》,第一次将反对使用兴奋剂纳入国家法律范畴;1999年国家体育总局发布《关于严格禁止在体育运动中使用兴奋剂行为的规定(暂行)》;2004年国务院颁布实施《反兴奋剂条例》,中国的反兴奋剂工作逐渐进入法制化、制度化和规范化的轨道。[①] 但是,在联合国教科文组织第32届大会(2003年)正式文件中关于《反兴奋剂国际公约》制定背景的国家层面专门立法的叙述中,提及了1965年比利时、法国和希腊的立法,1971年意大利和土耳其的立法,1984年欧洲委员会通过的《反对在体育运动中使用兴奋剂欧洲宪章》等,并未提及中国国家体育总局1999年颁布的《关于严格禁止在体育运动中使用兴奋剂行为的规定(暂行)》。从国内制度规定的进程来看,中国在《反兴奋剂国际公约》起草和制定过程中的跟进角色乃是必然:在人才和经验层面的准备是不足以令我国对该公约的起草规则有重要发言权的。

三、《承认高等教育相关资历全球公约》谈判

在20世纪70年代和80年代,联合国教科文组织在地区层面先后制定了6个承认高等教育学历的地区性公约,为之后经济全球化进程中的人才跨境流动提供了富有前瞻性的制度基础。《承认高等教育相

[①] 《中国体育报》2009年9月21日第1版。

关资历全球公约》(Global Convention on Recognition of Qualifications Concerning Higher Education)是自20世纪80年代以来联合国教科文组织在教育领域制定的唯一一部国际公约,旨在以质量保证机制和高等教育机构、体系、学习项目和学位信息共享为基础,通过公平、非歧视和透明的方式评估外国教育资历,在承认以往学历、非全日制学历、跨境教育资历和非传统学习模式(如在线学习或混合式学习)等方面有所创新。根据《承认高等教育相关资历全球公约》确立的普遍原则,各国必须公正评估不能提供充足证明材料的难民的教育资历。从2013年在执行局会议上正式提交可行性报告到2019年秋季在第40届大会上正式通过,这一公约的制定前后历经8年时间。

中国对《承认高等教育相关资历全球公约》的制定提供了领导力、资金和智力等全方位的支持。首先,提出和操盘整个公约制定过程的是中国籍的教育助理总干事唐虔:"在我担任助理总干事之后就开始考虑,恐怕有必要在这些地区公约的基础上尝试制定一个全球性的公约,使会员国在承认外国学历时有全球通用的标准,更加便捷。2011年11月我率队出席了在日本东京举行的审查《亚太地区公约》修订的会员国会议。在会上我们专门安排了一场是否需要制定一个全球公约的自由讨论。结果各国代表一边倒地认为制定一个全球公约很有必要。"[①]在2013年春季的联合国教科文组织执行局会议和秋季的第37届大会教育委员会议上,均由唐虔负责提交和介绍制定公约可行性报告。唐虔还协调了2015年秋季的执行局会议和第38届大会对初步报告的讨论、主持了2016年在巴黎举行的起草委员会会议,全面推动了公约的制定工作。

其次,中国政府对公约的制定提供了资金支持和道义支持。中国

---

① 唐虔:《我在国际组织的25年》,中信出版集团,2020年,第234页。

改革开放以来与许多国家签订了互认学历的双边协议,所以支持制定一个全球互认学历的多边公约,并愿意提供资助。联合国教科文组织委托了 2 位资深高等教育专家,在广泛收集会员国意见基础上起草了关于制定公约的可行性报告。2012 年 10 月,中国政府出资在南京召开了一个国际专家会议,联合国教科文组织在会上推出了专家起草的可行性报告,获得了与会各国专家高度认可。中国政府还为 2014 年在埃塞俄比亚召开的对 1981 年《非洲地区公约》的修订审查会提供了部分资金支持。联合国教科文组织将中国支持的经费与该组织的正常预算有计划地结合在一起,支持了在非洲国家协助设立国家高等教育评估与信息中心的项目,以长久地支持和推动非洲高等教育的发展。设在南方科技大学的教科文组织二类中心国际高等教育创新中心积极参与了这一工作。

中国也对《承认高等教育相关资历全球公约》提供了专业领域的智力支持。尽管并未参加 2014—2015 年召开的起草全球公约初步报告的 2 次国际专家会议,但中国政府派出代表团参加了之后召开的 2 次政府间会议。当 2016 年联合国教科文组织根据 2015 年第 38 届大会要求,建立了一个由 23 名独立专家组成的起草委员会时,"我(唐虔)提醒中国方面应该争取加入这个委员会。中国一直希望积极参与国际治理与国际规则的制定,这可是个好机会。中方推荐了浙江大学的阚阅博士在委员会占了一席之地,参与了规则的制定"①。

《承认高等教育相关资历全球公约》的重要性不言自明。这次公约起草与谈判是中国在联合国教科文组织公约制定历史上参与程度最深的一次。中国在该公约制定过程中所发挥的作用表明,有效参与国际

---

① 唐虔:《我在国际组织的 25 年》,中信出版集团,2020 年,第 238 页。

规则的制定至少需要具备3方面的基础:其一,"千万不要低估搞一个全球公约的复杂性"①,具备全球眼光和领导力的国际组织高层职位人选,以提出和推动议程的设置,是深度参与公约制定的重中之重;其二,一定的国家经济实力可支持和推动议程的实施,使公约的签署符合国家利益;其三,一定的专家人才储备,可在规则制定过程中贡献专业知识。

四、政府间海洋学委员会

联合国教科文组织政府间海洋学委员会,于1960年根据联合国教科文组织第11届大会2.31号决议和政府间海洋研究大会的建议而成立。它是联合国教科文组织负责政府间海洋科学技术事务的职能自治组织,也是联合国系统内负责海洋科学事务的专门机构。它拥有独立的不同于教科文组织的章程和会员国,其宗旨是促进和协调国际海洋科学、海洋服务、海洋资源开发利用和海洋环境保护工作以及加强各国的海洋科研能力,促进国际交流与合作。同时,它也是国际科学联合会(ICSU)属下职能自治机构,该科学联合会是与联合国教科文组织有密切合作的国际非政府组织,与国际社会科学联合会一起,同联合国教科文组织的科学部门有密切合作。与国际科学联合会的非政府性质不同,政府间海洋学委员会是一个政府间的科学组织。

中国与政府间海洋学委员会关系的建立和发展,是中国参加联合国教科文组织科学业务领域活动的一个典范。② 海洋科学事务不同于

---

① 唐虔:《我在国际组织的25年》,中信出版集团,2020年,第237页。
② 郝平:《在中国联合国教科文组织全国委员会第26次年会上的讲话》,北京,2009年4月13日。

其他科学领域的要点,即其所研究的内容涉及国家的海域主权,因而国家海洋局与海军的关系非常密切。以中国国家海洋局历任局长为例①,第一任局长齐勇少将曾任南海舰队副司令员、第三任局长罗钰如出身海军训练部副部长。1972年中国正式恢复在联合国教科文组织中的合法席位后,于1979年正式加入政府间海洋学委员会,并积极参与了海委会发起的各项重大活动。中国出席海委会大会的历任代表团团长分别是国家海洋局局长沈振东、罗钰如、严宏谟、副局长葛有信和陈炳鑫,从这一名单即可看出中国对海委会的重视。

中国对政府间海洋学委员会业务的参加开始于对国际科学联合会之国际海洋研究科学委员会的参加。在国际知名的老一代科学家任美锷②、曾呈奎③等人的沟通努力下,国家海洋局和中国科协与国际海洋研究科学委员会就中国参加该组织的原则进行了接触,并于1984年正式加入,在中国成立了中国国际海洋科学研究委员会。此后,苏纪兰于1988—1992年任国际海洋科学研究委员会执委会委员,汪品先④于1994—1998年担任国际海洋科学研究委员会副主席。

---

① 历任中国国家海洋局局长:齐勇(1964—1968年)、沈振东(1977—1982年)、罗钰如(1982—1985年)、严宏谟(1985—1995年)、张登义(1995—2000年)、王曙光(2000—2005年)、孙志辉(2005年—2011年)、刘赐贵(2011—2014年)、王宏(2015年—)。

② 任美锷(1913—2008),浙江宁波人,中国科学院学部委员。毕业于中央大学地理系,英国格拉斯哥大学博士。历任浙江大学、复旦大学、前中央大学、南京大学地理系系主任,并曾任中国科学院南京地理研究所所长、国际海洋地质委员会委员、国际海事组织与国际原子能委员会深海抛弃放射性废料专家委员会委员,中国地理学会、中国海洋学会名誉理事长。他同时也是地理学界最高奖——维多利亚奖的唯一中国籍得主。

③ 曾呈奎(1909—2005),福建厦门人,海洋生物学家。美国密歇根大学理学博士,中国科学院院士,第三世界科学院院士,世界水产养殖学会、国际藻类学会终身荣誉会员。曾任中国科学院海洋研究所所长。

④ 汪品先(1936—),中科院院士,毕业于莫斯科大学地质系,主要从事我国海域古海洋学、海洋微体古生物学及我国环境宏观演化古环境的研究。联合国政府间海洋学委员会专家指导组成员,伦敦地质学会名誉会员,曾任国际海洋地质委员会委员,国际海洋研究科学委员会副主席,中国海洋研究委员会主席。

中国参加政府间海洋学委员会的各项活动,其意义之重大甚至可以说超过了预期。在参加政府间海洋学委员会之前,中国对海洋科学技术的发展浑然不知。① 对海委会活动的积极参加,不仅使与外界隔绝多年的国内海洋界了解到了国际海洋领域科学技术的最新发展,引进了先进的海洋科学理念,更是通过对包括国际海洋科学研究和海洋服务(包括海洋资料和数据交换)等计划在内的多项活动的积极参加,使中国获取了宝贵的世界海洋数据:国家海洋局通过与联合国教科文组织一年的合作,就得到了1903—1981年有关我海区的各种海洋资料。这些资料,如果单靠中国自己的力量,要用"10条船25年的工作量"才能得到。② 与海委会的合作,不仅提高了中国的海洋科研水平,更为重要的是,为中国积累了参与多边国际合作的经验,培养、锻炼了一批优秀的中青年人才,在中国联合国教科文组织全国委员会的诸多合作单位中,国家海洋局与教科文组织的合作堪称典范。③

中国与海委会的积极合作还对中国管辖南海海域起了意外的推动作用。1987年2月,联合国教科文组织在巴黎召开第14届政府间海洋学委员会年会,通过了《全球海平面联测计划》,计划在全球建立200个海洋观测站,并委托中国建立5个海洋观测站,其中大陆沿海3个,西沙、南沙群岛海域各建1个,南沙群岛的观测站序号为第74号海洋观测站。中国政府经过近50天的考察后,决定在南沙群岛中的永暑礁建立

---

① 李海清:《海委会是我国海洋界通向世界的重要桥梁》,载中国联合国教科文组织全国委员会秘书处、联合国教科文组织驻北京办事处编:《中华人民共和国联合国教科文组织全国委员会史迹》,2006年,第98页。

② 贾学谦:《在邓小平理论指引下前进——庆祝联合国教科文组织成立60周年》,中国联合国教科文组织全国委员会秘书处、联合国教科文组织驻北京办事处编:《中华人民共和国联合国教科文组织全国委员会史迹》,2006年,第60页。

③ 张崇礼:《撷兰折菊 嫁吾芳圃——为纪念中国联合国教科文组织全国委员会成立25周年而作》,载中国联合国教科文组织全国委员会秘书处、联合国教科文组织驻北京办事处编:《中华人民共和国联合国教科文组织全国委员会史迹》,2006年。

第 74 号海洋观测站。为确保永暑礁海洋观测站建站成功,中国政府决定派遣海军舰队,巡逻和进驻南沙群岛。在中国海军军舰的警戒和保卫下,中国施工部队在永暑礁正式开工建设第 74 号海洋观测站。从 1988 年 2 月 1 日开始,中国派军队前往南沙群岛执行巡逻、守礁,完成建筑联合国海洋观测站的任务。第 74 号海洋观测站的建成,有力地确认了中国在南海诸岛的主权。

40 多年来,中国对海委会这一平台的参与是全方位的。首先,在其领导层,从 1979 年至今,中国一直担任海委会执行理事国;我国学者苏纪兰担任过海委会西太平洋分委会的副主席、代主席、主席以及海委会的副主席、主席。其次,在其执行层,中国曾于 1988 年和 1993 年分别派李海清、蒋逸航两位同志赴海委会秘书处长期工作。"自 1977 年加入海委会以来,中国政府非常重视并积极支持和推动海委会工作,参与了其组织的很多重大活动,并专门推荐了优秀的海洋领域人才到海委会工作。中国还成立了海委会国内工作网络,负责协调和组织实施有关海委会的国内外活动。2005 年底,我国成立了由中国全部涉海部门参加的海委会中国委员会。"[1]最后,在国内建立的海委会中国委员会也是一个跨部门协作的委员会:"国家海洋局、解放军总参谋部、财政部、教育部、科学技术部、交通部、国家环保总局、中国科学院、国家自然科学基金委、国家测绘局等委员会单位派代表出席了会议。会议推选国家海洋局陈连增副局长担任主任委员,国家海洋局国际合作司李海清司长担任秘书长。"[2]可以说,中国通过立体的全方位参与,充分利用了海委会的智力

---

[1] 《孙志辉局长会见联合国教科文组织总干事松浦晃一郎一行》,国土资源部网站,http://www.mlr.gov.cn/zwgk/ldzc/szh/ldhd/200902/t20090220_115001.htm,2009 年 10 月 7 日,最后访问日期:2021 年 7 月 16 日。

[2] 《政府间海洋学委员会中国委员会 11 月 25 日在京成立》,2005 年 11 月 29 日,http://www.gov.cn/govweb/gzdt/2005-11/29/content_112691.htm,最后访问日期:2021 年 7 月 16 日。

资源,从整体上提高了中国参与大型国际海洋科学计划的能力,大幅改善了中国系统观测和防灾减灾能力,海洋科研水平步入世界前列。

从中国对海委会活动的成功参与中可以得出一些基本结论:首先,海洋研究的主权敏感性,国家和职能部委的足够重视是中国得以成功参与海委会的政治基础;其次,合适的研究人选与管理人选,如任美锷、曾呈奎、苏纪兰、汪品先、乔方利等一批在专业领域国际知名的学者以及李海清、蒋逸航等对业务和国际组织工作足够了解的管理人员,是中国成功参与海委会的人才基础。中国在海委会的活动是相对成功的,不仅在于得到了海洋资料、高层职位,提高了科研能力,更重要的是在议程设置方面先后有了突破,"王颖、汪品先先后在国际海洋科学研究委员会建议成立新的工作组并被采纳","在全委会的支持下,还曾争取到经费成立了东北亚区域海洋观测系统"。[①] 相较于中国在联合国教科文组织其他业务领域的活动,这种在议程设置方面的突破显得尤为重要。

五、结语

1946年,中国学者曾经将儒家精神引入了《世界人权宣言》,"张彭春[②]建议将儒家的'仁者爱人'思想放在宣言之中。他把'仁'翻译成

[①] 苏纪兰:《我在海委会的经历》,载中国联合国教科文组织全国委员会秘书处、联合国教科文组织驻北京办事处编:《中华人民共和国联合国教科文组织全国委员会史迹》,2006年,第67页。

[②] 张彭春(1892—1957),字仲述,天津人,张伯苓胞弟。中国教育家、外交家。美国克拉克大学文学学士,哥伦比亚大学文学硕士、教育学博士。先后任清华大学教授兼教务长、南开大学教授、芝加哥大学教授。全面抗战开始后,从事国民外交活动。1940年起担任国民政府外交官。1946年联合国大会期间任联合国经济及社会理事会中国代表。1947年7月任联合国安全理事会中国代表。1948年任联合国人权委员会副主席,参与起草《世界人权宣言》。

conscience（良心）一词，为各国代表认可，从而写入了宣言第一条：'人人生而自由，在尊严和权利上一律平等。他们赋有理性和良心，并应以兄弟关系的精神相对待'"①。这样的贡献实质是将古人的思想纳入国际组织的重要文件，难说是原始创新。近10年来，"和谐世界""人类命运共同体体""一带一路"等中国的政策概念已经被联合国教科文组织所接受，进入了该组织的各种政策文本。

国际公约的缔结一般要经历若干特别专家会议起草、数次政府间会议的协商，方能将公约草案呈至国际组织执行局和大会讨论。中国因参与能力有限而曾长期缺席国际公约的缔结工作。就联合国教科文组织迄今所制定的公约，尤其是有中国在场的几项公约而言，中国对公约的制定和议程的设置参与取得了长足进步。中国对这些新近制定的国际公约的跟进进步不仅主要体现在对其制定过程中的政府间会议的参与、对公约的缔约实施，而且在提出公约制定议程、专家会议参与以及经费支持方面，也都取得了很大的突破，并表现出了全球视野和领导力。然而，相比法国等在《保护和促进文化表现形式多样性公约》的概念、发起、起草乃至制定过程中的绝对主导地位而言，距离原创性发起者角色仍有相当的距离。易言之，中国仍然是个国际公约制定领域的追随型学习者。

---

① 卢建平：《张彭春和〈世界人权宣言〉》，《南方周末》2008年12月24日D25版。

第七章　软实力构建的新空间

对于中国作为学习者的过程性讨论实际上立基于历史性的个案研究,那么,展望未来的发展,特别是在中国经济实力进一步增长而政治影响力持续上升的条件下,中国的学习者角色是否会发生变化?如果说中国将更充分地利用联合国教科文组织的特性进而更全面地延续"学习进程",那么,这样的学习又会指向哪里?对于这些问题的回答,有必要首先引入"软实力"的概念及其相关理论,还有必要比较研究其他国家在联合国教科文组织中的行为及其影响。就此而论,对于这些问题的讨论也就是探讨导向未来的学习空间问题。

一、联合国教科文组织与软实力

软实力的内涵并非今人之创造。《老子》中曾说"天下之至柔,驰骋天下之至坚"(第四十三章),另有"天下莫柔弱于水,而攻坚强者莫之能胜,其无以易之"(第七十八章)。《孙子兵法》的重要思想之一更是"不战而屈人之兵"。这些都是中国早期思想的精辟表达,其内涵直接指向国家的软实力。台湾学者则认为,"柔性权力"说在一定程度上与中国古代的"王道"思想相似。①

软实力(软权力,soft power)概念的提出者是美国学者约瑟夫·奈(Joseph S. Nye,Jr)。他在冷战结束之后提出,所谓软实力,是与硬实力(hard power)相对而言的。硬实力指的是国家的军事力量、自然资源、国土和人口等基本的传统实力要素。随着冷战的结束,技术、教育和经济、文化等因素在国际关系中的作用越来越突出,国家实力的界定开始发生变化。托夫勒(Alvin Toffler)把权力的基础分为三个主要支柱:暴力、财富和知识。他认为权力的本质已经发生变化,即现代社会的发展趋势是知识越来越成为权力的主要支柱。与之相似,约瑟夫·奈认为,在冷战后相互依赖的世界格局中,权力日益依赖于教育、技术和经济发展等因素。他着重指出,权力的行使本质上是设定国际政治议程和结构的能力,让别人改变自身特殊立场与状态的能力。② 关于这种能力,约瑟夫·奈将之总结为软合作力(soft cooperative power),与硬命令力(hard comman power)相对应。与之相关联的结论是:如果一个国家能够使它的权力在别人眼中是合法的,它的愿望就会较少地遇到抵抗;如果一个国家的文化和意识形态是有吸引力的,他人就会自动跟随;如果一个国家能够建立与自己的内部社会相一致的国际规范,它就没有必要改变自己;进而,如果一个国家能够支持一项国际制度,其他国家均愿意通过这个体制来协调他们的活动,它就没有必要使用代价高昂的硬实力。约瑟夫·奈关于软实力的论述,在冷战后迅速传播并影响了全世界。但是总体来说,关于软实力概念,学界多运用于对国家权力层面的分析,较少进入国际组织和国际制度的

---

① 南方朔:《导读》,载约瑟夫·奈伊(约瑟夫·奈):《柔性权力》,吴家恒、方祖芳译,远流出版事业股份有限公司,2006年,第12页。
② Joseph S. Nye,Jr, "Soft Power", *Foreign Policy*, Issue 80, Fall, 1990, p.167.

分析层次。

苏长和创造性地将社会学中的社会资本概念引入国际关系研究,将软权力与关系型权力联系起来,认为:"软权力与文化资本相关,国家(主导国家)可以有意识通过交换将自身的价值符号内化到他国价值体系中,从而获得影响他国政府与民众认知的权力资源。"[1]将这一观念引入国际组织研究,可以发现:国际组织不仅是成员国家用以展示其软权力的场所,亦即这是一个国家借以将自身的价值符号内化到他国体系的软权力中介;同时,这些组织本身亦有自身的软权力属性,经由既定实践,这一属性与成员国的软权力会互相发生影响,或互相增进软权力,或发生对抗。

在国际组织体系中,联合国教科文组织具有非常明显的软实力特性。在国际组织中,北约(NATO)等军事组织以绝对硬实力为后盾;联合国安理会以是否是常任理事国为标准进行划分,导致成员国之间的重要性有重大差别;世界银行和国际货币基金组织则以缴纳会费数量来决定成员国发言权的权重。而在多数联合国专门机构中,每一个会员国只有一票权力。在一国一票的制度设定下,国家的硬权力用武之处甚为有限。联合国教科文组织实行会员国一国一票制度,且该组织的业务领域分别是教育、文化、科学、传播,政治度相对比较低。低政治度的业务领域和一国一票的制度安排,使该组织的工作具有文化性、伦理性和意识形态性强的特点。易言之,无论是以约瑟夫·奈还是托夫勒关于权力的区分来观察,联合国教科文组织都具有非常突出的软实力特征。

在联合国这一战后世界体系中最重要的政府间国际组织中,联合

---

[1] 苏长和:《中国的软权力——以国际制度与中国的关系为例》,《国际观察》2007年第2期。

国教科文组织的功能定位强烈地体现了其软实力的本质。在这一国际体系建立之初，联合国，尤其是安全理事会，代表了政治机制基础；经济基础则由布雷顿森林体系来负责；在思想与文化层面的基础则是联合国教科文组织。这一理想主义的制度设计说明在软实力概念出现之前，联合国教科文组织就已被赋予了重要的软权力功能定位。即使世界格局由两极走向多级，联合国体系"和平与发展"的核心目标仍未发生改变，体系的基本架构也不曾变动，联合国教科文组织的软实力定位亦不曾发生改变。

从历史进程来看，联合国教科文组织在软实力领域的重要地位已被各会员国以各种方式充分承认。比如，因为对 1970 年代联合国教科文组织的"强意识形态性"不满，美国曾经于 20 世纪 80 年代中期宣布退出，并直接引发英国和新加坡等国的相继退出。但是，在 2001 年本土遭遇到前所未有的恐怖袭击后，美国意识到单凭硬实力无法在全球安全立足，转而主动宣布重返联合国教科文组织，以期对其国家形象等软实力有所修补。这一重返行为本身所说明的不但是硬实力的缺陷，更是对联合国教科文组织在教育文化科学传播等领域的软实力在国际体系中的重要性的承认。日本政府于 20 世纪 90 年代全力支持松浦晃一郎参选联合国教科文组织总干事，动用大批外交资源，松浦当选后日本首相极为兴奋，日本国内甚至推理这一成功对日本争取成为联合国安理会常任理事国大有裨益。即便是一度奉行"韬光养晦"外交政策的中国，也先后动用大批外交资源，支持我国学者和外交官竞选并赢得联合国教科文组织执行局主席、政府间海洋委员会主席、联合国教科文组织助理总干事等职位，更于 2017 年推出候选人首度角逐总干事一职。对加拿大来说，扩大自身在联合国等重要国际组织中的影响现已成为一个成功的加拿大政府的标志。① 这也是加拿大与法国联手,积极推动制定《保护和促进文化表现形式多样性公约》的一个重要原因。会员国的这些行为,既是对联合国教科文组织软实力的确认,更意味着该组织在未来国际软实力制度安排中的重要作用。

会员国的软实力与联合国教科文组织的软实力是互相促进的。易言之,在联合国教科文组织这样一个以软实力为主的政府间国际组织中,会员国的软实力固然可以为其在该组织中的活动提供较大便利,而会员国在这一组织中参与程度和参与水平的提高亦可为其国家的软实力实现加权,也为联合国教科文组织的软实力实现加权。法国和加拿大联手推动联合国教科文组织2004年通过《保护和促进文化表现形式多样性公约》。单就《保护和促进文化表现形式多样性公约》的萌发、草拟和通过来说,所显示的不但是世界诸国的共同取向,更显示了法国在文化领域相关的学术和行动方面的强大创造力与号召力。法国对这一公约的成功推动,亦加强了各国对法国在文化领域强大软实力的认同。与之相反的是,硬实力在"二战"后的世界占据领先地位的美国在联合国教科文组织的表现却一直不如人意,在《保护和促进文化表现形式多样性公约》的缔结和通过的整个过程中不但反击无力,甚至被彻底孤立。② 该案例可以被视为软实力与硬实力在国际组织中的一次直接较量。我们固然可以说在联合国教科文组织这样一个教育、文化、科学、传播等软实力要素极其集中的政府间国际组织中,软实力在与硬实力的较量有"地利"之嫌,但也无法否认这是法国以软实力优势挑战美之

---

① 李东燕:《联合国研究60年:理论、政策、方案》,《世界经济与政治》2005年第5期。

② 在《保护和促进文化表现形式多样性公约》通过的联合国教科文组织第33届大会上,只有美国和以色列投了反对票,其他会员国一致投了赞成票。

劣势的必然结果。《保护和促进文化表现形式多样性公约》的制定,不但再次肯定了法国在文化软权力领域的实力,也对扩大联合国教科文组织的软权力起了推动作用。

二、美国退出与重返联合国教科文组织的启示

美国参与联合国教科文组织的历史,是一部对该组织的软实力从忽视到重视的变化史。与其他"二战"后的政府间国际组织不同,联合国教科文组织更多地由英法等欧洲国家创立,一直带有强烈的欧洲印记。美国对该组织的介入相对较晚,直到美国观察员发现这个政府间教育组织马上要在没有美国参与的情况下成立的时候,才开始正式介入。美国的这一晚介入行为亦意味着其在"二战"之后对软实力的忽视。20世纪50年代初,由于其关于朝鲜战争"教育大众"的提案在联合国教科文组织未获通过,美国一度对联合国教科文组织深感失望。同时,苏联于1954年加入联合国教科文组织,也使美国对该组织的兴趣大减。但总体而言,从联合国教科文组织成立一直到20世纪60年代,美国在该组织中的最大利益是维护全球传播领域的所谓"大众传媒的信息自由流动"(a free flow of information through mass communication)。这一时期联合国教科文组织在传播领域的工作大致与美国的利益相符合:为发展中国家修建通讯基础设施提供技术支持。因此,美国与该组织的矛盾并不激烈。从联合国教科文组织成立到20世纪60年代,美国与联合国教科文组织的关系比较平缓。

但是,由于20世纪60年代联合国教科文组织的成员结构发生了与联合国体系一样的重大变化,直接导致美国在该组织遭遇到与在联合

国一样的挑战。从联合国成立到20世纪60年代初,美国在联合国体系中始终居主导地位,甚至曾以联合国名义发动了朝鲜战争。基于对这种大国霸权的不满,在联合国成立初期,缅甸、埃及、印度、印度尼西亚等国在政策上构成了一个介于美苏之间的"不结盟国家"。20世纪60年代以后,随着大批新独立的发展中国家加入联合国,联合国的格局大大改变了,由于"一国一票"的制度安排,集团化政治往往对投票起决定性作用,单一大国的话语权大受影响,美国在联合国体系的地位遭遇了重大削弱。

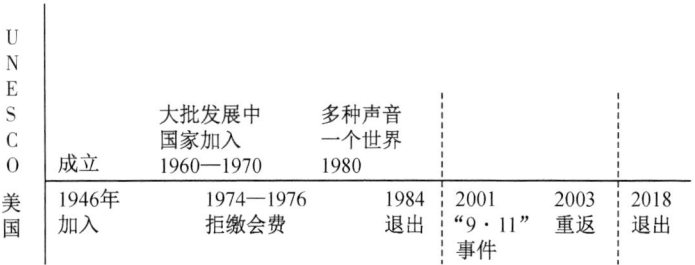

图7-1 美国与联合国教科文组织关系演进(1946—2018)

20世纪60年代末到70年代初,发展中国家在联合国提出了建立国际新秩序的要求,由于联合国体系的多中心特征,这一要求具化入各个专门机构,分解为各个具体的新秩序要求。发展中国家认为西方大国垄断了世界媒体资源从而导致了信息的单向流动,因此集体向联合国教科文组织提出了建立国际传播新秩序的要求。苏联也对美国的所谓"信息的自由流动"提出了挑战。此后10年间,以不结盟运动国家为主的发展中国家以联合国和联合国教科文组织为平台,发起了关于"世界信息和交流新秩序"的争论。发展中国家认为,美国依据所谓"信息的自由流动"的原则,使国际传播中出现了美国信息大量倾注到发展中国家的状况,直接威胁到发展中国家的政治、经济和文化主权。①

联合国教科文组织在另外一个长期性的议题上与美国意见向左,即组织的自身定位究竟应当是以智力合作为主还是以实践工作导向为主(predominantly toward intellectual cooperation or toward more practical orientation)。② 由于发展中国家这一时期已经在该组织占据了数量优势,"集团化政治"使这个问题的答案很明确:实践导向胜出。但是这一答案严重背离了美国和西方国家对该组织"智力合作"定位的期待。因此,20世纪60年代美国与联合国教科文组织关系开始疏离。

20 世纪 70 到 80 年代是美国在联合国体系内最为失意的时期。1982 年联合国大会共通过了 157 个决议,美国只有 24 次取得"胜利";有 19 个决议案,全体会员国中唯有美国投了反对票;还有 8 个决议案,只有以色列同美国持相同立场。③ 这一局面造成了美国对联合国的失望,加之美国对联合国贡献最大、会费付出最多,使之更认为联合国已经对美国充满敌意。1977 年 11 月,联合国教科文组织成立了国际交流问题研究委员会。1980 年,该委员会向联合国教科文组织第 21 届大会提交了著名的《多种声音 一个世界》报告,集中反映了发展中国家的基本要求。在有关"世界信息和交流新秩序"的各种斗争中,美国常成为众矢之的,加之其在联合国教科文组织的影响日趋衰微,1983 年 11 月,美国在联合国教科文组织投票反对增加预算,12 月 29 日,美国总统里根在国务院的建议下,照会联合国教科文组织,提出因为"联合国教

---

① 关世杰:《述评美国"全球信息高速公路"的实施战略——剖析美国学者向美国政府提出的战略性建议》,《国际政治研究》1997 年第 4 期。
② Roger A. Coate, *Unilateralism, Ideology & U.S. Foreign Policy: The United States In and Out of UNESCO*, Lynne Rienner Publishers, Inc. 1988, p.31.
③ 李少军:《评美国与联合国关系的历史进程》,《美国研究》1995 年第 2 期。

科文组织已差不多把它所处理的每件事情都极度政治化,并且对自由社会的基本制度充满敌意,尤以对自由市场及新闻自由为甚,还有它无节制地扩大开支",因而美国将于一年后退出该组织。1984年12月,美国负责国际组织事务的助理国务卿在记者招待会上宣布美国正式退出联合国教科文组织。此前,1974年联合国教科文组织大会通过制裁以色列的决议后,美国曾拒绝交纳会费两年。此外,美国还于1977—1980年间退出了国际劳工组织、1982年9月到1983年2月间冻结了与国际原子能机构的关系。尽管事由各异,但美国对这些国际组织给出了一个相同的指责:"过度政治化",隐含的则是这些国际组织的所谓"反西方的意识形态"的不满。

冻结会费和退出组织是成员国对国际组织表达不满的最极端方式。就国家与国际组织关系的关键性来说,有两种完全不同的看法:一说无关国家核心利益,因此可以选择退出;另一种看法则相反,认为正是因为关乎国家核心利益,故无法退让,只好退出。美国在这一时期退出数个国际组织的原因应该是第一种,即美国认为这几个国际组织无涉美国的核心利益,证据之一是1983年美国政府公布退出联合国教科文组织的计划时,事先并没有与西方阵营伙伴进行正式磋商,若关乎核心国家利益,则断不会采取如此做法。因此,美国退出联合国教科文组织的行为本身表明,在冷战的军事对抗背景下,美国并不重视国际组织软实力。一直有学者批评美国混淆了联合国教科文组织会员国和联合国教科文组织本身这两个概念,因为前者的言论与行动并不等于后者的行为。但无论这种批评的逻辑成立与否,美国对联合国教科文组织的指责与批评乃至退出,足以说明美国在强调硬实力对抗的时代对国际组织的软实力并不重视。

冷战的结束是美国调整对联合国教科文组织态度的一个分水岭。

冷战时期，美国只是西方的领袖而不是全世界的领袖。① 冷战结束后，美国认为"历史已经终结"，要利用联合国体系来确保自己的世界领导地位。因此，自20世纪90年代开始，美国对联合国教科文组织的态度出现松动。其一事关"全球信息基础设施"（GII，Global Information Infrastructure）。美国于1993年提出了建立"国内信息基础设施"（NII，National Information Infrastructure，亦即"国内信息高速公路"）计划，1994年美国副总统戈尔（Albert A. Gore, Jr.）在国际电信联盟大会上宣布建立"全球信息基础设施"，即所谓"全球信息高速公路"的倡议，试图通过建立GII来进一步垄断全球信息传播。但是因为美国所主张的"信息的自由流动"原则在先前的"世界信息和交流新秩序"争论中遭到了发展中国家的反对，所以此番把"信息的自由流动"原则换成了所谓"自由贸易原则"。美国20世纪基金会召集全美著名大学和政府研究机构的专家学者就GII进行讨论，并于1995年出版《美国信息基础设施政策之战略》一书，书中指出："假如要使全球信息基础设施获得广泛支持的话，国际合作就不应仅限于西方七国。不幸的是，美国政府参加的主要的与GII有关系的多边组织——国际电信联盟和世界贸易组织——都不是寻求范围更为广泛的项目的恰当地方。对美国来讲，一个可以选择的方案是重新加入联合国教科文组织，对教科文组织进行现代化，使之对实施GII可以起到一个恰当的东道主作用。"② 从中可见美国对联合国教科文组织的看法已开始发生重大转变。

美国对联合国教科文组织态度彻底改变的直接动力来自2001年的"9·11"事件。这一事件不仅重挫美国的全球观，更彻底扭转了美国

---

① 李少军:《评美国与联合国关系的历史进程》,《美国研究》1995年第2期。
② William J. Drake, *The Information Infrustructure Strategies for U. S. Policy*, The Twentieth Century Fund Press, 1995, pp.366-367.

对联合国教科文组织的拒绝态度,使美国反思其国际形象,意识到单靠军事力量是不能发挥全球领导作用的,开始对来自不同文化背景的意识形态有了新的看法,也逐渐意识到联合国教科文组织在这方面可发挥的独特作用。2002年,美国政府确定了重返该组织的计划,布什总统亲自在联合国大会上宣布美国将重返联合国教科文组织。2003年10月1日,美国派出第一夫人劳拉·布什出访该组织巴黎总部。第一夫人和教育部部长先后在联合国教科文组织大会及其各国部长圆桌会议上发表讲话。劳拉·布什在大会致辞中指出,美国总统在一年前的联合国大会上正式提出美国将重返联合国教科文组织,并着重指出"联合国教科文组织建立在对和平的呼吁之上,如今可以通过播散价值观来协助抵抗恐怖袭击"[1]。她的讲话充分表明,"9·11"恐怖袭击是美国重返联合国教科文组织的最直接动力,也间接表明美国在20年之后终于认识到这一政府间国际组织的不可或缺性,尤其在柔化美国国家形象方面的重要作用。

尽管联合国体系成立的基础是维护世界和平这一普遍主义的目标,但罗斯维尔(C. E. Rothwell)指出,个别成员国对于一个组织的支持,从根本上来说取决于该组织对其国家利益服务的程度。[2] 美国与联合国教科文组织关系的变化表明,国家在处理与联合国体系的关系时,都会把本国利益放在首位;国家更愿意使国际组织负担职能和责任,而不是授与其权力。美国与联合国教科文组织关系的变化,一方面体现了国际形势的变化,另一方面则体现了国际格局再次稳定之后,联合国

---

[1] "Address by Ms Laura Bush, First Lady of the United States of America, at the 32nd session of the UNESCO General Conference" (32C/INF.19), October 10, 2003, http://unesdoc.unesco.org/images/0013/001320/132071e.pdf, accessed July 19, 2021.

[2] L. M. Goodrich and D. A. Kay, *International Organization: Politics and Process*, The University of Wisconsin Press, 1973, p.28.

教科文组织的软权力特性与美国对外政策失衡之间的活动空间。易言之,美国重返联合国教科文组织,一定意义上可以说是该组织功能主义角色一定回归的表现。

但是,由于 2011 年联合国教科文组织执行局和大会先后通过决议,在整个联合国体系内率先接纳巴勒斯坦为正式会员国,使之成为该组织的第 195 个会员国,美国政府宣布于 2018 年 12 月 31 日再次正式退出联合国教科文组织,史无前例地第二次退出这一政府间国际组织。然而,2020 年 11 月拜登获得总统大选胜利后,美国对联合国体系的态度再度发生了转变,他所任命的国务卿布林肯(Antony Blinken)有在巴黎长期生活的经历,其父亲担任过联合国教科文组织教育特使,这些因素将进一步拉近法籍总干事阿祖莱领导下的联合国教科文组织与美国的关系。

三、中国的软实力构建与联合国教科文组织

如第六章所述,通过联于在联合国教科文组织推动《保护和促进文化表现形式多样性公约》的起草和通过,法国和加拿大成功地向世界展示了其在文化领域和文化外交方面的优势以及在个人、官僚机构、国家和国际组织 4 个层次上的软实力。

相比法国和加拿大,中国在联合国教科文组织的活动范围和活动能力仍有相当差距。当然,这一现状产生的原因与过往 40 多年的发展历程和外交战略有关,也与对该组织机构特性的认识有关,更与上述 4 个层次软实力的差距有关。但是,近年来中国已经认识到了该组织的软实力特性,以 2014 年的国家主席习近平在教科文组织巴黎总部关于文明和谐共处的重要演讲、"第一夫人"受邀担任教育特使为顶

层设计的高起点,中国开启了旨在增强国家软实力构建的多层次的积极参与。

(一)中国城市对全球文化多样性联盟的参与

联合国教科文组织在2002年发起了全球文化多样性联盟,经过英国提议,2004年联合国教科文组织执行局第170届会议通过决定,在全球文化多样性联盟框架内建立富有开创精神的城市网络,[1]目的是通过牵头城市促进文化多样而不是文化单一性。该决定2004年10月发起并具体实施,进而于2007年和2008年公布具体说明文件和申请文件,列明可以申请获得的创意城市类型分别是联合国教科文组织文学之都、联合国教科文组织电影之都、联合国教科文组织音乐之都、联合国教科文组织民间美术之都、联合国教科文组织媒体艺术之都、联合国教科文组织设计之都以及联合国教科文组织美食之都。[2] 目前已有252个城市加入了该网络,其中"设计之都"有德国柏林、中国深圳等,"文学之都"有英国爱丁堡、澳大利亚墨尔本等,"电影之都"有英国布美德福德等,"音乐之都"有比利时根特等,"民间艺术之都"有日本金泽等,"媒体艺术之都"有法国里昂等,"美食之都"有中国成都等。

中国城市对全球文化多样性联盟的参与动力源自地方政府对发展城市软实力的关注,最直接的动力是对国际形象和知名度的追求。对于联合国教科文组织的创意城市网络,中国的跟进十分迅速。以已经

---

[1] 《在〈全球文化多样性联盟〉框架内建立富有开创精神的城市网络》(170 EX/18),2004年9月3日,http://unesdoc.unesco.org/images/0013/001362/136203c.pdf,最后访问日期:2021年7月19日。

[2] *Creative Cities Network* (CULT/CEI/CID/2007/PI/42), 2007, http://unesdoc.unesco.org/images/0015/001560/156026e.pdf, accessed July 19, 2021.

申请成功的深圳为例,其参与申报的国际化水准和速度完全与发达国家城市同步。2006年,深圳市委宣传部组织调研国内外创意产业发展情况,了解到联合国推出了创意城市网络计划,这与深圳政府发展创意产业的理念接近。2007年初,深圳市明确提出,从落实深圳文化立市的战略的需要考虑,深圳应该积极申请"设计之都"称号。随后开始与联合国教科文组织进行联络。同年向联合国教科文组织总部递交深圳市长致联合国教科文组织的信函,明确表达了深圳希望加入创意城市网络,成为"设计之都"的愿望。此后,在广东省委的关注下,深圳成立了由市长任组长的市"申都"工作领导小组。2008年6月,中国联合国教科文组织全国委员会主任章新胜还向来京出席奥运会开幕式的松浦晃一郎总干事转交了深圳市长的信函。在深圳市代表到联合国教科文组织总部递交了报告并做演示说明后,深圳通过联合国教科文组织创意产业部初评,进入国际评委评审程序。在此过程中,中国联合国教科文组织全国委员会还出具了国家支持意见。2008年11月19日,联合国教科文组织总干事松浦晃一郎通知深圳已被批准加入全球创意城市网络,取得"设计之都"称号。①

表7-1 中国创意城市名单

序号	城市	类别	加入时间
1	扬州	美食	2019
2	南京	文学	2019
3	武汉	设计	2017

---

① 《联合国教科文组织认定中国首个设计之都新闻发布会》,2008年12月7日,http://www.china.com.cn/zhibo/2008-12/07/content_16906580.htm,最后访问日期:2021年7月19日。

(续表)

序号	城市	类别	加入时间
4	青岛	电影	2017
5	长沙	媒体艺术	2017
6	澳门	美食	2017
7	顺德	美食	2014
8	景德镇	手工艺与民间艺术	2014
9	苏州	手工艺与民间艺术	2014
10	北京	设计	2012
11	杭州	手工艺与民间艺术	2012
12	成都	美食	2010
13	上海	设计	2010
14	深圳	设计	2008

资料来源：联合国教科文组织网站—创意城市，https://zh.unesco.org/creative-cities/creative-cities-map。

在深圳申报成功之后，成都、上海等城市先后提出申请。以成都为例，该市专门成立了"成都市申请加入联合国教科文组织创意城市网络和申报'美食之都'称号工作协调小组"，该协调小组与深圳申报时成立的领导小组类似，是一个跨部门的临时工作小组，由市长牵头，宣传部长辅助，"组成单位分别是市委宣传部、市商务局、市文化局、市旅游局、市政府外办、成都会展办、市文联、成都传媒集团、成都文旅集团有关负责人。协调小组下设办公室、业务组、宣传组，其中办公室设在市委宣传部，负责协调市级有关部门完成申报文本的修改报送，争取中国联合国教科文组织全国委员会、联合国教科文组织及其驻北京办事处支持，争取联合国教科文组织创意城市网络现有城市和'美食之都'国际评委支持;业务组设在市商务局,负责完善制定餐饮行业选料、配料、环境等地方规范标准,提供申报报告及美食行业相关材料,组织接待专家考察评审等工作;宣传组设在市委宣传部,负责牵头开展申报'美食之都'称号宣传发动和取得称号后的宣传工作"[1]。为了配合申报工作,成都市在当年还举办了第二届中国成都非物质文化遗产节,邀请了 31 个国家常驻联合国教科文组织的大使参与活动。[2]

中国城市对全球文化多样性联盟的参与,既可以视为是对增加自身软实力的追求,同时也是对联合国教科文组织在软实力领域国际地位的确认与追随。实际上,这种参与国际化的申报工作本身,对相关城市的国际形象和知名度发挥了积极作用。由于"城市软实力是国家软实力的一个窗口"[3],城市软实力的增加对国家整体软实力的增加必然有促进作用。2020 年 9 月 17 至 18 日,由联合国教科文组织、中国教育部、北京市政府、中国联合国教科文组织全国委员会共同主办的第三届联合国教科文组织创意城市北京峰会以线上线下相结合的方式在京召开,再次以团体活动的形式强化了这一联盟的存在感与能见度。

(二) 联合国教科文组织与中国的软实力构建

中国在联合国教科文组织中的角色,经历了从旁观者到学习者,从全面学习者到深度参与者的变化。在约瑟夫·奈提出软实力概念的时

---

[1] 《成都市人民政府办公厅关于成立成都市申请加入联合国教科文组织创意城市网络和申报"美食之都"称号工作协调小组的通知》,2009 年 4 月 17 日,http://gk.chengdu.gov.cn/govInfo/detail.action? id=24829&tn=6,最后访问日期:2021 年 7 月 19 日。
[2] 《陈昌智在成都会见联合国教科文组织代表和大使团》,2009 年 6 月 1 日,http://www.gov.cn/jrzg/2009-06/01/content_1328611.htm,最后访问日期:2021 年 7 月 19 日。
[3] 陈志、杨拉克:《城市软实力》,广东人民出版社,2008 年,第 129 页。

候,中国正处于在与联合国教科文组织关系中的全面学习期,彼时的中国外交战略是"韬光养晦"。但是,在法国推动《保护和促进文化表现形式多样性公约》的时候,已经是深度参与者的中国,展示的是自己在国际议程和国际制度设定层面的跟进者身份。在其后的《保护非物质文化遗产公约》、《反兴奋剂国际公约》、世界地质公园的建设等领域,中国主要是跟进者,差别在于跟进的实效和水平。在联合国教科文组织这样一个在教育、文化、科学、传播等软实力要素极其集中的政府间国际组织的参与程度和水平,反映了中国的实际软实力。

中国政府多从文化维度接受软实力概念,对软实力其他维度的认识和接受尚有一定距离。以《人民日报》数据库所搜集到的"软实力"一词在国家政策中的使用频率来说,2005年至2009年共有66次使用,其中33次出现在文化部的政策中。此外,还有诸如国家广播电影电视总局(2次)、国家新闻出版署(3次)、中共中央办公厅(1次)、中共中央统战部(1次)、中国社会社科院(4次)、国家旅游局(2次)、中共中央对外联络部(1次)、国家民族事务委员会(1次)等等,皆直接指向国家文化软实力。少数的几个例外则指向模糊,是对软实力概念的过度泛化,比如中联部提出"党的外交战线是加强国家软实力建设的一个重要阵地"、体育总局提出要研究"体育与国家软实力",指的是综合意义上的国家软实力;水利部提出"水利行业的文化软实力"、公安部提出的"信访软实力"、地震局提出的"服务软实力"、气象局提出的"业务软实力"、国土资源部提出的"管理软实力"、原计生委提出的"信息化和软实力建设"。总体来说,上述对软实力的理解和接受基本上都处于文化软实力的层次。

对于承担文化软实力的构建责任来说,联合国教科文组织是最具合法性的政府间国际组织。前法国驻联合国教科文组织代表让·姆齐戴利认为,联合国教科文组织是联合国唯一负责文化事务的组织,它在规范化方面的权力和技术分析的能力无人能比。① 也正因为如此,在推动《保护文化多样性宣言》和《保护和促进文化表现形式多样性公约》的起草工作时,法国从一开始就正确地放弃了世界贸易组织而直接将联合国教科文组织视为最佳场所。实际上,这一决定的内在逻辑基因最早可以溯源到1945年法国坚持将联合国教科文组织总部设在巴黎的决定。法国以自身对教育和文化的重视和国际影响力,挑战了英国牵头的盟国教育部长会议和美国对联合国体系的绝对领导权,并以1法郎的象征性价格提供土地,成功说服各个缔约国同意将该组织的总部放在巴黎。当然,当时的这一决定有特定的客观因素,即联合国教科文组织前身之一的国际智力合作研究所(1925—1946年)设在巴黎,它是国际联盟在文化领域的重要执行机构。从法国政府的决策经历可以看出,在国际领域构建软实力不是短期突击所能完成的任务,需要持之以恒。

让·姆齐戴利认为,软实力的内涵包括4个因素:文化、思想、伦理道德、历史传统。②就这4个要素来说,中国的软实力内涵应与法国等文化大国相当。但是中国在联合国教科文组织中数十年来所展示的实际软实力与文化大国之间所存在的差距,如在《保护和促进文化表现形式多样性公约》观念提出与文本起草过程中的跟随性,似乎源于对这4个要素的阐释与应用方面的落差。

关于中国传统文化的再创造或者说是创造性再生问题,王沪宁在

---

① 让·姆齐戴利:《文化多样性公约:对一次成功外交的分析》,北京法国文化中心:《文选》,2006年9月。
② 杜越:《联合国教科文组织与软实力——在构建和谐世界与联合国教科文组织发展趋势专家研讨会上的发言》,北京,中国人民大学,2009年5月10日。

1993年指出,从一个国家在当代国际政治格局中发展国家实力的战略考虑,从"软实力"来看,应该在工业文明的推进方面,应该在科学技术大发展方面,在政治系统的现代化方面,在本国文化的国际化和国际文化的本土化方面,在民族的精神和民族的国际认同方面多下功夫。① 他在1991年关于中国传统文化未来地位的判断和推理,尤有预见性。王指出,要从原本精神、核心价值和操作成分3个层面剖析中国的传统文化,核心是判断原本精神对未来的价值和非价值。一种文明中的优秀成分只有被人类共同认同时,才是永恒的。"中国文化传统创造性再生的过程,应该是中国更积极地加入世界的过程,中国文化更多地导入世界文化的过程。"②

但是,中国对国际组织,尤其是联合国教科文组织这样的专门性国际组织的认知程度仍然不够。目前可见,中国政府对国家软实力的构建基本着墨在文化软实力维度,落脚点也主要是在国内的文化建设方面。2002年中国正式提出"文化走出去",2004年中共十六届四中全会系统完善"走出去战略",并随后于2006年制定《国家十一五时期文化发展规划纲要》,对文化"走出去战略"进行了明确阐述:抓好"走出去"重大工程,充分利用国际国内两个市场,主动参与国际合作竞争,加强对外文化交流,形成以民族文化为主体、吸引外来有益文化、推动中华文化走向世界的开放格局。十九大报告提出到2035年基本实现社会主义现代化,其中"社会文明程度达到新的高度,国家文化软实力显著增强,中华文化影响更加广泛深入"是一项重要指标。

---

① 王沪宁:《作为国家实力的文化:软权力》,《复旦学报》(社会科学版)1993年第3期。
② 王沪宁:《创造性再生:中国传统文化的未来地位》,《复旦学报》(社会科学版)1991年第3期。

长期以来软实力向外拓展的渠道以国家导向为主。许多专家认为,如何诠释现代中国、将现代中国的成就以合适的方式传递和告知世界,是比阐释传统文化更为迫切的任务,而联合国教科文组织应当是在完成这一任务的过程中可以起重要作用的关键场所。① 2014年习近平主席对联合国教科文组织总部进行了历史性访问,提出的文明交流互鉴的新文明观已成为国际共识。联合国教科文组织在过去40多年间,已经不断地参与了中国的文化软实力构建,诸如自然与文化遗产保护、非物质文化遗产保护、全球文化多样性联盟等等。中国通过学习和接受联合国教科文组织的先进理念,不断促进了本国的软实力建设并推动这一进程与国际接轨。

四、《1970年公约》的意义

联合国教科文组织于1970年11月14日通过了《关于禁止和防止非法进出口文化财产和非法转让其所有权的方法的公约》(以下简称《1970年公约》),是国际流失文物追索的基本法律依据。《1970年公约》是一种制约或机制,为控制文物流通奠定了基础,确立了将文物归还原主国的准则。在此之前,艺术品市场基本上不承担道义责任;而此后,艺术品市场在关于文化财产来源的问题上必须遵守更为严格的法律法规。《1970年公约》规定,缔约国之间禁止进口"博物馆或宗教的或世俗的公共纪念馆或类似机构中窃取的文化财产",如果发生非法进出口文物的事件,要采取适当措施收回并归还

---

① "构建和谐世界与联合国教科文组织发展趋势专家"研讨会,北京,中国人民大学,2009年5月10日。

此类文化财产。《公约》的主要目标是"禁止"和"预防"文化财产的非法进出口、非法交易以及非法所有权转让。2020年11月14日，《1970年公约》正式签署50周年的当天，联合国教科文组织纪念了首个"打击非法贩运文化财产国际日"。

（一）《1970年公约》的历程与理论立场

《1970年公约》的历史最早可追溯到第二次世界大战结束之初。随着战争硝烟散尽，各国开始关注在战火中遭受严重破坏的文化遗产。1954年5月，《关于武装冲突情况下保护文化财产的海牙公约》首先在荷兰海牙得到通过，由苏联、美国和英国等50个国家共同签署。此后，联合国教科文组织和会员国陆续在全球开展了多项文物保护行动，比如1960年与法国和各方共同努力发起"努比亚运动"[①]。该运动使得一大批有着3000多年历史的文化古迹，包括著名的拉美西斯二世神庙，避免了因为埃及修建阿斯旺水坝而被尼罗河水淹没的命运。这些文物保护行动极大地加强了国际社会对文物保护问题的关注。1964年，第一项有关禁止非法文物交易的建议书在联合国教科文组织获得通过，1970年，《关于禁止和防止非法进出口文化财产和非法转让其所有权的方法的公约》获得联合国教科文组织正式通过，这是在和平时期保护文

---

① 1960年3月8日，联合国教科文组织发起了一场挽救埃及努比亚神庙古迹的国际运动。André Malraux: "But see, old river, whose floods allowed astrologers to fix the most ancient date in history, men are coming now, from all parts of the world, who will carry these giants far away from your life-giving, destructive waters. Let the night fall, and you will reflect again the stars under which Isis accomplished her funeral rites, the star of Rameses. But the humblest worker come to rescue the statues of Isis and Rameses will tell you something you have always known but never heard from men before; that there is only one action over which indifferent stars and unchanging, murmurous rivers have no sway; it is the action of a man who snatches something from death." 见 *UNESCO Courier*, May 1960。

化财产的第一部国际法律文书。

在该公约的实践过程中,联合国教科文组织的角色是维护原则而非评判对错,促进文物归还原本国是该组织一贯的立场和原则,只要文物被确认是被盗或非法流失的,就应推动物归原主。《1970年公约》的理论立场是文化权利意义上的,即"每一个人,都来自一个特定的文化背景。正是有了这些文化遗产,才让我们得以了解自己的过去,而只有了解了过去,才能进一步塑造我们的现在和未来。文化遗产是构成我们自我身份认同的重要组成部分,是它们让我们知道自己是谁、来自哪里。而盗窃和掠夺文化财产的行为,则相当于是在消除和抹去这种文化和身份认同,这是一个事关人性和基本文化权利的问题"①。

(二)《1970年公约》的国际实践

《1970年公约》共有140个缔约国。中国1989年加入《1970年公约》,与21个国家签署了防止盗窃、盗掘和非法进出境文物的双边协定或谅解备忘录,包括秘鲁、印度、意大利、菲律宾、希腊、智利、塞浦路斯、美国、澳大利亚、土耳其、埃塞俄比亚、蒙古国、墨西哥、哥伦比亚、尼日利亚等。中国还于2013年、2015年、2019年连续当选为公约附属委员会委员国。② 其间,中国于2014年首次主导制定文物返还领域国际性规则,讨论并通过了以促进文化财产保护与归还为主题的《敦煌

---

① 《帮助文化财产回归原有国——解读联合国教科文组织〈1970年公约〉》,2020年12月23日,https://news.un.org/zh/story/2020/12/1073992,最后访问日期:2021年7月19日。
② 附属委员会是《1970年公约》的履约监督机制,主要职能为落实1970年公约各项目标,审议关于公约执行情况的国家报告,交流实践经验以及开展能力建设等,对推进公约改革完善,增强公约的执行力和影响力具有核心推动作用。

宣言》。

　　高33米的阿克苏姆方尖碑建于公元4世纪的埃塞俄比亚阿克苏姆王朝时期,是人类竖立起的最高的石碑,也是埃塞俄比亚古代文明的标志。1937年意大利占领埃塞俄比亚时,该碑被墨索里尼掠走,作为战胜国的象征竖立在罗马的君士坦丁拱门附近、联合国粮农组织门前。埃塞俄比亚政府从1947年开始,不断通过外交途径索还阿克苏姆方尖碑,意大利政府一直以运输技术难题为由拖延。2003年6月,埃塞俄比亚总理在罗马召开的世界粮食首脑会议的大会发言中面对大会会议主席、意大利总理贝卢斯科尼和在场的180国代表团,突然以《1970年公约》为依据,就阿克苏姆方尖碑归还问题对意大利进行猛烈抨击,被各国新闻媒体广泛报道。1个月之后,意大利总理签署了归还阿克苏姆方尖碑的文件。在联合国教科文组织专家们的帮助下,阿克苏姆方尖碑重新回到了埃塞俄比亚。2020年,荷兰将该国海关截获的一尊陶制头像交还尼日利亚。这尊被非法走私出境的陶制头像至少有600年的历史,体现了尼日利亚的文化特点和出色的工艺水平,对尼日利亚有着非常重要的文化意义。这也是荷兰在2009年加入《1970年公约》后所完成的首次文物归还,充分体现《1970年公约》的价值和对国际文物合作的推动意义。芬兰2020年宣布将把一个世纪前被带到欧洲的28件与丧葬文化有关的物品、20件人类遗骸,一起交还给美国的4个原住民部落。这些合作体现了多边主义的价值,是各国对彼此的文化遗产和文化多样性的充分尊重,这样的尊重与合作无疑有助于维护和促进世界和平。

　　中国和意大利两国于2006年签署了《中意关于防止盗窃、盗掘和非法进出境文物的协定》,就打击文物领域的违法犯罪活动形成了方案,促进了非法出口文物不断返还中国。次年,意大利文物宪兵在文物市场查获大量疑似非法流失的中国文物,启动了其国内司法审判程序。中国国家文物局随后提出文物返还要求,与意大利文化遗产主管部门开展流失文物追索工作。2019年,意大利法院判决将这796件/套文物艺术品返还中国。这批文物主要为来自陕西、山西、河南和江苏等地区的出土与传世文物,时代跨度长达5000年,从新石器时代至明清民国时期。重点文物包括马家窑文化红陶罐、汉代茧形壶、唐代武士立俑、宋代黑釉瓷、清末至民国紫砂壶等。① 其中数千年前的西北地区彩陶为研究新石器时代的社会风貌提供了直接的资料,众多的汉代、唐代和明代陶俑则是记录古代中原地区民族交流和思想信仰信息的重要历史文物。2019年3月23日,在习近平主席和意大利总理的共同见证下,中意双方代表交换了关于796件/套中国流失文物艺术品返还的证书。②

在《1970年公约》实施的背景下,中国已经促成30余批次近4000件/套流失文物归国。国家文物局综合使用外交斡旋、协商谈判、执法合作、司法诉讼等方式,追索流失文物。其中的圆明园鼠首兔首、秦公晋侯青铜器、大堡子山金饰片等重要文物已入藏国家博物馆、上海博物馆、甘肃省博物馆等。2019年2月28日,美国正式返还361件/套中国流失文物艺术品。这是中美两国2009年签署相关备忘录以来,美方第三次返还中国流失文物。2020年,追索历时25年的68件/套流失英国文物成功归国。1995年2月,英警方向我驻英使馆通报,在侦破一起国际文物犯罪案件过程中发现疑似中国文物,国家文物局初步鉴定为我禁止出境文物。当年3月,英警方截获并扣押嫌疑人运抵英国的大量

---

① 倪伟:《中意签署证书 流失文物归来》,《新京报》2019年3月26日,https://baijiahao.baidu.com/s?id=1629004141619512177&wfr=spider&for=pc,最后访问日期:2021年7月19日。

② 《中意树立了世界文物归还的典范》,2019年3月26日,http://opinion.people.com.cn/n1/2019/0326/c1003-30996896.html,最后访问日期:2021年7月19日。

文物。国家文物局派员赴英鉴定,确认为走私中国文物。在国务院统一部署下,外交部、公安部、司法部、国务院港澳办、最高人民检察院、原文化部、文物局等共同组成"追索英警方查扣走私中国文物工作小组",通过执法合作、民事诉讼、协商谈判等多种方式展开追索。2020年1月,伦敦大都会警察局联系我驻英使馆,告知因购买人去向不明且扣押时间超过追诉期,该批涉案文物被界定为无主物,主动提出希望将该批文物归还中国。国家文物局立即组织重启追索机制,基于联合国教科文组织《1970年公约》向英方正式提出返还要求并发出追索函。10月19日,我驻英国使馆专人护送文物至伦敦希思罗国际机场,文物启运回国。①《1970年公约》及其实践,以"文物保护"的形式集中体现了联合国教科文组织在文化领域的软实力。

五、结语

中国对联合国教科文组织的参与,在软实力方面"要实现三个转变,即从'索取'到'有给有予',从'合作'到'援助',从物质输出到价值观输出"②。其中的第一与第二个转变已经逐步实现,但是第三个关乎软实力的转变,最难突破。时任国务院新闻办公室主任王晨2009年11月12日指出:"目前看,中国对外文化交流和文化传播严重'入超','文化赤字'很大,在世界上表现中国核心价值观、悠久历史、灿烂文化的文

---

① 《二十五年追索,六十八件流失文物回家记》,2020年11月19日,http://www.ncha.gov.cn/col/col2434/index.html,最后访问日期:2021年7月19日。
② 杜越:《联合国教科文组织与软实力——在构建和谐世界与联合国教科文组织发展趋势专家研讨会上的发言》,北京,中国人民大学,2009年5月10日。

化产品及中国文化的对外影响力仍然有限,中国文化的对外影响力与中国的国际地位及经济社会发展水平相比还有不小差距。"①

国家在国际组织中的软实力拓展与该国的软实力能力成正相关。联合国教科文组织的亚洲会员国中,日本和韩国在该组织的软实力拓展相对突出。与之相关的背景是,1997年日本文化政策促进会议提出《新的文化立国目标:当前振兴文化的重点和对策》报告,开启了文化立国的初步构想,次年日本政府公布实施《21世纪文化立国方案》,文化立国战略正式确立。2000年,韩国调整发展战略,正式提出文化立国方案,宣布21世纪韩国的立国之本是高新技术和文化,当年,韩国文化预算大幅增加,和法国一起成为世界上仅有的两个文化预算突破国家总预算1%的国家。② 中国自21世纪第二个10年开始,也大幅调高对外宣传预算,但预算的增加与拓展在联合国教科文组织的软实力,或者以国际组织为中介拓展国家软实力的成效之间,并不一定存在必然关联。易言之,国家软实力的增强,是一个长期的过程。

有学者指出:"作为软权力的国际制度,主要包含以下几个含义:第一、国家的政治理念与主张在多大程度上能够贯彻到制度设计过程中去?或者说,如何确保制度的规范不与本国国内基本规范相冲突?第二、国家在制度框架下的议程设置上拥有多大的影响力和号召力?第三、国家在国际制度中的政治动员与结盟能力。第四、国家对国际制度良好的遵守与承诺如何为其带来更大的软权力?第五、国际制度作为

---

① 《国新办主任:中国"文化赤字"很大》,2009年11月16日,http://art.china.cn/zixun/2009-11/16/content_3245402.htm,最后访问日期:2021年7月19日。
② 陈东辉:《国外典型的文化建设机智极其对社会主义和谐文化建设的启示》,《江西师范大学学报》(哲学社会科学版)2009年第1期。

国家的战略性资产。"①其中,第一点讨论的是国家参与国际组织软实力议程设置的前提,第二点和第三点讨论的是国家的整体软实力本身,总体来说,这5点讨论的是国家参与国际组织软实力议程设置与执行的基本能力。这5点均是对中国参与国际治理能力的重大考验。如前述诸章讨论,中国对国际组织的参与是不均衡的,在议程设置上多为"修补"之力,难有创设之功。

---

① 苏长和:《中国的软权力——以国际制度与中国的关系为例》,《国际观察》2007年第2期。

第八章　全球教育治理与联合国教科文组织

"治理"(governance)概念于20世纪80年代出现于经济学和政治学等领域,并通过国际组织文件不断向全球扩散,进入了各国的国内政策领域。"全球性"(global)与这一概念密切相关,比如世界银行即于1989年提出"全球治理"的概念,全球治理委员会(CGG)在1992年发表的《我们共同的家园》报告则对全球治理进行了定义。随着冷战后世界格局的改变和自由主义国际制度的发展,全球治理迅速扩散并成为研究热点,并以1995年《全球治理研究》杂志的创办为标志。[①] 尽管对全球化进程的历史分期存在不同看法,但学术界通常认为"全球治理"的提出有特定的环境与时代因素,即由于经济全球化的深入发展导致全球性问题和全球挑战不断涌现,应运而生的全球治理日益成为一个超越国家边界的规范性目标。全球治理是具有普遍意义的学术概念,在其框架内富含诸多研究问题,包括"全球教育治理""全球文化治理"等。

无论是治理研究兴起之初认为全球治理意味着"非国家行为体的凸显",还是近年来对"将国家带回来"的讨论,均意味着国家和国际组织是治理研究中两个极为重要的构成部分。而联合国教科文组织作为

[①] 秦昌威:《深化与联合国教科文组织合作　积极参与全球教育治理》,《中国教育报》2020年6月19日第4版。

联合国系统专门机构,是最重要的全球人文治理特别是教育治理机构,深化与该组织的合作,对于加快和扩大新时代教育对外开放、更好服务教育现代化意义重大。

一、一个有待讨论的研究主题

当前,全球治理已经成为"游离于国际关系领域内外的能指"[1],进入了多学科的研究视野。作为推动全球发展的重要议程,多边主义是在异质性较强的多元主体间寻求互利合作的最大公约数,全球治理则是在国家间相互依赖程度不断加深、全球性问题和挑战不断增多的现实情境中各方达成的全球合作共识,多边主义与全球治理相互联系,有内在共性。[2] "全球教育治理"(global governance of education)被认为是全球治理的新形式(emerging new forms),[3]基于教育多边主义发展而来。"全球教育治理"最早于2008年引入中国教育学研究视野,[4]近年来逐渐成为国际和比较教育研究领域的前沿题目。一项针对2015年到2019年中文知网文献的知识图谱研究表明,关键词为"全球治理"的文献共6629篇。其中,在排名前34位的高频关键词中,除了"全球治理"和"命运共同体"占比分别为6.01%和2.96%,位于第一和第二外,

---

[1] 汤姆·佩格勒姆、米歇尔·阿库托:《全球治理的空白地带》,《国外理论动态》2016年第5期。
[2] 吴志成、刘培东:《促进多边主义与全球治理的中国视角》,《世界经济与政治》2020年第9期。
[3] UNESCO, *Rethinking Education: Toward A Common Good?*, Paris: UNESCO, 2015, p. 67.
[4] 王晓辉:《全球教育治理:鸟瞰国际组织在世界教育发展中的作用》,《北京大学教育评论》2008年第3期。

还包括"全球经济治理""全球气候治理"和"互联网治理"3个全球治理的子领域,占比分别为1.08%、0.47%、0.30%。研究发现当前的研究热点可分成6个聚类,即"人类命运共同体""浙江""全球互联网""全球秩序的治理""全球教育治理"及"气候变动"。① 可见全球教育治理已经成为当下重要的研究主题。

检视关于全球教育治理的文献可以发现,尽管全球教育治理的研究热度不断攀升,但少有对教育全球化的学术追问和对全球治理与全球教育治理相互间逻辑关系的讨论,"全球教育问题"的指称模糊,内容极为多样②,在一定意义上构成了全球治理研究的"空白地带"③。从国际文献来看,除了对教育多边主义和治理作为教育政策源头的相关讨论,关于全球教育治理的讨论多散见于国际文件中。④ 当前全球教育治理的国际议题主要集中于基础教育领域,比如联合国教科文组织的全民教育工作、经合组织(OECD)的PISA项目等全球教育治理政策。但是这些政策和工作的推进并不顺利,如PISA近年来不断招致批评,甚

---

① 刘岢欣、李礼:《全球治理国内研究回顾与展望——基于CNKI文献的知识图谱分析》,《湖南行政学院学报》2021年第1期。

② "被描述成'危机'的问题在不同的国家各不相同:撒哈拉以南非洲的儿童在接受了多年学校教育之后仍然不会阅读;在中国,考试压力对性别差距有影响;在德国的教育中,对就业能力的关注会分散注意力;巴基斯坦的分权政策给资金不足的农村学校带来挑战;巴拉圭劣质私立大学泛滥;难民儿童的受教育机会极度受限,尤其是那些因叙利亚战争流离失所的儿童。"参见联合国教科文组织:《全球教育监测报告2017/2018》,教育科学出版社,2018年,第3页。

③ 此处借用汤姆·佩格姆与米歇尔·阿库托所提出的概念,参见汤姆·佩格勒姆、米歇尔·阿库托:《全球治理的空白地带》,《国外理论动态》2016年第5期。原文刊载于《千年:国际研究杂志》(*Millennium*: *Journal of International Studies*)2015年第43卷第2期。

④ 比如"教育与培训政策研究、评论和咨询网络"(NORRAG)于2014年发布的 *Global Governance in Education and Training and the Politics of Data Scoping Workshop Report* 等。

至被指责为"全球教育治理的病毒"①。全球化通常被认为是多维度的研究,当前的研究普遍认为全球教育治理是全球治理的子领域。那么,全球教育治理与其他领域的全球治理有什么区别?教育全球治理与资源、环境、人口问题等非传统安全领域的治理含义完全不同。易言之,教育既非高政治性的议题,也迥异于一般意义上的低政治性议题。教育政策通常被经济学研究视为"国内政策",是具有全球效应或跨境溢出效应的政策——教育政策会影响一个国家的比较优势,从而改变该国(及其他国家)的贸易条件。② 这意味着教育不是直接面临全球挑战,而更多的是一种间接影响全球治理的变量。因此,全球教育治理在一定程度上意味着一种不同于与其他领域的理论空间与实践场域。尽管自2020年以来,受新冠肺炎疫情的影响,全球化未来的走势尚不完全明朗,但中国对全球化的积极态度和中国学术界对全球教育治理的研究,表明中国已成为全球教育治理研究的主要场域。为进一步推动学术对话、构建切合中国全球治理理念的教育理论,有必要对相关概念和理论进行梳理和探讨,用跨学科的视角透视已有研究。

二、全球教育治理的哲学基础

作为全球治理的维度之一,教育治理的提出与其他维度的"挑战—应对"治理逻辑相似,即治理源于对全球挑战的应对:"为了应对如今人

---

① 祝刚:《全球教育改革中也有一种"病毒"在传播:PISA时代的全球教育治理及其反思》,《上海教育》2020年第12期。
② 丹尼·罗德里克:《把全球治理放对地方》,载吴敬琏主编:《比较》(2021年第1辑,总第112辑),中信出版集团,2021年。

类面临的愈加严峻的挑战,联合国193个会员国在2015年9月举行的历史性的首脑会议上,一致通过了《2030年可持续发展议程》,议程的17个目标几乎覆盖了从人类福祉到环境发展的每个方面,其中第四个目标是'确保包容和公平的优质教育,让全民终身享有学习机会'。"[1] 联合国的这一纲领性文件明确指出教育的目标是对挑战的回应。除了治理内容不属于气候、环境等非传统安全领域,全球教育治理与其他维度的治理在哲学层面和时间维度上也存在着重要区别。

政治性是全球治理理论产生的背景和关键因素。最初将治理和国际治理的思想直接应用于实践的机构是世界银行等国际金融组织,开展治理理论研究的目的是以善治作为评估受援国的主要标准之一,因为"它使国际金融机构能从经济主义中挣脱出来,去重新思考与经济重组相关的关键性政治和社会问题。这样做也毋需触动受援国敏感的国内政治与行政问题"[2]。国家的教育主权和教育作为一项基本人权之间的联系与张力,是全球教育治理的最大特征。在全球化对国家主权所产生的8个挑战中,包括了民族国家认同的危机,因为全球化对民族国家根深蒂固的制度、传统、文化、价值产生了强烈的冲击,有时甚至影响到国民的身份和利益。[3] 这个危机也是为何教育对全球化挑战回应模糊且保守的原因之一,因为教科书和课程等意识形态性教育活动对国家认同具有重要意义,使全球化难以对教育构成直接的挑战。但是,全球化冲击下民族国家认同的危机是全球教育治理需要做出回应的命题。此外,教育的长时段性和全球教育治理的历时性也构成了全球教

---

[1] 唐虔:《我在国际组织的25年》,中信出版集团,2020年,第173页。
[2] 俞可平:《全球治理引论》,载俞可平主编:《全球化:全球治理》,社会科学文献出版社,2003年,第19—20页。
[3] 俞可平:《论全球化与国家主权》,《马克思主义与现实》2004年第1期。

育治理与其他领域的治理不同的时间性特点。

（一）教育是一项基本人权

联合国制定的《世界人权宣言》在第 26 条明文规定:"（一）人人都有受教育的权利,教育应当免费,至少在初级和基本阶段应如此。初级教育应属义务性质。技术和职业教育应普遍设立。高等教育应根据成绩而对一切人平等开放。（二）教育的目的在于充分发展人的个性并加强对人权和基本自由的尊重。教育应促进各国、各种族或各宗教集团的了解、宽容和友谊,并应促进联合国维护和平的各项活动。（三）父母对其子女所应受的教育的种类,有优先选择的权利。"[①]政府间国际组织作为重要的全球治理主体,制定教育公约和参与教育治理的基本前提均基于此。《世界人权宣言》对国际社会产生了深远影响,但宣言并不是国际公约,不具有法律拘束力。因此,联合国和教科文组织制定了7 部有关教育人权的国际公约。联合国教科文组织制定的《取缔教育歧视国际公约》是第一部确定教育人权的国际公约,该公约明文规定:"禁止任何形式的教育歧视,促进人人在教育上的机会平等和待遇平等。"联合国制定的《公民权利和政治权利国际公约》与《经济、社会及文化权利国际公约》是"两项基本人权公约",包含了教育人权的内容。现有的 8 部国际文件中,5 部由联合国制定,3 部由教科文组织制定,具体如下:

[①] 《世界人权宣言》由来自世界各个地区不同法律和文化背景的代表起草,于 1948 年 12 月 10 日在巴黎召开的大会会议上以第 217A（Ⅲ）号决议通过。《世界人权宣言》作为所有国家和所有人民的共同成就,第一次规定了基本人权应得到普遍保护。该宣言中文版参见:https://www.un.org/zh/universal-declaration-human-rights/index.html。

表 8-1 关于教育人权的国际文件一览表

公约名称	制定机构	通过时间
世界人权宣言	联合国	1948
反对教育歧视国际公约	教科文组织	1960
经济、社会及文化权利国际公约	联合国	1966
公民权利和政治权利国际公约	联合国	1976
消除对妇女一切形式歧视公约	联合国	1979
技术与职业教育公约	教科文组织	1989
儿童权利公约	联合国	1989
承认高等教育相关资历全球公约	教科文组织	2019

资料来源：作者整理。

《世界人权宣言》和 7 部国际公约的重要性在于，它们在国际法层面明确了"教育是一项基本人权"的观念，这决定了全球教育治理与其他领域全球治理的哲学基础是不同的。具体而言，受教育权是"授权性权利"（an empowerment right），首先是人的应有权利，其次才是法定权利。[1] 同时，受教育权是享有和实现其他人权的基础，正如斯普林格（Joel Srping）所指出的，"一定水平的教育是人类行为的必要条件，因此，是首要人权"[2]。而全球教育治理的哲学基础正是受教育权的"人权基础论"。当前，教育是一项基本人权已经成为普遍的共识，教科文组织认为，教育是基本人权的一个组成部分，[3]受教育权是实现其他形式

---

[1] 杨颖秀主编：《教育法学》（第四版），中国人民大学出版社，2014 年，第 31 页。
[2] 乔尔·斯普林格：《脑中之轮：教育哲学导论》，贾晨阳译，北京大学出版社，2005 年，第 279 页。
[3] 唐虔：《我在国际组织的 25 年》，中信出版集团，2020 年，第 174 页。

人权所不可或缺的基础。①

（二）国家的教育主权

"主权是一个国家绝对的、永恒的、不可分割的权力。"②博丹的这一经典主权界定强调了主权的3个特征：主权具有绝对性，是一个国家神圣不可侵犯的权力；主权具有恒久性，即在权力、功能和存续时间上不受限制；主权具有不可分割性，主权国家的一切行为都可以归结为主权权威的表现形式。主权论是近代国家学说的开端，将主权国家置于国际关系的核心位置，为多边主义的产生与发展确定了独立且稳固的行为主体。1648年欧洲各国签署的《威斯特伐利亚和约》规定了领土主权、主权独立等国际法和国际关系的主要原则，从此，主权的"对内最高，对外独立"成为国际法确认的准则。"二战"后，《联合国宪章》及《国际法原则宣言》使国家主权原则成为国际法基本原则，也构成了维系现代国际关系的基础。

教育主权是国家主权的构成部分，即"教育活动必须符合国家和社会公共利益"③。作为国家主权一部分的教育主权，是国家意志在教育事务中的体现，主要集中表现在教育方针、目的、政策和人才培养的政治方向上。国家教育主权是不可分割、不可让渡、不可侵犯的，它是一个国家层次的政治概念。④ 近代以来的很长时间里，教育一直是主权国

---

① UNESCO：*Education Is A Fundamental Right*，Paris：UNESCO，2018.
② Jean Bodin，*On Sovereignty: Four Chapters from the Six Books of the Common Wealth*，New York：Cambridge University Press，1992，p.1.
③ 参见《中华人民共和国教育法》第八条第一款。
④ 潘懋元：《我国高校产权制度改革的若干问题——兼论公、民办高校产权问题》，《教育发展研究》2005年第14期。

家的内部事务。教育政策尤其是奠定价值观基石的基础教育政策,是一个国家展现其主权最为充分的政策领域。①

(三)国家的教育主权与人的受教育权

在国内治理中,国家的教育主权与教育的人权之间的张力不但体现为学校的产权问题,也体现在对办学自主权议题的讨论中。拉班(Paul Laband)的权力关系理论认为,法律关系是仅存在于主体和主体之间的关系,在国家这个封闭不可分割的主体内,国家机关和公务员之间存在的仅是一种处在法律管辖范围之外的"特别的权力关系"。麦耶(Otto Mayer)进而提出国家对学校采取的措施、学校对老师和学生采取的措施不受法律的监督。"二战"以后,乌勒(Ule)等提出了"基础关系与管理关系理论",区分了特别权力关系中的基础关系与管理关系,管理关系下的处置可以通过内部申诉途径解决,不受法院的审查。德国联邦宪法法院提出了"重要性理论",认为"管理关系"中涉及人权的"重要事项"也应以法律规定、应接受法院的司法审核。中国《行政诉讼法》《行政复议法》规定,公民、法人认为行政机关的具体行政行为侵犯其合法权益,就可以提起诉讼或复议,并未设定管辖的边界。②全球治理并非否认国家主权,而是改变了传统的"非国家中心"即"社会中心"的二元论思维,促进多元主体的有效合作。在全球公共问题日益凸显、挑战日益增多的时代,在坚持国家主权原则的基础上有限

---

① 杜越:《全球教育治理与联合国教科文组织》,教育科学出版社,2016年,第1页。
② 孙霄兵:《我国高等学校办学自主权的发展及其运行》,《中国高教研究》2014年第9期。

度地超越国家的传统政策,有助于提高治理效能。教育是一项基本人权,并且有助于实现其他各项人权,这一原则植根于国际规范框架内,意味着国家在确保尊重、落实和保护受教育权方面的作用。除了提供教育,国家还必须成为受教育权的担保人。[①] 事实上,从全球教育治理的历史进路来看,国家一直存在着政府间主义和非政府主义两种策略的选择,但是主权国家始是全球教育治理的重要行为体。在全球治理层面,国家的教育主权与教育的人权之间的张力表现为教育治理的边界问题。

在经典的全球治理研究中,国家和国际组织被置于全球治理大框架中,成为全球治理中的具体治理主体,全球治理的基本结构是全球化与国家化的比较性框架。在过去20年的治理实践和学术研究中,从全球化与国家化的相对视角看,全球化的势头似乎胜过了国家化取向,甚至有超越国家治理的取代之势。[②] 但是全球教育治理除了"全球化—国家化"的全球治理维度,还包括教育主权和受教育权这两个维度(见图8-1)。"教育对于政府间主义来说是一个较为棘手的问题。长期以来,由于教育在塑造思想和国家认同方面可以起到关键作用,各国都认为不能让外部势力对教育产生影响。在'二战'前也确实如此,由于教育和主权联系紧密,各国都认为政府间国际组织不能参与此问题领域。"[③] 随着联合国和教科文组织"二战"后对教育权利的重视和在教育领域的实践以及多边主义教育援助的开展,教育逐渐成为国际关注的事业。

[①] F. Menashy:《教育作为全球公益:框架的适用性和影响》,《全球化、社会和教育》2009年第7卷第3期。

[②] 任剑涛:《找回国家——全球治理中的国家凯旋》,《探索与争鸣》2020年第3期。

[③] Alexandru Grigorescu and Çağlayan Başer, "The Choice between Intergovernmentalism and Nongovernmentalism: Projecting Domestic Preferences to Global Governance", *World Politics*, Vol.1, 2019, pp.88-125.

关于国际发展的讨论与研究通常将教育视为一项人权和一项公益事业。① 但是即便如此,"与卫生等其他发展部门相比,教育和技能培养领域的全球治理安排的潜在影响可以说是更具争议。因为国家教育政策从根本上讲具有政治性质,国家教育政策中蕴含着多种交织的伦理、文化、经济、社会和公民问题"②。近些年愈演愈烈的大学国际排名之争也引发了关于教育主权的讨论,甚至是对文化帝国主义或新殖民主义的思考。③ 可见,由于教育本身的政治性,全球教育治理要比全球其他领域的治理复杂得多。

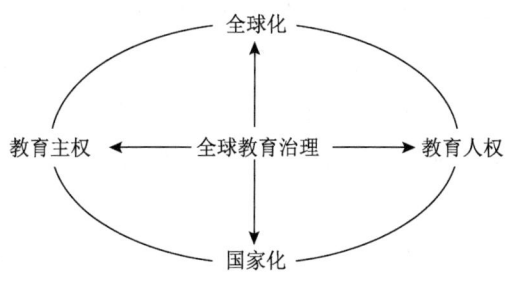

图 8-1　全球教育治理的结构

(四) 教育是人类的共同利益

教育是一项基本人权,是一项公益事业。④ 2015 年,教科文组织在

---

① 联合国教科文组织:《反思教育:向"全球共同利益"的理念转变?》,巴黎:联合国教科文组织,2015 年,第 11 页。
② 联合国教科文组织:《反思教育:向"全球共同利益"的理念转变?》,巴黎:联合国教科文组织,2015 年,第 67 页。
③ Sirke Makinen, "Global University Rankings and Russia's Quest for National Sovereignty", *Comparative Education*, 20 May, 2021.
④ 唐虔:《我在国际组织的 25 年》,中信出版集团,2020 年,第 231 页。

成立70周年之际发布了历史性的报告《反思教育：向"全球共同利益"的理念转变？》(*Rethinking Education: Toward A Global Common Good?*)，提出了新的教育价值定位：教育是全人类的共同核心利益，是实现全球可持续发展目标和应对全球挑战的关键。尤为重要的是，该报告指出，"各国政府有向公民提供教育机会的责任，知识和教育应被视为一项全社会的'共同利益(a common good)'"①。2021年3月，教育的未来国际委员会新发布的"教育的未来"(Futures of Education: Learning to Become)国际阶段报告，也再次重申"加强教育作为一项共同利益"②。联合国秘书长古特雷斯2020年10月22日在应对新冠肺炎疫情的全球教育会议上指出，新冠肺炎疫情对全球学生教育造成严重破坏，世界正面临遭受"一代人灾难"的风险，他强调"为了成功避免这场危机，必需认识到教育'是一项全球共同利益'"③。教育从"公益事业"提升为"共同利益"，超越了传统的视教育为公共产品(public goods)的看法。教育法认为，教育是一个民族、一个国家乃至整个世界的共同事业，因为它涉及能否保障每个人充分发展个性的权利，享受基本自由的权利，而每个人的权利又构成国家和社会的利益整体，教育有责任为保障这些权利提供条件，做出努力。④ 以此来说，"共同利益"是教育在国际层面的应有之义。

一般而言，全球治理的经典理由基于如下两类情形：第一类具有全球公共品性质，是全球公域问题(global commons)，第二类是以邻为壑型

---

① 联合国教科文组织：《反思教育：向"全球共同利益"的理念转变？》，巴黎：联合国教科文组织，2015年，第11页。
② International Commission on the Futures of Education, *Futures of Education-Learning to Become*, March 2021.
③ 《联合国秘书长敦促关注课堂危机 避免一代人的灾难》，2020年10月22日，https://news.un.org/zh/story/2020/10/1069912。
④ 杨颖秀主编：《教育法学》(第四版)，中国人民大学出版社，2014年，第24页。

政策(beggar-thy-neighbor policies)。①《反思教育》报告的出版,意味着国际社会对全球教育价值定位的一个根本性的转变。利益(good)和公共品(goods)在价值层面都具有全球性(global)和公共性(common),这意味着对于教育全球层面治理的必要性与可能性。《反思教育》报告强调教育是一项共同利益。"共同利益"是"人类在本质上共享并且互相交流的各种善意,例如价值观、公民美德和正义感"②。这一概念超越了个人主义的社会经济理论,认为共同利益是一项社会集体努力的事业,强调集体参与的过程,要实现可持续发展目标应将教育和知识视为全球共同利益。

"教育是一项共同利益"强调国家的责任,认为"教育是社会平等链条上的第一环,不应将教育出让给市场"③。"教育是一项共同利益"也强调了政府间国际组织的责任,必须根据环境的多样性以及多种文化来对教育和知识的"共同利益"进行解读,培养关于环境、世界观和知识体系的多样性。作为共同利益,教育应该具有包容性。教育的本质是作为人的生存和发展的权利,强调了教育对人的本体发展的重要性的认识。"教育的确离不开政治和经济并要为它们服务,但教育更是人的权利,同时只有人个体得到发展,才能为政治经济服务。"④从这个意义上来讲,联合国教科文组织倡导的全球教育治理承认基于"共同利益"这一前提,直面教育政策的政治性以及国家与政

---

① 丹尼·罗德里克:《把全球治理放对地方》,《比较》(2021年第1辑,总第112辑),中信出版集团,2021年。Putting Global Governance in Place, *The World Bank Research Observer*, Oxford University Press, 2020。
② 联合国教科文组织:《反思教育:向"全球共同利益"的理念转变?》,巴黎:联合国教科文组织,2015年,第77页。
③ 联合国教科文组织:《反思教育:向"全球共同利益"的理念转变?》,巴黎:联合国教科文组织,2015年,第68页。
④ 顾明远:《对教育本质的新认识》,《光明日报》2016年1月5日第14版。

府间国际组织对教育的责任,这与世界银行开展治理理论研究和实践以避免触动受援国政治和行政问题的选择性实用主义取向是显然是不同的。

三、全球化视野下的全球教育治理研究

全球治理的背景是全球化这个多维度、整体性的社会历史变迁过程。全球化研究是各学科对全球化的理论回应,全球治理研究是针对全球治理问题的研究。学术研究的原动力通常出自对拓展知识边界的追求,全球治理研究的动力既包括基于对事实和实践的理论概括,也包括对中国积极参与甚至引领全球治理的宏观战略、政策话语和经验实践的观察,尤其是构建人类命运共同体的全球治理理念、规则制定和治理实践的梳理。

(一)不同学科对全球治理的研究

1990年,针对世界政治的动荡、没有管辖归属的移民和气候等地区性问题,罗西瑙开创性地提出了"从政府的统治走向没有政府的治理",这不但推动了有关全球化的讨论,并且使学术讨论有意识地转向了全球治理。关于治理的研究在很大程度上开展于国际关系学科。其中,第一代国际体系研究为研究提供了开阔的视野,即通过提升合作效率、识别国际组织功能的差异、提升国际规制和管理体系的潜能,以达到"善治"(good governance)。第二代全球治理研究则开展了创造性的理

论思考,试图构建新的力量。① 总体而言,"全球化是一个多维的过程,包括社会、政治、经济、文化、军事等诸多领域的变革。因此我们可以说经济全球化、政治全球化、文化全球化等。全球化的多维度特点需要各个学科的共同关注和相互合作"②。对全球化的研究推动了各学科的发展。

如表 8-2 所示,相对于经济学、政治学、社会学中关于全球化研究的丰富内容,尤其是历史学构建全球史的范式变革和政治学从全球问题转向建设全球学学科的实践,教育学对全球化问题的回应沿用了传统的教育国际化和跨境教育理念,对教育全球化保持审慎态度,尚未展现更大的学科抱负。对这种有限的保守回应方式存在几种不同的解释:其一是在教育领域并未出现明确的全球性挑战;其二是反映了教育学科与教育长时段特征相关的一贯保守性;其三则意味着教育存在着不同于其他学科的本体论特征,尤其是教育的政治性、教育主权与受教育权等,这种本体层面的特征在一定程度上解释了全球层面教育挑战的弱性出现以及挑战的低烈度。全球教育治理不仅是全球治理的一个领域,也是一个实证。

表 8-2　不同学科对全球化的研究

学科	基本对象	对全球化的表述	研究问题
教育学	全球教育	教育多边主义	跨境教育、共同利益
经济学	市场	经济全球化、经济一体化、市场关系的扩展	贸易、投资、就业、经济区域化、金融风险、福利制度等

---

① 关于全球化理论研究的经典著作主要包括杨雪冬:《全球化:西方理论前沿》,社会科学文献出版社,2002 年;俞可平主编:《全球化:全球治理》,社会科学文献出版社,2003 年;秦亚青:《全球治理:多元世界的秩序重建》,世界知识出版社,2019 年。

② 杨雪冬:《全球化:西方理论前沿》,社会科学文献出版社,2002 年,第 6 页。

(续表)

学科	基本对象	对全球化的表述	研究问题
政治学（国际关系）	民族国家	全球学、多层次的治理(全球治理)、世界主义民主、跨国公民社会	全球性问题的解决、主权问题、多层次治理问题、民族国家的命运和作用、民族的前途等
社会学	社会民族社会/世界社会	多维度的全球化	全球前景、文化之间的关系、非西方社会的反应、移民等
哲学	人类文明	全球性：人类共同体	全球价值、人类存在、生态价值、后现代性等
文化	全球文化与本土文化	可口可乐文化、麦当劳文化、后殖民主义	本土文化的反应、全球文化的可能
历史学	全球史	全球史	民族史、国别史和文明史纳入全球框架

资料来源：杨雪冬：《全球化：西方理论前沿》，社会科学文献出版社，2002年；俞可平：《将全球问题的研究上升到全球学的高度》，《北京日报》2015年6月8日第20版；蔡拓：《全球学导论》，北京大学出版社，2015年。

（二）全球治理与全球教育治理

罗西瑙和全球治理委员会关于全球治理的定义影响最大，且最有代表性。罗西瑙提出全球治理的"规则说"，认为全球治理可以被认为包括通过控制、追求目标以产生跨国影响的各层次人类活动——从家庭到国际组织——的规则系统，甚至包括被卷入更加相互依赖的、急剧增加的世界网络的大量规则系统。全球治理委员会则提出"多层次立体说":治理在世界层次上一直被主要视为政府间的关系,如今则必须看到它与非政府组织、各种公民运动、跨国公司和世界资本市场有关。凡此种种均与有广泛影响的全球大众传媒相互作用。俞可平认为,全球治理指的是通过具有约束力的国际机制解决全球性的冲突、生态、人权、移民、毒品、走私、传染病等问题,以维持国际政治经济秩序。全球治理的5个要素包括全球治理的主体、全球治理的价值、全球治理的规制、全球治理的客体或基本单元、全球治理的对象或客体、全球治理的效果。① 这一定义的逻辑认为全球治理源自对全球性治理挑战的回应,即"全球治理的对象包括已经影响或者将要影响全人类的跨国问题"②。

教育多边主义的思想源自多边主义,全球教育治理的研究逻辑移植自全球治理研究,提出了4种相互联系、各有区别的定义。其一是"理想秩序说":全球教育治理是国际社会各行为体通过协调、合作、确立共识等方式参与全球教育事业的管理,以建立或维持理想国际秩序的过程;是一种由来已久的、在全球化时代得到全面发展的特殊现象,是各种社会主体(特别是各类国际性的组织实体)共同参与教育发展进程,通过各种相关的国际活动和项目实施而凝练成型的教育理念、教育原则、教育体制原则和教育发展战略,对一国教育政策和教育发展的框架、内容、形式和操作路径产生重大影响,并由此对全球教育发展趋势形成特定的导向作用。③ 其二是全球教育治理的"共同合作说":全球教育治理是指国际体系中以非主权国家为核心的各个行为体的共同合作,通过正式的制度和非正式的安排,协调各自利益和政策,以应对全球化时代人类社会所面对的教育发展上的各种跨国和国际挑战,并支

---

① 俞可平主编:《全球化:全球治理》,社会科学文献出版社,2003年。
② 俞可平:《论全球化与国家主权》,《马克思主义与现实》2004年第1期。
③ 杜越:《全球教育治理与联合国教科文组织》,教育科学出版社,2016年。

持各个国家实现国家治理水平提升的活动。① 其三是全球教育治理的"多层利益说":全球教育治理指国际社会的利益相关方(国际组织、民族国家、跨国公司、大众媒体及其他非国家行为体)为了实现自身利益和全球共同利益,通过各种正式和非正式的机制以及倡议、谈判、协商、合作或是博弈等多种互动方式应对和解决全球教育问题,提升自身或他方教育治理能力和影响力,促进各国教育发展与交流的活动。②

在上述3种关于全球教育治理的定义中,"理想秩序说"明显受到了罗西瑙治理思想的深刻影响,突出强调了规则的重要性,③《中国教育现代化2035》所提出的全球教育治理也是规则导向的:"积极参与全球教育治理,深度参与国际教育规则、标准、评价体系的研究制定。推进与国际组织及专业机构的教育交流合作,健全对外教育援助机制。"④"共同合作说"的内在逻辑是俞可平关于全球治理所提出的"挑战—反应"逻辑。"多层利益说"则是全球治理委员会关于全球治理定义在教育治理领域的延伸与扩充,以利益为目标,强调多元合作。

上述关于全球教育治理的定义建立在对全球化历史进程的相同认识基础之上,即以经济全球化为代表的全球化在冷战结束之后,随着全球化进程的日益深入和国际政治经济格局的调整引发了全球治理问题,全球治理理论是全球化进程的逻辑结果。⑤ 但是不同学者对全球化历史进程的看法不同:马克思、沃勒斯坦和吉登斯认为始于15世纪,罗

---

① 《如何加快和扩大新时代教育对外开放》,《中国教育报》2020年6月23日第4版。
② 孙进:《全球教育治理》,人民出版社,2020年。
③ 杜越、谢喆平、董建红:《他山之玉:国际教育规则探析》,教育科学出版社,2016年。
④ 中共中央、国务院印发:《中国教育现代化2035》,2019年2月23日。
⑤ 俞可平:《全球化:全球治理》,社会科学文献出版社,2003年,第1、20页。

伯逊则认为是1870—1920年。① 全球化是资本主义发展的产物,这种全球化是始于欧洲的,是一种欧洲中心的全球化。作为全球教育治理重要构成部分的国际教育规制/规则也有长期的历史发展进程,如图8-2所示。全球化和全球教育规则经历了近代以来数百年的长时段发展。

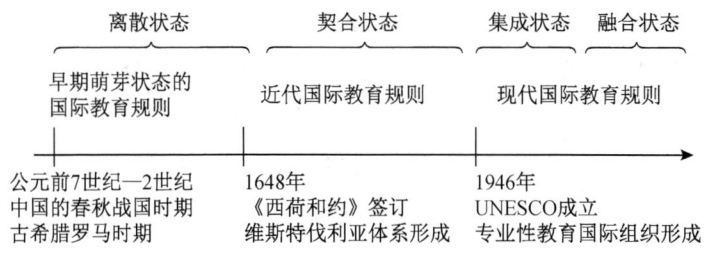

图 8-2　国际教育规则的历史发展

资料来源:杜越、谢喆平、董建红:《他山之玉:国际教育规则探析》,教育科学出版社,2016年。

"成熟经验说"的逻辑进路不同于前3种定义,认为全球教育治理是全球教育交流、文化交流、人员交流、人才交流的支柱,也是全球科技标准和产品标准的深层基础。② 如上图8-2所示,这一逻辑的前提是国际教育规则的产生经历了漫长的发展,威斯特伐利亚体系的形成和"二战"的结束是两个重要的历史节点。"成熟经验说"将教育作为全球治理的支柱变量,尤为重要的是认为全球教育治理体系的形成和发展进程是长时段的,可以为当下的全球数据治理等提供经验:第一,由先行发展逐步演变。最早是各国各地区离散状态的萌芽发展,然后才是各

---

① J. N. Pieterse, "Globalizatiom as hybridization, in M.Featherestone", S. Lash and R. Roberston, eds., *Global Modernities*, London: Sage Publications, Ltd. 1995, p.47.

② 《张小劲:谈全球数字治理》,2021年3月20日,http://www.sss.tsinghua.edu.cn/info/1074/4676.htm,最后访问日期:2021年7月19日。

国各地区的初步发展,然后再是相邻国家和相邻地区的过渡发展,最后才是跨国跨地区融合状态的快速发展以及全球化整合状态的体系发展。这样一个发展过程,在目前形势下是可以加快嵌套的,但是很难设想可以一步跨越的。第二,发展的体系化。在全球教育治理体系当中,国际、国家、非国家国际组织、次国家组织、个人、学校都共同多元化地参与。第三,规则的要点不断丰富,从点到面。最早都是原初的理念,经过基础研究,再经过技术发展提出议案,最后才可能形成特定意义上的国际公约。在教育研究领域当中,既涉及硬技术类型,比如学府、学历、学科的设置,也涉及软理论性的概念,比如教育平等、终身学习、学习型社会、全民学习等,这些都是在全球教育治理当中逐步形成的。

教育的全球化是一个长时段的社会历史变迁过程,全球教育治理研究是教育学科对全球化深入发展做出的理论回应。全球教育治理具有清晰的边界,即在尊重教育主权和受教育权的前提下,以教育为人类的共同利益,主权国家、国际组织、非政府的专业组织等行为体基于教育理念、国际公约和教育政策等规则开展各种合作,以应对全球化时代所面临的各种教育挑战,实现可持续发展。

四、讨论与结论

全球教育治理是全球化背景下对教育新问题的回应,是对教育领域应对全球化冲击的产物。全球教育治理是国际教育和比较教育研究的议题,也涉及国际关系、国际法、教育法以及经济学研究。就研究的本体而言,全球教育治理需要回答5个关于治理的基本问题:全球教育治理的价值何在、全球教育治理的规制如何、何为全球教育治理的主体、全球教育治理的对象或客体为何以及全球教育治理的效果如何。受教育是人的权利,教育是人类的共同利益,这是全球教育治理价值的出发点。罗西瑙认为全球治理是规则系统。① 在教育领域,从1950年到2014年,联合国教科文组织制定的各类国际教育政策文件将近4万件,世界银行的相关教育政策文件超过1万件。② 中共中央办公厅、国务院办公厅2016年颁布的《关于做好新时期教育对外开放工作的若干意见》提出"积极参与全球教育治理",中共中央、国务院2019年颁布的《中国教育现代化2035》提出"积极参与全球教育治理,深度参与国际教育规则、标准、评价体系的研究制定。推进与国际组织及专业机构的教育交流合作,健全对外教育援助机制"。国际组织教育规章的增加和国家教育政策对全球教育治理概念的接受表明的不仅是全球层面教育治理的需求,也体现了教育治理活动的活跃。全球教育治理的对象是国际性和跨境性的教育活动,治理的主体不仅包括政府间国际组织和民族国家,也包括非政府的专业组织,更包括大量的基金会以及各级各类学校,构成了丰富的治理网络。

在全球范围内,尽管各种治理主体付出了极大的努力,但是全球教育治理的效果却不尽人意。联合国教科文组织的《全民教育监测报告》表明,在基础教育层面,全球教育治理的效果仍有待提高——教育援助是全球教育治理的重要内容,但是国际教育援助金额在2010年之后持续下降。③ 高等教育层面,尽管通常登上世界高校排名榜单的200—500

---

① Timothy J. Sinclair, Martin Hewson, *Global Governance: Critical Concepts in Political Science*, Vol.1, London: Routledge, 2004, p.234.
② 杜越、谢喆平、董建红:《他山之玉:国际教育规则探析》,教育科学出版社,2016年。
③ UNESCO, *EFA Monitoring Report 2017/2018, Accountability in Education: Meeting Our Commitments*, http://unesdoc.unesco.org/ark:/48223/pf000259338, accessed July 19, 2021.

所大学只占全球17000多所高校中的1%—3%,并因此导致这一机制不断受到质疑,但4个较为权威的排名榜事实上已经极大地影响了全球的高等教育生态,大学竞争不断加剧,各国纷纷出台高等教育政策,在建设"世界一流大学"和"世界一流高等教育体系"的抉择中难以取舍。① 尤为重要的是,2020年爆发的新冠肺炎疫情对全球教育构成了史无前例的冲击,一方面对全球教育治理构成了极为重大的挑战、全世界正面临"一代人灾难"的巨大风险;另一方面,在疫情应对中国家对教育的支持作用空前重要,全球治理出现了"把国家带回来"(bring the state back)②的趋势。这些均需要在理论和实践层面对全球教育治理开展深入的讨论。

---

① 唐虔:《我在国际组织的25年》,中信出版集团,2020年,第227页。
② 任剑涛:《找回国家——全球治理中的国家凯旋》,《探索与争鸣》2020年第3期。

第九章 实践参与视角下的中国与联合国教科文组织

自 1971 年重返联合国体系以来,新中国与国际组织的互动总体呈现了一种递进式的增长。研究者多以 1978 年(改革开放)和 2000 年(世纪之交)为两个标志性时间节点,将 1978 年以前视为中国从国际体系外的他者,逐渐转变为低调回避、谨慎旁观国际组织的过渡时期,将 1978 年到 2000 年左右视为主动融入国际社会、积极学习国际理念与规范的融入阶段。21 世纪以来,中国开启了深度参与引领全球治理的新时期,①对国际组织这一多边主义舞台的重视程度日益加深。党和国家领导人在以全球治理为主题的两次政治局集体学习中提出,要从给国际秩序和国际体系"定规则、定方向"和"长远制度性安排"角度加强全球治理、推进全球治理体制变革,强调要强化参与全球治理的自身能力建设,着力增强"规则制定能力、议程设置能力、舆论宣传能力、统筹协调能力"。② 当前中国视国际组织为重要的多边外交舞台和全球治理的重要主体,不断加强对国际组织政策、财力、人力等多方面的支持。

---

① 相关论述可参见秦亚青主编:《实践与变革:中国参与国际体系进程研究》,世界知识出版社,2016 年,第 486—489 页;胡宗山、韦红:《中国参与国际体系变革进程研究》,华中师范大学出版社,2018 年,第 67—96 页;刘贞晔:《中国参与全球治理的历程与国家利益分析》,《学习与探索》2015 年第 9 期。

② 陈向阳:《习近平总书记的全球治理思想》,《前线》2017 年第 6 期。

一、提案数量与会费额度之间的落差

2020—2021年,中国在联合国的分摊会费比例已达到12.01%,仅次于美国的22%。中共中央和国家有关部门出台政策,加大国际组织人才培养、培训和推送的力度,高校相继开设国际组织专业甚至国际组织学院。目前,中国已经成为出任联合国专门机构首席行政长官最多的国家,16个专门机构中的3个由中国人领导。① 资金和人员固然是参与国际组织和全球治理的重要基础,但中国在国际组织中的实践行为与效果,尤其是参与决策的实践,同样是当下需要深入探究的重要命题。因为国家在国际组织治理机构与决策机制中的实践行为直接关乎"定规则、定方向"和"长远制度性安排",特别是在国际组织最高决策机构,即成员国大会中的大会提案尤为重要。在联合国体系中,中国是联合国教科文组织的第一大会费国。但是,尽管自1971年恢复合法席位以来一直保有正式会员国身份,中国在联合国教科文组织的大会提案实践并未如会费一般呈同样的线性发展,而是在数量上呈现显著的历时性波动。进入21世纪以来,中国的大会提案数量急剧下降,与在联合国教科文组织分摊会费的持续增长形成鲜明反差,与中国参与国际组织的线性发展"阶段论"不相符。

如何解释和理解这一反差?当前关于中国与国际组织关系的研究集中于宏观层面,主要以权力和规范为主要理论视角,几乎全被"追求

---

① 分别为联合国粮农组织总干事屈冬玉、联合国工业发展组织总干事李勇、国际电信联盟秘书长赵厚麟。

利益"和"遵守规则"的话语所主导。① 权力视角将中国参与国际组织置于国际体系转型和权力转移的背景下审视,认为 21 世纪以来,特别是 2008 年国际金融危机以后,国际权力结构发生深刻变化,出现了国家间权力转移和权力流散,这提供了中国积极参与国际组织的一种动因解释。规范视角将中国参与国际组织视为一个社会化过程,认为中国的态度与政策的变化不能用单一的实力因素解释,而是归因于主导性国际规范对国家利益的重塑。制度主义与组织社会学提供了颇有价值的理论借鉴,区分了行为的"工具主义逻辑"和"适当性逻辑",关注到在国际制度多层化、重叠化、竞争化和复杂化的趋势下,国家的能动性可以通过丰富的政策组合(portfolio)实现。但是,权力、规范和制度视角都建立在理性选择的行为体模型上,假定行为都属于事后(ex post facto)的反思性战略,难以准确描述和解释世界政治中的国家在潜移默化的知识与具体情境之间的互动。中国对国际组织的参与是重要的政策实践行为,忽略实践则难以对中国参与国际组织进程的复杂性提供解释,也难以对与经验印象相反的下降趋势提供解释。

国际实践理论是 21 世纪以来兴起的、以实践为本体和认识路径的研究框架,为描述和理解行为主体在实践场域中的具体行为与互动关系提供了有效分析工具。以国际实践理论进路透视中国参与教科文组织的实践演变、解释关于实践的政策选择,可为研究中国与国际组织互动和参与全球治理提供一种思路。此外,国际法中的"择地行诉"(forum shopping)等概念近年来也被引入关于国际组织争端解决的研

---

① 弗雷德里希·克拉托赫维尔:《理解"国际实践"》,载伊曼纽尔·阿德勒、文森特·波略特主编:《国际实践》,秦亚青、孙吉胜、魏玲等译,上海人民出版社,2015 年,第 58 页。

究,用来分析国家在国际争端解决中的主动性选择,这一概念也可为国际实践理论提供一定程度的启发。

二、国际实践理论

国际实践理论是在批判传统国际关系理论将复杂且动态的世界政治现实过分通则化、简约化的基础上发展起来的。"实践"是从哲学和社会学引入的概念,源自对20世纪社会生活本体论二分法的反思,即社会本体要么是由个人组成的整体,要么是组成社会的个人。为了超越这种社会理论的生物学思维模式,福柯、戈夫曼、布尔迪厄、吉登斯、拉图尔等一批"实践理论家"将实践作为构成人类社会世界的本体要素,用施动者的一切言与行作为理解行动、结构、制度等其他社会实在的中心参照点。[①] 国际实践理论认为,传统国际关系理论在本体论上存在难以克服的二元分立思维,比如物质与观念、国际体系与施动者、结构与进程、社会化与反社会化等等;在认识论上具有表征性知识偏见,只注重事后反思和由"分离、抽象、并归和理想化"[②]得出的理论知识,忽略了真实的日常生活中、大量不需思索便指导实践的背景性知识及其所包含的惯习逻辑。国际实践理论具有广阔的本体论内涵和包容性的认识论路径,分析层次更贴近世界政治现实。

国际实践的定义是"适当绩效行动的实施"(competent performances),即可被社会识别的、有规律、有意义的社会行动集合,包括"行动的绩

[①] Theodor R. Schatzki, *Social Practices: A Wittgensteinian Approach to Human Activity and the Social*, Cambridge University Press, 1996, pp.89-132.

[②] 肯尼思·华尔兹:《国际政治理论》,信强译,上海人民出版社,2017年,第11页。

效、模式、职能、背景以及话语—物质联结"。① 国际实践是一个过程性、关系性、动态性的概念,实践行动的实施就是把行为体的背景知识与话语体现、展示、物化于物质世界的过程。② 作为本体论,国际实践可将施动者与结构、物质与观念编织在一起,统合语言、物质、主体间性等因素并以社会实践的形式表现出来,克服国际关系理论中的二元分立。作为认识论,国际实践将背景知识推向前台,提出了基于情境的惯习逻辑,能够纠正现代认识论中普适理性(universal rationality)与情境合理性(contextual reasonableness)之间的失衡。③ 由于本体论和认识论上的优势,实践作为多种理论汇聚的概念中心点(conceptual focal point),更适合成为一种理解多层面有效施动行为的分析单元,通过关注日常生活行为与活动推动国际关系理论超越传统的层次分析法,"回落"至多层面合成的世界政治现实,展示其复杂、动态的"原真性"。④

塑造国际实践的两个核心要素是实践主体的惯习(habitus)和实践发生的场域(champs)。惯习是布尔迪厄提出的概念,是指持久的、可转换的潜在行为倾向系统,是既往社会结构、社会经验、思维与行动图式被保存成的现时可能性。⑤ 人在日常生活中的绝大多数行为都是依惯习不假思索开展的,国家在世界政治现实中的绝大多数行动也是由惯习所包含的促动结构限定和激发的。惯习逻辑不同于社会理论中的后

---

① 伊曼纽尔·阿德勒、文森特·波略特主编:《国际实践》,秦亚青、孙吉胜、魏玲等译,上海人民出版社,2015年,第6—8页。
② Emanuel Adler, Vincent Pouliot, "International Practices", *International Theory*, Vol.3, No.1, 2011, pp.1-36.
③ Stephen E. Toulmin, *Return to Reason*, Harvard University Press, 2001, pp.14-28.
④ 伊曼纽尔·阿德勒、文森特·波略特主编:《国际实践》,秦亚青、孙吉胜、魏玲等译,上海人民出版社,2015年,第12页。
⑤ Frédéric Mérand, Vincent Pouliot, "Le monde de Pierre Bourdieu: Éléments pour une théorie sociale des Relations internationales", *Canadian Journal of Political Science*, Vol.41, No.3, 2008, pp.603-625.

果逻辑、适宜逻辑和辩论逻辑,是一种依赖背景性知识和具体情境实施行为的逻辑。① 在现实世界中,主导社会行为与实践的不是反思而知的意图与信念,而是不言自明的背景性知识——背景性知识传达出具体的主体间预期与性情,框定互动的条件,界定理性的边界。② 惯习逻辑使社会行为呈现出有组织、有意义的状态,但却并非真正战略意图的安排。在惯习逻辑主导的实践作用下,社会客观世界看上去是"合理的"、符合"常识"的,成为出一种"集体的协调一致但却不是乐队指挥的组织作用的产物"。③

场域是激发惯习的具体情境。惯习作为一种内化的外在性,只有在一定的条件和情境下才会再度外化,而激活惯习逻辑的就是具体实践所在的场域。④ 换言之,实践场域设定"玩家"具体博弈的"游戏场"。⑤ 实践场域不仅指地理上的地点和物理意义上的场所,而是一种关系性的社会空间,是具有特定结构与互动模式的情境,包括权力关系、斗争目标和既定规则3个维度;实践资本,包括物质资本、社会资本、文化资本以及符号资本,都同场域紧密相关并视不同的场域产生效应。⑥ 行为体在不同的实践场域中形成社会化的主观性,具化为隐含在实践中的背景知识,外化为行动中的惯习,趋向于复制最终产生了已有

---

① Vincent Pouliot, "The Logic of Practicality: A Theory of Practice of Security Communities", *International Organization*, Vol 62, No.2, 2008, pp.257-288.
② 伊曼纽尔·阿德勒、文森特·波略特主编:《国际实践》,秦亚青、孙吉胜、魏玲等译,上海人民出版社,2015年,第17页。Jorg Kustermans, "Parsing the Practice Turn: Practice, Practical Knowledge, Practices", *Millennium*, Vol.44, No.2, 2015-2016, pp.175-196。
③ 皮埃尔·布尔迪厄:《实践感》,蒋梓骅译,译林出版社,2012年,第74—75页。
④ 皮埃尔·布尔迪厄:《实践理论大纲》,高振华、李思宇译,中国人民大学出版社,2017年,第213—214页。
⑤ 皮埃尔·布尔迪厄:《实践感》,蒋梓骅译,译林出版社,2012年,第93—94页。
⑥ 高宣扬:《论布尔迪厄关于"象征性实践"的概念》,《哲学研究》2016年第3期。

实践的客观结构。①

会员国参与国际组织并与之互动,本质上是一种参与实践(practices of engagement),②是实践且是通过实践(in and through practices)创造和维系的有社会意义的历史进程。参与实践作为一种一般性实践,由多种具体实践组成,是在具体实践场域中开展的行为和活动。社会世界不是结构实在论者所认为的那样,让我们直接接受它的存在、直接支配我们的言行,而是更像一场演出,通过具体情境激发实践者的惯习反应,从而在具体实践中展开;具体实践是实施方法和实施结构、历史实践的客观化产物和身体化产物、结构和习性的辩证所在。③ 秦亚青等学者将中国在国际体系中的参与实践从内容角度分类,具体化为话语实践、联盟实践、学习实践、遵约实践、创新实践 5 种。④ 事实上,具体实践根据议题领域和场域不同而存在多样内容,不同的具体实践可以并存、共生、混成、从属。⑤ 从实践场域角度而言,中国对国际组织的参与实践可分为"主场"实践(home game)与"客场"实践(away game):前者指在主权国家领土疆域内开展的参与实践,实践主体与实践场域有地理、资源、制度和文化上的亲和与融合性;后者指在主权国家领土疆域之外开展的参与实践,在本文语境中指在国际组织本体或总部开展的实践,实践主体与实践场域的熟悉与融合程度因人因事而异,但都存在不同程度上的疏离与异己感。在世界政治中,场域情境激发具体的惯习与背

---

① 皮埃尔·布尔迪厄:《实践感》,蒋梓骅译,译林出版社,2012 年,第 84—89 页。
② 朱立群:《中国参与国际体系的实践解释模式》,《外交评论》2011 年第 1 期。又见,朱立群:《中国与国际体系:双向社会化的实践逻辑》,《外交评论》2012 年第 1 期。
③ 皮埃尔·布尔迪厄:《实践感》,蒋梓骅译,译林出版社,2012 年,第 74—75 页。
④ 秦亚青主编:《实践与变革:中国参与国际体系进程研究》,世界知识出版社,2016 年,第 80—84 页。
⑤ 伊曼纽尔·阿德勒、文森特·波略特主编:《国际实践》,秦亚青、孙吉胜、魏玲等译,上海人民出版社,2015 年,第 21 页。

景知识,两者共同建构了国家的参与实践。

三、联合国教科文组织的治理结构与会员国的实践参与

以治理结构论,历史上和当今世界的政府间国际组织结构至少包括2个部分:体现国家间利益关系、供成员国家表达诉求的全体大会以及代表国际组织本体、服务国际组织自身目标的常设秘书处。① 或者按职能,分为审议机关、执行机关、秘书机关的典型的"三分结构"或加上裁判机关的"四分结构"。② 联合国教科文组织作为联合国系统中专司促进教育、科学、文化和信息传播领域国际合作的政府间国际组织,在联合国系统各专门机构中职能领域最为广泛,被视为全球最大的人文治理平台。教科文组织的治理结构是典型的"三分结构":由全体193个会员国组成的大会(General Conference)每2年召开一次,是就该组织计划项目、预算、机构设置与变更、行政、人事等一切重大事务做决策的最高权力机构;由大会选举出的58个会员国组成的执行局(Executive Board),每年召开2—3次会议,负责向大会提出建议并监督秘书处落实大会决议;总部设在法国巴黎,在全球设有53个办事处的秘书处,负责计划项目实施与日常行政事务。

大会、执行局和秘书处3大治理机构是会员国参与联合国教科文

---

① 刘莲莲:《国际组织理论:反思与前瞻》,《厦门大学学报》(哲学社会科学版)2017年第5期。
② 梁西:《梁著国际组织法》(第六版),杨泽伟修订,武汉大学出版社,2011年,第31页。

组织实践的主要途径,也是会员国参与实践的具体场域。秘书处代表国际组织本体,是日常用语义上的"教科文组织",即玛莎·费丽莫所谓作为行为体(actor)的"科层制官僚机构"[①]。联合国教科文组织的宪章性文件《组织法》规定,秘书处由具有政治原则中立性的国际职员构成。[②] 虽然秘书处国际职员招募自各会员国,而且会员国根据人口、会费比例在秘书处拥有一定数量的、占地理分配名额的国际职员定额,但国际职员必须恪守中立,受到明确的规则和程序约束以及道德规范、惯例、组织文化等非程序性制约,不得擅自为母国牟利或掺杂国别偏好;[③] 理论上,会员国不应,也难以对秘书处人员直接施加影响。尽管会员国可努力提升本国国籍的国际职员人数、派出人选竞争高层领导岗位或关键岗位,但对秘书处日常工作的影响只能是间接或潜在的。

大会和执行局是联合国教科文组织的权力机构,是会员国参与联合国教科文组织业务、施加影响的正式渠道。大会与执行局的权力级别和权限范围有重要区别。大会是代表全体会员国意志的最高权力机构,所作决定称为"决议"(resolution),职权内容包括:批准新会员国和准会员,决定联合国教科文组织政策与主流业务,通过国际公约和建议书文本,向联合国就教育、科学、文化等问题提出咨询建议,修订《组织法》,召集教育、科学、文化等领域政府间国际会议,选举执行局委员,等等。执行局的权威是大会赋予的,在大会闭会期间、受大会委托对秘书处工作行使监理职能,所作决定称为"决定"(decision),职权内容包括:

[①] Ian Hurd, *International Organizations: Politics, Law, Practice*, Cambridge University Press, 2011, pp.17-18.

[②] UNESCO, *Constitution of the United Nations Educational, Scientific and Cultural Organization*, Article VI Secretariat, 5., in Basic Texts 2018 Edition.

[③] J. P. Singh, *United Nations Educational Scientific and Cultural Organization (UNESCO): Creating Norms for A Complex World*, Routledge Taylor & Francis Group, 2011, pp.32-39.

筹备大会日程,监督大会通过的计划项目实施,就吸收新会员国和准会员向大会提建议,等等。自联合公告教科文组织成立以来,执行局会议一直在法国巴黎总部举行,会员国大会1947年到1981年由会员国轮值举办,从1982年至今在总部举行。

根据大会与执行局权力层级与权限范围的不同,会员国对大会和执行局的参与分为普遍性参与和限制性参与。所谓普遍性参与,是指正式会员国可在程序和规则许可范围内进行发言、投票、动议、提案,参与活动具有普遍意义。《联合国教科文组织组织法》规定,所有正式会员国(member state)无论大小、强弱、贫富,均平等参与大会事务,一国一票;[①]准会员(associate member)和观察员可以经大会主席同意发言,但没有投票权,也不能发起程序动议。[②] 限制性参与是指会员国以特定身份、资格为条件,参加指定范围内的立场发言、辩论、提案、投票、动议、质询等事务。执行局的正式活动仅限于58个执委,非执委的会员国只能够参加预备会议、工作组会议等非正式磋商,而不能介入执行局的程序性活动,会员国对执行局活动的参与是高度受限的。因此,会员国在大会中是普遍性参与,在执行局中是限制性参与。大会是会员国参与教科文组织根本性和长远性制度安排的主要实践路径与场域。

四、联合国教科文组织的提案实践

决策是国际组织最重要的日常活动之一,是实现组织宗旨、履行组

---

① UNESCO, *Constitution of the United Nations Educational, Scientific and Cultural Organization*, Article IV The General Conference, C. Voting. 8.(a), in Basic Texts 2018 Edition.
② UNESCO, *Rights and Obligations of Associate Members*, in Basic Texts 2018 Edition.

织职能的一种主要方式。① 通过大会和执行局提出提案,是会员国参与教科文组织决策的最基本、最重要的实践类型。提案是一种具有独特意义的国际实践,是国家政治逻辑同国际组织制度逻辑互动进而影响国际组织决策的过程。② 就场域而言,提案实践是一种"客场"型实践,是国家向国际组织决策会议提交书面文件、在会议程序中就具体议题表达意见观点、参与和引导国际辩论、推动国际组织决策的实践活动,是将国家偏好转化为国际组织集体意志的过程。提案实践的场域是国际组织,提案必须按照国际组织设定的规则与程序进行,实践主体的自发性与能动性必须服从国际组织规则与程序的要求。

(一) 联合国教科文组织的提案概念与分类

根据联合国的一般性国际会议议事规则和教科文组织的《基本文件》,"提案"的英文表述为 proposal,③会员国向大会和执行局两级治理机构提交的关于讨论会议议题事项和具有决策导向的建议性书面文本均称为"提案"(proposal)。根据提案的场合与内容向度,可分为决议草案(draft resolutions)、决定草案(draft decisions)、决议/决定草案修正案(amendment)3 种(见表 9-1)。向大会提交的书面建议文件为"决议草案",因为大会通过的最终文件为"决议"(resolution);④向执行局提交

---

① 饶戈平:《国际组织法》,北京大学出版社,1996 年,第 189 页。
② 刘莲莲:《国际组织理论:反思与前瞻》,《厦门大学学报》(哲学社会科学版)2017 年第 5 期。
③ Robble Sabel, *Rules of Procedure at the UN and at Inter-Governmental Conferences*, Third Edition, Cambridge University Press, 2018, p.160.
④ UNESCO, *Rules of Procedure of the General Conference*, Article XIV. Draft resolutions. Rules 78-81, in Basic Texts 2018 Edition.

的为"决定草案",通过后成为"决定"(decision)。① 决议/决定草案的内容是就日程事项和议题内容提意见,修正案是就已拟就的决议草案/决定草案进一步提意见。② 会员国向联合国教科文组织大会提交的提案一般涉及4类内容:《组织法》修订、教科文组织中期战略(C/4文件)和双年度计划预算(C/5文件)、吸纳新会员国和准会员国、新机构或新议题的创议。

表9-1 联合国教科文组织会员国提案(proposals)类型

	大会	执行局
正向建议	决议草案(draft Resolution)	决定草案(draft Decision)
修正建议	修正案(amendment)	修正案(amendment)

联合国教科文组织大会和执行局的决策均在提案文本基础上形成。以提案文本为载体,会员国将特定的政治意图、偏好、利益输入国际组织的决策。被大会通过的提案文本会成为国际组织最高效力的文件,包括批准国际组织的公约、建议书、宣言等准则性文件,决定国际组织计划、项目、预算、关键人员岗位等重大事项。更为重要的是,大会提案可修订关乎国际组织治理结构和治理规则的基本法等文件,影响国际组织的权力结构与规范共识。提案是国际议程设置的具体方式,只有通过提案才能将国家关注或重视的议题融入国际组织政治议程中,以获得优先关注。③

提案是会员国协作与竞争、对抗与联盟关系的体现。根据惯例,大

---

① UNESCO, *Rules of Procedure of the Executive Board*, Article VII. Rules 24. Decisions, in Basic Texts 2018 Edition.
② UNESCO, *Rules of Procedure of the General Conference*, Article XIV. Draft resolutions. Rules 78-81, in Basic Texts 2018 Edition.
③ 韦宗友:《国际议程设置:一种初步分析框架》,《世界经济与政治》2011年第10期。

会和执行局提案既可以由 1 个国家单独提交或多个国家共同提交（submit），也可以由 1 个国家提出、2 个以上国家共同联签（co-sponsor）。① 联签支持的国家数量反映了提案意见的重要性和代表性。在教科文组织大会上，涉及实质性议题而非程序性议题的提案需要在场会员国投票且需 2/3 多数赞成方可通过。针对同一议题可出现多个不同版本的提案，代表了不同利益和意见团体的竞争甚至对抗。在联合国教科文组织大会上，不同版本的决议草案、修正案以及案文中的字句经常成为会员国辩论的焦点。提案国与联签国对会议辩论和集体决策有重要引导和影响作用，在会场辩论与会外博弈中占有先发优势，为此也需要进行充分的外交动员、游说与联盟。一般认为，最娴熟高效的国家代表团就是最善于通过程序动议、提交提案和修正案引导辩论、控制议程的代表团。② 提案实践是一项体现会员国"参与"能力、程度、成效以及影响的至关重要的具体实践，反映出会员国的议程设置、意见倡导以及联盟与谈判能力，是考察国家参与国际组织实践的重要指标。

（二）近年来联合国教科文组织的提案观察

在联合国教科文组织 2011 至 2019 年近 10 年间 5 届大会的提案中，195 个会员国（含美国和以色列）中提案数量较多的主要是中小国家，排名前 10 位的国家是：埃及、伊朗、瑞典、芬兰、多米尼加、瑞士、挪威、丹麦、委内瑞拉和土耳其。其中埃及的提案总数高达 37 项，平均每

---

① Robble Sabel, *Rules of Procedure at the UN and at Inter-Governmental Conferences*, Third Edition, Cambridge University Press, 2018, pp.155-158.

② M.J. Peterson, "General Assembly", in Thomas G. Weiss and Sam Daws, eds., *The Oxford Handbook on the United Nations*, Oxford University Press, 2009, p.101.

届大会至少有7项提案。瑞典、芬兰、挪威、丹麦等北欧4国在提案数量中的集体领先,与北欧国家代表团在联合国教科文组织各类会议中一直以来的活跃程度和专业传统高度符合。

中国在这10年间的大会提案数量仅有6项,排名在第37(第37至49名并列)名,和科特迪瓦、圣文森特和格林纳丁斯、萨尔瓦多、立陶宛、捷克、哥伦比亚、菲律宾、巴勒斯坦、希腊、塞内加尔、古巴、马达加斯加等国同属一个水平。但是,中国的分摊会费比这些国家的总和还多,因此提案数量与会费地位极不相符。此外,共有132个国家提案数在5项以下,即平均每届大会提案不足1项,其中30个国家提案数为0。①(见表9-2)

表9-2 联合国教科文组织大会和执行局的会员国提案情况(2011—2019)

序号	国家	大会提案数	会费	序号	国家	大会提案数	会费
1	埃及	37	0.240%	13	西班牙	10	2.770%
2	伊朗	27	0.514%	14	德国	10	7.860%
3	瑞典	18	1.169%	15	法国	9	5.713%
4	芬兰	16	0.543%	16	哈萨克斯坦	9	2.230%
5	多米尼加	16	0.063%	17	加拿大	8	8.528%
6	瑞士	14	1.485%	18	阿曼	8	0.148%
7	挪威	14	0.973%	19	阿根廷	8	1.181%
8	丹麦	13	0.715%	20	突尼斯	8	0.032%
9	委内瑞拉	12	0.940%	21	科威特	8	0.325%
10	土耳其	12	1.769%	22	荷兰	8	1.715%
11	巴西	11	3.805%	23	爱尔兰	8	0.479%
12	尼日利亚	10	0.323%	24	阿联酋	8	0.795%

① 由于篇幅原因,提案数在5项以下的132个国家不在本表格中列出。

（续表）

序号	国家	大会提案数	会费	序号	国家	大会提案数	会费
25	乌干达	7	0.010%	45	巴勒斯坦	6	0.010%
26	伊拉克	7	0.167%	46	希腊	6	0.472%
27	摩洛哥	7	0.071%	47	塞内加尔	6	0.009%
28	俄罗斯	7	3.104%	48	古巴	6	0.103%
29	乌拉圭	7	0.112%	49	马达加斯加	6	0.005%
30	英国	7	5.894%	50	卡塔尔	5	0.346%
31	圣卢西亚	7	0.001%	51	印度	5	1.076%
32	比利时	7	1.060%	52	葡萄牙	5	0.452%
33	乌克兰	7	0.074%	53	爱沙尼亚	5	0.050%
34	巴基斯坦	7	0.148%	54	意大利	5	4.268%
35	奥地利	7	0.874%	55	日本	5	11.052%
36	波兰	7	1.035%	56	加蓬	5	0.019%
37	中国	6	15.493%	57	布基纳法索	5	0.004%
38	科特迪瓦	6	0.017%	58	贝宁	5	0.004%
39	圣文森特和格林纳丁斯	6	0.001%	59	巴拉圭	5	0.021%
40	萨尔瓦多	6	0.016%	60	尼加拉瓜	5	0.006%
41	立陶宛	6	0.092%	61	厄瓜多尔	5	0.103%
42	捷克	6	0.401%	62	白俄罗斯	5	0.063%
43	哥伦比亚	6	0.372%	63	巴巴多斯	5	0.009%
44	菲律宾	6	0.265%				

资料来源：作者根据联合国教科文组织大会文件数据库①整理。

---

① 参见 https://unesdoc.unesco.org/collections/governing-bodies/general-conference；https://unesdoc.unesco.org/collections/governing-bodies/executive-board。

提案数量排名在中国之前的 36 个国家可分为 3 类:一是德国、法国、英国、西班牙、加拿大、俄罗斯和巴西,这一类是国家实力、分摊会费以及国际影响意义上的"大国";二是北欧 4 国、瑞士、荷兰、比利时,这些国家虽然名为"小国",而且分摊会费比额不高,但一直是联合国教科文组织预算外资金的重要提供方;三是在近年来联合国教科文组织内部有强烈的集体身份认同的"中小国家",包括埃及、伊朗、土耳其等中等国家以及科威特、圣卢西亚等小国。第三类国家的特点在于其具有较强的多边外交经验和能力,但在双边外交资源和实力上有不同程度的欠缺,难以连选连任执行局委员,开展限制性参与实践的机会有限,这在一定程度上导致他们更加重视大会这一普遍性参与的实践场域。联合国教科文组织中的"中小国家"(smaller countries)近年来越来越成为一种被认可的集体身份,重要的标志是 2017 年以来,由菲律宾、土耳其以及北欧国家等掀起的限制执行局委员任期、以便更多"中小国家"有机会当选执行局委员的内部治理改革。

对近年来会员国大会提案数量的共时性分析说明了会员国参与大会提案的积极程度存在差异。对联合国教科文组织大会有较强的设置议题和决策能力影响的是传统"欧洲列强"、重要预算外资助方北欧国家以及所谓"中小国家"集团。此外,2015 至 2019 年的 10 届执行局会议①的会员国平均提案数为 2.88 项,阿曼、英国、巴西等国家的提案数远

---

① 联合国教科文组织执行局会议一般一年举行 2 次,分别为春季和秋季执行局会议,但大会期间进行执行局委员换届选举后通常会加开一次为期 1 天的执行局会议。因此,2015 年第 38 届大会后举行了第 198 届执行局会议,2016 年举行了第 199、200 届执行局会议,2017 年举行了第 201、202、203 届执行局会议和第 39 届大会,2018 年举行了第 204、205 届执行局会议,2019 年举行了第 206、207 届执行局会议,之后为第 40 届大会。因此,第 38 届大会至 40 届大会之间,共有 10 届执行局会议。

超大会提案,比如英国有 19 项执行局提案。① 但是,中国在这 10 届执行局会议中没有提案。

五、中国参与联合国教科文组织的国际实践

(一) 大会提案实践的历时性观察

如前文所述,中国在联合国旧金山制宪会议讨论设立专门的教育文化组织时起到了重要推动作用,中国代表团还在联合国教科文组织成立大会上推动将"科学"加入这一新生组织名称中,可谓是中国关于联合国教科文组织提案实践的前史。中国自 1971 年以来一直保有联合国教科文组织合法席位,拥有大会提案资格。② 但是,中国的大会提案数量既未维持稳定,也未呈现线性增长,而是多次起伏、一度走高,近 20 年来则一路走低(见图 9-1)。从 1972 年联合国教科文组织的第 17 届大会到 2019 年第 40 届大会,中国单独或与他国联合发起的提案共 126 项,数量可观但是分布极不均衡:有 5 届大会的提案数超过 10 项,最多的是 1995 年第 28 届大会有 23 项提案;但多数年份的大会提案数为个位数,甚至有 4 届大会提案数为 0,分别出现于 20 世纪 70 年代和最近 10 年。

---

① 2015 至 2019 年执行局提案数量排名前 9 位的国家依次是:阿曼、英国、黎巴嫩、卡塔尔、摩洛哥、多米尼加、埃及、圣文森特和格林纳丁斯、巴西。

② 美国两度退出联合国教科文组织,波兰、捷克斯洛伐克、南非、新加坡、英国也曾经退出又重返。

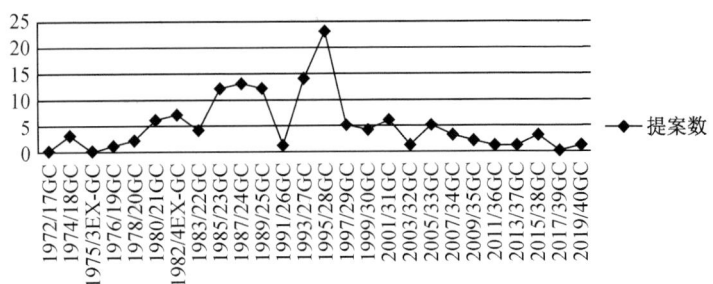

图 9-1　中国在联合国教科文组织大会提案数的历时性变化（1972—2019）

资料来源：作者根据教科文组织大会数据库整理。

中国在联合国教科文组织大会提案实践的变动轨迹不符合中国参与国际体系的传统"阶段论"，即 1971 年前回避旁观、1971—2000 年逐步介入、2000 年以后全面参与。以提案数据论，中国在联合国教科文组织的大会提案实践可分如下 3 个阶段：第一阶段是 1972 年到 1983 年，从中国恢复合法席位后参加的第二届联合国教科文组织大会（1973 年）开始，其提案数即实现了从无到有的突破，而且总体呈逐步上升趋势，并在 1980 年和 1982 年出现了一个相对的小高峰，说明恢复合法席位后中国对联合国教科文组织治理机制的适应和参与是快速且积极的。

第二阶段是 1985 年到 1995 年中国提案数量的 10 年高峰，5 届大会的提案数均在 10 项以上，1995 年第 28 届大会的 23 项提案更是创造了历史最高纪录。这一时期中国的提案实践表现出了相当的活跃度和专业性，74 项提案中有 46 项为中国单独提案，28 项同其他国家联合提案，而且联签国家不仅限于苏联、古巴、南斯拉夫等社会主义阵营国家和尼日利亚、多哥、加蓬、埃及、老挝、斯里兰卡等亚非发展中国家，还包括法国、澳大利亚、瑞士、意大利、加拿大等西方发达国家（见表 9-3）。

这一定程度上反映出,当时中国在联合国教科文组织的提案实践已经较为淡化意识形态色彩,而是从业务出发,具有相当的结盟灵活性与议题针对性。

表 9-3　中国在联合国教科文组织大会中提案联签国(1985—1995)

年份	届别	提案联签国
1985	第 23 届大会	澳大利亚、阿根廷、比利时、哥斯达黎加、丹麦、厄瓜多尔、埃及、加蓬、民主德国、瑞士、几内亚、印度、印度尼西亚、科威特、塞内加尔、科特迪瓦、摩洛哥、尼日尔、毛里塔尼亚、利比亚、法国、南斯拉夫、保加利亚、多哥、苏联、也门
1987	第 24 届大会	意大利、希腊、埃及、斯里兰卡、印度尼西亚、阿曼、葡萄牙、蒙古、民主德国、荷兰、苏联、乌拉圭、牙买加、古巴、越南、突尼斯、津巴布韦、墨西哥、科威特、马达加斯加、西班牙、波兰、法国、挪威
1989	第 25 届大会	澳大利亚、印度尼西亚、马来西亚、泰国、瑞士、多哥、日本、菲律宾、古巴、埃塞俄比亚、民主德国、希腊、老挝、乌克兰、越南、伊拉克、意大利、马耳他、约旦、摩纳哥、蒙古、摩洛哥、阿曼、巴基斯坦、葡萄牙、泰国、新西兰、斯里兰卡、韩国、科威特、海地、阿联酋、也门、突尼斯、巴林、赤道几内亚、法国、保加利亚
1991	第 26 届大会	阿根廷、澳大利亚、奥地利、比利时、哥伦比亚、塞浦路斯、捷克斯洛伐克、埃塞俄比亚、法国、德国、希腊、匈牙利、意大利、摩洛哥、阿曼、波兰、西班牙、斯里兰卡、瑞典
1993	第 27 届大会	伊朗、巴基斯坦、不丹、孟加拉国、印度、吉尔吉斯斯坦、尼泊尔、阿富汗、马尔代夫、蒙古、斯里兰卡、泰国、阿尔及利亚、阿根廷、安哥拉、白俄罗斯、比利时、玻利维亚、布隆迪、佛得角、乍得、智利、萨尔瓦多、科特迪瓦、厄瓜多尔

（续表）

年份	届别	提案联签国
1995	第28届大会	墨西哥、印度、日本、菲律宾、泰国、委内瑞拉、韩国、伊朗、乌兹别克斯坦、巴西、马里、埃及、印度尼西亚、尼日利亚、巴基斯坦、科威特、朝鲜、比利时、哥伦比亚、澳大利亚、荷兰、西班牙、津巴布韦、土耳其、哈萨克斯坦、突尼斯、柬埔寨、保加利亚、科特迪瓦、哥斯达黎加、波兰、安哥拉、立陶宛、阿根廷

资料来源：作者根据联合国教科文组织大会数据库整理。

第三阶段是1997年到2019年。这20年间，中国的大会提案数跌回个位数，个别年份甚至归零，整体回落到1972—1983年水平并持续下降。2009—2019年中国的大会提案数总共只有5项，尚不及1985—1995年提案总数的十分之一，而且基本上为单独提案。与提案数量一路下滑形成对照的是，21世纪以来中国在联合国教科文组织的分摊会费额快速增长。中国的会费比额从20世纪80—90年代不足1%增长到2001年的2.03%，最近10年连续上调4次，从3.19%到5.15%，再到7.92%和15.49%，2017年中国成为仅次于日本的第二大会费国，2019年1月1日起中国超过日本成为联合国教科文组织第一大会费国。① 会费的快速增长和大会提案的骤减形成了鲜明的反差。（见图9-2）

---

① UNESCO, *Scale of Assessment and Currency of Member States' Contributions to UNESCO*, the General Conference of UNESCO, 2001, 2003, 2005, 2007, 2009, 2011, 2013, 2015, 2017, 2019, https://unesdoc.unesco.org/collections/governing-bodies/general-conference, accessed Juhy 19, 2021.

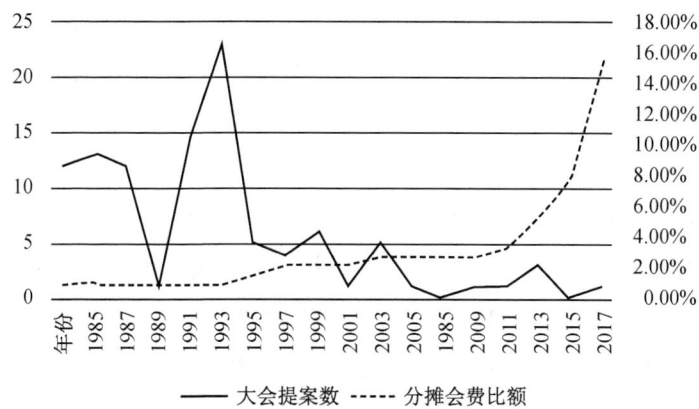

图 9-2　中国在联合国教科文组织的大会提案数与分摊会费（1983—2019）

资料来源：作者根据联合国教科文组织大会数据库整理。

值得注意的是，21 世纪以来大会提案数量减少的趋势并非中国独有。从 2003 年重返联合国教科文组织到 2018 年 12 月 31 日再度退出，美国这 15 年间的大会提案数量也保持着较低水平。从 2003 年至 2017 年的 8 届大会中，中国和美国的提案数量分别为 16 项和 11 项，与中小国家积极提案的态势相比，出现了一定程度的"大国相似"趋势。（见图 9-3）

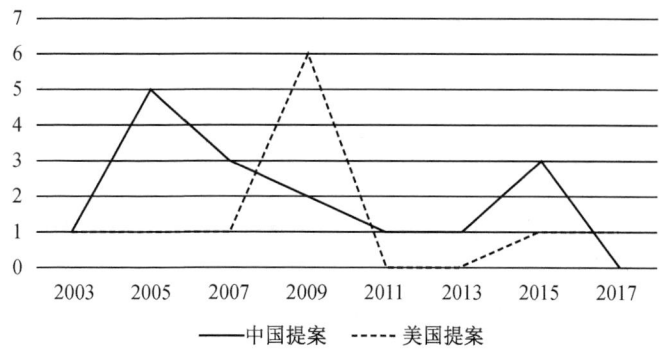

图 9-3　中国与美国 2013—2017 年在教科文组织大会提案情况比较

资料来源：作者根据联合国教科文组织大会数据库整理。

从提案方式来看,两国都以参与联签他国发起的提案为主,较少单独提案。两国以本国名义发起主导的提案各有 4 项,均涉及本国在联合国教科文组织业务中的重大关切问题。中国 2015 年提交的 3 项提案分别关系到中国在联合国教科文组织创设女童和妇女教育奖、推动丝绸之路平台建设与促进文明交流互鉴。① 2011 年在自然科学领域的 1 项单独提案也主要是为了发挥中国在相对优势业务领域、政府间水文计划中的作用,并吸引对设在中国的国际泥沙研究培训中心的国际关注。② 美国的 4 项单独提案都出现在 2011 年因教科文组织接纳巴勒斯坦而拒交会费之前,体现的是影响联合国教科文组织教育和文化领域业务发展方向的意图。2003 至 2005 年,美国在《保护与促进文化表现形式多样性公约》草案磋商中对法国和加拿大倡议的文本激烈抵制,最终和以色列一起向该文本投了反对票,是当年联合国教科文组织大会关于该议题投票中仅有的 2 张反对票。2011 年联合国教科文组织接纳巴勒斯坦成为正式会员国,此后美国通过提案参与联合国教科文组织业务的意愿明显下降,仅联签了 2 项具有高度政治性的提案,一项是关于支持科索沃成为教科文组织会员国,另一项是表达处理西欧北美地区组执行局席位分配的意见。③

---

① UNESCO, *Draft Resolutions Proposing Amendments to the Draft Programme and Budget for* 2016-2017(38C/5), 38C/8, the 38th Session of the General Conference, Nov. 2, 2015.

② UNESCO, *Draft Resolution on Amendment to the Draft Programme and Budget for* 2012-2013(36C/5), 36C/DR.62 *, the 36th Session of the General Conference, Oct. 10, 2011.

③ UNESCO, *Draft Resolution on Request for the Admission of the Republic of Kosovo to UNESCO*, 38C/PLEN/DR.1, the 38th Session of the General Conference, Nov. 6, 2015; *Draft Resolution on Election of Members of the Executive Board and Replacement of the United States of America in the Executive Board of UNESCO*, 39C/NOM/DR.1, the 39th Session of the General Conference, Nov. 3, 2017.

表 9-4　中国和美国在联合国教科文组织的大会提案情况比较(2003—2017)

年份	中国	美国
2003	1. 关于执行局选举的会员国分组（联签）	1. 关于制定文化多样性国际准则工具的适宜性
2005	1. 执行局委员轮换制度(联签) 2. 以执行局选举为目的的会员国分组(联签) 3. 联合国教科文组织与世界信息社会峰会(联签) 4. 2010—2011年计划预算草案修正案,促进文明间对话(联签) 5. 非洲遗产状况立场文件及呼吁建立非洲世界遗产基金(联签)	1. 保护文化内容与艺术表现形式多样性公约初步草案及总干事相关报告
2007	1. 2008—2009年计划预算草案修正案,教育议题(联签) 2. 2008—2009年计划预算草案修正案,计划与对外关系议题(联签) 3. 联合国可持续发展教育十年(联签)	1. 总干事关于全民教育运动进展报告及建议(联签)
2009	1. 创建一个关于和平文化的跨部门跨学科项目(联签) 2. 大会组织方式及大会主席报告(联签)	1. 2010—2011年计划预算草案修正案,关于质量保障与信息技术强化的学习内容与教材,比如开放教育资源 2. 2010—2011年计划预算草案修正案,支持联国扫盲十年 3. 世界信息社会峰会后续落实(支持签署) 4. "二战"期间走失文化财产返还原则宣言草案(联签) 5. 创建一个关于和平文化的跨部门跨学科项目(联签) 6. 大会届会组织方式及大会主席报告(联签)

(续表)

年份	中国	美国
2011	1. 2012—2013年计划预算草案修正案,关于支持政府间水文计划助力淡水压力与社会回应以及关注泥沙沉积问题	无
2013	1. 网络相关问题,包括信息与知识获取、自由表达与信息社会隐私和伦理问题(联签)	无
2015	1. 2016—2017年计划预算草案修正案,关于搭建促进文明间对话平台 2. 2016—2017年计划预算草案修正案,增加丝绸之路项目预算外资金 3. 2016—2017年计划预算草案修正案,通过教科文组织亲善大使及特使支持性别平等和女童与妇女教育	1. 关于科索沃申请加入教科文组织(联签)
2017	无	1. 美国在执行局席位的替代分配方案(联签)
共计	16项(12项联签)	11项(7项联签)

资料来源:作者根据联合国教科文组织大会数据库整理。

(二) 中国在联合国教科文组织的参与实践类型与场域特征

提案实践是中国在联合国教科文组织的具体实践中的一种,其他主要类型还包括学习实践、遵约实践、会议实践。依据实践场域的不同,这4种参与实践可归为2类:一是以国内政治逻辑为主要考量、空间上主要在国内进行、显著依靠国内资源支撑的"主场"实践,具体包括学习实践、遵约实践和会议实践,可更多按照自身意愿、逻辑、习惯和资源条件行事;二是以国际组织制度逻辑为主要考量、空间上在国际组织本体发生、较少依靠国内资源支撑的"客场"实践,提案实践为其主要内容。

学习实践是实践者在参与国际体系过程中的模仿和学习行为。[①]中国在联合国教科文组织的学习是在实践中的组织学习(organizational learning by doing),学习内容包括教育、科学、文化、信息传播等领域的基本知识和先进理念以及在上述领域开展国际双边、多边合作的规范、标准与模式。[②] 学习实践是中国在联合国教科文组织开展的最为广泛、持久的实践,在1979—2000年间是中国在联合国教科文组织的主导性实践类型。学习实践的目的在于把联合国教科文组织作为一个"对外开放的平台",服务中国的社会经济发展。

遵约实践是国家参与国际制度、按照制度规范修正自身行为、调整与国际体系关系、重塑相互预期的行为,是国家遵守承诺、内化国际制度规范的实践活动。[③] 联合国教科文组织5项基本职能之一是"国际标准制定",即制定国际公约、宣言、建议书等规则性文件。中国批准或加入了联合国教科文组织16项国际公约,支持和赞同绝大多数建议书和宣言等准则性文件,承担了实施、落实这些准则性文件的义务。中国1985年加入联合国教科文组织《保护世界文化与自然遗产公约》并制

---

① 朱立群等:《中国与国际体系:进程与实践》,世界知识出版社,2012年,第14页。
② 张小劲、谢喆平:《传授与学习:中国参与联合国教科文组织的经验研究》,《外交评论》2011年第1期。
③ 朱立群等:《中国与国际体系:进程与实践》,世界知识出版社,2012年,第15页。

定了《世界文化遗产保护管理办法》等规章,通过立法、政策、社会宣传动员,把国际公约落实到国内议题上,将国际规范内化为国内的规则、意识与行为。

会议实践指承办或合办国际组织多边会议,在不改变国际组织工作程序、规范和行为模式的前提下,通过会议空间和资源支持体现会员国作用的"国内重心"型实践,在一定意义上是学习实践的延伸。2010年以后,中国的会议实践转为"合办"模式,举办联合国教科文组织的首创型部长级以上重大国际会议,以会议的高级别官方参与为特征,展示中国在优势领域中取得的发展成就,宣传中国理念与经验,且成果文件均以中国举办地冠名。会议实践是以国内需求为主导、以国内资源促成国际影响的实践。

实践场域的不同不只是空间意义上的区别,也意味着在工作语言、思维方式、交际模式、文化认同等方面存在重要差异(见表9-5)。提案的实践场域是教科文组织本体,在地理空间上是设在法国巴黎的教科文组织总部,有别于中国其他3种内化型参与实践。联合国教科文组织总部的多边会议有自成体系的微观权力结构、规则结构与文化背景。在语言与文化意义上,中国参与在联合国教科文组织总部举行的国际会议是置身于一种异己感与边缘感的国际环境中。

表9-5 中国在联合国教科文组织具体实践的场域特征

场域特征	提案实践	学习实践	遵约实践	会议实践
地域空间	法国巴黎	中国境内为主	中国境内	中国境内
主要场所	教科文组织总部	政府部门、国际会议所在地	政府部门、地方	政府部门、国际会议所在地
工作语言	英文、法文为主	中文、英文	中文为主	中文、英文为主

（续表）

场域特征	提案实践	学习实践	遵约实践	会议实践
行为逻辑	辩论逻辑、适宜性逻辑	模仿逻辑	官僚政治逻辑	适宜性逻辑、模仿逻辑
文化背景	西方文化	中国文化	中国文化	中国文化

资料来源：作者整理。

不同的场域特征激发不同的背景知识和行为逻辑。提案实践所需的背景知识是多边外交实践技能（know-how），核心是通过规则开展博弈，在现有规则框架内寻找并提出需要更新与改进之处，推动规则制定与修订，促成权力倾斜。① 提案实践需要遵循国际组织的议事规则与程序，也需掌握多边博弈中默认而未言明的规范与惯例。国际组织起源于欧洲，是西方资本主义经济社会发展与国际政治交往、多边外交实践积累衍生的产物。这种制度上的一致性、文化上的趋同性使发达国家在国际组织的建立和运作中占据主导地位，国际发展的理念和路径也由发达国家设计。② 因此，欧美国家对国际组织场域不存在文化和制度的异己感，提案实践是其深度默化的业务知识和实践技能。以国际组织运行中至关重要的议事规则（rules of procedure）而言，1868 年的日内瓦会议即已讨论了会议实质内容和程序问题，1878 年的柏林会议被认为是第一次将实质决议和会议程序明确区分开的国际会议，也是当代国际会议议事规则的起源。③ 联合国体系内的国际会议事实上大致共

---

① Robble Sabel, *Rules of Procedure at the UN and at Inter-Governmental Conferences*, Third Edition, Cambridge University Press, 2018, pp.154-155.
② 张海滨、刘莲莲：《服务国家战略，积极推进中国国际组织人才培养——2019 年北京大学国际组织人才培养论坛综述》，《国际政治研究》2019 年第 6 期。
③ Robble Sabel, *Rules of Procedure at the UN and at Inter-Governmental Conferences*, Third Edition, Cambridge University Press, 2018, p.7.

享一套模板规则(model rules),这些规则除了来自欧洲国家19世纪至20世纪初的会议实践之外,还很大程度上直接借用了法国和英国的国内议会程序。①

但是,对于20世纪70年代才开始重返国际舞台的社会主义新中国来说,国际组织是一种"新游戏场"中的"新游戏"。然而西方学术界普遍甚少虑及对中国而言这一"新游戏"的挑战性和复杂性,脱离了"实践中"的现实、抽离了文化与制度等知识背景,得出了较为简化的二元结论,将中国对国际组织的参与归结为"体系革命型"(system-transforming)或"体系维护型"(system-maintaining),②聚焦中国的行为是否在于意图挑战(entanglement)美国主导的自由主义国际秩序。③

中国在联合国教科文组织的大会提案实践提供了一种"生活世界中"和国际制度内的视角与个案,为上述"现状"与"修正"的闭环式争论提供了一种较为真实的观察。实际上,尽管中国曾在20世纪的80和90年代有一定的成功提案实践,但未形成一种成熟而可传承的"适当绩效实施"。进入21世纪后,尽管中国的会费份额不断增加、尽管两位中国副部长级官员曾担任教科文组织执行局主席(2005—2007)和大会主席(2013—2015)、中国籍国际职员担任教科文组织教育助理总干事(2010—2018)与副总干事(2018—2020),但均未激发

---

① Robble Sabel, *Rules of Procedure at the UN and at Inter-Governmental Conferences*, Third Edition, Cambridge University Press, 2018, pp.9-11.

② Samuel S. Kim, "China's International Organization Behavior", in Thomas W. Robinson and David Shambaugh, eds., *Chinese Foreign Policy: Theory and Practice*, Clarendon Press, 1994, p.405.

③ Yongjin Zhang, "China and Liberal Hierarchies in Global International Society, Power and Negotiation for Normative Change", *International Affairs*, Vol.92, No.4, 2016, pp.795-816.

中国的大会提案实践活跃度。这说明中国参与国际组织虽然有一定的战略意图,但这种参与事实上也是场域与惯习交汇的多样而复杂的互动活动。

(三)"客场"实践、"主场"实践与择地实践

中国"客场"型提案实践数量下降的同时,"主场"型实践实现了稳定增长。这种实践场域的转移,实际上是一种择地实践(champs shopping)。"择地"源自"择地行诉"(forum shopping),这是始于美国法律中的一个术语,一般指一方当事人试图选择可得到最有利判决的法院或司法管辖区,既可以是不同司法体系中的"横向选择",也可以是联邦、州等不同层级的"纵向选择"。[①]在国际私法实践中,择地行诉指的是当事人利用国际民事司法管辖权的积极冲突,选择对自己有利的国家的法院提起诉讼的法律现象。[②] 尽管择地行诉在国际关系研究中尚未引起足够的重视,[③]但是为国际组织研究提供了一定启发。从场域而言,择地实践无关诉讼与争端解决,指的是在制度和规则的范围内,选择自己更熟悉和更擅长的场域开展国际实践。

在择地实践框架下,以"主场"方式主动承办或合办重要国际会议是近年来中国参与联合国教科文组织的主要实践方式。目前,中国承办或合办的联合国教科文组织国际会议数量和规模远超其他会员国,

---

[①] Mary Garvey Algero, "In Defense of Forum Shopping: A Realistic Look at Selecting A Venue", *Nebraska Law Review*, Issue 1, Vol. 78, 1999, pp.79-110; Gita F. Rothschild, "Forum Shopping", *Litigation*, Vol.24, No.3, 1998, pp.40-44, 75.

[②] 朱子勤等:《网络侵权中的国际私法研究》,人民法院出版社,2006年,第40页。

[③] Marc L. Busch, "Overlapping Institutions, Forum Shopping, and Dispute Settlement in International Trade", *International Organization*, Vol.61, No.4, 2017, pp.735-761.

成为参与业务的主要方式。自2012年以来,每年在华举办联合国教科文组织部长级以上会议至少一次(见表9-6)。国家领导人出席教科文组织重大国际会议或致贺信已成为一种"新常态",首届国际教育信息化大会(2015年)、首届高级别博物馆论坛(2016年)和首届国际教育与人工智能大会(2019年)均得到了习近平主席贺信。从2009至2017年,博科娃总干事访华10次,比1975—2005年30年间3任总干事访华次数的总和还多。副总干事、助理总干事等高层官员及重要部门负责人均多次来华,各国常驻联合国教科文组织大使等因参会频繁到访中国。会议实践创造了"以我为主"的外交空间,也提升了联合国教科文组织在中国的能见度。

表9-6 中国与联合国教科文组织在华合作举办的国际会议(2001—2021)

年份	会议名称	地点
2001	第四届九个人口大国全民教育部长会议	北京
2004	首届世界地质公园大会	北京
2004	第28届世界遗产大会	苏州
2005	第五届全民教育高层会议	北京
2006	世界记忆工程亚太地区委员会执行局第六次会议	上海
2007	亚太地区扫盲教育会议	北京
2009	首届教育部门二类中心主任联席会议	北京
2012	第三届职业教育大会	上海
2013	首届国际学习型城市大会	北京
2013	"文化:可持续发展的关键"国际会议	杭州
2014	首届世界语言大会	苏州

（续表）

年份	会议名称	地点
2015	首届国际教育信息化大会	青岛
2016	首届高级别博物馆论坛	深圳
2017	首届科学部门二类中心主任联席会议	北京
2019	首届国际教育与人工智能大会	北京
2021	第44届世界遗产大会	福州（线上线下）

资料来源：联合国教科文组织官方网站。

在很大程度上以"主场"方式开展的学习实践和遵约实践也得到了进一步深化。在华举办的第28届世界遗产大会、成都"国际非物质文化遗产节"、创意城市北京峰会等扩大了和加深了各地对联合国教科文组织《保护世界文化与自然遗产公约》《保护非物质文化遗产公约》和《保护和促进文化表现形式多样性公约》等国际准则性文件的理解，各地将联合国教科文组织的公约、名录、项目视为提升本地文化国际维度和经济社会效益的重要抓手。目前，中国的世界遗产、非物质文化遗产和创意城市数量均名列世界第一，有世界上为数最多的世界地质公园和二类中心，在《人与生物圈保护区名录》中位居全球第四，在亚太地区《世界记忆名录》中名列前茅。中国在学习实践中逐渐改变了学习者与受援者身份，在教科文组织设立孔子教育奖、女童和妇女教育奖、援助非洲教育的信托基金以及丝绸之路青年学者资助计划，转变为资金与项目的输出方，展示中国的发展成就。

上述3种以国内场域空间为主的实践在较大程度上可依照实践主体的偏好与惯习开展。对于中国来说，"主场"实践的最大优势在于能够形成一种类似双边外交交往的场域，把多边互动分解和分化为中国东道主与国际组织、其他会员国以及其他利益攸关方的双边互动,更有利于中国发挥自己熟悉和擅长的双边外交。在中国国家角色转变与世界抱负增长的背景下,中国在联合国教科文组织的参与实践以"主场"实践为主、"客场"实践为辅,在结构上呈现了一种"国内重心"型倾向。中国的大会提案实践演变轨迹一方面说明,作为以国际组织本体为空间和场域的实践,提案实践要求具备国际组织规则的特定背景知识,这尚未被中国采纳为同国际组织互动的主要方式;另一方面,提案实践数量的下降并不意味着中国参与国际组织意愿与行动的弱化,而是侧重于开展"主场"实践。

择地实践以国内需求和资源优势为依据选择实践,体现的是"内顾"偏好。在这一偏好的驱动下,中国对联合国教科文组织这一"国际窗口"的利用从注重"引入"转为注重"展示",传播中国的发展经验、全球治理观和大国形象,提升中国的国际影响力。从某种意义上说,这种"主场"实践代表了中国和平崛起、通过多边制度追求"世界强国"地位的一条探索路径。① 较之"客场"实践,以国内空间为主的实践能够较好地满足"展示"目的。这种实践将作为象征符号的国际组织元素以"在地国际化"(local internationalization)方式带入国内语境,并与中国符号连接起来,作为中国参与国际组织的镜像展示给外界观察者。这一实践的另一价值是说明中国并未构成对国际组织的制度性"挑战",不是国际组织内的"修正主义者",而仍是现有国际体系和秩序的维护者。实际上,较之对"驾驭"规则和程序能力有高要求的"客场"实践,"主场"实践更符合中国当前参与国际组织的主观期望与现实能力。

---

① Marc Lanteigne, *China and International Institutions: Alternate Paths to Global Power*, Routledge Taylor & Francis Group, 2005, pp. 28-31.

因此,"主场"实践是"国内重心"倾向的,体现的是"内顾"偏好,事实上是一种"客场"实践的代偿型策略(compensatory strategy)选择。易言之,提案数量的下降并不意味着中国对联合国教科文组织参与实践的减少与弱化,而是一种主动的择地实践的结果。"内顾"偏好下的择地选择意味着以国内为重心、意味着国内实践场域重于国际组织本体实践场域。代偿策略所体现的是现实主义和实用主义的策略取向、"以我为主,为我所用"的行为方式。当然,择地实践旨在通过以国内场域的实践发挥和扩散国际影响、以在国内开展多边外交的方式代偿在国际组织本体实践场域难度高且低能见度的实践。在一定意义上,中国近年来对联合国教科文组织的参与实践从"客场"到"主场"的变化与中国外交以国内为重心的积极进取是同构的。21世纪以来的中国一改"韬光养晦"的低调作风,主动谋划和行动的外交姿态被中外学者形容为"积极进取"的"新外交",其中以国家领导人亲自参与的峰会外交(proactive summit diplomacy)为典型。① 一系列积极开展的主场外交"具有很强的国内驱动性,是中国外交转型的必然产物"②。

六、对择地实践的讨论

在百年未有之大变局中,中国参与国际组织的外交实践经历了深刻演变,在规模和领域上不断扩展、在议题参与程度上不断深化,也出

---

① Zhang Qingmin, "Continuities and Changes in China's Negotiating Behavior", in Pauline Kerr et al., eds., *China's "New" Diplomacy: Tactical or Fundamental Change?*, Palgrave Macmillan, 2008, pp. 154-156.

② 凌胜利:《主场外交、战略能力与全球治理》,《外交评论》2019年第4期。

现了实践场域从"客场"向"主场"的转变。这种创新的择地实践体现了中国外交的灵活性与实用性,对通过国际组织平台展示中国形象、讲述中国故事、争取国际理解具有积极作用,有效推动了中国外交目标的实现、推动了相关领域的全球治理。但择地实践的复杂背景与深远影响不限于当下,需要进行深入分析。

(一)设置国际组织议程的提案实践对"客场"多边外交能力的要求

21 世纪以来,中国重视国际组织的一个重要动因就是希望通过参加国际组织活动,提升国际议程设置能力、深入参与并影响全球治理体系和秩序的塑造。议程设置是在国际组织本体场域开展的多边外交,是会员国在国际组织核心治理机构中开展的一种机制性实践,要求对国际组织决策方式、议事规则、制度文化、议题演变进程及多边立场有全面深入了解与熟练把握,即要求长期、大量地在国际组织本体进行在场型实践与互动,特别是需要能够精准有效地开展提案实践,将国别关切有效转化为国际组织的集体关注。

但是,从中国对联合国教科文组织的参与实践分析来看,择地实践的一个结果是"客场"能力的提升受到一定限制。尽管中国在开展会议实践、学习实践与遵约实践等"主场"实践的同时并未放弃提案等"客场"型实践,但两种类型实践的比重并不均衡。在由"客场"向"主场"的转移过程中,"客场"实践受到了一定影响。一方面,由于时间、精力和资源条件有限,"内顾"偏好对教科文组织复杂的程序和规则、繁杂的议事日程的关注和投入难免弱化,形成在整体参与实践中的"浅介入",同时,也难以推动对国际组织多边外交这种"新游戏"的知识增进,难以及时感知和预见联合国教科文组织内部权力与规则演变的复杂与微妙。近年来,英国提案数量的场域变迁说明联合国教科文组织内部或已发生了权力场的迁移,即执行局提案较之大会提案更能够影响联合国教科文组织的组织决策,但"客场意识"对于这种内部变化的认识难免滞后且失于被动。

另一方面,中国提案多局限于在华举办活动、设立机构等与自身利益密切相关的议题和项目,对国际重点热点相关议题、国际组织治理机制、制度设计等利他性、长远性议题较少表现出兴趣,这一务实主义取向容易疏离与其他会员国共同发起提案的结盟关系。联合国教科文组织规定涉及组织法修订的提案必须至少提前 6 个月递交,草案的拟定是一个复杂细致的过程,需要花费大量的时间。按照惯例,提案一般不限制发起国的数目,因此提案发起国出于政治考虑,邀请别的国家作为共同发起国,以增加提案的支持范围;为增强或削弱提案通过的可能,会员国经常游说或组成压力集团,在表决或投票时采取一致立场。[①] 这种结盟行为不仅需要多边外交能力,也只能在长期的多边外交实践中才能习得。

(二)国际组织政治化与择地实践的有限性

因为政府间国际组织的业务不可避免地涉及政治维度,因而联合国教科文组织的一切问题都会导向政治问题。[②] 基辛格在 1975 年就曾

---

① 饶戈平:《国际组织法》,北京大学出版社,1996 年,第 198 页。
② Franck Petiteville,"International Organizations beyond Depoliticized Global Governance",*Globalizations*,Vol.15,No.3,2018,pp. 301-313.

经批评教科文组织和国际劳工组织"严重政治化"(heavily politicized)。①20世纪90年代,教科文组织执行局委员由个人身份转为国家代表,集中体现了该组织政府化和政治化的趋势。目前,大部分会员国的执行局委员由常驻教科文组织大使或驻法国大使担任,执行局日益成为职业外交官而非各领域专家的"领地"(domain)。从1999年至2020年的20多年里,联合国教科文组织一直由职业外交官或政府官员担任总干事,极大地强化了联合国教科文组织运行的官僚性倾向。

联合国教科文组织的专业议题与项目的政治化也在不断增强。②在教育领域,教育作为一项基本人权,与教育的主权性(国家在领土边界内部提供公共产品的主权)之间一直存在着张力,发达国家与发展中国家的教育观点随着跨境服务贸易的深入发展而愈发对立。在文化领域,巴勒斯坦被占领土、克里米亚、伊拉克、叙利亚以及纳戈尔诺-卡拉巴赫等国家和地区的文化遗产保护状况是联合国教科文组织每届执行局和大会都要专门关注并激烈辩论的议题,在联合国教科文组织文化遗产、非物质文化遗产以及名为"世界记忆"的文献遗产中,越来越多的提名项目因涉及争议领土、主权归属、历史责任等问题而跃升为政治与外交博弈的焦点与热点。世界遗产委员会的专家委员会也越来越被政治因素严重牵绊,难以基于专业权威做出专业决定。在传播领域,联合国教科文组织对言论自由和人权状况的关切,则被发展中国家视为宣扬西方价值观的政治行为。

---

① J. P. Singh, *United Nations Educational, Scientific and Cultural Organization (UNESCO): Creating Norms for A Complex World*, Routledge Taylor & Francis Group, 2011, p. 17.

② J. P. Singh, *United Nations Educational, Scientific and Cultural Organization (UNESCO): Creating Norms for A Complex World*, Routledge Taylor & Francis Group, 2011, pp. 15-18, 109.

机构的政治性、人员的官僚性和专业议题的政治化,已经极大地改变了联合国教科文组织。政治问题的框定、浮现、处置与应对都发生在联合国教科文组织秘书处、执行局与大会的日常工作场域,需要日常性、规律性的外交实践干预与互动,难以通过"转场"方式处理。而且,联合国教科文组织专业议题与议事机构数目众多,层次繁复,只能以国际组织本体作为"主战场",难以迁移。以此言之,提案实践的决策功能与联盟效果难以被"主场"型实践完全"代偿"。

(三)制度张力造成了"大国的困境"

以提案实践为代表的"客场"实践与以国内场域为主的"主场"实践共同促进了中国在联合国教科文组织的参与实践。但是,在"一国一票"且与会费无涉的平权化机制下,会费付出难敌国际关系民主化的"政治正确大棒",大国在教科文组织的实际话语权受到诸多限制。例如中小国家所推行的"集团化政治"就对美国的大国地位有重大影响:[1]中小国家积极结盟提案,以改进治理等为由抢夺执行局席位等实际权力,削弱大国的决策权,实施"多数人的暴政"(tyranny of the majority)。美国退出的直接原因固然是 2011 年教科文组织正式接纳巴勒斯坦为正式会员国以及由此引发的一系列"反以偏见",[2]但是,多年来美国在联合国教科文组织提案的减少,尤其是联签提案的减少,说明美国已经难以或无意应对"大国的困境"。随着美国的退出,中国成为

---

[1] 李少军:《评美国与联合国关系的历史进程》,《美国研究》1995 年第 2 期。
[2] Heather Nauert, "The United States Withdraws from UNESCO", Press Statement issued by the US Department of State, October 12, 2017, https://www.state.gov/the-united-states-withdraws-from-unesco/, accessed July 19, 2021.

联合国教科文组织第一大会费国,同时也成为中小国家削权和夺权的第一目标。而中国文化强调的谦和内敛与外交传统的低调平和,使中国更易成为被选择攻击的目标。在2019年教科文组织第40届大会上,菲律宾等国牵头发起的要求修改《组织法》关于执行局委员任期限制的提案,引发了英法德日中等大国与中小国家立场完全不同的激烈辩论,是联合国教科文组织内部最新、最具分裂性的一次提案。

实际上,中美两国在联合国教科文组织大会提案数量的减少,尤其是联签提案数量的减少,根本性的原因并不是大国意愿的转移,而是联合国教科文组织内部共同关切、共同利益以及共识的缺乏。中美两国更倾向于单独提案且提案内容仅对本国利益高度关切,说明大国利益和中小国家利益的距离日益拉大。英国之所以将提案场域从大会转向执行局,也是因为其在执行局政策辩论中只要面对58个国家、而不是大会的195个国家。因此,大国提案数量的减少,尤其是联签提案的减少,说明的是全球共识的日益缺乏、新国家主义的回归以及国际组织不断政治化的趋势。但是,美国选择"退群"这种最极端化的择地实践绝非大国的唯一或恰当的做法,推动积极的"客场"实践,主动研判国际组织的发展走向,转换策略,推动联签提案,才是化解制度困局的可行方案。

七、结语

从"客场"到"主场"的择地实践是中国近年来参与联合国教科文组织活动的一种重要思路。随着中国日益走近世界舞台中央,如何适应不同场域类型实践的要求、如何提高在国际组织中的实践质量、如何破解政治化的趋势和制度张力的束缚，是摆在外交决策者和研究者面前的重要命题。中国参与国际组织的根本目的是构建有利于国家利益的国际关系秩序、推动人类命运共同体的构建。为把握国际组织的议程设置和决策方向，更好地塑造和引领全球治理的进程，要准确认识从"客场"到"主场"转型的价值和有限性，发挥"主场"实践的积极意义与辐射作用，同时，也需要全面提升"客场"实践的能力，实现"主场"与"客场"并重。实际上，"反客为主"将意味着构建中国本位的、体现中国外交战略与智慧的新的国际秩序与规则，将"客场"变为"主场"，是更有挑战性，也更具有长远价值的目标。如果不能做到这一点，"引领"全球治理终将是一项严峻而艰难的挑战。

第十章　结论与展望

爱德华·卡尔(E. H. Carr)于 1945 年写道,"成员国众多的国际组织是不可能有效运转的"①。但是联合国体系 70 余年的历史证明了现实并非如此。

中国过往一个世纪发生的重大变化、对外部世界态度和整体政策的变迁、中国对联合国教科文组织专业权威性的认同与支持,为研究和讨论中国与联合国教科文组织的关系演进提供了前提。本书研究的是中国与联合国教科文组织关系的互动演进过程,并非费丽莫所指出的"单个国家构成了独立的观察对象"②。在本书的实证研究中,联合国教科文组织与中国是一组研究变量,前者为自变量,后者为因变量。具体来说,联合国教科文组织为解释变量,作为会员国的中国是被解释变量。本书关注的是解释变量与被解释变量之间的变化。同时,将这种变化置于全球治理视域下进行考察,其意义不仅在于厘清这一历史过程的基本事实,勾勒和描述这一历史进程的变化发展趋势,更重要的是以实证方式验证乃至发掘出新的理论空间,丰富国际组织与国家相互关系的既有研究,为全球治理研究增加关于治理主体互动关系的实证内容。

---

①　E. H. 卡尔:《二十年危机(1919—1939):国际关系研究导论》,秦亚青译,商务印书馆,2021 年,第 v 页。
②　玛莎·费丽莫:《国际社会中的国家利益》,袁正清译,浙江人民出版社,2001 年,第 9 页。

一、国际制度对国家的影响与作用

江忆恩在《中国外交政策研究:理论趋势及方法辨析》①一文中提出了两个重要命题,其中之一是"与国际组织的互动如何精确地影响国家的对外政策"。本书发现中国与国际组织互动的影响,远远不是局限在单一的对外政策领域,而是影响到了中国的国家政策乃至政府机构设置等更为广泛和深入的领域。就中国与联合国教科文组织的互动进程而言,国际组织对国家的影响分为3种:社会影响、政策影响、机构影响。虽然上述诸种影响的内容大不相同,但其最终的效果都是推进了国际组织成员国的国际社会合群化。就学术研究而言,上述初步结论是从个案研究到一般意义上的贡献。当然,由于本书所涉及的只是单一国际组织和单一成员国,因此,在样本的代表性上显然存在着进一步研究的空间。但必须指出的是,这一互动发生影响的过程分为接触、接受、融入、创造4个阶段;中国被国际组织影响的层次则分为观念、政策、机构、行动4个层次;这一互动对中国发生影响主要经由知识精英和制度精英这两条路径。这两个路径的实质含义是学术权力和政治权力。知识精英路径和制度精英路径完成的是两个方面的内化与接轨。知识精英完成的是对信息和理念的学术接轨并使之进入国内学术话语体系,制度精英完成了国际组织先进理念的制度接轨并使之进入国家政策体系。经由两种权力路径,中国将国际组织的先进理念经由接触与接收,融入国内学术和国家政策,进而在此基础上实现一定程度的创

---

① 江忆恩、郎平:《中国外交政策研究:理论趋势及方法辨析》,《世界经济与政治》2006年第8期。

造。图10-1即是对联合国教科文组织对中国产生影响的途径与内容的概括总结。

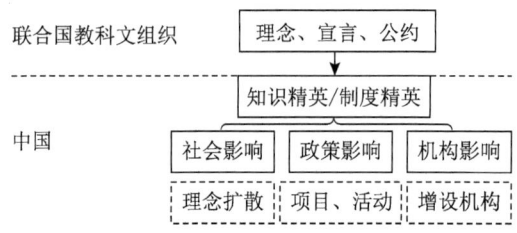

图 10-1 联合国教科文组织对中国的影响模式

资料来源：作者总结。

江忆恩在《中国和国际制度：来自中国之外的视角》一文中还曾经指出："迄今为止，关于国际制度及其从整体上影响国家行为的文章，特别是关于中国参与国际制度的文章，尚未特别关注验证这一内在进程的出现。"本书所做努力是对江所指出的研究空缺进行了一次填充尝试，或者说是一种尝试性的回答。用中国参与联合国教科文组织这一案例，来尝试对中国参加国际制度内在进程的研究空白进行填充，以期揭示国际制度对国家的影响。王逸舟指出："从某种意义上讲，中国参与国际组织的复杂进程，不止是一种单纯自我调整的、受动的和单向的过程，它实际上也是受影响、改造、修正这些体制的正反馈过程。"①本书检验了王逸舟所提出的这种单向与正反馈过程的具体路径，但关于两者之间权重对比，作为后发国家的中国始终是个"学习"国家，或者说是"不均衡的全面参与者"。这说明了中国的主动性和对国际组织正反馈的薄弱。国际职员的入场困难和知识精英的缺席从侧面说明，正反馈

---

① 王逸舟主编：《磨合中的建构——中国与国际组织关系的多视角透视》，中国发展出版社，2003年，第39页。

薄弱的事实与国家的主观意愿无涉,主要原因在于对国际组织体系的陌生以及适当人才的不足。

自肯尼思·华尔兹(Kenneth N. Waltz)创造性地提出"倒转的第二意象"[①]以来,在理论层面研究国际制度对国家影响的成果不断出现。华尔兹借助国际因素解释国内政治的变化,认为一国的内政受到国际因素的影响甚至因之而改变。托马斯·里斯·卡彭1995年出版《跨国关系的回归》[②],首次将研究国际制度与国内制度的论文成果进行了整理,并第一次指出了国际制度进入和作用于国内制度的路径:通过跨国行为体。除此之外,卡彭另一有创意的工作是对国内结构分类学上的贡献。卡彭以国家结构的集中和分散程度、市民社会的强弱、政策网络的协商一致或分化这3者为基准,将国内结构分为6种类型。1996年,科特尔和戴维斯就国际制度对国内制度的影响进行了论述,并进一步发展了关于国家结构的分类矩阵(见下表10-1)。在完成了国家结构分类的基础上,科特尔和戴维斯最重要的贡献在于他们对国际规范如何塑造国家观念的途径和方法进行了回答。他们认为,这其中存在着3个基本步骤:首先,国际规范的合法性得到国内政治精英的理解和话语支持,并逐步上升至立法层次的辩论议程;其次,与国际规范协调的国内官僚体制在政治制度上发生了一定程度的变革;最后,国际规范获得既定国家的立法支持,并得到进一步有效实施。[③] 科特尔和戴维斯的理论研究实际上为将这一领域的研究拓展入实证领域提供了可能。

---

① 参见肯尼思·华尔兹:《人、国家与战争:一种理论分析》,上海译文出版社,1991年。
② Thomas Risse Kappen, ed., *Bringing Transnational Relations Back In: Non-State Actors: Domestic Structure and International Institutions*, Cambridge University Press, 1995.
③ Andrew P. Cortell, James W. Davis, Jr, "Understanding the Domestic Impact of International Norms: A Research Agenda", *The International Studies Review*, Vol.2, Issue1, 2000, pp.70-72.

表 10-1　根据权力距离维度①分类的国家结构

		国家-社会关系模式	
		疏离	紧密
权威决策模式	集中	类型1	类型2
	分散	类型3	类型4

资料来源：作者总结。

本书回应了科特尔和戴维斯对国际规范塑造国家观念的途径和方法的最重要的贡献。研究证明，由于中国特定的权力高度集中和国家与社会合二为一的基本权力结构，这3个步骤中的"立法层面的支持"在中国反而是最被弱化的路径，而"政治精英和官僚体系对既定国际制度的认同"才是最主要的影响路径。此外，类政治精英——即知识精英对特定国际组织观念的认同与接收，亦是国际规范对国家发挥影响的重要路径之一，或曰路径准入的有力前提。

根据科特尔和戴维斯的研究，国家结构决定了国际组织对国家的影响力和实现影响的路径。国家结构如何具体决定国际组织对国家的影响力呢？其一，国家结构在一定程度上决定了国际组织对国家影响力的强弱。对于国家和社会之间距离维度小，或国家与社会合二为一的国家来说，一旦国际组织的理念和政策被国家接受，其影响的扩散将迅速而广泛。相反，对上述维度大或国家与社会之间空间很大的国家来说，即便国际组织的理念被国家或社会接受，其所发挥的影响力度也不强。其二，国家结构决定了国际组织对国家发生影响的路径选择。易言之，国家的结构与国际组织对国家发挥影响路径的效率有关。对于权力集

---

① 权力距离（power distance）出自荷兰心理学家吉特·霍夫斯泰德的权力距离指数（PDI）概念，指特定文化中重视和尊重权威的程度。

中的国家来说,通常,路径与政治权力的距离决定了其效率,即距离权力越近的路径发挥作用的效率越高,反之则越低。这一逻辑也直接决定了国际组织对国家施加影响的路径选择。比如,联合国教科文组织和联合国体系的其他机构均选择与政府直接接触,因为这是最有效的途径。但对于权力的集中程度并非如此之高的国家,国际组织的选择亦将不会如此单一,比如会和民间社团、非政府组织发生密切联系。中国的国家结构是权威决策模式中的集中模式和国家-社会关系模式中的紧密模式的混合,是一个权力集中型国家。因此,联合国教科文组织影响中国最主要也最有效率的路径是对政治权力的影响。对权力集中型国家来说,影响权力的层次越高,影响的力度越大。1978年该组织总干事姆博主动求见邓小平进而开启正式合作,是国际组织高层领导对影响力逻辑认识和掌握的最佳实证。中国联合国教科文组织全国委员会成立之前,由国务院科教组代管所带来的高层级权力储备,也是1979年后中国与联合国教科文组织合作开展顺利的重要因素。即便对于国家结构与中国不同的国家,这一影响力逻辑同样存在:比如2003年美国以"第一夫人"作为特使造访联合国教科文组织总部宣布重返该组织。这一逻辑结构除了象征意义之外亦有实际意义。联合国教科文总干事竞选的决定性因素在于对相关国家外交资源的利用,最高层权力的卷入必然对这一动用及其力度有重大影响,阿祖莱当选总干事即为例证。

玛莎·费丽莫等人20世纪90年代的贡献在于开创性地以实证研究检视了国际规范对国家观念的影响。她的《国际社会中的国家利益》一书所选取的实证案例是联合国教科文组织关于创建国家科学部门的观念与行为、国际红十字会(ICRC)与《日内瓦公约》、世界银行贫困援助等。费丽莫研究的主要支撑是国际组织对国家的国际社会化(或曰合群化)的推动作用。本书回应了费丽莫关于联合国教科文组织对国家影响的实证研究。费氏实证研究所选择的是联合国教科文组织关于国家科学部门的观念与行为对国家的影响,具体的案例支撑则是联合国教科文组织总部及其专家组对一系列弱小国家建立国家科学部门的直接或间接的帮助。这种帮助或基于相关国家的直接要求或基于联合国教科文组织的主动行为。但是,中国案例完全超出了费氏的分析视野——中国国家科学部门的设立完全是独立行为,中国非物质遗产保护领域官僚机构(文化和旅游部非物质文化遗产司和各地文化厅非物质文化遗产保护处)的设立虽局部符合费氏的实证研究,即这一设立完全是受到联合国教科文组织《保护非物质文化遗产公约》观念的直接影响,但实质来说,这又完全是中国的创造性机构设置。就国际组织的观念对成员国影响力的实证研究来说,这是比费氏案例更有力的实证案例。除此之外,费氏也忽略了一个极其重要的证据,即《联合国教科文组织组织法》关于会员国成立全国委员会的要求。这一强约束性的要求,实则是国际组织对成员国产生最直接和最强烈影响的最佳例证。就中国案例来说,中国联合国教科文组织全国委员会的高政府化组织特征,更是国际组织以其组织法的要求直接在成员国政府机构层面发生直接建构影响的明确见证。

在解释中国政府的政策制定时,李侃如(Kenneth Lieberthal)等学者提出一种松散权威理论的解释,认为中国的政策制定存在着脱节和缺乏协调等特征,行政单位不能向同一等级的其他单位发布命令。[①] 于宏源以国家发改委作为中国应对气候变化政策协调牵头单位的事实,质

---

① Kenneth Lieberthal, *Govering China*: *From revolution through reform*, 2nd, W.W.Norton, 2004; Kenneth Lieberthal, Michel Oksenberg, *Policy Making in China*: *Leaders, Structures, and Processes*, Princeton University Press, 1988; Kenneth Lieberthal and David Lampton, eds., *Bureaucracy*, *Politics*, *and Decision Making in Post Mao China*; University of California Press, 1992.

疑了李氏的松散权威理论。① 这一质疑基础在于国家发改委与其他部委的实际权力差异,即在国家权力分配结构中的相对重要性的差异。中国与联合国教科文组织的关系,则从另外一个角度构成了对松散权威理论的回应,即教育部作为一个在国家权力结构中并不具有特殊重要性的部委,归口协调对联合国教科文组织的工作,其合法性,尤其是效率从何而来？上述协调的效率源自两个方面:一是教育部归口协调的前权力配置,即"文化大革命"期间国务院科教组对联合国教科文组织的归口协调,这实际上为后来教育部的归口管理提前预备了充足的权力分配量。二是特殊的关系定位,即联合国教科文组织在中国外交特定历史阶段中的独特地位——作为联合国系统中第一个主动恢复中国席位的强意识形态组织,在中国对外交往面很窄、出口非常少的年代,联合国教科文组织因其特殊性而受到毛泽东、周恩来、邓小平等国家领导人的高度重视,为教育部归口协调这一关系预备了足够的潜在重要性。因此,本书从上述两方面对李侃如的松散权威理论提出了质疑,即不能单从"行政单位的同一等级"这一静态表面出发,得出政策制定效率高低的必然判定。

二、本书的结论

本书是对中国与联合国专门机构进行的历时性实证研究。温特（Alexander Wendt）的建构主义基本是以国家为研究中心的,费丽莫则从国际组织的角度来解释社会结构对国家偏好的强大影响,这是两种

---

① 于宏源:《国际制度与政府决策转型》,《国际政治科学》2007年第1期。

有代表性的研究视角。本书则试图从比较中位的角度来分析国家和国际组织的相互关系,即国际组织是如何促成国家的国际社会化以及国家在这一过程中的学习型主动行为和结果,得出如下基本结论:

第一,"国际组织由会员国申请加入"的这一前提,决定了国家是国际组织与国家关系发展的主动者。这一结论包含以下内容:其一,国家对国际组织合法性的认同是国际组织对国家发挥影响力的前提。无论是对联合国教科文组织这样的推广型国际组织,还是世界贸易组织这样的约束性国际组织,国家选择加入标志着国家对国际组织的合法性和业务权威性的认同。易言之,国家申请加入国际组织是基于双重认同的国家主动行为。其二,国家的发展进程决定了国际组织对国家的影响。国际组织是无法对处于国际体系之外的国家产生影响的,也难以对采取旁观者立场的国家产生影响,即使国家已高度卷入国际组织的活动,因为理念或立场的分歧,国家也可以选择切断与国际组织的关系,比如美国、南非、英国、新加坡等国主动退出联合国教科文组织的经历。此外,国际组织的基本文件很少规定国际组织对成员国的主动驱逐机制。例如在 20 世纪 50 年代,一批东欧国家因故不再缴纳世界卫生组织的会费,并宣布退出其活动、退出该组织,这一宣布实际上违背《世界卫生组织组织法》。在成员国已造成了退出事实的情况下,世界卫生组织才发现其居然无法应对,因为《组织法》中没有退出条款,从而不得不修改了《组织法》,增加了关于成员国退出的规定。[①] 显然,在国际组织与国家的关系发展中,国家才更是主动的一方。其三,基于对国际组织的认同,国家与国际组织在业务领域优先性方面的同质或重合程度,

---

① 详见江国青:《联合国专门机构法律制度研究》,武汉大学出版社,1993 年,第 98 页。《世界卫生组织组织法》(2006 年版)详见 http://www.who.int/governance/eb/who_constitution_zh.pdf。

决定了国际组织的具体影响力。比如联合国教科文组织对法国、中国、韩国等国的影响力与这些国家的国际软实力地位以及对联合国教科文组织软实力的确认与重视程度相关。中国在教育(农村教育、高等教育、工程教育)、世界遗产、泥沙、海洋领域研究和实践方面的领先,也是中国在联合国教科文组织相关领域拥有较大话语权的前提。其四,国际组织的优先性目标是否能够为国家的发展提供适当的新思路或新概念,直接决定了国际组织对国家的影响力。以世界遗产保护为例,表面上看来是联合国教科文组织的旗舰项目被中国学习和接受,内在的国家动因则在于这一概念契合了当时中国文物保护体制改革的要求。具体言之,这一概念为该改革提供了适时而恰当的理由。联合国教科文组织的终身学习与学习型社会理念进入中国的国家政策和大政方针、全民教育进入中国的国家政策,均是这一逻辑的体现。

第二,国际组织对国家的影响,远非仅局限于对国家对外政策的影响,而是已经内化入国家的各个专业政策领域,比如教育、文化、金融、法律法规等等。以联合国教科文组织为例,中国的教育政策和文化政策深受其影响,而且其影响的程度甚至超过双边活动所产生的影响。世界银行对中国的金融和经济体制乃至各项发展建设的结构性影响亦远超国与国之间双边活动的影响。世界贸易组织对中国的规章制度乃至标准制定等,有更强制性的影响。从广泛程度来说,国际组织对国家的影响不仅在于国家层面的专业政策,甚至已经拓展到了地方政府的政策法规层面。① 但是,相较于双边活动所产生影响的高能见度,国际组织对国家的影响则相对隐性而不为人知晓。这种影响的低能见度之所以产生,原因之一是这两种关系政治性高低的不同,即双边关系及其

---

① 陈志敏:《全球多层治理中地方政府与国际组织的相互关系研究》,《国际观察》2008年第6期。

活动的高政治性以及国际组织与成员国关系的低政治性。另一个重要的原因是各国政府和学术界对特定专业型国际组织低政治化形象的高度认同,比如联合国教科文组织等联合国专门机构。一个有力的证据是,20世纪80年代中期,中国在辅助执行联合国教科文组织政府间海洋学委员会在南海建立海洋观测站的任务时,与南海周边国家的领土争端事件的低能见度说明,国际组织低政治度的形象特色甚至淡化了国家间领土争端的强政治性。

第三,国际组织对国家的影响是不断变化的,导致变化的因素不是单一的,而是国际组织优先目标和国家发展阶段双重变化的结果。国际组织目标的变化会导致对国家影响力的变化。当国际组织确定了优先目标后,它会在相关领域推动对国家的影响。以世界遗产申报来说,虽然中国1985年主动申请加入《保护世界文化和自然遗产公约》,但1987年中国获得批准的数个世界遗产,"几乎是联合国教科文组织主动批准的,之后数年也是该组织主动邀请中国参与世界遗产申报"[1]。国际组织目标变化导致对国家影响力变化最极端的例子是美国与联合国教科文组织的关系。联合国教科文组织在20世纪70年代关于建立"国际传播新秩序"的目标选择,在增强对第三世界国家影响力的同时,招致对美国影响力的急剧削弱——因为与美国建立"信息的自由流动"目标相反,最终导致美国宣布退出联合国教科文组织,使该组织对美国的影响力下降为零。这说明当国际组织与国家的目标相反时,国际组织对国家的影响力最低;如果国际组织的优先性与国家的优先性在某个时间段发生趋同,则国际组织对国家的影响会实现最大化。20世纪90年代,世界遗产是联合国教科文组织的旗舰项目,该组织在全世界大

---

[1] 对马燕生的访谈,北京,2009年11月30日。

力推广"世界遗产"概念。对中国来说,经过联合国教科文组织数年的动员,各级政府对世界遗产开始理解并逐渐重视起来,加之巨大的旅游经济效应,使世界遗产申报在20世纪90年代中后期的中国剧烈升温,以至于联合国教科文组织在中国的大众认同在很大程度上是对世界遗产概念的认同,而不是其第一业务领域教育。

第四,从国际组织与会员国的常态关系来分析,同一个国际组织对处于不同历史发展阶段的同一国家,所发挥的影响力和影响的路径也不相同。其一,国际组织对国家影响力的变化,主要的影响因素是国家的需求变化。以中国与联合国教科文组织政府间海洋学委员会的关系为例,在最初10年里,中国通过与之合作,在信息资料乃至海洋主权方面获益甚大,最根本的原因在于中国多年的封闭以及与国际海洋研究界的隔绝,以至于改革开放之初参加海洋委员会时,对信息和技术资料的极度需求。在2000年前后,这一关系的发展特点是平稳中有所上升,中国科学家甚至进入了该委员会的领导层,说明中国已经度过极度需求时期,开始对该委员会输入人员,在议程设置上逐渐发挥影响。其二,国际组织对国家发挥影响的路径,主要的因素也在于国家所选择的路径接口。以教育领域的"终身学习"和"全民教育"对中国的影响为例,前者经由知识精英路径而发挥影响,后者则直接由政治精英路径进入国家政策。"保护自然与文化遗产"概念在中国发挥影响的路径是知识精英的认同与推动,而"保护非物质文化遗产"则直接通过中国政府部门的引入而直接完成与中国国内政策的并轨。这4次路径选择属于两个不同历史时段的路径选择,或以改革开放为分野,分为知识精英路径和政治精英路径。即便存在着这一分野,这两个路径也从来不是割裂的,同时或交替发挥着作用。其中,知识精英负责认同和阐释,政治精英负责推广和内化入政策。

第五,在全球治理视域下考察国际组织与国家关系的演进,其意义既在于将国际组织与国家相互关系的研究嵌入治理的研究视野,更为全球治理研究增加关于治理主体互动关系的实证内容。就全球治理而言,国际组织和国家当然不是治理主体的全部,但这是国际体系中最重要的一组治理主体。勾勒和描述中国与联合国教科文组织这一历史进程的演变与发展趋势,意义在于以实证方式厘清国际组织与国家这一对基本关系,有助于验证、发掘和丰富有关全球治理理论的新空间。当前,世界百年未有之大变局导致全球治理体系变革出现许多新的因素,可能对全球治理的方式、路径甚至理念产生极大影响,对全球治理体系变革既是挑战,也是机遇。① 对全球治理中的联合国教科文组织与中国的思考和讨论正当其时。

---

① 俞正樑、秦亚青等:《全球治理体系变革和建设的研究重点与路径建议》,《国际观察》2021年第3期。

附件一 《联合国教科文组织组织法》[*]

一九四五年十一月十六日于伦敦通过,并经大会第二、三、四、五、六、七、八、九、十、十二、十五、十七、十九、二十、二十一、二十四、二十五、二十六、二十七、二十八、二十九、三十一和四十届会议修正

本组织法之各签约国政府兹代表其人民宣告:

战争起源于人之思想,故务需于人之思想中筑起保卫和平之屏障;

人类自有史以来,对彼此习俗和生活缺乏了解始终为世界各民族间猜疑与互不信任之普遍原因,而此种猜疑与互不信任又往往使彼此间之分歧最终爆发为战争;

现已告结束之此次大规模恐怖战争之所以发生,既因人类尊严、平等与相互尊重等民主原则之遭摒弃,亦因人类与种族之不平等主义得以取而代之,借无知与偏见而散布;

文化之广泛传播以及为争取正义、自由与和平对人类进行之教育为维护人类尊严不可缺少之举措,亦为一切国家关切互助之精神,必须履行之神圣义务;

和平若全然以政府间之政治、经济措施为基础则不能确保世界人

---

[*] 文本来自联合国教科文组织《基本文件(2020年修订版)》(联合国教科文组织,巴黎,2020年),其中包括2019年联合国教科文组织第40届大会上通过的对《组织法》的修订。

民对其一致、持久又真诚之支持。为使其免遭失败,和平尚必须奠基于人类理性与道德上之团结;

为此,本组织法之各签约国秉人皆享有充分与平等受教育机会之信念,秉不受限制地寻求客观真理以及自由交流思想与知识之信念,特同意并决心发展及增进各国人民之间交往手段,并借此种手段之运用促成相互了解,达到对彼此之生活有一更真实、更全面认识之目的;

有鉴于此,各签约国特创建联合国教育、科学及文化组织,通过世界各国人民间教育、科学及文化联系,促进实现联合国组织据以建立并为其宪章所宣告之国际和平与人类共同福利之宗旨。

第 I 条 宗旨与职能

1. 本组织之宗旨在于通过教育、科学及文化来促进各国间之合作,对和平与安全做出贡献,以增进对正义、法治及联合国宪章所确认之世界人民不分种族、性别、语言或宗教均享人权与基本自由之普遍尊重。

2. 为实现此宗旨,本组织将:

a) 通过各种群众性交流工具,为增进各国人民间之相互认识与了解而协力工作,并为达此目的,建议订立必要之国际协定,以便于运用文字与图象促进思想之自由交流;

b) 通过下列办法给教育之普及与文化之传播以新的推动:

应会员国之请求,与之协作开展各种教育活动;

建立国家间之协作以促进实现不分种族、性别及任何经济或社会区别均享有平等的受教育机会之理想;

推荐最适合于培育世界儿童担负自由责任之教育方法;

c) 通过下列办法维护、增进及传播知识:

保证对图书、艺术作品及历史和科学文物等世界遗产之保存与维

护,并建议有关国家订立必要之国际公约;

鼓励国家间在文化活动各个部门进行合作,包括国际间交换在教育、科学及文化领域中积极从事活动之人士,交换出版物、艺术及科学物品及其他情报资料;

提出各种国际合作办法以利于各国人民获得其他国家之印刷品与出版物。

3. 为维护本组织各会员国文化及教育制度之独立、完整及有活力的多样性起见,本组织不得干涉本质上属于各国国内管辖之事项。

第Ⅱ条 会员

1. 凡联合国组织之成员国均当然有权成为联合国教育、科学及文化组织之会员。

2. 至于非联合国成员国,凡符合按本组织法第Ⅹ条批准的、本组织与联合国组织之间之协定中所列之条件者,经执行局推荐,大会三分之二表决通过,可被接纳为本组织之会员。

3. 凡对其国际关系不自行承担责任之领土或领土群,由对该领土或领土群之国际关系承担责任之会员国或其他当局代为申请,经出席大会并参加表决之会员国三分之二多数通过,可被大会接纳为准会员。准会员权利与义务之性质与范围由大会决定。

4. 凡本组织之会员国,经联合国中止其在该组织内之会员权利与特权时,在联合国组织请求下,本组织亦应中止其在本组织内之权利与特权。

5. 凡经联合国组织开除之会员即当然终止其在本组织之会员资格。

6. 本组织任何会员国或准会员,经通知总干事后,可退出本组织。

此项通知在发出后次年12月31日生效。该项退出不应影响其截至退出生效之日对本组织所负之财政义务。准会员之退出通知应由对其国际关系承担责任之会员国或其他当局代为提出。

7. 每个会员国有权任命一位常驻教科文组织代表。

8. 会员国的常驻代表向本组织总干事递交国书,并自递交该文件之日起正式履行其职责。

第Ⅲ条 机关

本组织设大会、执行局和秘书处。

第Ⅳ条 大会

A. 组成

1. 大会由本组织各会员国之代表组成。每一会员国政府最多指派五名代表。人选之确定应事先征询已建立之全国委员会或教育、科学及文化团体之意见。

B. 职能

2. 大会决定本组织之政策及工作方针;并就执行局提交大会之工作计划做出决定。

3. 大会认为必要时,得按其制订之章程,召集关于教育、科学、人文学科及知识传播之国家级国际会议;大会或执行局可依该章程召集上述领域之非政府性会议。

4. 大会在通过提交各会员国之提案时,应区分建议书与提交各会员国批准之国际公约。前者过半数即可通过,后者须三分之二多数通过,每一会员国应于通过该项建议书或公约之大会闭幕后一年内将该项建议书或公约送交本国主管部门。

5. 除第Ⅴ条第6c）款规定的情况外，大会应向联合国组织就与之有关的教育、科学与文化方面之事项，按两组织之主管部门商订之条件与程序提出建议。

6. 大会应接受并研究各会员国就落实以上第4款之建议书和公约向本组织提交之报告；如大会决定提交报告的分析性概要，则亦可提交概要。

7. 大会选举执行局委员，并经执行局推荐任命总干事。

C. 表决

8. a）每一会员国在大会应有一票表决权。除按本组织法之条款或大会议事规则规定需三分之二多数通过之决议外，其他决议简单多数即可通过。多数应指出席并参加表决的会员之多数。

b）凡会员国拖欠会费之总数超过其在当年及前一历年所应缴纳之会费总数时，该会员国即丧失其在大会之表决权。

c）大会如认为拖欠确由于该会员国无法控制之情况，得准许该会员国投票。

D. 程序

9. a）大会每两年举行一次常会。特别会议由大会自行决定，亦可由执行局或应至少三分之一会员国请求召集之。

b）大会每届会议开会时应规定下次常会之会址。特别会议如系大会召集其会址应由大会决定，否则由执行局决定。

10. 大会应自行通过其议事规则。大会每届会议开会时应选出一名主席及其他官员。

11. 大会应设立各特别及技术委员会并设立按大会宗旨所需之其他附属机构。

12. 大会应采取措施使公众按制定之规则进入会场旁听。

E. 观察员

13. 大会根据其议事规则,经执行局建议及三分之二多数通过,可邀请第 XI 条第 4 款所述之国际组织之代表以观察员身份参加大会或其专门委员会之某些会议。

14. 非政府国际组织或半政府国际组织按第 XI 条第 4 款规定,凡经执行局批准又同本组织建立咨询关系者,应被邀派观察员参加大会及其委员会之届会。

第 V 条　执行局

A. 组成

1. a) 执行局由大会选出的五十八个会员国组成。大会主席依据其职权以顾问身份列席执行局会议。

b) 凡会员国拖欠会费之总数超过其在当年及前一日历年所应缴纳之会费总数时,该会员国即丧失担任执行局委员的资格。如大会认为拖欠确由于该会员国无法控制之情况,可准许该会员国参选执行局委员。

c) 当选的执行局委员国下称为"执行局委员"。

2. a) 执行局每一委员指定一名代表,它还可指定若干名代理人。

b) 执行局委员在挑选其执行局代表时,应力求指定一位熟谙教科文组织之一个或数个主管领域并具有履行执行局之各项行政与执行职责所需经验和能力的合格人士,出于连续性之考虑,每一位代表应任满执行局委员之任期,除非有特殊情况证明需要替换。每个执行局委员指定的代理人应在代表缺席时代行其全部职责。

3. 在选举执行局委员时,大会应照顾文化之多样性与地理分配之均衡。

4. a) 执行局委员之任期应自其被推选之应届大会闭幕之日起至选举后第二次常会闭幕时止。大会应在每次常会上选出足数之执行局委员填补本次常会结束时的空缺席位。

b) 执行局委员可连选连任。重新当选之执行局委员应力求指定一名新的执行局代表。

5. 如一执行局委员退出本组织,其在执行局的任期则在退出生效之日终止。

B. 职能

6. a) 执行局应为大会准备议程,审查总干事根据第 VI 条第 3 款提出之本组织工作计划及相应之预算概算,连同其认为必要之建议,提交大会。

b) 执行局根据大会授权,负责执行大会通过之工作计划。执行局应根据大会决定,并注意到两次常会间出现之情况,采取一切必要措施,保证总干事有效、合理地执行工作计划。

c) 执行局可在大会两次常会之间对联合国履行第 IV 条第 5 款规定之咨询职能,若联合国组织向本组织咨询之问题已经大会作原则上之处理或其解决办法已包含在大会之决议中。

7. 执行局得向大会推荐接纳新会员。

8. 执行局经大会决定得通过自己的议事规则,并应在其委员中选举官员。

9. 执行局在一个双年度财务期内应至少举行四次常会,经执行局主席倡议或应执行局六名委员之请求,执行局可由主席召集举行特别会议。

10. 执行局主席应代表执行局向大会每次常会提出由总干事按第 VI 条第 3 b) 款规定所准备之关于本组织各项活动的报告,提出报告时可加或不加评论。

11. 执行局应采取一切必要措施,就其职责范围内之问题与各有关国际组织代表或有关之有资格人士进行磋商。

12. 执行局可在大会两届会议之间就本组织活动范围内发生之法律问题向国际法院征询意见。

13. 执行局还应代表整个大会行使大会授予之权力。

C. 表决权

14. a) 每一执行局委员应有一票表决权。

b) 凡会员国拖欠会费之总数超过其在当年及前一日历年所应缴纳之会费总数时,该会员国即丧失去表决权。大会如认为拖欠确由于该国无法控制之情况,可准许该会员国投票。

第Ⅵ条 秘书处

1. 秘书处由总干事一人及所需工作人员组成。

2. 总干事应由执行局提名,由大会根据大会同意之条件任命,任期四年。总干事可以再次任职四年,但随后不得再连任。总干事为本组织之行政首长。

3. a) 总干事或其指定之代表,应参加大会、执行局及本组织所属各委员会之一切会议(但无表决权),并应由其提出各项建议供大会及执行局考虑采取适当之行动,以及向执行局提出本组织之工作计划草案与相应之预算概算。

b) 总干事应拟订并向各会员国及执行局送交关于本组织活动之定期报告,大会应规定此类报告所包括之时期。

4. 总干事应按大会批准之《工作人员条例》任用秘书处工作人员。任用人员时应首先考虑保证其在忠诚、效率及业务能力方面达到最高标准,并力求地理分配之广泛性。

5. 总干事及工作人员之责任,应纯属国际性质。执行职务时,不得寻求或接受任何政府或本组织外其他当局之指示,并应避免任何可能妨碍其国际官员地位之行为。本组织之各会员国承担责任,尊重总干事及工作人员所负职务之国际性质,不在其履行职责时设法施加影响。

6. 本条各项规定概不限制本组织在联合国组织内就共同公务与任用、交换职员方面订立有关协定。

第Ⅶ条 各国国内合作机构

1. 各会员国应采取适合该国具体情况之措施,使其本国有关教育、科学及文化事业之各主要机构与本组织之工作建立联系,并以设立一广泛代表其政府及这些主要机构之全国委员会最为适宜。

2. 各国全国委员会或国内合作机构成立后,应对其出席本组织大会之代表团、本国在执行局的代表及其代理人及本国政府就涉及本组织有关事项起顾问作用,同时在与本组织有关之一切事项中充当联络机构。

3. 本组织应某一会员国之请求可委派一名秘书处成员临时或常驻该会员国全国委员会,协助开展工作。

第Ⅷ条 会员国提出报告

各会员国应按大会规定之日期及方式,就其教育、科学、文化机构及活动方面之法律、规章及统计数字,以及实施Ⅳ条第4款所述之建议书与公约所采取之行动等,向本组织提出报告。

第Ⅸ条 预算

1. 预算应由本组织掌握管理。

2. 大会最后批准预算,并分配本组织各会员国应承担之财政责任,但须根据本组织与联合国组织按第 X 条规定订立之协定中可能做出的安排。

3. 总干事可以直接接受符合《财务条例》所规定之条件的政府、公立和私立机构、协会及个人之自愿捐款、捐赠、遗赠及补助金。

第 X 条　与联合国组织之关系

本组织为联合国宪章第 57 条所述之专门机构之一,应尽早与联合国组织建立关系。此种关系应按宪章第 63 条,由本组织与联合国组织订立一项协定建立之,该协定须经本组织大会批准。协定应规定两组织在实现共同宗旨中进行有效之合作,同时承认本组织在本组织法中规定之权限范围内的自主权。此项协定除规定其他事项外,得规定联合国大会批准本组织之预算并为之提供拨款的办法。

第 XI 条　与其他国际专门组织及机构之关系

1. 本组织可与其业务及活动与本组织之宗旨有关的其他政府间专门组织及机构进行合作。为此目的,总干事在执行局总授权下,可与此类组织及机构建立有效之工作关系,并成立为保证有效合作所必需之联合委员会。本组织与此类组织或机构间所达成之一切正式协定均应经执行局批准。

2. 当本组织大会与其宗旨及职责属于本组织权限范围之任何其他政府间专门组织或机构的主管当局认为有必要将其财源及活动移交本组织时,总干事经大会同意,可为此做出双方均可接受之安排。

3. 本组织可与其他政府间组织做出适当的安排以便双方派代表出席对方之会议。

4. 联合国教育、科学及文化组织在处理其权限范围内之事项时,可与有关之非政府国际组织建立适当的咨询与合作关系,并可邀请此类组织承担一定任务,此项合作包括邀请其派代表适当地参加大会设立之各种顾问委员会。

第XII条　本组织之法律地位

联合国组织宪章第 104 和第 105 条有关联合国法律地位及其特权与豁免之规定,亦适用于本组织。

第XIII条　修正

1. 本组织法之修正案,经大会三分之二多数通过,即可生效。但涉及对本组织宗旨之根本性改变或增加会员国义务之修正案,须再经三分之二会员国接受后方能生效。总干事应在修正案草案提交大会讨论前至少六个月将其送交各会员国。

2. 大会为执行本条之各项规定,有权以三分之二多数通过议事规则。

第XIV条　解释

1. 本组织法之英文本和法文本具有同等效力。

2. 任何有关本组织法解释之问题或争议应由大会按议事规则决定提交国际法院或仲裁法庭解决。

第XV条　生效

1. 本组织法需经接受程序。各会员国接受书应交存联合王国政府。

2. 本组织法存放于联合王国政府档案馆，随时接受签字。签字可于递交接受书之前或其后进行。任何未履行签字手续之接受书，应视为无效。但是，退出本组织的国家只须递交新的接受书即可恢复其会员国资格。

3. 本组织法由二十个签字国接受后即行生效。其后之接受应立即生效。

4. 联合王国政府得将接受书之收受情形以及本组织法按前项规定开始生效之日期通知联合国所有会员国及总干事。

为此，签字人正式受权签字于具有同等效力之本组织法英、法文文本，以昭信守。

公元一九四五年十一月十六日于伦敦，签订英、法文原件各一份，其正式副本将由联合王国政府分送所有联合国会员国政府。

附件二 《保护世界文化和自然遗产公约》

联合国教育、科学及文化组织大会于1972年10月17日至11月21日在巴黎举行的第十七届会议,

注意到文化遗产和自然遗产越来越受到破坏的威胁,一方面因年久腐变所致,同时变化中的社会和经济条件使情况恶化,造成更加难以对付的损害或破坏现象,

考虑到任何文化或自然遗产的坏变或丢失都有使全世界遗产枯竭的有害影响,

考虑到国家一级保护这类遗产的工作往往不很完善,原因在于这项工作需要大量手段而列为保护对象的财产的所在国却不具备充足的经济、科学和技术力量,

回顾本组织《组织法》规定,本组织将通过保存和维护世界遗产和建议有关国家订立必要的国际公约来维护、增进和传播知识,

考虑到现有关于文化和自然遗产的国际公约、建议和决议表明,保护不论属于哪国人民的这类罕见且无法替代的财产,对全世界人民都很重要,

考虑到部分文化或自然遗产具有突出的重要性,因而需作为全人类世界遗产的一部分加以保护,

考虑到鉴于威胁这类遗产的新危险的规模和严重性,整个国际社

会有责任通过提供集体性援助来参与保护具有突出的普遍价值的文化和自然遗产;这种援助尽管不能代替有关国家采取的行动,但将成为它的有效补充,

考虑到为此有必要通过采用公约形式的新规定,以便为集体保护具有突出的普遍价值的文化和自然遗产建立一个根据现代科学方法制定的永久性的有效制度,

在大会第十六届会议上,曾决定应就此问题制订一项国际公约,

于1972年11月16日通过本公约。

Ⅰ．文化和自然遗产的定义

第1条 在本公约中,以下各项为"文化遗产":

文物:从历史、艺术或科学角度看具有突出的普遍价值的建筑物、碑雕和碑画、具有考古性质成份或结构、铭文、窟洞以及联合体;

建筑群:从历史、艺术或科学角度看在建筑式样、分布均匀或与环境景色结合方面具有突出的普遍价值的单立或连接的建筑群;

遗址:从历史、审美、人种学或人类学角度看具有突出的普遍价值的人类工程或自然与人联合工程以及考古地址等地方。

第2条 在本公约中,以下各项为"自然遗产":

从审美或科学角度看具有突出的普遍价值的由物质和生物结构或这类结构群组成的自然面貌;

从科学或保护角度看具有突出的普遍价值的地质和自然地理结构以及明确划为受威胁的动物和植物生境区;

从科学、保护或自然美角度看具有突出的普遍价值的天然名胜或明确划分的自然区域。

第3条 本公约缔约国均可自行确定和划分上面第1条和第2条

中提及的、本国领土内的文化和自然财产。

Ⅱ．文化和自然遗产的国家保护和国际保护

第4条 本公约缔约国均承认,保证第1条和第2条中提及的、本国领土内的文化和自然遗产的确定、保护、保存、展出和遗传后代,主要是有关国家的责任。该国将为此目的竭尽全力,最大限度地利用本国资源,必要时利用所能获得的国际援助和合作,特别是财政、艺术、科学及技术方面的援助和合作。

第5条 为保证为保护、保存和展出本国领土内的文化和自然遗产采取积极有效的措施,本公约各缔约国应视本国具体情况尽力做到以下几点:

(a) 通过一项旨在使文化和自然遗产在社会生活中起一定作用并把遗产保护工作纳入全面规划计划的总政策;

(b) 如本国内尚未建立负责文化和自然遗产的保护、保存和展出的机构,则建立一个或几个此类机构,配备适当的工作人员和为履行其职能所需的手段;

(c) 发展科学和技术研究,并制订出能够抵抗威胁本国文化或自然遗产的危险的实际方法;

(d) 采取为确定、保护、保存、展出和恢复这类遗产所需的适当的法律、科学、技术、行政和财政措施;

(e) 促进建立或发展有关保护、保存和展出文化和自然遗产的国家或地区培训中心,并鼓励这方面的科学研究。

第6条

1. 本公约缔约国,在充分尊重第1条和第2条中提及的文化和自然遗产的所在国的主权,并不使国家立法规定的财产权受到损害的同

时,承认这类遗产是世界遗产的一部分,因此,整个国际社会有责任合作予以保护。

2. 缔约国根据本公约的规定,应有关国家的要求帮助该国确定、保护、保存和展出第11条第2和4段中提及的文化和自然遗产。

3. 本公约各缔约国不得故意采取任何可能直接或间接损害本公约其他缔约国领土的、第1条和第2条中提及的文化和自然遗产的措施。

第7条　在本公约中,世界文化和自然遗产的国际保护应被理解为建立一个旨在支持本公约缔约国保存和确定这类遗产的努力的国际合作和援助系统。

Ⅲ. 保护世界文化和自然遗产政府间委员会

第8条

1. 在联合因教育、科学及文化组织内,要建立一个保护具有突出的普遍价值的文化和自然遗产政府间委员会,称为"世界遗产委员会"。委员会由联合国教育、科学及文化组织大会常会期间召集的本公约缔约国大会选出的15个缔约国组成。委员会成员国的数目将在至少40个缔约国实施本公约之后的大会常会之日起增至21个。

2. 委员会委员的选举须保证均衡地代表世界的不同地区和不同文化。

3. 国际文物保护与修复研究中心(罗马中心)的一名代表、国际古迹遗址理事会的一名代表以及国际自然及资源保护联盟的一名代表可以咨询者身份出席委员会的会议,此外,应联合国教育、科学及文化组织大会常会期间举行大会的本公约缔约国提出的要求,其他具有类似目标的政府间或非政府组织的代表亦可以咨询者身份出席委员会的会议。

第9条

1. 世界遗产委员会成员国的任期自当选之应届大会常会结束时起至应届大会后第三次常会闭幕时止。

2. 但是,第一次选举时指定的委员中,有三分之一的委员的任期应于当选应届大会后第一次常会闭幕时截止;同时指定的委员中,另有三分之一的委员的任期应于当选之应届大会后第二次常会闭幕时截止。这些委员由联合国教育、科学及文化组织大会主席在第一次选举后抽签决定。

3. 委员会成员国应选派在文化或自然遗产方面有资历的人员担任代表。

第10条

1. 世界遗产委员会应通过其议事规则。

2. 委员会可随时邀请公共或私立组织或个人参加其会议,以就具体问题进行磋商。

3. 委员会可设立它认为为履行其职能所需的咨询机构。

第11条

1. 本公约各缔约国应尽力向世界遗产委员会递交一份关于本国领土内适于列入本条第2段所述《世界遗产目录》的、组成文化和自然遗产的财产的清单。这份清单不应看作是齐全的,它应包括有关财产的所在地及其意义的文献资料。

2. 根据缔约国按照第1段规定递交的清单,委员会应制订、更新和出版一份《世界遗产目录》,其中所列的均为本公约第1条和第2条确定的文化遗产和自然遗产的组成部分,也是委员会按照自己制订的标准认为是具有突出的普遍价值的财产。一份最新目录应至少每两年分发一次。

3. 把一项财产列入《世界遗产目录》需征得有关国家同意。当几个国家对某一领土的主权或管辖权均提出要求时,将该领土内的一项财产列入《目录》不得损害争端各方的权利。

4. 委员会应在必在时制订、更新和出版一份《处于危险的世界遗产目录》,其中所列财产均为载于《世界遗产目录》之中、需要采取重大活动加以保护并为根据本公约要求给予援助的财产。《处于危险的世界遗产目录》应载有这类活动的费用概算,并只可包括文化和自然遗产中受到下述严重的特殊危险威胁的财产,这些危险是:蜕变加剧、大规模公共或私人工程、城市或旅游业迅速发展计划造成的消失威胁;土地的使用变动或易主造成的破坏;未知原因造成的重大变化;随意摈弃;武装冲突的爆发或威胁;灾害和灾变;严重火灾、地震、山崩;火山爆发;水位变动、洪水和海啸等。委员会在紧急需要时可随时在《处于危险的世界遗产目录》中增列新的条目并立即予以发表。

5. 委员会应确定属于文化或自然遗产的财产可被列入本条第 2 和 4 段中提及的目录所依据的标准。

6. 委员会在拒绝一项要求列入本条第 2 和 4 段中提及的目录之一的申请之前,应与有关文化或自然财产所在缔约国磋商。

7. 委员会经与有关国家商定,应协调和鼓励为拟订本条第 2 和 4 段中提及的目录所需进行的研究。

第 12 条 未被列入第 11 条第 2 和 4 段提及的两个目录的属于文化或自然遗产的财产,决非意味着在列入这些目录的目的之外的其他领域不具有突出的普遍价值。

第 13 条

1. 世界遗产委员会应接收并研究本公约缔约国就已经列入或可能适于列入第 11 条第 2 和 4 段中提及的目录的本国领土内成为文化或自

然遗产的财产要求国际援助而递交的申请。这种申请的目的可能是保证这类财产得到保护、保存、展出或恢复。

2. 本条第1段中提及的国际援助申请还可能涉及鉴定哪些财产属于第1和2条所确定的文化或自然遗产,当初步调查表明此项调查值得进行下去。

3. 委员会应就对这些申请所需采取的行动做出决定,必要时应确定其援助的性质和程度,并授权以它的名义与有关政府做出必要的安排。

4. 委员会应制订其活动的优先顺序并在进行这项工作时应考虑到需予保护的财产对世界文化和自然遗产各具的重要性、对最能代表一种自然环境或世界各国人民的才华和历史的财产给予国际援助的必要性、所需开展工作的迫切性、拥有受到威胁的财产的国家现有的资源、特别是这些国家利用本国资源保护这类财产的能力大小。

5. 委员会应制订、更新和发表已给予国际援助的财产目录。

6. 委员会应就本公约第15条下设立的基金的资金使用问题做出决定。委员会应设法增加这类资金,并为此目的采取一切有益的措施。

7. 委员会应与拥有与本公约目标相似的目标的国际和国家级政府组织和非政府组织合作。委员会为实施其计划和项目,可约请这类组织;特别是国际文物保护与修复研究中心(罗马中心)、国际古迹遗址理事会和国际自然及自然资源保护联盟并可约请公共和私立机构及个人。

8. 委员会的决定应经出席及参加表决的委员的三分之二多数通过。委员会委员的多数构成法定人数。

第14条

1. 世界遗产委员会应由联合国教育、科学及文化组织总干事任命组成的一个秘书处协助工作。

2. 联合国教育、科学及文化组织总干事应尽可能充分利用国际文物保护与修复研究中心（罗马中心）、国际古迹遗址理事全和国际自然及自然资源保护联盟在各自职权范围内提供的服务，以为委员会准备文件资料，制订委员会会议议程，并负责执行委员会的决定。

IV. 保护世界文化和自然基金

第 15 条

1. 现设立一项保护具有突出的普遍价值的世界文化和自然遗产基金，称为"世界遗产基金"。

2. 根据联合国教育、科学及文化组织《财务条例》的规定，此项基金应构成一项信托基金。

3. 基金的资金采源应包括：

（a）本公约缔约国义务捐款和自愿捐款；

（b）下列方面可能提供的捐款、赠款或遗赠：

（i）其他国家；

（ii）联合国教育、科学及文化组织、联合国系统的其他组织（特别是联合国开发计划署）或其他政府间组织；

（iii）公共或私立机构或个人；

（c）基金款项所得利息；

（d）募捐的资金和为本基金组织的活动的所得收入；

（e）世界遗产委员会拟订的基金条例所认可的所有其他资金。

4. 对基金的捐款和向委员会提供的其他形式的援助只能用于委员会限定的目的。委员会可接受仅用于某个计划或项目的捐款，但以委员会业已决定实施该计划或项目为条件，对基金的捐款不得带有政治条件。

第 16 条

1. 在不影响任何自愿补充捐款的情况下,本公约缔约国每两年定期向世界遗产基金纳款,本公约缔约国大会应在联合因教育、科学及文化组织大会届会期间开会确定适用于所有缔约国的一个统一的纳款额百分比,缔约国大会关于此问题的决定,需由未作本条第 2 段中所述声明的、出席及参加表决的缔约国的多数通过。本公约缔约国的义务纳款在任何情况下都不得超过对联合因教育、科学及文化组织正常预算纳款的百分之一。

2. 然而,本公约经第 31 条或第 32 条中提及的国家均可在交存批准书、接受书或加入书时声明不受本条第 1 段的约束。

3. 已作本条第 2 段中所述声明的本公约缔约国可随时通过通知联合国教育、科学及文化组织总干事收回所作声明。然而,收回声明之举在紧接的一届本公约缔约国大会之日以前不得影响该国的义务纳款。

4. 为使委员会得以有效地规划其活动,已作本条第 2 段中所述声明的本公约缔约国应至少每两年定期纳款,纳款不得少于它们如受本条第 1 段规定约束所须交纳的款额。

5. 凡拖延交付当年和前一日历年的义务纳款或自愿捐款的本公约缔约国不能当选为世界遗产委员会成员,但此项规定不适用于第一次选举。属于上述情况但已当选委员会成员的缔约国的任期应在本公约第 8 条第 1 段规定的选举之时截止。

第 17 条 本公约缔约国应考虑或鼓励设立旨在为保护本公约第 1 和 2 条中所确定的文化和自然遗产募捐的国家、公共及私立基金会或协会。

第 18 条 本公约缔约国应对在联合国教育、科学及文化组织赞助下为世界遗产基金所组织的国际募捐运动给予援助。它们应为第 15 条第 3 段中提及的机构为此目的所进行的募款活动提供便利。

V. 国际援助的条件和安排

第 19 条 凡本公约缔约国均可要求对本国领土内组成具有突出的普遍价值的文化或自然遗产之财产给予国际援助。它在递交申请时还应按照第 21 条规定所拥有的有助于委员会做出决定的文件资料。

第 20 条 除第 13 条第 2 段、第 22 条(c)分段和第 23 条所述情况外,本公约规定提供的国际援助仅限于世界遗产委员会业已决定或可能决定列入第 11 条第 2 和 4 段中所述目录的文化和自然遗产的财产。

第 21 条

1. 世界遗产委员会应制订对向它提交的国际援助申请的审议程序,并应确定申请应包括的内容,即打算开展的活动、必要的工程、工程的预计费用和紧急程度以及申请国的资源不能满足所有开支的原因所在。这类申请须尽可能附有专家报告。

2. 对因遭受灾难或自然灾害而提出的申请,由于可能需要开展紧急工作,委员会应立即给予优先审议,委员会应掌握一笔应急储备金。

3. 委员会在做出决定之前,应进行它认为必要的研究和磋商。

第 22 条 世界遗产委员会提供的援助可采取下述形式:

(a) 研究在保护、保存、展出和恢复本公约第 11 条第 2 和 4 段所确定的文化和自然遗产方面所产生的艺术、科学和技术性问题;

(b) 提供专家、技术人员和熟练工人,以保证正确地进行已批准的工作;

(c) 在各级培训文化和自然遗产的鉴定、保护、保存、展出和恢复方面的工作人员和专家;

(d) 提供有关国家不具备或无法获得的设备；

(e) 提供可长期偿还的低息或无息贷款；

(f) 在例外和特殊情况下提供无偿补助金。

第 23 条 世界遗产委员会还可向培训文化和自然遗产的鉴定、保护、保存、展出和恢复方面的各级工作人员和专家的国家或地区中心提供国际援助。

第 24 条 在提供大规模的国际援助之前，应先进行周密的科学、经济和技术研究。这些研究应考虑采用保护、保存、展出和恢复自然和文化遗产方面最先进的技术，并应与本公约的目标相一致。这些研究还应探讨合理利用有关国家现有资源的手段。

第 25 条 原则上，国际社会只担负必要工程的部分费用。除非本国资源不许可，受益于国际援助的国家承担的费用应构成用于各项计划或项目的资金的主要份额。

第 26 条 世界遗产委员会和受援国应在他们签订的协定中确定享有根据本公约规定提供的国际援助的计划或项目的实施条件。应由接受这类国际援助的国家负责按照协定制订的条件对如此卫护的财产继续加以保护、保存和展出。

VI. 教育计划

第 27 条

1. 本公约缔约国应通过一切适当手段，特别是教育和宣传计划，努力增强本国人民对本公约第 1 和 2 条中确定的文化和自然遗产的赞赏和尊重。

2. 缔约国应使公众广泛了解对这类遗产造成威胁的危险和根据本公约进行的活动。

第 28 条 接受根据本公约提供的国际援助的缔约国应采取适当措施,使人们了解接受援助的财产的重要性和国际援助所发挥的作用。

VII. 报告

第 29 条

1. 本公约缔约国在按照联合国教育、科学及文化组织大会确定的日期和方式向该组织大会递交的报告中,应提供有关它们为实行本公约所通过的法律和行政规定和采取的其他行动的情况,并详述在这方面获得的经验。

2. 应提请世界遗产委员会注意这些报告。

3. 委员会应在联合国教育、科学及文化组织大会的每届常会上递交一份关于其活动的报告。

VIII. 最后条款

第 30 条 本公约以阿拉伯文、英文、法文、俄文和西班牙文拟订,五种文本同一作准。

第 31 条

1. 本公约应由联合国教育、科学及文化组织会员国根据各自的宪法程序予以批准或接受。

2. 批难书或接受书应交存联合国教育、科学及文化组织总干事。

第 32 条

1. 所有非联合国教育、科学及文化组织会员的国家,经该组织大会邀请均可加入本公约。

2. 向联合国教育、科学及文化组织总干事交存一份加入书后,加入方才有效。

第33条 本公约须在第二十份批准书、接受书或加入书交存之日的三个月之后生效,但这仅涉及在该日或之首交存各自批准书、接受书或加入书的国家。就任何其他国家而言,本公约应在这些国家交存其批准书、接受书或加入书的三个月之后生效。

第34条 下述规定须应用于拥有联邦制或非单一立宪制的本公约缔约国:

(a) 关于在联邦或中央立法机构的法律管辖下实施的本公约规定,联邦或中央政府的义务应与非联邦国家的缔约国的义务相同;

(b) 关于在无须按照联邦立宪制采取立法措施的联邦各个国家、地区、省或州法律管辖下实施的本公约规定,联邦政府应将这些规定连同其关于予以通过建议一并通告各个国家、地区、省或州的主管当局。

第35条

1. 本公约缔约国均可通告废除本公约。

2. 废约通告应以一份书面文件交存联合国教育、科学及文化组织的总干事。

3. 公约的废除应在接到废约通告书一年后生效,废约在生效日之前不得影响退约国承担的财政义务。

第36条 联合国教育、科学及文化组织总干事应将第31和32条规定交存的所有批准书、接受书和加入书和第35条规定的废约等事通告本组织会员国、第32条中提及的非本组织会员的国家以及联合国。

第37条

1. 本公约可由联合国教育、科学及文化组织的大会修订。但任何修订只将成为修订的公约缔约国具有约束力。

2. 如大会通过一项全部或部分修订本公约的新公约,除非新分约另有规定,本公约应从新的修订公约生效之日起停止批准、接受或加入。

第 38 条 按照《联合国宪章》第 102 条,本公约须应联合国教育、科学及文化组织总干事的要求在联合国秘书处登记。

1972 年 11 月 23 日订于巴黎,两个正式文本均有大会第十七届会议主席和联合国教育、科学及文化组织总干事的签字,由联合国教育、科学及文化组织存档,并将证明无误之副本发送第 31 条和第 32 条述之所有国家以及联合国。

前文系联合国教育、科学及文化组织大会在巴黎举行的,于一九七二年十一月二十一日宣布闭幕的第十七届会议通过的《公约》正式文本。

一九七二年十一月二十三日签字,以昭信守。

附件三 《承认高等教育相关资历全球公约》

序言

联合国教育、科学及文化组织大会于 2019 年 11 月 12 日至 27 日在巴黎举行的第四十届会议,

出于增强各缔约国之间教育、地域、人道主义、文化、科学和社会经济联系以及加强地区间对话并分享资历承认文书和实践的共同愿望,

忆及联合国教育、科学及文化组织(教科文组织)《组织法》规定"本组织之宗旨在于通过教育、科学及文化来促进各国间之合作,对和平与安全做出贡献",

铭记 1945 年《联合国宪章》、1948 年《世界人权宣言》、1951 年《关于难民地位的公约》及其 1967 年《议定书》、1954 年《关于无国籍人地位的公约》、教科文组织 1960 年《反对教育歧视公约》,特别是其第四(甲)条;联合国 1966 年《经济、社会及文化权利国际公约》和教科文组织 1989 年《技术和职业教育公约》之规定,

铭记教科文组织 1993 年《关于承认高等教育学历与资格的建议书》、1997 年《关于高等教育教学人员地位的建议书》、2007 年《联合国土著人民权利宣言》和教科文组织 2017 年《关于科学和科学研究人员的建议书》,

依托教科文组织关于承认高等教育相关资历的各项地区公约,

重申缔约国对促进各级包容和公平的优质教育以及全民终身学习机会所承担的责任,

意识到不断加强的高等教育国际合作,学生、工人、专业人员、研究人员和学术工作者的流动,科学研究方面的变化,以及教学和学习的不同模式、方法、发展和创新,

认为由公立和私立机构提供的高等教育既是一种公共产品,也是一项公共责任,并且**认识到**需要维护并捍卫高等教育机构学术自由和自主的原则,

深信通过学习者和学习、学者、科学研究和研究人员以及工人和专业人员的流动,高等教育相关资历的国际承认将促进相互依存的学习和知识发展,并加强高等教育国际合作,

尊重各缔约国的文化多样性以及教育传统和高等教育价值观的差异,

希望顺应需要,通过一项承认高等教育相关资历全球公约,从而对教科文组织关于承认高等教育相关资历的地区公约形成补充并促进它们之间的协调一致,

深信有必要寻求共同、实际且透明的解决方案,在全球范围改进资历承认工作,

深信本公约将促进国际流动、公正透明的资历承认程序方面的交流与合作,以及全球层面的高等教育质量保障和学术诚信,

兹于 2019 年 11 月 25 日通过本公约。

第一章 术语定义

第一条

本公约采用如下定义:

入学(高等教育):为持有资历的任何个人提供的申请接受某一层次高等教育并被考虑录取的权利。

录取(高等教育机构或课程):准许合格申请人在某一特定机构和/或某一特定课程接受高等教育的行为或制度。

申请人:

(一)将资历、部分学程或先前学习提交资历承认主管机构评估和/或承认的个人;或者

(二)经个人同意代表其行事的实体。

评估:从事资历评价的资历承认主管机构对申请人的资历、部分学程或先前学习的评价。

主管机构:具有职权、能力或法定权力行使某一特定职能的个人或实体。

资历承认主管机构:根据缔约国的法律、法规、政策或惯例评估资历和/或做出资历承认决定的实体。

组成单位:符合本公约第二十条"联邦制或非单一立宪制"第(二)项之规定的省、邦、县或州等国家以下一级管辖区的本公约缔约国官方实体。

跨境教育:涉及跨越缔约国边界的人员、知识、教学计划、办学者和课程流动的所有教育方式,包括但不限于:有质量保障的国际联合学位课程、跨境高等教育、跨国教育、境外教育和无国界教育。

流离失所者:被迫离开其居住地或环境并放弃职业活动,前往其他居住地或环境的个人。

正规教育系统:包括官方承认的所有负责教育的实体,以及缔约国主管机构承认并因此授权其提供教学和其他相关教育服务的各级公立和私立教育机构在内的缔约国教育系统。

正规学习：在缔约国主管机构承认并因此授权其开展学习活动的教育机构提供的、可获得正规资历的结构化学习环境中进行的学习。

高等教育：被缔约国或缔约国的组成单位的主管机构承认属于其高等教育系统的各类中等教育后学习课程或学习课程组合。

高等教育机构：被缔约国或缔约国的组成单位的主管机构承认属于其高等教育系统的高等教育办学机构。

高等教育课程：被缔约国或缔约国的组成单位的主管机构承认属于其高等教育系统的中等教育后学习课程，成功完成该课程的学生可获得高等教育资历。

非正式学习：在正规教育系统之外发生且在与工作、家庭、当地社区或休闲相关的日常生活活动中进行的学习。

国际联合学位：一种跨境教育学位，由隶属于一个以上国家的两个或两个以上高等教育机构在某一综合协调且共同开办的学习课程完成后联合承认和/或批准并授予的单一学位。

学习成果：学习者在完成某一学习过程后掌握的知识和技能。

终身学习：伴随人的一生、旨在提高和发展人的才能、知识、技能、态度和能力的所有正规、非正规或非正式学习活动进程。

流动性：个人到国外从事学习、研究、教学或工作的实际或虚拟形式的流动。

非正规学习：在不属于正规教育系统、侧重职业生活的教育或培训框架内进行的学习。

非传统学习模式：不主要依靠教育者和学习者面对面互动的正规、非正规和非正式教学活动机制。

部分承认：对于因明显存在实质性差异而无法被资历承认主管机构完全承认的完整且完成的资历的部分承认。

部分学程:尽管其本身并不完整,但经评估能够代表切实掌握了一定知识、技能、态度和能力的任何部分高等教育课程。

先前学习:个人通过正规、非正规或非正式学习所获得且经过比照一组特定学习成果、目标或标准评估的经验、知识、技能、态度和能力。

资历:

（一）**高等教育资历**:由某一主管机构颁发、证明已成功完成某项高等教育课程或在适用情况下证明先前学习得到认证的各种学位、文凭、证书或证明;

（二）**高等教育入学资历**:由某一主管机构颁发、证明已成功完成某项教育课程或在适用情况下证明先前学习得到认证的各种学位、文凭、证书或证明,该资历持有者享有被高等教育考虑录取之权利。

合格申请人:符合相关标准并被认为有资格申请接受高等教育的个人。

资历框架:按照一套标准对有质量保障的资历进行分类、发布和组织的系统。

质量保障:主管机构对高等教育系统、机构或课程质量进行评估的持续进程,旨在向利益攸关方保证可接受的教育标准始终得到保持和加强。

资历承认:资历承认主管机构对外国教育资历、部分学程或先前学习的有效性和学术水平的正式承认,旨在为申请人提供(包括但不限于):

（一）申请被高等教育机构录取的权利;和/或

（二）寻找就业机会的可能性。

地区:根据教科文组织为开展地区性活动所作的地区划分而确定的区域,即:非洲、阿拉伯国家、亚洲及太平洋、欧洲以及拉丁美洲和加勒比。

资历承认地区公约:教科文组织各地区承认高等教育相关资历的教科文组织公约,包括《地中海沿岸阿拉伯国家和欧洲国家承认高等教育学历、文凭与学位的公约》。

要求:

(一)**基本要求**:必须满足的接受高等教育或某一层次高等教育的条件,或获得某一层次高等教育资历的条件;

(二)**特定要求**:除基本要求外,为获得某一特定高等教育课程的录取或获得某一具体学科领域的特定高等教育资历所必须满足的条件。

实质性差异:外国资历和缔约国资历之间存在的很可能会妨碍申请人顺利从事自己希望的活动(包括但不限于继续学习、开展研究或寻求就业机会)的巨大差异。

第二章 本公约的目标

第二条

本公约依托并加强资历承认地区公约之间的协调、修订和落实,其目标为:

一、促进并加强高等教育领域的国际合作;

二、支持跨地区举措、政策和创新,促进高等教育领域的国际合作;

三、促进高等教育领域的全球流动,实现高等教育的价值,增进本公约缔约国的资历持有者、高等教育机构、雇主和其他利益攸关方之间的互利,同时理解并尊重各缔约国高等教育系统的多样性;

四、提供一个具有包容性的全球框架,促进高等教育相关资历得到公平、透明、连贯、一致、及时和可靠的承认;

五、尊重、维护并捍卫高等教育机构和系统的自主性和多样性；

六、通过倡导诚信和合乎道德的实践等方式，培养对资历的质量和可靠性的信任和信心；

七、促进高等教育机构和系统的质量保障文化，开展必要的能力建设，确保质量保障、资历框架和资历承认的可靠性、连贯性和互补性，以利于国际流动；

八、推动各利益攸关方、缔约国和地区之间编制、收集和分享可获取、最新、可靠、透明和相关的信息并传播最佳做法；

九、通过资历承认，促进包容和公平地接受优质高等教育，支持包括难民和流离失所者在内的全民终身学习机会；

十、为促进可持续发展教育，在全球范围推动人力资源和教育资源的优化利用，并为所有社会的体制、经济、技术、文化、民主和社会发展做出贡献。

第三章 承认高等教育相关资历的基本原则

第三条

本公约兹为承认高等教育相关资历制定以下原则：

1. 个人有权使其资历得到评估，以便申请接受高等教育或寻求就业机会；

2. 资历承认应根据各缔约国的规章制度，做到透明、公平、及时和非歧视，并且应让人负担得起；

三、资历承认决定以信任、明确的标准以及公平、透明和非歧视的程序为基础，并彰显公平接受可带来就业机会的高等教育这一公共产品的根本重要性；

四、资历承认决定应依据缔约国主管机构、官方的国家信息中心或

类似实体提供的有关高等教育系统、机构、课程和质量保障机制的适当、可靠、可获取和最新的信息;

五、资历承认决定应对世界各地高等教育系统的多样性给予应有尊重;

六、从事资历承认评估的资历承认主管机构应本着诚信态度进行评估,就决定做出明确解释,并设有资历承认决定申诉机制;

七、寻求获得资历承认的申请人应如实提供关于其所获资历的充分、准确的信息和材料,并有权提出申诉;

八、缔约国承诺采取措施,通过鼓励使用现代技术和在缔约国之间开展网络活动,消除与高等教育资历相关的一切形式的欺诈行为。

第四章 本公约缔约国的义务

本公约兹为各缔约国规定以下义务:

第四条 对高等教育入学资历的承认

一、除非获得资历所在的缔约国与受理资历承认申请的缔约国在入学基本要求上存在实质性差异,否则,就高等教育系统的入学而言,各缔约国应承认在其他缔约国获得的符合其高等教育入学基本要求的资历以及有记录或经证明的先前学习。或者,缔约国亦可使另一缔约国所颁发资历的持有者的资历能得到评估。

二、对于在可比质量保障机制框架内通过得到承认的非传统学习模式获得的资历,应根据缔约国或缔约国组成单位的规章制度,运用与通过传统学习模式获得的类似资历相同的适用标准予以评估。

三、若某一资历只允许其持有者进入获得资历所在的缔约国特定类型的高等教育机构或课程学习,其他各缔约国应准许此种资历的持有者进入其高等教育系统内类似特定类型的机构或课程(如适用)学习,除非能够表明存在实质性差异。

第五条 对高等教育资历的承认

一、除非能够表明寻求承认的资历与受理资历承认申请的缔约国的相应资历之间存在实质性差异,否则各缔约国应承认另一缔约国授予的高等教育资历。或者,缔约国亦可应另一缔约国所颁发高等教育资历的持有者的要求,使其此种资历能得到评估。

二、对于在可比质量保障机制框架内通过得到承认且被视为缔约国高等教育系统组成部分的非传统学习模式获得的高等教育资历,将根据受理资历承认申请的缔约国或其组成单位的规章制度,运用与通过传统学习模式获得的类似资历相同的标准予以评估。

三、对于通过授予国际联合学位的跨境教育或者通过在一个以上国家(其中至少有一个国家是本公约缔约国)开设的任何联合课程获得的高等教育资历,应根据受理资历承认申请的缔约国或其组成单位的规章制度,运用与通过在单一国家开设的课程获得的资历相同的标准予以评估。

四、缔约国承认另一缔约国颁发的高等教育资历,将至少产生以下一种结果:

(一)以与受理资历承认申请缔约国的高等教育资历持有者相同的适用条件,为资历持有者提供申请继续接受高等教育的权利;和/或

(二)根据受理资历承认申请的缔约国或其组成单位的法律法规,使资历持有者有权使用与高等教育资历相关的称谓。

此外,资历评估和承认可使合格申请人能够寻求就业机会,但应符合受理资历承认申请的缔约国或其组成单位的法律法规。

五、如果资历承认主管机构证明寻求承认的资历与受理资历承认申请的缔约国的相应资历之间存在实质性差异,则资历承认主管机构

应设法确定是否可以给予部分承认。

六、各缔约国对于通过跨境教育或通过在其管辖地内运营的外国教育机构获得的高等教育资历,可视其或其组成单位的法律或法规的特定要求,或根据其与该等机构所属缔约国签订的具体协定,给予承认。

第六条 对部分学程和先前学习的承认

一、为便于完成高等教育课程或继续高等教育学业,各缔约国在顾及缔约国有关入学法规的情况下,可酌情承认在另一缔约国取得的有记录或经证明的部分学程和有记录或经证明的先前学习,除非能够表明部分学程和先前学习与其在受理资历承认申请的缔约国的高等教育课程中的替代部分之间存在实质性差异。或者,缔约国亦可应相关个人的要求,使其在另一缔约国进行的有记录或经证明的部分学程和先前学习能得到评估。

二、对于在可比质量保障机制框架内通过得到承认且被视为缔约国高等教育系统组成部分的非传统学习模式部分完成的有记录或经证明的高等教育课程,应根据缔约国或其组成单位的规章制度,运用与通过传统学习模式获得的部分学程相同的适用标准予以评估。

三、对于通过授予国际联合学位的跨境教育或在一个以上国家(其中至少有一个国家是本公约缔约国)开设的其他联合课程等方式部分完成的有记录或经证明的高等教育课程,将根据缔约国或其组成单位的规章制度,运用与在单一国家完成的部分学程相同的适用标准予以评估。

第七条 对难民和流离失所者的部分学程和资历的承认

各缔约国应按照其宪法、法律和法规的规定,在其教育系统范围内采取必要和可行的步骤,制定合理的程序,以便公平、高效地评估难民和流离失所者是否符合获得高等教育入学机会、继续完成高等教育课程或寻求就业机会的相关要求,其中亦应包括无法通过书面证据证明在另一国家完成的部分学程、先前学习或所获资历的情况。

第八条 资历评估和承认的信息

一、各缔约国应建立透明的系统,对在其境内获得的资历和学习成果进行完整的说明。

二、各缔约国应在根据其宪法、法律和法规的状况和结构可行的范围内,建立客观且可靠的高等教育机构审批、资历承认和质量保障体系,以促进对其高等教育系统的信心和信任。

三、各缔约国应建立并维护一个国家信息中心或类似实体,提供有关其高等教育系统的相关、准确和最新信息。

四、各缔约国应鼓励利用各种技术,确保信息获取便利。

五、各缔约国应:

(一)提供关于其高等教育系统、资历、质量保障和资历框架(如适用)的权威、准确的信息;

(二)为传播和获取有关其他缔约国高等教育系统和资历以及高等教育入学资历的准确信息提供便利;

(三)依据其法律、法规和政策,酌情就资历评估标准和程序等资历承认事宜以及资历承认方面良好做法材料的编制,提供建议和信息;

(四)确保在合理时间范围内提供有关隶属于其高等教育系统的任何机构和此类机构开设的任何课程方面的充分信息,以帮助其他缔约国的主管机构确定此类机构所颁发资历的质量是否足以获得受理资历承认申请的缔约国的承认。

第九条 申请的评估

一、首先,提供充分信息的责任在于申请人,申请人应如实提供此类信息。

二、各缔约国应确保隶属于其教育系统的机构尽可能在合理的时间范围内,应要求免费向资历持有者或受理资历承认申请的缔约国的机构或资历承认主管机构提供相关信息。

三、各缔约国应确保从事资历承认评估工作的机构能够在某一项申请不符合要求或显示存在实质性差异时做出说明。

第十条 关于资历承认主管机构的信息

一、各缔约国应向本公约保存人提供有关其管辖地内资历承认事宜决策主管机构的正式通知。

二、缔约国若设有资历承认中央主管机构,则该机构应即刻受本公约条款的约束,并应采取必要措施,确保本公约的条款在该缔约国管辖地得到实施。

三、若资历承认事宜的决定权归属缔约国组成单位,则该缔约国应在签署或交存其批准书、接受书、核准书或加入书时,向保存人提供其宪政状况或结构的简要说明,并在此后就所发生的任何变更加以说明。在这种情况下,该缔约国的组成单位中被指定的资历承认主管机构应在该缔约国宪政状况和结构的可能范围内采取必要措施,确保本公约的条款在该缔约国管辖地得到实施。

四、若资历承认事宜的决定权归属各高等教育机构或其他实体,则各缔约国或缔约国各组成单位应根据其宪政状况或结构将本公约文本转发给上述机构或实体,并应采取一切必要步骤,鼓励对本公约的条款予以积极考虑和适用。

五、本条第二、三和四款的规定应比照适用于缔约国根据本公约应履行的义务。

第十一条 高等教育课程录取的附加要求

一、若某些特定高等教育课程的录取除满足入学基本要求外还需要满足特定要求,则相关缔约国主管机构可对其他缔约国资历的持有者提出相同的特定要求,或者评估持有其他缔约国资历的申请人是否满足同等要求。

二、若某一缔约国高等教育入学资历只有在通过作为入学前提条件的额外资格考试后方可颁发,则其他缔约国可将上述要求作为入学条件,或在其教育系统内提供一种满足上述额外要求的替代办法。

三、在不影响第四条规定的情况下,某一特定高等教育机构或该等机构的某一特定课程可根据公平和透明的规章进行限制性或选拔性录取。

四、关于本条第三款,录取程序的设计应旨在确保根据第三条所述的透明、公平和非歧视原则对外国资历进行评估。

五、在不影响第四条规定的情况下,某一特定高等教育机构的录取可将资历持有者具备掌握该等机构一种或多种教学语言或者其他规定语言的充分能力作为录取条件。

六、就高等教育课程的录取而言,各缔约国对在其管辖地运营的外国教育机构颁发的资历,可视其或其组成单位的法律法规的特定要求,或根据其与该等机构所属缔约国签订的具体协定,给予承认。

第五章 实施机制与合作

第十二条 实施机制

缔约国同意通过以下机制或与以下机制合作实施本公约:

一、国家实施机制;

二、国家实施机制网络;

三、国家、地区和全球认证、质量保障、资历框架和资历承认组织;

四、政府间缔约国大会;

五、资历承认地区公约委员会。

第十三条 国家实施机制

一、为了推动高等教育资历的承认工作,缔约国承诺通过包括国家信息中心或类似实体在内的相关组织实施本公约。

二、各缔约国将向政府间缔约国大会秘书处通报其国家实施机制及与此相关的任何变动情况。

三、国家实施机制应组建网络并积极参与其中。

第十四条 国家实施机制网络

一、在政府间缔约国大会的支持下,该网络由缔约国国家实施机制组成,并应支持和协助本公约的切实实施。

二、该网络应根据要求为缔约国提供信息交流、能力建设和技术支持。

三、该网络致力于根据本公约加强地区间合作,保持与政府间缔约国大会的联络。

四、缔约国可加入依据资历承认地区公约建立的现有地区性网络,或创建新的网络。加入现有地区性网络应征得相关资历承认地区公约委员会的同意。

第十五条 政府间缔约国大会

一、应设立政府间缔约国大会,以下简称"大会"。

二、大会应由本公约全体缔约国代表组成。

三、非本公约缔约国以及资历承认地区公约委员会负责人应受邀作为观察员参加大会相关会议。

四、相关国际组织和地区组织的代表,以及积极参与高等教育资历承认领域工作的政府组织和非政府组织的代表,也可应邀作为观察员出席大会相关会议。

五、大会应至少每两年举行一次常会。如大会做出决定或应至少三分之一缔约国的要求,可召开大会特别会议。大会应制定关于闭会期间活动的临时工作计划。大会应向教科文组织大会每届常会提交一份报告。

六、大会首次会议应于本公约生效两年以内举行,并且届时应通过其议事规则。

七、大会应通过全球或跨地区层面的建议书、宣言、良好做法范例以及任何相关附属文本,促进本公约的执行并监督其实施工作。

八、大会可与资历承认地区公约委员会协商,通过本公约操作指南,供缔约国采用。

九、大会应支持落实教科文组织理事机构就本公约实施情况进行监督并接受报告的活动。

十、大会应与教科文组织支持的资历承认地区公约委员会开展合作。

十一、大会应确保与资历承认地区公约委员会之间进行必要的信息交流。

十二、大会应根据本公约第二十三条审议通过对本公约的修正案草案。通过的修正案不得有损于本公约所述的透明、公平、及时和非歧视性承认原则。

十三、教科文组织总干事将为大会配备秘书处。秘书处应编制大会文件,起草会议议程,并确保大会的决定得到落实。

第六章 最后条款

第十六条 会员国批准、接受或核准

一、本公约须由教科文组织会员国和罗马教廷依据各自的宪法和

法律程序批准、接受或核准。

二、批准书、接受书或核准书应交教科文组织总干事保存。

第十七条　加入

一、所有非教科文组织会员国的联合国会员国,均可由教科文组织大会邀请加入本公约。

二、根据联合国大会第1514(XV)号决议并未获得完全独立、但经联合国承认享有充分内部自治、有权处理本公约所涉事宜包括有权就此类事宜签署条约的领土,也可加入本公约。

三、加入书应交教科文组织总干事保存。

第十八条　生效

一、本公约在第二十份批准书、接受书、核准书或加入书交存之日起三个月后生效,但仅对在该日或该日之前交存批准书、接受书、核准书或加入书的缔约国生效。

二、对于任何其他缔约国,本公约则在其交存批准书、接受书、核准书或加入书三个月后生效。

第十九条　本公约缔约国与资历承认地区公约及其他条约缔约国之间的关系

一、批准、接受、核准或加入任何资历承认地区公约不应作为批准、接受、核准或加入本公约的先决条件。

二、本公约缔约国应:

(一)加强本公约与其加入的其他条约之间、特别是与资历承认地区公约之间的相互支持;

(二)在解释并适用其加入的资历承认地区公约或承担其他国际义务时考虑本公约的相关条款。

三、本公约的任何内容不得解释为对缔约国在其加入的资历承认地区公约和其他任何条约中的权利和义务的变更。

四、为了确保本公约、各项资历承认地区公约、其他任何相关的双边或多边协定、本公约某一缔约国可能已经加入或将要加入的其他任何现行或未来条约或公约之间的协调互动,本公约的任何内容均不得视为减损任何更有利于资历承认的条款,尤其是有关国家信息中心、网络和实质性差异的条款。

第二十条 联邦制或非单一立宪制

鉴于国际协定对采取任何立宪制度的缔约国均具有同等约束力,对实行联邦制或非单一立宪制的缔约国应适用以下条款:

(一)对于在联邦或中央立法机构的法律管辖下实施的本公约各项条款,联邦或中央政府的义务与非联邦国家的缔约国的义务相同;

(二)对于在按照联邦立宪制无须采取立法措施的缔约国组成单位(如省、邦、县或州)的管辖下实施的本公约条款,联邦政府在必要时须将这些条款连同其关于采用这些条款的建议一并通知其组成单位的主管机构。

第二十一条 退约

一、本公约任一缔约国均可随时退出本公约。

二、退约应以文书书面形式通知,交教科文组织总干事保存。

三、在收到退约书十二个月后,退约生效。在退约生效日之前,退约缔约国依据本公约所承担的义务不受任何影响。

四、退出本公约不得对以下方面产生任何影响:

(一)此前根据本公约规定做出的资历承认决定;

(二)在本公约范围内仍在开展的资历承认评估。

第二十二条 保存职责

教科文组织总干事作为本公约的保存人,应告知本组织会员国、第十七条所述的非本组织会员国以及联合国：

（一）第十六条和第十七条规定的所有批准书、接受书、核准书或加入书的交存情况；

（二）第二十一条规定的退约情况；

（三）根据第二十三条通过的公约修正案以及根据第二十三条提出的修正案生效日期。

第二十三条　修正

一、本公约缔约国可通过致教科文组织总干事的书面函件，提出对本公约进行修正。总干事应将此类函件发送至所有缔约国。如函件发出六个月内不少于半数公缔约国赞成上述要求，则总干事应将公约修正建议提交政府间缔约国大会下一届会议讨论并决定是否通过。

二、修正案须经出席会议并参加表决的缔约国三分之二多数通过。

三、对本公约的修正案一经通过，应提交缔约国批准、接受、核准或加入。

四、对批准、接受、核准或加入本公约修正案的缔约国而言，修正案在三分之二的缔约国交存本条第三款中所述文书三个月后生效。此后，对任何批准、接受、核准或加入一项修正案的缔约国而言，在其交存批准书、接受书、核准书或加入书之日起三个月后，上述修正案即行生效。

五、在修正案依照本条第四款的规定生效之后成为本公约缔约国的国家如未表示异议，则应：

（一）被视为经修正的本公约的缔约国；

（二）在涉及不受修正案约束的缔约国时，仍被视为未经修正的本公约的缔约国。

第二十四条　在联合国登记

根据《联合国宪章》第一百零二条的规定,本公约将应教科文组织总干事的要求在联合国秘书处登记。

第二十五条　作准文本

本公约用阿拉伯文、中文、英文、法文、俄文和西班牙文写成,六种文本同等作准。

上述文本为在巴黎举行并于 2019 年 11 月 27 日闭幕的联合国教育、科学及文化组织大会第四十届会议通过的公约正式文本。

附件四 《亚洲及太平洋地区承认高等教育资历公约》

说明

引言

由联合国教科文组织主持通过的六项关于承认高等教育学历和学位的公约始于20世纪70年代末80年代初。在这6项旨在管理相互承认高等教育学历和学位的准则性文书中,最早通过的一项是《拉丁美洲和加勒比地区承认高等教育学历、文凭和学位公约》(1974年6月)。在之后的10年间,又有五项类似的公约相继通过,涉及世界所有地区:《地中海周边阿拉伯国家和欧洲国家承认高等教育学历、文凭和学位的国际公约》(《地中海公约》1976年);阿拉伯国家(1978年);欧洲(1979年);非洲(1981年)和亚洲及太平洋地区(1983年)。

《亚洲及太平洋地区承认高等教育学历、文凭和学位的地区公约》于1983年12月16日在泰国曼谷举行的国际会议上获得通过。考虑到亚洲及太平洋地区教育系统的多样性和丰富的文化、社会、政治、哲学、宗教和经济背景,此项公约的宗旨在于确保高等教育学历、文凭和学位得到尽可能广泛的承认。

亚洲及太平洋地区会员国(48个)拥有批准和加入1983年公约的当然权利。目前,有21个国家已同意批准该公约,其他会员国则在等待将其修改为规定性不那么强的法律文件。

自1983年以来,高等教育经历了一些重大变化,包括公私办学机构的指数性增长;跨境办学机构的增长;信息传播技术的进步和高等教育的持续大众化(使高等教育机构的治理和管理得到了极大的改变);终身教育;通过远程教育获得资历;对质量保证更加重视;国家资历架构的发展;学习成果评估工具的开发;提高国家能力和建设可持续的高等教育系统的必要性。

以上因素迫切需要确保在一个国家取得的资历得到其他国家的承认,故而修订后的公约应虑及上述因素并将其纳入其中。为顺应亚洲及太平洋地区高等教育领域的新变化,2005年5月24日至25日于中国昆明举行的地区委员会第八届会议建议对1983年《亚洲及太平洋地区承认高等教育学历、文凭和学位的地区公约》进行修订。

修订程序

根据地区委员会第八届会议所提建议,成立一个技术工作组开展公约修订工作并召开工作小组会议,两名顾问提供协助。修订后的亚太地区公约旨在:1.促进建立学术流动互认机制,以此作为推动亚太地区相互理解和团结的主要战略;2.加强文化认同,实现卓有成效的高等教育领域的区域合作;3.承认亚太地区各国学术课程的独特性和多样性,并承认为促进终身学习建立能力和资历的比较机制的复杂性。

联合国教科文组织执行局第181届会议(2009年4月14—30日)讨论并批准了1983年《亚洲及太平洋地区承认高等教育学历、文凭和学位的地区公约》的修订程序。修订后的地区公约草案被提交至地区委员会第十届会议,该会议对修订后的公约草案文本略加修改后予以批准并建议将修订后的地区公约提交2009年10月召开的联合国教科文组织大会。教科文组织大会决定,在2010—2011双年度内召开国际缔约国大会（I类会议），审议并通过对1983年《亚洲及太平洋地区承认高等教育学历、文凭和学位的地区公约》所做修订。

修订后的公约

亚洲及太平洋地区国家重视将以下内容/部分纳入修订后的公约：资历承认主管部门；与资历评估相关的基本原则；部分学程；难民、流离失所者或类似境况人的资历认证；与高等教育机构及课程评估和实施机制相关的信息。修订后的公约将具有透明度，并提供资历承认和质量保证的可靠信息。该公约还将帮助亚太地区有效回应全球化对亚太地区高等教育所带来的影响。

修订后的亚太地区公约是一个法律框架，为通过现有的或为此专门建立的国家级、双边、分地区级和地区级机制促进高等教育资历文凭互认的地区合作提供了宏观指导方针。修订后的亚太地区公约将是一个动态工具，必须根据亚太地区以及国际高等教育的发展定期进行调。

本公约与1983年地区公约的关系

修订后的这项地区公约第十（三）条界定了本公约与之前的联合国教科文组织《亚洲及太平洋地区承认高等教育学历、文凭和学位的地区公约》（1983年）之间的关系。该条强调，本公约系替代性公约，属于本条内所述之1983年公约缔约国的本公约缔约国仅对本公约其他缔约国停止实施1983年公约。1983年公约的缔约国在对待非本公约缔约国的其他1983年公约缔约国方面，仍受1983年公约的约束。随着本公约缔约国数量的增加，1983年公约的实际实施数量将相应减少。本公约将最终取代1983年公约。此外，本公约缔约国承诺放弃成为1983年公约的缔约国。

签署1983年地区公约的国家名单：中国 澳大利亚 斯里兰卡 土耳其 朝鲜民主主义人民共和国 大韩民国 尼泊尔 马尔代夫 俄罗斯联邦

蒙古 塔吉克斯坦 亚美尼亚 阿塞拜疆 罗马教廷 吉尔吉斯斯坦 土库曼斯坦 哈萨克斯坦 印度 老挝人民民主共和国 菲律宾 印度尼西亚

交存日期：1984年9月25日 1985年9月23日 1986年1月10日 1988年4月28日 1989年4月26日 1989年8月29日 1989年11月2日 1990年5月14日 1990年11月16日 1991年10月19日 1993年8月28日 1993年9月5日 1995年4月24日 1995年7月10日 1995年11月7日 1996年6月4日 1997年3月14日 2000年8月2日 2003年1月2日 2003年11月26日 2008年1月30日

亚洲及太平洋地区承认高等教育资历公约

东京，2011年11月26日

序

本公约各缔约国，

出于增强其地理、文化、教育和经济联系的共同愿望；

忆及教科文组织《组织法》所载"本组织之宗旨在于通过教育、科学和文化，促进各国之间的合作，为和平与安全做出贡献"；

认识到亚洲及太平洋地区在教育传统、体制和价值观方面存在的丰富多样性；

深信亚洲及太平洋地区文化和高等教育体制的多样性构成一种独特的资源；

决心加强和扩大各缔约国之间的合作，以使其人力资源潜力得到最佳利用，从而促进亚洲及太平洋地区的知识进步，不断提高高等教育的质量；

切望亚洲及太平洋地区人民能够充分利用其文化资源，在尊重国

内法规的前提下,向各缔约国的国民,特别是缔约国的学生和学者,提供使用各缔约国教育资源的便利;

深信在此类合作框架内承认高等教育资历将有助于学生和学者的国际流动;

铭记需要加强文化交流,以推动亚洲及太平洋地区在经济、社会、文化和技术上的发展,促进该地区的和平;

忆及许多缔约国已就相互承认高等教育资历缔结双边或分地区性协定,但期望加强该等努力,通过本公约将合作扩大到整个亚洲及太平洋地区;

铭记在考虑本公约时,还应参照涉及全球其他地区的联合国教科文组织承认资历的公约以及一九九三年联合国教科文组织《关于承认高等教育学历与资格的建议书》;

意识到自上述公约获得通过以来,亚洲及太平洋地区的高等教育发生了巨大变化,国家教育系统内和各国教育系统间日益呈现多样化,需要对法律文书和实践做出调整,以反映上述发展;

愿意在全球层面与其他教科文组织地区公约的缔约国进行积极的国际合作;

意识到高等教育资历承认方面的实际挑战,需要找到有助于亚洲及太平洋地区学生和学者流动的共同解决方案;

意识到缔约国需要改进目前承认资历的做法,使其更加透明并能更好地适应亚洲及太平洋地区高等教育的现状;

考虑到各缔约国承认其他缔约国颁发的高等教育资历是促进缔约国之间学术流动的一个重要手段;

切望确保高等教育资历得到尽可能广泛的承认,从而以适应各缔约国文化背景的方式,促进终身教育和教育民主化;

尊重各缔约国设立和批准资历制度的权利及其机构的自主权；

特约定如下：

第一章 术语定义

在本公约中，下列术语的定义为：

一九八三年公约指一九八三年十二月十六日于曼谷通过的《亚洲及太平洋地区承认高等教育学历、文凭和学位的地区公约》；

入学（高等教育）指符合条件的候选人申请并被考虑进入高校学习的权利；

认证指承认或认定高等教育课程或机构符合相关标准的评估和审查程序；

录取（高等教育机构或课程）指准许资历持有者在特定机构和/或特定课程接受高等教育的行为或制度；

评估（机构或课程）指确定高等教育机构或课程之教育质量的程序；

评估（个人资历）指资历承认主管部门对个人国外资历出具的书面评价或评估；

流离失所者指被迫离开其居住地或环境以及放弃职业活动者；

资历承认主管部门指由官方授权对国外资历的承认做出决定的政府或非政府机构；

缔约国的组成实体指国家、省市、联邦或地区一级的政府实体；

入学基本要求（高等教育）指在任何情况下均应满足的高等教育入学条件；

高等教育指被缔约国相关部门承认属于其高等教育系统的中学后教育、培训和研究；

高等教育机构指得到缔约国有关部门承认的高等教育办学机构；

高等教育课程指被缔约国相关部门承认属于其高等教育系统的教育课程，完成该等课程的学生将获得某种高等教育的资历；

Mutatis Mutandis 系拉丁语，意为"考虑到各自的差异"；

非传统方式指通过其他教育机制取得资历；

部分学程指某个高等教育课程中的任何同质部分，尽管其本身并非一个完整的课程，但可等同于获得一定的知识或技能；

高等教育入学资格指由相关部门颁发的任何资历，证明持有者顺利完成某个教育课程并享有高等教育入学申请资格；

高等教育资历指由高等教育机构颁发的任何学位、文凭或其他证书，证明持有者顺利完成某项高等教育课程；

质量保证指评估和改进高等教育系统、机构或课程质量的一个持续过程，旨在向利益攸关者保证公认标准得到保持和提高；

对先前学习的承认指正式承认通过正规和/或非正规学习所获得的知识和技能的一个程序；

资历承认指缔约国资历承认主管部门对国外教育资历的程度给予的由其定义的正式承认，以便利继续学业和/或就业；

中等教育指小学、初等、预备、中间阶段或基础教育之后任何教育种类的一个阶段，其目的包括为学生进入高等教育做准备，为顺利完成者颁发中学毕业证书或使其得到高等院校的录取；

特殊要求（高等教育录取）指除基本要求外，为获得某个高等教育课程的录取或获得某个特定教育领域中的特定高等教育资历所需满足的条件；以及联合国教科文组织学历文凭附录系《欧洲地区承认高等教育资历公约》（即"里斯本资历承认公约"）的一份参考文件，实为对该附录附于的资历证书原件所述人员攻读并顺利完成之学业的性质、程度、背景、内容和地位做出说明的文件。

第二章 资历承认主管部门的权限

第一条

一、如果缔约国的中央政府有权对承认事项做出决定,则该缔约国应即刻受到本公约规定的约束,并应采取必要措施,保证本公约的规定在该缔约国境内得到实施。

二、如果承认事项的决定权属于缔约国的组成实体,则该缔约国应在签署或交存其批准书、接受书、核准书或加入书时,或在此后的任何时间,向保存人提供其宪政状况或结构的一份简要说明。在该等情况下,缔约国组成实体中被指定的资历承认主管部门应采取必要措施,保证本公约的规定在其境内得到实施。

三、如果承认事项的决定权属于各高等教育机构或其他实体,各缔约国根据其宪政状况或结构应将本公约全文转发给上述机构或实体,并应采取一切可能的措施,鼓励该等机构或实体积极考虑和适用本公约的规定。

四、本条第一、二和三款规定应适用于缔约国在本公约以下各条项下的义务,但应考虑到各自的差异。

第二条 在签署或交存其批准书、接受书、核准书或加入书时,或在此后的任何时间,各缔约国应向本公约的保持人通报有权对承认事项做出各类决定的主管部门。

第三条 本公约中的任何内容均不应减损对一缔约国具有约束力的现有或未来条约中所含或由于该等条约而产生的、对承认该缔约国的高等教育资历更为有利的任何规定。

第三章　与资历评估相关的基本原则

第一条

一、在向资历承认主管部门申请后,一缔约国所发资历的持有者有权得到对其资历的及时评估。

二、为保证资历持有者的这一权利,各缔约国承诺对资历承认申请的评估做出适当安排,重点在于评估所获得的知识和技能。

第二条　各缔约国应确保资历的评估和承认所采用的程序和标准透明、一致、可靠、公平并且无歧视。

第三条

一、承认的决定应以与申请承认的资历相关的信息为依据。

二、提供充分信息的责任首先在于资历持有者,资历持有者应出于诚信提供信息。

三、缔约国应酌情指示或鼓励所有隶属于其教育系统的机构满足为评估在该等机构所获得的资历所提出的任何合理的提供信息请求。特别是,缔约国应鼓励隶属于其教育系统的机构根据请求在合理的时间内,向资历持有者、受理承认申请的机构或缔约国的资历承认主管部门提供相关信息。

四、只要提供了与资历评估相关的必要信息,则证明申请不符合相关要求的责任就在于资历承认主管部门。

第四条　为便于资历的承认,各缔约国应确保提供与其教育系统有关的充分和明确的信息。

第五条　承认资历的决定应在资历承认主管部门事先规定的合理时限内做出,从所有必要的相关 信息提交之时起计。拒绝给予承认的,必须阐明拒绝承认的理由,并应就申请者可采取的措施提供信息,以便其下次获得承认。对拒绝给予承认或未做出决定的,申请者有权在合理的时限内通过各缔约国的有关程序提出申诉。

第四章 对高等教育入学资格的承认

第一条 除非能够表明获得资历所在缔约国与受理资历承认申请的缔约国在入学基本要求上存在实质性差异，否则各缔约国为便于其各高等教育课程的入学，应承认其他缔约国出具的符合上述高等教育课程入学基本要求的资历。

第二条 或者，一缔约国亦可根据另一缔约国资历持有者的申请，使其获得的资历能够得到评估，并且第四章第一条规定也应适用于该等情况，但应考虑到各自的差异。

第三条 如果特定高等教育课程的录取除基本入学要求外还需要满足特殊的要求，则相关缔约国资历承认主管部门可对其他缔约国高等教育资历获得者提出额外的要求，或者评估拥有其他缔约国高等教育资历的申请者是否满足相似的要求。

第四条 如果在获得学校结业证书的缔约国，作为入学的一个必要条件，该等证书的持有者还应参加额外的资格考试方可进入高等教育，则其他缔约国可将上述要求作为入学条件，或者在其本国教育系统内提供一种能够满足上述额外要求的选择。

第五条 在不影响第四章第一至第四章第四条规定的情况下，特定高等教育机构或该机构中的高等教育课程可采取限制性或选拔性录取。在高等教育机构和/或高等教育课程采取选拔性录取的情况下，录取程序的设计应确保对国外高等教育资历的认证符合第三章所述之公平和无歧视的基本原则。

第六条 在不影响第四章第一至第四章第五条规定的情况下，为使申请者能够学有所获，特定高等教育机构的录取可要求申请者显示具备相关机构教学所用语言或其他特定语言的充分能。

第七条 对于在一缔约国通过非传统方式接受高等教育所获得的资历，其他缔约国应加以公平评估。

第八条 就高等教育课程的录取而言，各缔约国对本国境内运行的外国教育机构出具的资历，可视本国法律的具体要求或与该等教育机构所属缔约国签订的具体协定，给予承认。

第五章　对部分学程的承认

第一条 各缔约国均应酌情承认或至少评估在另一缔约国高等教育课程框架内完成的部分学程。该等承认应包括以完成受理资历承认申请的缔约国的某项高等教育课程为目的将该部分学程考虑在内，除非所完成的部分学程与受理资历承认申请的缔约国的部分和/或全部高等教育课程之间有实质性的差别。

第二条 第五章第一条的规定应适用于通过非传统方式完成的部分学程，但应考虑到其各自的差异。

第三条 特别是在以下情况下，各缔约国应对部分学程的承认提供便利：

（一）以下机构之间先前已有协定：

1. 负责有关部分学程的高等教育机构或资历承认主管部门；与
2. 负责受理该等承认的高等教育机构或资历承认主管部门。

（二）完成部分学程所在的高等教育机构已出具证书或学习成绩单，证明学生已全部符合该等部分学程的规定要求。

第六章　对高等教育资历的承认

第一条 如果承认决定主要取决于高等教育资历所证明的知识和

技能,则各缔约国应承认其他缔约国授予的高等教育资历,除非能够证明存在实质性的差别。

第二条 或者,缔约国亦可根据持有其他缔约国所发高等教育资历证书人的申请,使其资历获得评估,并且第六章第一条规定也应适用于该等情况,但应考虑到各自的差异。

第三条 第六章第一条和第六章第二条应适用于通过在教育系统范围内符合本国法规要求的非传统方式取得的高等教育资历,但应考虑到其各自的差异。

第四条 一缔约国对另一缔约国所颁发高等教育资历的承认可具有下列一种或多种用途:

(一)进一步的高等教育学习,包括相关考试或研究生预备课程,条件应与受理资历承认申请的缔约国的资历持有者所应适用的条件相;

(二)使用学术头衔,但应符合受理资历承认申请的缔约国或其管辖地的法律法规;或者

(三)获得就业机会,但应符合受理资历承认申请的缔约国或其管辖地的法律法规。

第五条 一缔约国资历承认主管部门对另一缔约国出具的高等教育资历进行评估可采用对下列一个或多个方面提出"建议"的形式:

(一)教育机构,用于其课程录取;

(二)任何其他资历承认主管部门;以及

(三)潜在雇主。

第六条 各缔约国对本国境内运行的外国高等教育机构出具的资历,可视本国法律的具体要求或 与该等教育机构所属缔约国签订的具体协定,给予承认。

第七章　对难民、流离失所者或难民处境人员所持资历的承认

第一条　各缔约国应按照本国宪法、法律和法规的要求,在其教育系统范围内做出一切合理努力,制定旨在公平、迅速地评估(甚至在无法通过文件凭据证明从一缔约国所获资历的情况下)难民、流离失所者或难民处境人员是否符合进入高等教育课程或为就业获得资历承认之相关要求的程序,包括对先前学习的承认。

第八章　与评估/认证和承认事项有关的信息

第一条　各缔约国应提供与隶属于其高等教育系统的机构和质量保证系统有关的充分信息,以帮助其他缔约国的资历承认主管部门确定上述机构所出具资历的质量能否证明受理资历承认申请的缔约国应予以承认。这包括:

（一）对其高等教育系统的描述;

（二）对隶属于其高等教育系统的各类高等教育机构的概述以及每类机构的典型特征的概述;

（三）隶属于其高等教育系统的得到承认和/或经认证的高等教育机构（公立及私立）清单,说明其颁发不同资历的权限及其对进入各类机构和课程的要求;

（四）对质量保证机制的说明;以及

（五）缔约国视为隶属于其教育系统的境外教育机构清单。

第二条　各缔约国应提供便于高等教育资历承认的相关、准确和最新信息,包括:

（一）便利查阅有关其高等教育系统及颁发的资历的权威和准确的信息;

（二）便利查阅有关其他缔约国高等教育系统和颁发的资历的信息；并且

（三）根据国家法律法规就承认事项和资历的评估提供建议或信息。

第三条 各缔约国应采取充分措施，建立并保持一个提供高等教育信息的国家信息中心。国家信息中心的形式可各不相同。

第四条 各缔约国应通过其国家信息中心或其他途径宣传使用下列文件：

（一）《联合国教科文组织学历文凭附录》或任何其他类似的资历证明附录；以及

（二）教科文组织和经合组织《保障高等教育跨国办学质量指导方针》和/或各缔约国高等教育机构根据各自国家法律法规编制的任何类似文件。

第九章 实施

第一条 对本公约的实施进行监督、宣传和协助的机构是"亚洲及太平洋地区承认高等教育资历公约委员会"，以下简称为"委员会"。

第二条

一、根据本公约成立的委员会应由各缔约国的一名代表组成。

二、不属于本公约缔约国的国家可以作为观察员参加委员会的会议。活跃于本地区资历承认领域的政府及非政府组织亦可受邀作为观察员参加委员会的会议。

三、委员会可以缔约国的多数票表决通过建议书、宣言、议定书和最佳实践模式，用于指导缔约国资历承认主管部门实施本公约和考虑高等教育资历承认的申请。尽管不受上述文件的约束，各缔约国应尽最大努力应用上述文件,使其受到资历承认主管部门的关注并鼓励其应用。

四、委员会应与联合国教科文组织各地区实施承认高等教育学历、文凭和学位公约(由联合国教科文组织主持通过)委员会保持联系。

五、缔约国的简单多数应构成法定人数。

六、委员会应通过自己的《议事规则》。委员会应至少每三年举行一届常会。委员会的首届会议应在本公约生效后的第一年内举行,并在此后的前五年内每年召开一届会议,以落实对本公约的实施。

七、委员会的秘书处工作应交由联合国教科文组织总干事托管。

第三条

一、应建立国家学术流动和资历承认信息中心网络,负责支持和协助各国资历承认主管部门对本公约的实际实施。

二、各缔约国均应向国家信息中心网络指派本国信息中心的一名成员。如果建立或保持的国家信息中心不止一个,则所有该等中心均应成为网络的成员,但相关国家信息中心的投票权仅为一票。

三、国家信息中心网络应每年召开一届全体会议。网络应选举其主席和理事会。

四、国家信息中心网络的秘书处工作应交由联合国教科文组织总干事托管。

五、国家信息中心网络应收集各缔约国有关学术资历承认和流动的信息。

第十章　最后条款

第一条

一、联合国教科文组织的所有会员国和罗马教廷均可签署并批准、接受、核准或加入本公约。

二、上述国家可通过下述方式表示接受本公约的约束：

（一）对批准、接受、核准或加入不加保留的签署；

（二）须经批准、接受、核准或加入的签署，随后批准、接受、核准或加入；或者

（三）交存批准书、接受书、核准书或加入书。

三、批准书、接受书、核准书或加入书应交存于联合国教科文组织总干事，以下简称"保存人"。

第二条 本公约在亚洲及太平洋地区的五个联合国教科文组织会员国表示同意接受本公约的约束满一个月后的翌月首日开始生效。本公约在其他缔约国表示同意接受本公约约束满一个月后的翌月首日开始对该等缔约国生效。

第三条

一、并非属于1983年公约缔约国的本公约缔约国承诺放弃成一九八三年公约的缔约。

二、同时也属于1983年公约缔约国的本公约缔约国：

（一）应在其双边关系中适用本公约的规定；并且

（二）对于不属于本公约缔约国的一九八三年公约缔约国，在与其关系中应继续适用一九八三年公约。

第四条

一、在签署本公约或在交存其批准书、接受书、核准书或加入书时，任何国家均可指定本公约适用的领土范围。

二、任何缔约国均可在以后的任何一个日期向保存人提交一份声明，将本公约的适用范围扩大到声明中指定的任何其他领土。在保存人收到上述声明之日起满一个月后的翌月首日，本公约应对上述领土

生效。

第五条

一、任何缔约国均可随时通知保存人退出本公约。

二、退出应在保存人收到上述通知之日起满十二个月后的翌月首日生效。但是,退出不应影响此前根据本公约规定做出的承认决定。

三、因缔约国违反实现本公约目标或宗旨不可或缺的基本规定而导致本公约的实施终止或暂停,应根据国际法加以解决。

第六条

一、任何国家在签署本公约或交存其批准书、接受书、核准书或加入书时,均可宣布保留其不适用本公约下列一项或数项条款之全部或部分规定的权利:第四章第七条、第五章第一条、第五章第二条、第五章第三条、第六章第三条和第八章第四条。除此之外,不得做出任何其他保留。

二、根据前款规定做出保留的缔约国可通知保存人全部或部分撤销其保留。撤销应自保存人收到上述通知之日起生效。

三、对本公约某项规定做出保留的缔约国不得要求任何其他缔约国适用该规定;但如果所做保留属于部分或有条件的保留,则该缔约国可在其接受该等规定的范围内要求该等规定适用。

第七条

一、经三分之二多数缔约国同意,委员会可通过对本公约的修正。按上述方式通过的任何修正均应纳入本公约的一项议定书。议定书应明确其生效方式并在任何情况下均应要求缔约国表示同意接受其约束。

二、不得根据本条第一款程序规定对本公约第三章做出修正。

三、修正提案应提交保存人,由其在委员会召开会议的至少三个月之前转交给各缔约国。保存人还应通知联合国教科文组织执行局。

第八条 在下列任何事项得到完成之后，保存人应通报本公约的缔约国以及联合国教科文组织的其他会员国：

（一）依照第十章第一条第二款规定签署本公约；

（二）依照第十章第一条第二款规定交存批准书、接受书、核准书或加入书；

（三）本公约依照第十章第二条规定开始生效之日；

（四）依照第十章第六条规定做出任何保留和撤销任何保留；

（五）依照第十章第五条规定退出本公约；

（六）依照第十章第四条规定发布声明；

（七）依照第十章第七条规定提出提案；

（八）依照第二章第二条规定发出有关资历承认主管部门的通知；

（九）与本公约有关的任何其他行动、通知或交流。

下列经正式授权的代表在本公约上签字，以昭信守。

本公约于二〇一一年十一月二十六日在东京以中文、英文和俄文订立，三种文本同等作准，正本应交存于联合国教育、科学及文化组织档案处。经认证的副本应提交给第十章第一条所述各国和联合国秘书处。

参考文献

1. 中文专著

A. W. 霍克编:《国际货币基金组织与中国》,冯大麟、江期务、钱祝钧等译,国际货币基金组织、中国陕西财经学院,1983年。

阿马杜-冯赫塔尔·姆博主编:《联合国教科文组织四十年》,郭春林、刘正国等译,中国对外翻译出版公司,1985年。

阿马杜-冯赫塔尔·姆博:《人民的时代》,郭春林、蔡荣生译,中国对外翻译出版公司,1986年。

保罗·朗格朗:《终身教育引论》,周南照、陈树清译,王遵仲校,中国对外翻译出版公司,1985年。

陈世材:《国际组织:联合国体系的研究》,中国友谊出版公司,1986年。

陈志、杨拉克:《城市软实力》,广东人民出版社,2008年。

《邓小平文选》,人民出版社,1994年。

杜越:《联合国教科文组织与全球教育治理:理念与实践探究》,教育科学出版社,2016年。

端木正:《端木正自选集》,广东人民出版社,2007年。

E. H. 卡尔:《二十年危机(1919—1939):国际关系导论》,秦亚青译,商务印书馆,2021年。

顾明远口述:《顾明远教育口述史》,李敏谊整理,北京师范大学出版社,2007年。

顾维钧:《顾维钧回忆录》第五分册,中华书局,1987年。

国际劳工局中国分局编:《国际劳工组织与中国》,国际劳工局中国分局,1948年。

郝雨凡、林甦主编:《中国外交决策——开放与多元的社会因素分析》,社会科学文献出版社,2007年。
何曼青、马仁真编著:《世界银行集团》,社会科学文献出版社,2004年。
何亚非:《选择:中国与全球治理》,中国人民大学出版社,2015年。
亨利·M.罗伯特:《议事规则》,王宏昌译,商务印书馆,1995年。
侯仁之:《侯仁之文集》,北京大学出版社,1998年。
胡宗山、韦红:《中国参与国际体系变革进程研究》,华中师范大学出版社,2018年。
黄平:《家国天下:中国发展道路与全球治理》,社会科学文献出版社,2020年。
《纪念钱宁同志》编辑小组编:《纪念钱宁同志》,清华大学出版社、水利电力出版社,1987年。
贾馥茗:《全民教育与中华文化》,五南图书出版公司,1992年。
贾学谦:《驼铃与古船——UNESCO国际丝路考察纪实》,教育科学出版社,2004年。
江国青:《联合国专门机构法律制度研究》,武汉大学出版社,1993年。
靳诺等:《全球治理的中国担当》,中国人民大学出版社,2017年。
肯尼思·华尔兹:《国际政治理论》,信强译,上海人民出版社,2017年。
肯尼思·华尔兹:《人、国家与战争:一种理论分析》,上海译文出版社,1991年。
李一文、马风书编:《当代国际组织与国际关系》,天津人民出版社,2002年。
莉萨·马丁、贝思·西蒙斯编:《国际制度》,黄仁伟等译,上海世纪出版集团,2006年。
梁丽娟:《何振梁——五环之路》,世界知识出版社,2005年。
梁西:《梁著国际组织法》(第六版),杨泽伟修订,武汉大学出版社,2011年。
刘红婴、王建民:《世界遗产概论》,中国旅游出版社,2003年。
罗伯特·赫钦斯:《学习型社会》,林曾、李德雄、蒋亚丽等译,社会科学文献出版社,2017年。
玛莎·费丽莫:《国际社会中的国家利益》,袁正清译,浙江人民出版社,2001年。
迈克尔·巴尼特、玛莎·芬尼莫尔:《为世界定规则:全球政治中的国际组织》,薄燕译,上海人民出版社,2009年。
米歇尔·科尼尔·拉科斯特编:《宏图大业——联合国教科文组织编年史(1946—1993)》,中国对外翻译出版公司,1996年。
皮埃尔·布尔迪厄:《实践感》,蒋梓骅译,译林出版社,2012年。

钱端升:《战后世界之改造》,商务印书馆,1944年。
秦亚青主编:《理性与国际合作:自由主义国际关系理论研究》,世界知识出版社,2008年。
秦亚青主编:《实践与变革:中国参与国际体系进程研究》,世界知识出版社,2016年。
秦亚青:《全球治理:多元世界的秩序重建》,世界知识出版社2019年。
渠梁、韩德主编:《国际组织与集团研究》,中国社会科学出版社,1989年。
全球治理委员会:《我们的全球之家》,牛津大学出版社,1995年。
饶戈平:《国际组织法》,北京大学出版社,1996年。
《人民日报》国际部编:《国际时事百科(1979—1984)》,世界知识出版社,1985年。
单霁翔:《从"文物保护"走向"文化遗产保护"》,天津大学出版社,2008年。
单霁翔:《文化遗产保护与城市文化建设》,中国建筑工业出版社,2009年。
施建伟:《林语堂传》,北京十月文艺出版社,1999年。
孙进等:《全球教育治理:国际组织、民族国家与非国家行为体的互动》,人民出版社,2021年。
唐虔:《我在国际组织的25年》,中信出版集团,2020年。
陶坚、林宏宇主编:《中国崛起与全球治理》,世界知识出版社,2014年。
陶行知:《陶行知全集》第六卷,四川教育出版社,2005年。
《外国教育丛书》编辑组编:《业余教育的制度和措施》,人民教育出版社,1979年。
王承绪:《王承绪文集》,江苏教育出版社,2010年。
王帆、凌胜利《人类命运共同体:全球治理的中国方案》,湖南人民出版社,2017年。
王缉思主编:《世界和中国2007—2008》,新世界出版社,2008年。
王杰:《国际机制论》,新华出版社,2002年。
王晓辉主编:《全球教育治理:国际教育改革文献汇编》,教育科学出版社,2008年。
王逸舟主编:《磨合中的建构——中国与国际组织关系的多视角透视》,中国发展出版社,2003年。
王逸舟主编:《中国国际关系研究(1995—2005)》,北京大学出版社,2006年。
王逸舟主编:《中国对外关系转型30年》,社会科学文献出版社,2008年。

吴季松:《循环经济概论》,北京航空航天大学出版社,2008年。
吴相湘:《晏阳初传——为全球乡村改造奋斗六十年》,岳麓书社,2006年。
解超等:《国际政府组织与中国的外交战略》,贵州人民出版社,2004年。
谢喆平:《中国与联合国教科文组织的关系演进:关于国际组织对会员国影响的一项经验研究》,教育科学出版社,2010年。
薛莲:《中国对非洲教育援助研究:以中国—联合国教科文组织信托基金为例》,社会科学文献出版社,2020年。
亚历山大·温特:《国际政治的社会理论》,秦亚青译,上海人民出版社,2000年。
姚仲明、谢武申、裴坚章主编:《将军、外交家、艺术家——黄镇纪念文集》,解放军出版社,1992年。
伊丽莎白·埃克诺米、米歇尔·奥克森伯格主编:《中国参与世界》,华宏勋等译,新华出版社,2001年。
仪名海:《中国与国际组织》,新华出版社,2004年。
伊曼纽尔·阿德勒、文森特·波略特主编:《国际实践》,秦亚青、孙吉胜、魏玲等译,上海人民出版社,2015年
俞可平、迪尔利克主编:《中国学者论中国与全球治理》,重庆出版社,2018年。
约翰斯顿、罗斯主编:《与中国接触——应对一个崛起的大国》,新华出版社,2001年。
约瑟夫·奈伊:《柔性权力》,吴家恒、方祖访译,远流出版事业股份有限公司,2006年。
张贵洪、郭峰铖主编:《中国、联合国与全球治理》,时事出版社,2014年。
张民选:《国际组织与教育发展》,教育科学出版社,2010年。
赵磊:《构建和平:中国对联合国外交行为的演进》,九州出版社,2007年。
赵文卿:《情系教科文》,甘肃文化出版社,2003年。
赵中建:《全民教育——世纪之交的重任》,四川教育出版社,1999年。
赵中建主译:《全球教育发展的历史轨迹:联合国教科文组织国际教育大会建议书专集》,教育科学出版社,2005年。
朱立群等:《中国与国际体系:进程与实践》,世界知识出版社,2012年。
朱子勤等:《网络侵权中的国际私法研究》,人民法院出版社,2006年。
《中国教育年鉴》编辑部编:《中国教育年鉴(1985—1986)》,湖南教育出版社,1988年。

2. 期刊论文

白云真:《试论美国国际关系理论研究的进展——基于〈国际组织〉与〈国际研究季刊〉(1997—2006年)的文本考察》,《世界经济与政治》2007年第8期。

薄燕:《作为官僚机构的国际组织——评〈为世界定规则:全球政治中的国际组织〉》,《外交评论》2008年第3期。

陈东辉:《国外典型的文化建设机制及其对社会主义和谐文化建设的启示》,《江西师范大学学报》(哲学社会科学版)2009年第1期。

陈颖健:《联合国专门机构职能扩张的法律问题研究——以世界卫生组织为例》,《外交评论》2008年第4期。

陈志敏:《全球多层治理中地方政府与国际组织的相互关系研究》,《国际观察》2008年第2期。

丁韶彬:《社会化视角下世界银行与中国的关系》,《教学与研究》2008年第9期。

段世飞、刘宝存:《联合国教科文组织参与全球高等教育治理的历程、途径与影响》,《国家教育行政学院学报》2019年第1期。

杜越:《联合国教科文组织与全球教育治理》,《全球教育展望》2011年第5期。

傅谨:《〈文化多样性公约〉与中国的国家立场》,《博览群书》2004年第10期。

关世杰:《述评美国"全球信息高速公路"的实施战略——剖析美国学者向美国政府提出的战略性建议》,《国际政治研究》1997年第4期。

郭京花:《从文化多样性看法国外交》,《中国党政干部论坛》2004年第1期。

郭树勇:《论新国际主义与中国软实力外交》,《国际观察》2007年第2期。

胡鞍钢、王清容:《1981—2002年间国际金融组织贷款对中国经济增长的贡献研究》,《当代经济科学》2005年第1期。

黄世席:《〈反对在体育运动中使用兴奋剂国际公约〉研究》,《武汉体育学院学报》2006年第3期。

江国青:《联合国专门机构与功能主义理论的发展》,《武汉大学学报》(社会科学版)1991年第3期。

姜建军:《国家地质公园——地质圣地,共同财富》,《国土资源科技管理》2002年第1期。

江忆恩:《中国参与国际体制的若干思考》,《世界经济与政治》1999年第7期。
江忆恩、肖欢容:《美国学者关于中国与国际组织关系研究概述》,《世界经济与政治》2001年第8期。
江忆恩、郎平:《中国外交政策研究:理论趋势及方法辨析》,《世界经济与政治》2006年第8期。
晋继勇:《试析联合国专门机构的政治化——以世界卫生组织为例》,《国际论坛》2009年第1期。
李佩珊:《1949年以后归国留学生在中国科学、技术发展中的地位和作用》,《自然辩证法通讯》1989年第4期。
李东燕:《联合国研究60年:理论、政策、方案》,《世界经济与政治》2005年第5期。
李少军:《评美国与联合国关系的历史进程》,《美国研究》1995年第2期。
李兴洲、耿悦:《从生存到可持续发展:终身学习理念嬗变研究——基于联合国教科文组织的报告》2017年第1期。
凌胜利:《主场外交、战略能力与全球治理》,《外交评论》2019年第4期。
刘莲莲:《国际组织理论:反思与前瞻》,《厦门大学学报》(哲学社会科学版)2017年第5期。
刘宏松:《国际组织的自主性行为:两种理论视角及其比较》,《外交评论》2006年第3期。
卢建平:《张彭春和〈世界人权宣言〉》,《南方周末》2008年12月24日D25版。
玛丽·斯穆:《关于国际组织与管理理论的若干思考》,陈思译,《国际社会科学》(中文版)1994年第4期。
钱临照:《联合国教科文组织及其自然科学组之过去与现在》,《科学世界》1948年第8期。
秦亚青:《国家身份、战略文化和安全利益——关于中国与国际社会关系的三个假设》,《世界经济与政治》2003年第1期。
宋连斌、肖永平:《现代国际组织发展的新趋势》,《法学杂志》1997年1期。
苏长和:《中国与国际制度——一项研究议程》,《世界经济与政治》2002年第10期。
苏长和:《国内—国际相互转型的政治经济学——兼论中国国内变迁与国际体系的关系(1978—2007)》,《世界经济与政治》2007年第11期。

苏长和:《中国的软权力——以国际制度与中国的关系为例》,《国际观察》2007年第2期。

苏长和:《中国外交的全球化及启示》,《当代亚太》2009年第1期。

孙世路:《终身教育论》,《外国教育》1981年第6期。

孙仲:《国际组织理论研究评析》,《浙江大学学报》(人文社会科学版)2001年第2期。

田小刚:《书写与联合国教科文组织合作的新篇章》,《中国教育报》2007年11月28日第1版。

田野:《国际制度与国家自主性——一项研究框架》,《国际观察》2008年第2期。

佟大木:《国际组织决策过程中的特权悖论》,《学习与探索》2009年2期。

王玲:《世界各国参与国际组织的比较研究》,《世界经济与政治》2006年第11期。

王沪宁:《创造性再生:中国传统文化的未来地位》,《复旦学报》(社会科学版)1991年第3期。

王沪宁:《作为国家实力的文化:软权力》,《复旦学报》(社会科学版)1993年第3期。

王恺、徐菁菁:《新中国这样重返联合国》,《三联生活周刊》2009年第1期。

王默、范衍、苑大勇:《全球教育治理走向"共同利益"——论联合国教科文组织〈反思教育〉报告的人文主义回归》,《中国职业技术教育》2016年第33期。

王晓辉:《全球教育治理——鸟瞰国际组织在世界教育发展中的作用》,《北京大学教育评论》2008年第3期。

王一程、负杰:《中国行政管理体制改革的进展与面临的挑战》,《政治学研究》2006年第3期。

谢喆平:《中国人竞选国际组织高官解读:政府外交总动员》,《环球》2007年第5期。

谢喆平:《日本对抗中国竞选国际公务员 与"入常"息息相关》,新华社《国际先驱导报》2007年5月28日。

谢喆平、宗华伟:《从"客场"到"主场":中国国际组织参与实践的变化》,《外交评论》2021年第2期。

谢喆平:《全球教育治理的哲学基础与正当性》,《清华大学教育研究》2021年第

4 期。

薛攀皋口述,熊卫民整理:《自主与干预:心理学科在中国(1949—1976)》,《科学文化评论》2006 年第 4 期。

杨桂青:《农村教育　中国与世界对话——访联合国教科文组织国际农村教育研究与培训中心主任朱小曼教授》,《中国农村教育》2008 年 7 月 15 日第 4 版。

杨锐、吴玫:《国际组织与中国高等教育发展》,《复旦教育论坛》2009 年第 2 期。

叶小青:《崛起的中国与国际组织:一种互动关系的分析》,《西安电子科技大学学报》(社会科学版)2007 年第 4 期。

叶小青:《中国与国际组织关系深化过程中存在的问题》,《行政论坛》2009 年第 2 期。

一鸣:《加拿大的文化政策》,《国际展望》1999 年第 20 期。

于宏源:《国际制度与政府决策转型》,《国际政治科学》2007 年第 1 期。

张加伦口述,徐绥之整理:《我执笔起草了第一个国库券条例》,《武汉文史资料》2010 年第 2 期。

张双敏:《文化多样性与文化遗产保护——访联合国教科文组织副总干事 Mounir Bouckenaki》,《中国文化遗产》2004 年第 1 期。

张海滨、刘莲莲:《服务国家战略,积极推进中国国际组织人才培养——2019 年北京大学国际组织人才培养论坛综述》,《国际政治研究》2019 年第 6 期。

张小兰、杨治、章建刚、张敏:《〈保护和促进文化表现形式多样性公约〉——一个非常值得关注的国际公约》,《中国文化》2009 年 1 月 7 日第 8 版。

赵逊、赵汀:《中国地质公园背景浅析和世界地质公园建设》,《地质通报》2003 年第 8 期。

郑启荣:《联合国研究在中国——回顾与思考》,《外交学院学报》2002 年第 2 期。

周洪宇、徐莉:《联合国教科文组织教育 2030 框架对中国教育现代化 2030 的启示》,《河北师范大学学报》(教育科学版)2017 年第 5 期。

周一、熊建辉、张鹤:《全球教育治理:联合国教科文组织的作用与中国的参与——联合国教科文组织教育助理总干事尼古拉斯·伯内特专访》,《世界教育信息》2009 年第 3 期。

周云飞、周云章、潘鑫:《公共治理评价指标:国际组织的实践及对我国的启示》,

《理论导刊》2009 年第 1 期。
朱光耀:《世界银行与中国的改革开放》,《求是》2005 年第 15 期。
朱立群:《观念转变、领导能力与中国外交的变化》,《国际政治研究》2007 年第 1 期。

3. 学位论文

黄慧:《联合国教科文组织终身学习领域全球教育治理研究:理念、动力与机制》,浙江大学 2019 年硕士学位论文。
姜茜雅:《世界银行对中国国内制度的影响》,广东外语外贸大学 2009 年硕士学位论文。
兰军:《民国时期中国教育在国际教育论坛上的展现——基于对国际教育组织及会议的考察》,华中师范大学 2007 年博士学位论文。
李志永:《国际制度的国内尝试:以人权 B 公约和中国为例》,中国人民大学 2005 年硕士学位论文。
吴勇:《论中国国家主权地位的最终确立——基于太平洋战争爆发后的中外互动的一项研究》,中国人民大学 2008 年博士学位论文。
徐峰:《中国与世界银行关系研究》,财政部财政科学研究所 2005 年博士学位论文。

4. 研究报告

Christopher M. Blanchard, Nicolas Cook, Kerry Dumbaugh, Susan B. Epstein, Shirley A. Kan, Michael F. Martin, Wayne M. Morrison, Dick K. Nanto, Jim Nichol, Jeremy M. Sharp, Mark P. Sullivan, Bruce Vaughn, Thomas Coipuram Jr., Knowledge Services Group, *Comparing Global Influence: China's and US Diplomacy, Foreign Aid, Trade and Investment in the Developing World*, August 2008.
CSIS, *Chinese Soft Power and Its Implication for the United States: Competition and Cooperation in the Developing World*, March 2009.
World Bank Office Beijing, *The World Bank Group in China: Facts and Figures*

(1980-2009), July 2009.

中国联合国教科文组织全国委员会秘书处:《中国与联合国教科文组织合作的回顾与展望——纪念党的十一届三中全会召开暨中国教科文组织全国委员会成立 20 周年》,1991 年。

谢喆平:《联合国教科文组织与中国的软实力构建》,2009 年 6 月。

中国联合国教科文组织全国委员会秘书处、联合国教科文组织驻北京办事处编:《中华人民共和国联合国教科文组织全国委员会史迹》,2006 年。

5. 英文文献

Algero, Mary Garvey, "In Defense of Forum Shopping: A Realistic Look at Selecting A Venue", *Nebraska Law Review*, Vol. 78, Issue 1, 1999.

Bennett, LeRoy, *International Organizations: Principles & Issues*, 5th ed., Prentice-Hall, Inc. 1991, 1988, 1984, 1980, 1977.

Busch, Marc L., "Overlapping Institutions, Forum Shopping, and Dispute Settlement in International Trade", *International Organization*, Vol. 61, No. 4, 2017.

Coate, Roger A., *Unilateralism, Ideology & U.S. Foreign Policy: The United States in and out of UNESCO*, Lynne Rienner Publishers, Inc. 1988.

Cortell, Adrew P., Davis. Jr, James W., *How Do International Institutions Matter? The Domestic Impact of International Rules and Norms,* International Studies Quarterly, 1996.

Drake, William J., *The Information Infrustructure Strategies for U.S. Policy*, The Twentieth Century Fund Press, 1995.

Dutt, Sagarika, *UNECO and A Just World Order*, Nova Science Publishers, Inc., 2002.

Goodrich, L.M., Kay, D.A., *International Organization: Politics and Process*, The University of Wisconsin Press, 1973.

Haggard, Stephan, Simmons, Beth, "Theories of International Regimes", *International Organization*, Vol.41, No.3, 1987.

Hasenclever, Andreas, Mayer, Peter, and Rittberger, Volker, *Regime Theory and*

International Relations, Oxford University Press, 1993.

Jacobson, Harald K., Oksenberg, Michel, *China's Participation in the IMF, the World Bank, and GATT: Toward A Global Economic Order*, The University of Michigan Press, 1990.

Johnston, Alastair Iain, *Social States: China in International Institutions*, 1980-2000, (Princeton Studies in International History and Politics) Princeton University Press, 2008.

Kappen, Thomas Risse, ed., *Bringing Transnational Relations Back In: Nonstate Actors: Domestic Structure and International Institutions*, Cambridge University Press, 1995.

Keohane, Robert, Nye, Joseph, *Power and Interdependence: World Politics in Transition*, Little, Brown & Company, 1977.

Keohane, Robert, *International Institutions and State Power*, Westview Press, 1989.

Keohane, Robert, *After Hegemony: Cooperation and Discord in the World Political Economy*, Princeton University Press, 1984.

Kindleberger, Charles, *World in Depression*, University of California Press, 1973.

Lanteigne, Marc, *China and International Institutions: Alternate Paths to Global Power*, Routledge Taylor & Francis Group, 2005.

Lieberthal, Kenneth, Oksenberg, Michel, *Policy Making in China: Leaders, Structures, and Processes*, Princeton University Press, 1988.

Lieberthal, Kenneth, *Govering China: From revolution through reform*, 2nd ed., W. W. Norton, 2004.

Lieberthal, Kenneth, Lampton, David, eds., *Bureaucracy, Politics, and Decision Making in Post-Mao China*, University of California Press, 1992.

Nauert, Heather, "The United States withdraws from UNESCO", Press Statement issued by the US Department of State, Oct 12, 2019, https://www.state.gov/the-united-states-withdraws-from-unesco/.

Nikovich, Frank A., *The Dipolomacy of American Foreign Policy and Cultural Relations (1938—1950)*, Cambridge University Press, 1981.

Peterson, M. J., *General Assembly, in the Oxford Handbook on the United Nations*, Thomas G. Weiss and Sam Daws, eds., Oxford University Press, 2009.

Petiteville, Franck, "International Organizations beyond Depoliticized Global Governance", *Globalizations*, Vol.15, No.3, 2018.

Presaton, William, Herman, Edward S., and Schiller, Herbert I., *Hoper and Folly: The United States and UNESCO, 1945-1985*, University of Minnesota Press, 1989.

Risse-Kappen, Thomas, *Bring Transnational Relationship Back in Non-stateactors: Domestic Structures and International Institutions*, Cambridge University Press, 1995.

Rothschild, Gita F., "Forum Shopping", *Litigation*, Vol.24, No.3, 1998.

Rochester, "The Rise and Fall of International Organization as a Field of Study", *International Organization*, Vol.40, 1986.

Craig, G. A., George, A. L., *Force and Statecraft: Diplomatic Problems of Our Time*, Oxford University Press, 1990.

Ruggie, John, *Multilateralism Matters: The Theory and Praxgi of an Institutional Form*, Columbia University Press, 1993.

Sabel, Robble, *Rules of Procedure at the UN and at Inter-Governmental Conferences*, 3rd ed., Cambridge University Press, 2018.

Sewell, James P., *UNESCO and World Politics: Engaging in International Relations*, Princeton University Press, 1975.

Singh, J. P., *United Nations Educational Scientific and Cultural Organization (UNESCO): Creating Norms for a Complex World*, Routledge Taylor & Francis Group, 2011.

Strange, S., "Review on Polar Politics", *American Political Science Review*, Vol.89, No.2, 1995.

Taylor, Paul, Groon, A. J., *International Organization: A Conceptual Approach*, Nichols Publishing Company, 1978.

UNESCO, *Rules of Procedure of the General Conference*, Article XIV. Draft Resolutions. Rules 78-81, in Basic Texts 2018 Edition.

Zhang, Qingmin, "Continuities and Changes in China's Negotiating Behavior", in Pauline Kerr et al., eds., *China's "New" Diplomacy: Tactical or Fundamental Change?* Palgrave Macmillan, 2008.

Zhang, Yongjin, *China in International Society since 1949*, Macmillan Press, Ltd. 1998.

6. 参考网站

http://www.un.org/ 联合国网站
http://www.unesco.org/ 联合国教科文组织网站
http://new.fmprc.gov.cn/web/ 外交部网站
https://www.mct.gov.cn/ 文化和旅游部网站
http://www.geopark.cn/ 国家地质公园网
http://www.moe.gov.cn/ 教育部网站
http://www.ncha.gov.cn/ 国家文物局网站
http://www.moa.gov.cn/ 农业农村部网站
http://www.zaobao.com/ 联合早报网
http://sina.com.cn/ 新浪网
http://www.showchina.org/zgygjzzxl/zgylhg/sylm/200701/t106974.htm 看中国
https://www.csis.org 美国国际战略研究中心

后　记

本书是著者对过往10年关于中国与联合国教科文组织相关研究的一项总结。清华大学教育研究院、国际工程教育中心、政策研究室等单位所给予的宝贵支持，是本书得以付梓的重要前提。

本书出版适逢新中国恢复教科文组织合法席位50周年。无论自知与否，时间节点往往蕴含特定的历史意义。在著者看来，这种时间上的机缘，既是历史进路的，也是未来指向的。本书献给在这一领域耕耘的先贤与同人，也期冀对后来者有所参考。"余其宅兹中国，自之辟民"，如何与外部世界良性互动，始终是一个在学理和实践上均需要严肃回答的命题，中国与教科文组织的关系则是当下对这一问题进行考察的其中一个重要棱镜。

与商务印书馆的合作一向是愉快的。感谢商务印书馆南京分馆的编辑们为本书的出版所做的努力。他们的专业性和责任感是本书出版的重要保障。

本书的不当与不足之处，当是著者的责任。

谢喆平　谨识

2021年夏于清华园

图书在版编目（CIP）数据

全球治理中的中国与联合国教科文组织/谢喆平著.—北京：商务印书馆，2021
ISBN 978-7-100-20228-2

Ⅰ.①全… Ⅱ.①谢… Ⅲ.①中外关系—联合国教科文组织—研究 Ⅳ.① D822 ② G113

中国版本图书馆 CIP 数据核字（2021）第 151707 号

权利保留，侵权必究。

全球治理中的中国与联合国教科文组织
谢喆平 著

商 务 印 书 馆 出 版
（北京王府井大街 36 号 邮政编码 100710）
商 务 印 书 馆 发 行
江苏凤凰数码印务有限公司印刷
ISBN 978-7-100-20228-2

2021 年 9 月第 1 版　　　开本 880×1240 1/32
2021 年 9 月第 1 次印刷　　印张 13⅛
定价：72.00 元